石油美元

Oil Money

Middle East Petrodollars and the Transformation of
US Empire, 1967–1988

［美］戴维·怀特 / 著　于杰 / 译
David M. Wight

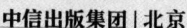

中信出版集团 | 北京

图书在版编目（CIP）数据

石油美元 /（美）戴维·怀特著；于杰译 . -- 北京：
中信出版社，2024.12. -- ISBN 978-7-5217-6958-6
Ⅰ.F821.1
中国国家版本馆 CIP 数据核字第 2024VK0633 号

Oil Money: Middle East Petrodollars and the Transformation of US Empire, 1967–1988, by David M. Wight,
originally published by Cornell University Press.
Copyright © 2021 by Cornell University
This edition is a translation authorized by the original publisher, via Bardon-Chinese Media Agency
ALL RIGHTS RESERVED
本书仅限中国大陆地区发行销售

石油美元
著者：　　[美]戴维·怀特
译者：　　于杰
出版发行：中信出版集团股份有限公司
　　　　　（北京市朝阳区东三环北路 27 号嘉铭中心　邮编　100020）
承印者：　中煤（北京）印务有限公司

开本：787mm×1092mm　1/16　　印张：30.25　　字数：349 千字
版次：2024 年 12 月第 1 版　　　印次：2024 年 12 月第 1 次印刷
京权图字：01-2024-4854　　　　书号：ISBN 978-7-5217-6958-6
定价：79.00 元

版权所有·侵权必究
如有印刷、装订问题，本公司负责调换。
服务热线：400-600-8099
投稿邮箱：author@citicpub.com

献给我的母亲、父亲、妻子 Michelle，
以及我的孩子 Layla 和 Clara

总序

中国再全球化，须读石油美元三部曲

一

1979年初，邓小平在访美的飞机上提到，同美国建立良好关系的国家普遍取得了经济发展。

1978年，时任国务院副总理谷牧带团访问了包括西德在内的西欧五国；同年，邓小平先后访问了日本和曾被称为"美帝国主义走狗"的新加坡[1]。其时，西德早已经完成战后西方经济复苏中的第一个奇迹，日本GDP则在1968年超越西德，位居西方阵营第二。邓小平访日之时，正值西方国家讨论"日本经济奇迹"、酝酿着后来学者所称"日本第一"的当口。先进工业化带来的强烈视觉冲击，要求决策者思考这种变化的原因。美国是西方的领导者，西德、日本和新加坡的经济成绩，离不开美国的帮助。这是前述邓小平访美时的背景。

不过，1979年前后，恰是西方，特别是美国，经济形势处于低

---

[1] https://china.huanqiu.com/article/9CaKrnJl212。2024年5月30日访问。

谷之时。

第一次石油危机之后的滞胀还在持续，第二次石油危机已在路上，时任美国总统卡特公开表示"美国公众没了信心"。美国双赤字攀升，美元遭遇了20世纪以来最严重的信任危机，代表美国参加中美建交美国驻华大使馆开馆仪式并同中国商讨第一个双边贸易协议的传奇财政部长布卢门撒尔曾急赴沙特，劝后者继续将"石油美元"回流美国，购买美国国债、维护美元汇率稳定。1978年，在波恩举行的七国集团峰会上，美国希望西德、日本能共同发挥"西方经济火车头"的作用，但效果不明显，后两者继续靠向美国出口拉动经济增长。

也是在1979年，随着沃尔克接任美联储主席，其强势货币政策逆转了美元颓势，油价在1982年见顶后快速回落，加之西方经济体之间的资本流动管制放松，全球资本流动开启新阶段。这期间，"石油美元"逐渐让位给日本的"贸易黑字美元"，美国步入"大缓和"时期，西方经济随之走出停滞困扰，实现稳步增长。

很难说中国的决策者是准确地意识到且精准地把握了美国经济的拐点，相信更多是迫于当时国内经济形势的压力。日本和沙特自冷战之初即被美国纳入己方阵营，而当时的中国对国际货币基金组织（IMF）和《关税与贸易总协定》（GATT）既无经历也无缘，有限的外汇储备选择的是日渐没落的英镑。改革开放的决策者及研究者对战后货币和贸易秩序尚处于学习阶段。比如：什么是合资企业？[2] 面对拉美债务危机，中国是否准备大规模利用外资？[3] 在美国官员建议中国加入GATT时，国内相关方面最初的反应如何？至少在20世纪80

---

2 李岚清.突围——国门初开的岁月［M］.北京：中央文献出版社，2008：211.
3 Hulmut Schmidt, Man and Powers, 1989年英文版，330-339页。

年代，中国在包括人力资源、知识储备等基础设施方面，对"跟上美国的节奏"准备不足。对中国经济而言，开放首先是一个学习过程，美国经济在 1980 年前后的触底反弹，给当时的中国带来的直接影响并不大。

1992 年"南方谈话"之后，伴随"市场经济体制"概念的提出，中国跻身美国主导的国际经济体系的步伐加快。[4] 此时距离邓小平访美已然过去了 13 年。其后的 9 年里，中美经贸关系波折与进展并存，但与中国的期望相距甚远。中国自 2001 年 12 月成为世界贸易组织（WTO）成员，才真正全面参与全球化，经济总量和社会福祉均大幅提升，在历史上前所未有：GDP 超过德、日；此前处于半失业状态的劳动力，可以通过其在纽约第五大道上销售的产品获得货币收入；可同时享受双休的福利。

二

日本、新加坡的发达，是战后西方经济"局部全球化"的结果；中国加入 WTO 之后的成绩，则得益于更大范围的全球化。战后迄今，不论什么范围的"经济全球化"，均为美元主导下国际贸易扩张和资本流动的增加。

1944 年 7 月召开的布雷顿森林会议，以协定（布雷顿森林协定是《国际货币基金协定》和《国际复兴开发银行协定》的总称）的形式，确认了美元既有的全球主导货币地位。说"既有地位"，是因为

---

[4] http://shiguangsheng.mofcom.gov.cn/activities/201204/20120408094228.shtml。2024 年 5 月 15 日访问。

美元的这一角色可以回溯到一战后的20世纪20年代，1935年中国币制改革以及抗战时期美元发挥的作用也是印证。或许是因为布雷顿森林会议参与者对固定汇率制的历史记忆，又或者是人性追求低波动性的趋向使然，国际货币基金组织成立协定秉承了固定汇率制。协定条款不曾提及但却默认的一项极为重要的条件，是美国同意按35美元/盎司*的价格，兑换其他成员当局手中积累的（经常项目）盈余。这是1934年美国总统富兰克林·罗斯福在签署《黄金储备法案》后对外宣布的，是美国单方面的承诺。美国总统尼克松于1971年8月15日宣布美元同黄金脱钩，即为放弃这一承诺。从《国际货币基金协定》条款的角度，美国的做法并不构成违约。1971年之后的历史发展表明，布雷顿森林会议本质上明确了美元本位，只是那些参会的历史人物割舍不掉黄金信仰。

协定的主要缘起，是为避免重演此前各成员为争取贸易优势而竞相贬值本币的做法（"以邻为壑"），重塑稳定的国际货币体系和贸易秩序。美元主导地位的确立，使得同期的国际复兴开发银行（通常被称为"世界银行"）以及后续的GATT（1947年），乃至更晚近的世界贸易组织（1995年）成为可能。试想，如果各参与经济体不是为了赚美元，那么美国主导的诸多贸易协定里的限制条款和规范完全没有遵守的必要，相关的国际组织也没有存在的意义和可能。战后至今的国际经济秩序，即为以美元本位为基础的国际货币体系和国际贸易规则。所谓美元本位，就是美元为国际最重要的商品以及金融交易中的定价和结算货币，其他币种相对美元确定汇率，并最终积累美元为主

---

* 1盎司=28.35克。——编者注

的储备。或有这类情况，国际贸易以美元、欧元之外的小币种结算，但其定价必定是按美元测算，然后换算成其他币种进行交易。其目的多为规避某种限制，最直接的结果是增加了交易成本。

通过前述美国的承诺，美国继续着金汇兑本位的安排。后续的历史发展表明，其开放条件下，货币的国际地位、对外币值，是由市场参与者共同决定的，发行国政府难凭一己之力左右。国际货币基金组织成立协定仅对经常项目的资金流动做了约定；1980年前，西方的跨国资本流动受限，但西方经济体的战后复兴仰赖美国，技术/设备引进自美国，马歇尔计划无法满足这些经济体的资金需求。1950年前后，西方因此出现了"美元荒"，黄金价格甚至低于美国给出的35美元/盎司水平。这一格局在进入20世纪60年代之后彻底逆转，"美元泛滥"使得不少国家或明或暗用美元自美国兑换黄金，其中以法国最为高调，戴高乐用军舰将黄金自美国运回法国的做法，便常被流传为"挑战美元嚣张的特权"的"佳话"。但如前述，官方无力左右本币汇率，事后不久，戴高乐便因法郎贬值（系重要原因之一）而下野。不过这不影响法国为稳定币值寻求美国的帮助。

当美国之外的美元积累远超美国的黄金储备后，布雷顿森林体系崩溃就只是时间问题。这同样是美国无法左右、西方各国合力（无论真诚与否）也无法逆转的。即便美元是西方货币体系里的主导货币，美国是西方世界的领导者，美国也断不会以牺牲本国利益来继续受制于黄金枷锁的束缚。美国社会经济不保，如何保住布雷顿森林体系安排？保住了又有什么意义？这同美国后续其他的财政、货币政策目的吻合——美国本国利益为先，时下亦然。这是尼克松在1971年8月15日终结黄金美元兑换承诺最重要的原因，说唯一也不为过。尼克松当时针对脱钩可能造成外溢冲击的那一句"我管他该死的（意大利）里拉"，是最真实的应激表达；当然，康纳利公开场合转述的他人的名言"美元是我们的货币，但却是你们的问题"则更为赤裸裸。时任西德国防部长，后来相继担任西德经济部长和总理的施密特，在得知尼克松的决定时脱口而出："这表明美国至少是不愿意在货币事务上再充当西方的头领了。"外人同样心知肚明。如此背景之下，去寻找一个替代黄金继续禁锢美元和美国经济的约束，是在质疑西方决策者的智商，更不要提这个替代品是比黄金更难控制的石油。要破除"美元绑定石油"的讹传，没有比美国同沙特间的协议更有说服力的了。我在《石油美元》的附录中，补充了1974年6月8日美国与沙特签署的联合声明（即坊间所传的"协议"）的原文。

因为其时西方并没有考虑放弃布雷顿森林体系，且其他西方经济体宁肯清除黄金约束而仍继续固定汇率制，所以有了沃尔克乘坐军机穿梭协调各国间的汇率安排。出于决策者管理的考虑，以及受其信仰遗产的影响，即便1974年之后浮动汇率制成为事实，仍不妨碍1987年七国集团（G7）在卢浮宫召开的会议上继续固定汇率制的尝试，哪怕以失败告终。

1971年之后，英镑没落中继，其他货币无能力也无意愿并肩美元，没有替代者的美元因此并没有崩溃，虽然东西方媒体的类似预言自此从没有停止过。这让"特里芬两难"的提出者罗伯特·特里芬也倍感诧异。虽然不乏偶尔出现"回归金本位"的声音，但显然趋势不可逆。在《石油央行》中，"石油美元"最重要的持有者沙特，为提高手中的美元资产收益，千方百计"争抢"沙特境内稀缺的通信资源以应对投资市场瞬息变化的经历，说明黄金已经不宜承担货币角色。

1976年的牙买加会议取消黄金官方价格，黄金的货币角色终结。

20世纪70年代"石油美元"的兴起，通过协助解决美国国内经济问题，稳定了美元主导的国际经济秩序，开启了全球化的新格局。这个新格局就是"石油美元回流"美国，缓解后者的赤字和通胀压力，美国从而得以进一步维持贸易逆差，拉动其他经济体的出口。尼克松在其财金官员的建议下将美元同黄金脱钩，同时也在其任上搭建了"石油美元回流"的闭环。他安排其第二任期的新财长威廉·西蒙赴沙特，说服后者用"石油美元"购买美国国债（即"回流"），给出的指令是"不成不归"（no coming back empty-handed）。西蒙作为经办人，成功地开启了一个新的时代。

"石油美元"回流，还包括其作为"欧洲美元"的重要构成，通过欧美金融机构，不受监管约束，"回流"到其他的石油贸易赤字国和资金需求国（包括拉美）。"石油美元"本质上同20世纪80年代之后日本的美元贸易顺差、中国入世之后的美元贸易顺差相同，主要是自美国的贸易顺差，差别在于"石油美元"源于单一的出口产品——石油，而日本和中国的顺差贸易品则丰富得多。"石油美元回流"为后来的日本和中国美元顺差的国际流动提供了样板，三者恰好形成了时间上的接续，并在2008年之前，成为美国国债最重要的境外资金来源。这种格局实则是20世纪70年代以来一脉的全球化模式，也恰是美元主导的国际经济秩序。

20世纪60年代以来，沙特货币里亚尔相继经历了贵金属（金/银）本位、钉住特别提款权（SDR）及一篮子货币，最终于1986年钉住美元并持续至今。这一制度安排非常有代表性，即布雷顿森林体系崩溃后出口经济体继续坚持的固定汇率制。由于石油价格波动会导致沙特的出口收入大起大落，沙特里亚尔的固定汇率制不如人民币汇率机制在安排上更具典型的布雷顿森林体系 2.0 特点，即相对稳定可控（类钉住）的汇率安排，保证持续不断的出口顺差。这些顺差大国积累的庞大美元储备，是对美元最重要的信任票，也即市场参与者对美元的支持，顺差国进而成为美元国际地位的利益攸关方、美元体系和现有国际经济秩序的维护者，无论这种维护是有意还是无意。当然，这些经济体也受益于这一格局。不考虑美国自身因素，美元资产持有者的做法，使得西德马克、日元以及后来的欧元都很难撼动美元的地位，即"美元霸权"。毋庸置疑，长远而言，美国自身才是美元地位的决定性因素，而不是任何第三方。

三

尼克松当年反制沙特石油禁运威胁时的反应——"没有（美国的）需求，你们的石油就卖不出去"，显然低估了西方社会经济发展（工业化）对能源需求的增长。中国也是在 1993 年由石油出口国变成了进口国。"石油美元"是全球化的结果，反过来又促进了全球化，这体现了全球化过程中贸易发展和资金流动的相互促进。

能源不同于其他工业品。虽然沙特官员不认为石油行业存在周期，但沙特的石油收入显然随着油价波动而如潮汐一般起落，因为自然资源的产能受限。日本和中国的可贸易工业品则完全不同，产能相对需求可以近乎于无限提高。这是日本和中国参与全球化的经历，是典型的东亚增长模式，差别只在于参与的先后和经济体量。

美元资本会因包括税收等影响收益的因素继续全球化，而产能远超本土需求的经济体则更迫切要求继续全球化。但从终端产品最重要的出口目的国——美国的角度，全球化给社会各阶层的影响则是苦乐不均，典型表现即自 20 世纪 70 年代开始不断扩大的"锈带"，这会使全球化成为美国及其他发达经济体的国内政治问题，形成反对全球化的力量。如前所述，美国必须以其国内的社会经济诉求为首要考虑。可以预见，包括关税在内的各种贸易手段会成为常态，甚至可能出现约束资本流动的措施。战后的经济全球化基于"美元本位"展开，尽管美国国内不乏"反对美元作为全球主导货币"的声音，但考虑到美国在西方世界的角色和地位，这种取向不会成为主流，全球化仍将继续。因为对美元的持续需求，国际贸易组织的作用逐渐式微，美国一方的态度将更趋强势，且将重新设计美元主导的全球化布局。这很难定义为"逆全球化（或反全球化）"，只是让目前的全球化更有利于美国——毕竟，如果美国国内社会经济动荡导致美元危机，无数全球化参与者均将成为殉葬者。这一趋势下，希望继续依托全球化消纳本土产能的经济体将面临重重困难。

为反"美元霸权"计，也为防范风险计，过去半个多世纪里不乏改革国际货币体系的建议，比如较早的特别提款权，后来的美元、西德马克（或欧元）和日元三足鼎立设计，以及晚近的布雷顿森林体系 3.0（基于大宗商品给货币定价）。自 20 世纪 90 年代的亚洲金融危机始，各类货币危机最终多依赖美国（美元）出手，证明第二项建议的可操作性存疑；过去几年，国际储备中的货币多元化，也只是储备国出于收益考虑，增加配置美元体系里的小币种，没有改变美元的地位和角色。至于将主要货币挂钩大宗商品，则并非新想法，其弊端在前文已有提及。且应该注意到，沙特自战后从不曾将其本币以任何方式同石油绑定或挂钩。《石油央行》中沙特的"石油美元"波动带来的困扰是最好的例证。

要颠覆、替代或改进现有的国际经济秩序，需要出现一个至少比肩美元的货币。这实际上是布雷顿森林会议上凯恩斯想努力促成而不得的方向。若成功，起码可以消解美国目前在国际金融和贸易事务上的话语权。新的挑战者要能够做到如美国这般在目前内向型经济的基础上，满足周围国家的贸易需求。如果做不到这一点，现有的国际经济秩序不会有根本性的改变，脱离现有格局的经济体如不能找到替代此前的增长方式，将面临明显的增长失速风险，且对外依赖越强，失速越严重。

从经济的角度，一些发展中经济体从全球化浪潮中获益颇大。随着经济体量的增加，在全球经济中的话语权提升，其本币的国际地位问题也会提上日程。不断积累美元顺差、对外输出美元债权，这是在进一步巩固美元地位和美元主导的国际经济秩序，而不是本币的国际化；国际结算中本币比重偶有提升，根本原因是有美元背书。无论是否贸易逆差，要能实现本币输出才是关键，即本币不需要背书而被其他经济体接受。但本币被广泛接受的难度，远超千方百计成为一个顺差国的难度。贸易逆差、借美元还外债的国家并不在少数，中国自美国以外的逆差国获得的顺差也多为美元，相信这肯定不是"美国同中国达成协议，只用美元结算出口品"的结果。对于外向型的经济体而言，以主导货币角色对外输出本币，既有的增长和分配方式需要进行重大调整，否则，只能是纸上预期。美元之所以被广泛接受，根本原因是美国国内因素，其他诸如国际贸易、储备、金融交易等，均建基于此。而这，又远远超出了经济讨论的范畴。

市面上关于"广场会议""石油美元"等历史事件的一些失之偏颇的解读,对市场参与者、学术界甚至政策制定者产生了非常不利的影响,甚至对全社会来说,代价远超收益。希望包括石油美元三部曲在内的"时运变迁"系列,能够正本清源,给读者提供更理性的思考视角。

于杰

2024 年 6 月

译者序

石油美元、全球化和特朗普的选项

1974 年 4 月,沙特阿拉伯和美国联合宣布,双方将扩大经济领域以及在满足沙特王国防御需求方面的合作。两个月后的 6 月 8 日,两国高官(基辛格和法赫德)在美国首都华盛顿就此正式签署《沙特阿拉伯-美国合作联合声明》(以下简称《联合声明》,声明内容见本书附录)。《联合声明》就是至今仍被坊间传说的美国-沙特"牢不可破""石油美元""秘密"协议。在签署 50 年后的 2024 年,再度围绕其内容引发了一轮关于"石油美元"传说的话题讨论。

之所以常被讹传、热炒,有两个根本原因。一是讨论者没有见过声明的内容,虽然其并非保密级文件。声明没有提及石油(oil),也没有提及美元(dollar)。美国、沙特事后 50 多年的密切合作,的确以石油和美元为基础,该声明也的确是一个基础性文件,为后续具体的经济和军事(军售)合作确立了框架,但因此就拔高该声明的地位和重要性,则显然忽视了中东-美国间地缘政治生态的复杂性:如作者在书中所述,美国在 1974 年前后,先后同包括伊朗、埃及等中东国家有过类似合作,甚至签署了同类合作协议,但中间关系中断、反目成仇的并非个案。在 1978 年之前,美国在中东最重要的合作方是伊朗，或者说伊朗至少是同沙特并列重要的美国合作方。唯一不同的是，沙特自 1974 年之后，虽然不时对美国有各种不满、抱怨，但其王室最终将沙-美合作关系维持至今。

《联合声明》是 1973 年阿以战争期间以沙特为首的中东产油国对美国石油禁运导致第一次石油危机、美国国内通胀飙升之后两国之间妥协的产物：美国希望不间断地获得低价中东石油；沙特希望将其疯长的石油美元盈余投资于美国，同时希望依托美国加强其军力和本国经济。

第二个根本原因是，讨论者（不乏那些专业的研究者）并不了解石油美元产生的背景和石油美元回流过程。

《石油央行》是从沙特财金官员的角度，解释了沙特石油美元对美国的投资需求；《石油美元》则从《联合声明》中第二项内容，即沙特防御需求的角度，展开讨论了中东-美国之间的石油-美元相互依存关系：产油国将石油卖给美国为主的西方发达工业国获得美元，然后用石油美元自西方（主要是美国）购买先进武器、加强军备。由于冷战、意识形态、宗教信仰及以色列的原因，这个闭环不断强化，且随着石油美元规模的扩大而不断膨胀。

作者将前述石油美元这一依存和循环过程，称为全球化。但他没有描述诸如"美国的直升机在沙特工地搬运混凝土/钢筋"这类直观的经济现象，而是侧重于地缘政治角度的美帝国新秩序安排。也正是这种秩序的形成和维系过程，才使得战后的全球化得以推进、发展。美元显然是中间最关键的要件，是战后世界政治、经济秩序的载体和工具，全球化就是美元在不断地扩大其使用区域，是美国信用的外延。

石油美元，主体是美元。作者通过石油美元的流动和去向，解释了石油美元的概念。石油美元规模积累之大，使其成为1973年压垮布雷顿森林体系最重要的稻草；其后的十年里，石油美元是包括美国、西德、日本等发达经济体，拉美等发展中经济体，中东等贫油欠发达经济体的重要资金来源。在1980年代美国逐步放开资本管制之后，这种全球的资金流动模式成为样本，并被后来的日本和中国贸易美元顺差模仿。80年间，美元始终在，重要的参与角色则换了几拨，可谓是"铁打的美元，流水的美元盈余经济体"。

钱到之处，生机盎然。中东产油国地理和宗教上的特殊性，使得石油美元同样惠及当地不同的政治力量，各方对军事武装力量近乎无上限的追求，给该地区的稳定埋下了隐患，同时也孕育了21世纪之后的恐怖活动和中东乱局——"9·11"恐怖袭击、以哈（马斯）冲突、红海胡塞武装、基地组织、伊斯兰国……这是石油美元体系的另一面。

虽然在1970年代美元曾经历短暂颓势，但其"霸权"的地位始终难以被撼动。包括中东国家在内的发展中经济体一度考虑开创"国际经济新秩序"，尤其是在美国首次将美元"武器化"针对伊朗制裁后。但这些经济体面临一个自身难以解决的问题是，它们的发展恰恰依赖于石油美元的各种支持，一种独立于美元体系的"新秩序"，需要彻底摒弃美元，否则就如同拽着自己的头发离开地面。

时下的美国不同于1970年代，石油完全可以做到自给，很难再如同1970年代两次石油危机那样受制于产油国；同时，其国内资金需求也不再如以往一般需要沙特、日本和中国这样的顺差国来购买美国国债。在这种背景下，美元的地位和影响力要远胜1970年代开始的石油美元时代，即美元的"霸权地位"更强了。2024年特朗普当选美国总统，他在竞选期间表示：对拒绝使用美元结算的国家加征

100%的关税，当选后称要保持美元的国际储备货币地位。一国货币的强弱、被他国接纳还是摒弃，不是一届政府、政府首脑可以保证或维护的。以目前美元的地位，不需要这些要求和承诺，美元的地位不会受到任何影响。如果美元丧失其目前的地位，再多的承诺和威胁也于事无补。《石油英镑》给了最好的参照。

  可见的未来，美国更容易"武器化"美元，效果取决于美国执行其政策的力度。作者在完成这本书时，特朗普还在其第一任总统期间，世界都在讨论他的"美国优先"。在本书中文版上市时，特朗普开始其第二任期，"美国优先"仍然会是特朗普的信条。贸易和汇率以及资本方面的政策，相信会依次摆上其桌面。

于杰

2024 年 11 月

目录

缩略词		03
前言		05
第一章	石油、美帝国和中东	001
第二章	通往石油危机之路	029
第三章	追求石油美元的相互依存	067
第四章	尼罗河三方	101
第五章	石油美元经济	131
第六章	石油美元的前景和风险	169
第七章	改革与动荡	211
第八章	革命与入侵	243
第九章	复苏与危机	283
第十章	一个时代的终结	319

结　论	353
附录　沙特阿拉伯－美国合作联合声明	369
注释	373
参考文献	425
致谢	441
译后记	443

缩略词

AIOC	Anglo-Iranian Oil Company	英伊石油公司
Aramco	Arabian-American Oil Company	阿美石油公司
AWACS	Airborne Warning and Control System	机载预警和控制系统
BIS	Bank for International Settlements	国际清算银行
CIA	Central Intelligence Agency	中央情报局
FBI	Federal Bureau of Investigation	联邦调查局
FLN	Front de Libération Nationale	阿尔及利亚民族解放阵线
FMS	Foreign Military Sales	对外军事销售
FY	fiscal year	财政年度
IEEPA	International Emergency Economic Powers Act	国际紧急经济权力法案
IMF	International Monetary Fund	国际货币基金组织
IOP	Iranian Oil Participants	伊朗石油参与者
IPC	Iraq Petroleum Company	伊拉克石油公司
LDC	less developed country	欠发达国家
MDC	more developed country	发达国家
MENA	Middle East and North Africa	中东北非地区
MNOC	multinational oil companies	跨国石油公司
NATO	North Atlantic Treaty Organization	北大西洋公约组织
NIEO	New International Economic Order	国际经济新秩序
NSC	National Security Council	国家安全委员会
NSDD	National Security Directive Decision	国家安全决策指令
NSDM	National Security Decision Memorandum	国家安全决策备忘录
OEC	oil-exporting country	石油出口国

(续表)

OECD	Organization for Economic Co-operation and Development	经济合作与发展组织
OPEC	Organization of the Petroleum Exporting Countries	石油输出国组织
PLO	Palestine Liberation Organization	巴勒斯坦解放组织
UAE	United Arab Emirates	阿拉伯联合酋长国
USSR	Union of the Soviet Socialist Republics	苏联

前言

1974年11月5日,当石油出口国(OEC)*因大幅提高石油价格而获得前所未有的利润时,白宫幕僚长唐纳德·拉姆斯菲尔德向美国副国家安全顾问布伦特·斯考克罗夫特发送了一份备忘录。拉姆斯菲尔德在备忘录中指出:"金融、核和太空能力是当今世界上独一无二的权力象征。"虽然美国的核能力和太空能力仍然强大,但是"美国的金融优势已经减弱……未来的金融力量显然是阿拉伯国家"。基于这一思路,拉姆斯菲尔德建议华盛顿与一众阿拉伯国家合作,开展一个阿拉伯太空计划,使它们在十年内"在这个领域几乎与美国和苏联齐头并进",并由美国和阿拉伯宇航员共同参与。拉姆斯菲尔德估计该计划的启动费用为70亿至100亿美元,之后每年的成本为10亿美元。资金将来自人口稀少但富油的阿拉伯国家,而劳动力将主要来自人口较多的阿拉伯国家,包括富油国和贫油国。拉姆斯菲尔德承认该计划将是昂贵的,但他坚持认为成本不会成为禁锢,因为预

---

* 关于石油出口国家,作者在书中分别使用了石油出口国(OEC)和石油输出国组织(OPEC)。在作者的定义中,这两个概念涵盖的国家不同。全书的译文,为避免混淆,译者均分别附带了英文标注。另,本书的"[ ]"均为原文,"( )"有原文,也有译者为方便阅读、避免误解所加。除特别说明外,不再加"译者注"。——译者注

计的阿拉伯贸易顺差总额仅在1974年当年就将至少达到500亿美元，拉姆斯菲尔德声称："阿拉伯人现在正疯狂地寻找使用这些资金的途径。"[1]

拉姆斯菲尔德认为，太空计划作为一种实现现代化的手段将引起阿拉伯领导人的兴趣。"虽然阿拉伯人不希望被美国化、欧洲化或基督化，"拉姆斯菲尔德说，"但他们确实希望实现现代化——拥有现代西方世界的知识和物质优势。"太空计划将为阿拉伯世界带来新产业并培养"技术人员、科学家、工程师、管理人员"，推广现代工业、经济、社会和政治系统。拉姆斯菲尔德还认为，太空计划为塑造阿拉伯的声望提供了一个积极的替代方案，以摆脱对抗以色列的僵局。"思维传统的普通人渴望开始另一场战争，但这一定是理智的阿拉伯领导人最不愿意看到的。"拉姆斯菲尔德认为。"从后者的角度来看，能将注意力从以色列转移开来本身就会使太空计划充满希望。"拉姆斯菲尔德念叨着，"还记得埃及人在赎罪日战争中争取到僵局时有多自豪吗？如果他们成为太空领域的世界领袖，他们将会更加自豪。对于我们的酋长来说，欢迎一名归来的阿拉伯宇航员，而不是一名归来的恐怖分子，会让他们更加愉快。"[2]

对于拉姆斯菲尔德而言，该计划对美国的主要好处，是与一个更加稳定的阿拉伯世界建立更紧密的联系。"长远来看，我们不能把阿拉伯世界视为我们的敌人，"拉姆斯菲尔德坚定地认为，"美国必将生活在这样一个世界里：阿拉伯人不仅掌握着美国生存所需的石油，而且是世界主要力量之一，在任何事务上都必须与他们打交道。我们必须与阿拉伯人友好相处，而只有我们给予他们想要的且无法轻易在其他地方获得的东西，这才可能。"联合太空计划将使美国成为阿拉伯发展的重要合作伙伴，并成为在石油价格等问题上争取阿拉伯国家合作的筹码。拉姆斯菲尔德进一步认为，阿拉伯社会的现代化将减少该地区的激进主义，他说："比起骆驼牧民，毛拉（mullah）或穆夫提**（mufti）将更难以说服电子技术人员去支持一些特殊的政治立场。"拉姆斯菲尔德还指出该计划对美国经济的潜在好处，他认为大多数合同将授予美国公司，因而阿拉伯国家的支出可以用来补贴美国航天飞机计划的开支。最后，拉姆斯菲尔德提及冷战以结束其演讲："如果阿拉伯人要与美国或苏联合作开展太空任务，我们更希望是哪一个呢？"他反问道。[3]

美国政府其他官员似乎并没有认真考虑拉姆斯菲尔德的提议。在某些方面，这是关于如何利用阿拉伯财富的比较离奇的想法之一。但在某些关键方面，这份备忘录体现了20世纪70年代中期对中东石油出口国（OEC）积累的巨额资金的回应。**当时这些资金普遍被称为"石油美元"，表示是通过销售石油获得的收入。**

首先，拉姆斯菲尔德的备忘录极具代表性，展示了阿拉伯和伊朗以每天近2亿美元的速度增长的庞大石油美元如何激发起了许多美国人的兴趣甚至敬畏。[4] 在白宫、国会、联邦机构和州长办公室，官员们辩论着石油美元可能如何影响其选民，并重塑全球经济和政治秩序。企业和银行，无论是跨国的还是地方的，都在计算石油美元可能如何改变它们的市场。新闻和娱乐媒体定期评论石油美元正在如何改变世界。对石油美元的关注并不仅限于美国；全球范围内，政府、公司和公众都关注着阿拉伯世界和伊朗持续增长的暴利的影响。

---

* 毛拉，是对伊斯兰学者的尊称。——译者注
** 穆夫提，是伊斯兰教法的说明官。——译者注

拉姆斯菲尔德的提议也反映了许多其他美国政策制定者和商人对石油美元的希望和预期。他们认为，阿拉伯世界和伊朗的新财富极大地提升了两者的力量和重要性；阿拉伯人和伊朗人如何支配其石油美元，将对全球经济和政治结构产生重大影响。因此，关键是确保阿拉伯和伊朗领导人以有利于美国目标的方式使用其石油美元，而不是与之相悖。为了实现这一点，这些美国人认为，美国政府和美国公司应该提供先进的技术和服务，以换取阿拉伯和伊朗的存款与政治合作。因此，阿拉伯人和伊朗人将在美国的指导下为本土的现代化付费——为受到通货膨胀和经济衰退（部分源于高油价）困扰的美国经济带来投资和就业机会，并为向往西方生活水平的中东社会带来发展和教育。相对于美国，现代化项目，无论是太空计划还是更接地气的项目，也将在阿拉伯和伊朗社会产生有益的政治影响。它们将在冷战的背景下重申和扩展美国与阿拉伯世界和伊朗政府间的联盟关系。它们将在普通阿拉伯人和伊朗人中产生温和的政治信任，化解阿以冲突等危机。它们将确保美国及其盟友继续以可接受的价格获得中东石油。简而言之，通过石油美元的流动，中东和美国的经济实现了极大的融合，阿拉伯国家和伊朗从石油美元财富中获得的更大权力将被用来维护和增强美国的全球影响力。

但无论是有意还是无意，拉姆斯菲尔德在备忘录中没有意识到可能会有人反对他的或类似的美国现代化计划，也并没有意识到相互依存可能会产生意想不到的结果。阿拉伯和伊朗领导人，无论"理性"与否，如果他们认为美国的行动与他们自己的利益相冲突，他们可能会利用他们的石油美元力量更有力地挑战美国的特权。许多新受过训练的阿拉伯或伊朗电子技术人员可能会因为美国在他们社会和政府中的高度影响而感到疏远，并进行抵制。许多美国人可能会反对与阿拉伯世界和伊朗建立更紧密的联系，因为他们担心外国势力会对美国的机构产生影响。

本书认为，在20世纪70年代的近十年间，富油国石油美元利润激增，导致中东北非地区（MENA）与美国自二战以来建立的国际帝国之间的关系发生了根本性转变。[5] 关于20世纪70年代和80年代石油美元在全球事务中的作用的早期研究，主要是基于公共记录、实地研究、经济数据和新闻报道。[6] 过去十年来，学者们利用新的解密记录，将石油美元的全球影响作为其更宏观讨论的一部分，有助于重新评估20世纪70年代和80年代的国际历史。[7] 在方法论上，本书试图从三个关键方面借鉴这些研究的不同见解。首先，本书利用了大量新的资料来源，尤其是解密的政府记录以及阿拉伯、伊朗和美国的大众媒体。其次，本书将美国与中东北非地区的关系作为研究范围，而不是特定国家，并将石油美元置于分析的中心。最后，本书最全面地阐述了石油美元在这一时期对中东北非地区与美国之间的关系产生的各类影响，分析范围涵盖广泛的国际和跨国行为体，以及经济、外交、军事、政治、社会和文化领域。

本研究揭示了20世纪70年代长期的石油美元繁荣如何促进了美帝国在中东北非地区的运作以及中东北非地区在美帝国中的角色发生的深远变化。在本书中，"帝国"和"帝国主义"这两个词并非道德上的贬义词，也无意与历史上用这些术语描述美国及其行为的参与者保持立场一致。相反，它们被用作分析术语。在20世纪中叶，美国对世界大部分地区拥有并行使如此不成比例的权力，以至于除了"帝国"之外，几乎没有其他词汇足以形容。此外，帝国分析框架的使用能让人们始终关注权力在塑造全球化等进程中的作用，而这些进程往往被错误地描述为非政治性的和纯技术性的。保罗·克莱默（Paul Kramer）深刻地描述了这一时期的美国，将其定义为一个"国际帝国"，这是"一个通过协调多个'合法'民族国家，推动、管理和规范它们之间的联系与往来，从而形成秩序，并在诸多多边机构中拥有不成比例的权力的帝国安排"。[8] 通过国际帝国，美国利用其对其他合法主权国家的权力，特别是通过让后者融入美国安全体系和全球资本主义贸易和投资网络的方式，发展美国的政治和经济利益。通常，各国政府（或候任政府）会配合地加入美国的帝国体系，以获得美国在贸易、援助和军事支持方面的好处，甚至在其寻求逐步增强相对于美国的权力和自主权时也是如此。

本书提供了一个重要案例，说明美国如何在众多合作伙伴和对手的不断挑战下成功维持其国际帝国。美国通过迎合其富油的中东北非盟友的崛起和野心，并利用它们增加的财富来实现共同的目标，从而转向了一种新的合作型帝国体系。从20世纪20年代到60年代，美国在中东北非建立了一种合作型国际帝国体系，其中该地区的富油国出口廉价石油，支撑了美国及其盟友的经济增长（以及后者的政治忠诚），而美国政府和石油公司则为中东北非政权提供安全和经济援助。在20世纪70年代初，中东北非石油出口国的石油价格和石油美元收入均大幅提高，威胁到美国在中东北非乃至整个世界的影响力，尤其是在1973年阿拉伯国家对美国的石油禁运威胁到美国的联盟关系之后，这种秩序被打破了。不过，美国同中东北非盟国的企业和政府领导人通过谈判过渡到以"石油美元回流"为基础的新帝国体系，从而避免了永久性的裂痕。在这种新形势下，美国及其中东北非盟国——尤其是君主制的伊朗和沙特阿拉伯——的领导人，不再将廉价石油作为其关系的基础，而是将其关系重新定位在利用中东北非国家新获得的石油美元财富开展双方都认为有利于共同利益的联合项目上。这些项目包括在中东北非国家进行大规模军事建设和前所未有的发展项目，在广大第三世界开展对外援助和贷款项目，以及在美国开展投资项目，所有这些都有助于增强以美国为首的联盟的地缘政治力量，且有利于日益放松管制的资本主义在全球扩张。在这一新秩序中，美国仍是主导力量，但其石油资源丰富的盟国，尤其是伊朗和沙特阿拉伯，则拥有更大的影响力和更优惠的待遇。

在20世纪70年代这一漫长的时期，以"石油美元"为纽带的新帝国秩序转变，是全球趋势的一部分，这一趋势涉及投资、贸易、旅行、媒体和通信等国际流动的快速增长，强有力地将世界上许多不同民族的经济命运和文化想象紧密联系在一起。如今，这些进程通常被统称为"全球化"，但在20世纪70年代，越来越多注意到这种当代现象的学者所使用的术语是"相互依存"。这个词既可以指一种存在状态，也可以指一种追求或培育的战略。国家和非国家领导人可以在如何或何时接受或脱离相互依存关系方面选择各种途径，但他们的选择也受到物质现实的制约。国家间经济相互依存程度的提高通常会带来更大的经济收益，但这也意味着这些国家必须越来越多地考虑其贸易伙伴的关切，以防他们做出对经济有害的反应。经济学家理查德·库珀（Richard Cooper）在1968年出版的《相互依存的经济学：大西洋社会的经济政策》中写道："国际经济交往既扩大又限制了国家根据自身意愿行动的自由。它通过允许更经济地使用有限资源来扩大其自由；它通过将每个国家嵌入一个只能稍有影响的、通常只是间接的且没有确切效果的约束矩阵中来限制各国的自由……［一国］只有在准备好接受其他国家的负面反应时，才能单方面放弃默契的国际良好行为准则。"[9]

库珀在该书中着重探讨了美国与其盟友——西欧各国和日本之间的相互依存关系，这很好理解，因为当时这些国家的经济规模和彼此之间的贸易关系都无可比拟，但他的思路同样适用于随后快速发展起来的中东北非国家与美国之间的石油美元相互依存关系。实际上，我认为在20世纪70年代美国主导的相互依存或全球化的崛起中，中东北非应该被看作一个重要地区，与美洲、西欧和东亚地区的地位不相上下。美国与富油的中东北非国家分别作为（全球）最大的经济体和巨额新资本的聚集地，具有强大的结构性经济激励因素，促使它们就石油美元的用途达成协议。这些激励因素在很大程度上解释了为什么这两个地区的领导人经常克服争端，并坚持按照石油美元相互依存的路线重构美国帝国秩序。

但与此同时，经济结构并不是严格意义上的决定性因素；不同的领导人和团体出于各种考虑和意识形态因素，选择了不同的优先事项和行动方案。白宫领导人、许多美国公司以及中东北非盟国政府都认为，中东北非地区与美国之间的石油美元相互依存关系符合其国家或公司的经济和安全利益。然而，即使是在盟友之间也存在强烈的分歧，导致中东北非与美国领导人有时会限制其对相互依存的追求，甚至威胁对彼此采取敌对行动。美国与其盟友中东北非地区领导人必须有意识地共同努力，以在相互冲突的关切面前维持以美国为主导的相互依存的帝国秩序。

此外，我指出，由美国主导的石油美元秩序倾向于增强冲突结构、扩大经济差距和增加政府失责的现象，尤其是因为美国及其盟友政府会利用石油财富边缘化并强烈压抑反对派团体的利益和政治参与，特别是中东北非地区的左翼分子和反君主制的伊斯兰主义者。这些倾向在中东北非地区的团体及美国的团体中引起了对美帝国和相互依存模式的高度敌意，因为他们担心对方会破坏自己的主权和文化，以及政府传统、经济利益和人权价值观。像阿尔及利亚、伊拉克和利比亚等政府通常选择与美帝国对抗；以色列的立场则截然不同，它仍然是美国的盟友，却努力破坏阿拉伯国家与美国的石油美元关系。美国内部以及阿拉伯和伊朗君主制国家中的一些领导人和团体也对美国主导的石油美元秩序的部分或全部内容提出了质疑，因为这与他们的利益相悖，有时他们能在破坏这一秩序方面取得成功。最极端的情况，是伊朗革命者推翻了沙阿政权，这在很大程度上是因为他们对与美国的相互依存关系中的不公正感到愤怒。他们建立的新政权不仅退出了美帝国体系，而且还被证明是美帝国在中东北非地区最强大的挑战者之一。因此，本书展示了帝国和相互依存关系如何在不顺应民众要求的情况下遭遇挑战，甚至被推翻。

对于中东北非地区与美国的人民来说，我们当代全球化阶段的开端很大程度上始于20世纪70年代的石油危机和石油美元经济。据观察，帝国会产生为自己辩护的文化叙事，同时也会产生反对自己的叙事[10]。经济体系也是如此。在围绕石油美元秩序的不同愿景展开的斗争中，文化辩论起到了重要的作用。因此，本书分析了美国人、阿拉伯人和伊朗人运用关于石油美元关系的叙事来动员民众支持他们的经济和政治愿景的方法。虽然研究人员在很大程度上（尽管并非完全）

无法获得阿拉伯和伊朗政府在这一时期的记录，但还是有大量的阿拉伯语和波斯语报纸文章、论文和小说可供使用，并提供了洞察中东北非政府及其反对者团体的关切的视角[11]。美国人、阿拉伯人和伊朗人对彼此的表述，无论是正面的还是负面的，都深刻地影响了他们最初如何应对全球化，并试图理解全球化及其所带来的快速变化。

从20世纪70年代初到80年代中期，中东北非石油出口国的石油美元收入促成了美帝国和更大的国际秩序的许多转变。中东北非地区的财富增加在增强美国对该地区的国际关注度方面发挥了重要作用，这与石油获取和冷战竞争问题不同但相互关联。在中东北非地区，石油美元的繁荣建立了阿拉伯世界与美国之间前所未有的联系，这种联系将持续数十年，将沙特阿拉伯从一个中等的美国盟友变成顶级美国盟友，也将埃及从苏联的附属国变成了美国的附属国，但也将伊朗从一个强大的美国盟友变成了一个强大的对手。作为一个地区，中东北非不再是被美帝国控制一种产品（石油）的所在，而是成为主导资金流动的区域，因为美国利用中东北非的石油美元来维持自己的全球帝国；此前由美国及其西方盟友履行的承诺，越来越多地由富油的中东北非盟友来出资。中东北非的石油美元成为美国银行、企业和政府关键的贷款和投资来源。阿拉伯和美国领导人成功地确保了这些石油美元的再投资主要通过私营机构而非多边机构进行，这将促进新自由主义全球化在第二和第三世界大部分地区的扩张。石油财富极大地提升了军火出口对美国全球贸易和影响力的重要性。石油美元支持了中东北非广阔区域的快速现代化，使该地区成为最先进的美国军事、发展、商业领域的产品和服务的重要消费者。石油财富越来越多地资助了美国在全球范围内的盟友，包括从英国到韩国的政府，以及从阿富汗到尼加拉瓜的反左翼力量。最后，石油美元极大地扩大了中东北非与美国之间的合作网络的数量，同时也壮大了那些积极反对中东北非与美国相互依存的队伍；双方都产生了一系列新的文化叙事，或支持或谴责美国主导的全球化和美帝国。

为应对20世纪70年代的石油危机冲击，美国利用中东北非的石油美元成功地重建并维持了其帝国。美国承担了石油价格上涨的巨大成本，但它通过与中东北非盟友合作，将石油美元用于共同目的，从而降低了这些成本。与美国合作的中东北非国家在许多方面增强了实力，而那些试图抵制美国影响的国家则发现自己越来越多地遭受损失。然而，尽管许多领导人认为美国主导的石油美元秩序有利于他们的利益，但这一体系造成的经济混乱和专制暴力也驱使许多美国人、阿拉伯人和伊朗人抵制这一体系，在中东北非国家内部以及美国与前者间埋下了冲突的种子。在20世纪80年代中期石油美元收入骤减之后，这些斗争的后果仍将长期存在，20世纪70年代漫长的石油美元时代所建立的许多结构也是如此。

第一章

石油、美帝国和中东

1965年3月，阿卜杜拉·塔里基（Abdullah al-Tariqi）在开罗举行的阿拉伯国家联盟第五次石油大会上发表讲话。塔里基此前曾担任沙特阿拉伯的石油大臣，其间他不断呼吁就与西方跨国石油公司的石油特许经营协议重新谈判，以达成更有利于阿拉伯国家的条件。时下，作为一名普通公民，塔里基在大会上发言宣布，"阿拉伯国家石油工业的现状是西方大国经济殖民主义的完美例证"，事实上，它是"殖民主义最恶劣的形式"。他认为，西方殖民主义的驱动力是希望控制非洲、亚洲和拉丁美洲的自然资源，并以牺牲殖民地人民的利益为代价利用这些资源促进西方的发展。虽然近年来西方在很大程度上被迫放弃了对其殖民地的直接统治，但它只是"用一种新的统治形式取代了旧的统治形式……军事占领被联盟、防御条约和经济协定所取代，从而保证了（西方）对殖民地国家资源的控制"。塔里基举例说，美国石油财团阿拉伯-美国石油公司（阿美石油公司）通过签订协议，人为压低沙特阿拉伯的石油收入，最大限度地减少美国资本在沙特阿拉伯的投资，以此阻碍沙特阿拉伯的工业化进程，此外还将沙特人排除在高级职位之外,以防止他们掌握控制本国最重要工业所需的技能,从而使沙特阿拉伯处于劣势。鉴于美国和欧洲石油公司的殖民性质,塔里基得出结论:"从这些国家的国家利益角度考虑,阿拉伯国家的石油生产需要国有化。"[1]

塔里基对20世纪20年代以来美国在中东北非地区的国际帝国进行了批判性总结。美国在中东北非地区的帝国由美国跨国石油公司(MNOC)和美国政府共同构建,旨在确保廉价、充足的石油从该地区流向西方消费者。最初,美国主要通过其盟友英国和法国的帝国来确保对中东北非地区及石油的影响力,这就是二级国际帝国。但20世纪30年代到60年代,从沙特阿拉伯开始,越来越多的中东北非国家成为美国的直接附属国。无论是作为美国还是欧洲大国的主要附属国,中东北非的富油国都遵循着类似的合作帝国逻辑,友好的精英们获得西方的军事支持、援助、收入和专业知识,以协助国家建设项目和确保政权安全。作为交换,这些国家承诺打击共产主义和供应廉价石油。美国为了类似的目标,也在中东北非的贫油国实施了类似的策略。

然而,在中东北非地区的美欧帝国引发了当地民众对代理政权(client regimes)及其西方支持者的普遍抵抗。这种对美国主导的秩序的抵抗,部分是由于劳动和人权状况不佳、对侵入的外国社会体系(包括资本主义)的文化和宗教的疏离,以及民族主义愿望。美国对以色列的支持进一步激起了阿拉伯和伊朗的不满情绪。与所有这些问题相关的是,西方的代理政权倾向于剥夺其民众真实的政治参与机会,并使用西方训练和派出的安全部队来镇压异议。值得注意的是,二战后伊朗和大多数阿拉伯政体都是君主制,而这些君主大都是西方的代理人。在20世纪50年代和60年代，一些阿拉伯君主国被左翼民族主义团体推翻了，这些团体对美国的配合程度远低于原政权，且与苏联走得更近。其中最强大的是埃及，在1967年阿以战争之前，埃及对沙特阿拉伯等美国盟友的挑战与日俱增。

左翼挑战强化了美国与中东北非君主国的政治联盟意识，前者通过发展援助和军事援助加强了后者的力量。但同时，君主国经常因石油控制权而与跨国石油公司和华盛顿发生冲突。君主国想获得更多的石油收入来发展本国经济，扩大地区地缘政治影响力，并增加其对西方的自主权。虽然美国方面在一定程度上满足了这种要求，但它最终还是与这一目标背道而驰，因为由美国控制的廉价石油仍然是其首要目标。这种情况越发导致美国在中东北非地区的富油盟友相互合作，并与其他富油国一起，挑战美国为全球石油经济所设定的规则。与此同时，美国对以色列的支持日益增长，导致与美国结盟的阿拉伯富油国政府与更多敌视华盛顿的阿拉伯国家一起挑战美国。总之，二战后的20年中，美国的合作帝国为美国及其中东北非盟国都带来了利益，但同时也孕育了威胁其长久性的紧张局势。

1928年，包括海湾石油、埃克森和美孚前身在内的一家美国石油财团，从英国石油、壳牌和法国石油公司的欧洲公司手中收购了伊拉克石油公司（IPC）23.75%的股份。欧洲公司同意该协议的部分原因是来自华盛顿的外交压力，华盛顿希望通过美国的跨国石油公司确保美国在战略和商业上获得外国石油供应。这种安排开创了美国进入中东石油业的先河。它也建立了一种公司式伙伴关系，这种伙伴关系在很大程度上构建了美国直到20世纪70年代在中东北非地区的关系。

在这种关系中，跨国石油公司代表华盛顿确保与石油相关的美国国家安全利益，以换取美国政府的外交和法律支持。[2]

这次交易标志着中东北非地区与美国关系新纪元的开始。虽然二者之前有过贸易、传教和移民等跨国联系，但美国公司基本上避免在该地区进行直接投资，华盛顿也认为该地区战略意义不大。到20世纪20年代，整个阿拉伯世界都处于欧洲列强（主要是法国和英国）的直接或间接控制之下。这中间包括伊拉克，英国在那里设立了一个新的君主国，即哈希姆王朝，即使在1932年伊拉克获得名义上的独立之后，该王朝仍然听命于伦敦。伊朗名义上在巴列维王朝的君主统治下享有主权，但同样受到英国人的控制。这使得欧洲人控制了中东北非地区最早的两处石油工业，英国人通过英伊石油公司（AIOC）垄断了伊朗的石油工业，而英国人、荷兰人和法国人则通过伊拉克石油公司（IPC）分享了在伊拉克的权力。美国公司加入IPC标志着欧洲在中东北非的石油和政治事务上的霸权开始走向终结。在控制中东北非地区石油的欲望的驱使下，美国公司和美国政府将越来越多地控制该地区，最终建立起一个帝国。

美国在其历史进程中采用了多种帝国形式。19世纪，美国通过征服美洲印第安人和击败墨西哥，建立了自己的领土帝国，确保了北美大陆的纵深。1898年，美国在加勒比海和太平洋地区建立了包括波多黎各和菲律宾在内的海外殖民地帝国。在20世纪，美国越来越多地采用合作式国际帝国的形式来对其他拥有主权但较弱的国家进行控制。在这种模式下，美国支持其他国家的正式主权，但美国政府和美国公司也利用其经济、技术和军事优势，吸引外国政府接受美国对其国内和外交政策关键问题的监督与管理。[3] 国际帝国为美国和合作国家都带来了明显的好处。美国虽然放弃了直接控制，却在国外施加了强大的影响，同时降低了军事和行政成本，减少了国内和国际上的反对声音。与美国合作的较弱的国家获得了美国的援助、专业知识、商业交流或军事保护，这样可以加强它们的经济和国家机构。通过加入主导伊拉克经济和政治体系的伊拉克石油公司，美国跨国石油公司首次将美帝国扩展到了中东北非地区。

继1933年加入IPC之后，海湾石油公司又与英国石油公司（British Petroleum）在英国保护国科威特成立了一家五五分成的合资企业。海湾石油公司于1938年2月发现石油，显著扩大了美国对科威特乃至整个中东北非地区石油储量的影响力。在中东北非地区的富油国，第一个主要受美国影响的国家是沙特阿拉伯。沙特阿拉伯于1932年宣布成为王国，在之前的30年里，伊本·沙特（Ibn Saud）为此东征西讨。伊本·沙特通过赋予瓦哈比派宗教领袖神权监督社会习俗，获得了瓦哈比派保守传统派别的支持。他还在1915年接受了英国对其领地的正式保护，以换取军事援助；即使在1927年其政府的完全主权获得英国承认后，他仍然依赖英国的支持，该国事实上是英国在中东的特别条约国帝国的一部分。但在1933年，沙特国王伊本·沙特选择将一项石油特许权授予一家美国公司，即雪佛龙的前身，从而开始了美国在沙特石油事务中数十年的外方话语权垄断。三年后，另一家美国公司得克萨斯石油公司（后来的德士古公司）也加入了这一合资企业，它们的合资子公司（不久后被命名为阿美石油公司）于1938年3月在达曼开采石油，开创了沙特石油工业的先河。

二战期间，石油对军事胜利的关键作用巩固了美国政府的观点，即中东石油构成了至关重要的战略利益。在战争期间，华盛顿向沙特阿拉伯提供了租借法案援助，以确保伊本·沙特统治的稳定，进一步取代了英国在该国的影响。相比之下，在伊朗和伊拉克，美国选择支持英国的优势地位。这种支持延伸到伦敦1941年罢黜并流放中立主义的伊朗君主礼萨沙·巴列维（Reza Shah Pahlavi），代之以其子穆罕默德·礼萨·巴列维（Mohammed Reza Shah Pahlavi），一个聪明但缺乏安全感的年轻人。但美国还是会向这些国家提供租借法案援助，以让它们留在盟国阵营中。在战争期间，美国领导人还开始讨论将伊朗作为一个重要的屏障，以阻止苏联可能对西方控制的阿拉伯石油的挑战。[4]

二战结束时，苏联和美国成为全球仅存的两个超级大国。战争让大多数美国外交政策制定者相信，为了美国至关重要的安全和经济利益，需要重建有规则的全球资本主义经济，防止任何单一势力主宰欧亚大陆，且采取不妥协的政策对待敌对政权。相反，战争让苏联领导人重新坚信要逐步在全球传播共产主义，而且更紧迫的是要通过一定程度的集权体制来确保苏联的安全。在追求相互竞争的意识形态和战略愿景中，苏联和美国未能超越彼此的分歧，到1947年已经进入了一场全球霸权的对抗性竞争——冷战，其间包括中东北非在内的大部分世界，都被分为苏联的影响范围和美国的影响范围两部分。[5]

美国哈里·杜鲁门政府将西方获取中东石油作为其恢复全球资本主义和对抗苏联的冷战战略的重中之重。1945年，美国生产了世界三分之二的石油，是主要的石油出口国，很显然中东北非地区拥有无可匹敌的石油储量，这意味着该地区将在全球能源市场的发展中扮演重要角色。[6]与此同时，阿美石油公司开始寻求大规模出口沙特石油，以获得投资回报。美国军方和国务院支持阿美石油公司的目标，因为他们希望扩大东半球的石油生产，以确保获得充足的石油供应，同时也帮助保护西半球的石油储量，这些储量构成了更易防护的战略储备。1948年，阿美石油公司接纳埃克森公司和美孚公司为合作伙伴，一方面是为进入欧洲市场所需的基础设施获取更多资金，另一方面是为争取它们的支持，避免与伊拉克石油公司和英伊石油公司展开代价高昂的价格战。随着阿美石油公司的扩张，雪佛龙、埃克森、海湾石油、美孚、德士古、英国石油、法国石油和壳牌通过其在伊拉克、科威特和沙特阿拉伯的合资企业建立了相互交织的伙伴关系。这八家跨国石油公司共同控制着世界上绝大多数的石油出口，它们联手建立了一个生产商卡特尔，对石油产量和定价进行监管，以避免彼此间代价高昂的竞争。跨国石油公司还稳步增加中东石油出口，促进了美国的经济增长及其主要盟国的重建。早在1948年，美国政府的一项研究就确定，阿拉伯和伊朗的石油产量估计占非共产主义世界总产量的11%，如果失去这些石油产量，美国将被迫实行严格的国内能源配给，或者面临在马歇尔计划下西欧复苏失败的风险。[7]

在接下来的20年里，西方经济依靠廉价而充足的石油发展起来。从1949年到1970年，美国的石油消耗量增长了180%，西欧的消耗量增长了1 350%，日本的消耗量从每天几千桶增长到440万桶。石油使用量的快速增长对二战后西方国家惊人的经济复苏起到了关键作用。从1948年到1973年，西欧、北美、日本、澳大利亚和新西兰等发达经济体的人均GDP总量增长了两倍多。[8]就价值和总量而言，石油也是最大宗的国际贸易商品。在二战后的几十年间，绝大部分国际贸易中的石油（以及大多数出口商品）均以美元计价和交易，从而将石油价值与美元紧密关联。这也是为什么大多数相关收入被称为石油美元，而非其他石油货币（如排在第二位的石油英镑）。[9]

虽然杜鲁门政府指望跨国石油公司（MNOC）从中东出口石油，但它主要依赖英国，以及在较小程度上依赖法国，来应对当地的政治挑战，并阻止苏联进入中东和北非地区。1945年，苏联在该地区没有任何盟国，而英国和法国则对大多数中东和北非国家保持着正式或非正式的控制。英国还在该地区部署了大量军事力量；1952年，英国在利比亚、伊拉克、南也门等地驻扎了超过64 000人的军队和一连串的空军和海军基地。[10]尽管杜鲁门政府确实将沙特阿拉伯置于美国的保护之下，并在德黑兰开始了一个军事训练计划，但大部分时间里，它乐于将中东的防御工作交给英国，作为一种节省成本的分工安排。

然而，尽管杜鲁门政府指望英国和法国来保卫中东和北非地区，但欧洲在二战后已经变得虚弱，并且面临在该地区奋起的反帝国主义运动的挑战，这些运动有两个相互关联的目标：结束正式和非正式的西方统治，提高生活水平。在伊朗，反对英国在该国的政治和经济影响力的政治派别日益壮大。1945年3月，埃及、伊拉克、约旦、黎巴嫩、沙特阿拉伯、叙利亚和也门组成了阿拉伯国家联盟，旨在实现阿拉伯国家之间更紧密的联系，并推动独立和福利事业。法国和英国则采取了选择性的战术收缩，逐步放弃其正式的帝国版图，以期保持非正式的影响力。1945年，黎巴嫩和叙利亚从法国获得独立，约旦和利比亚在1946年和1951年从英国获得独立，不过约旦和利比亚的王室仍然依赖于英国。

直到20世纪40年代，许多阿拉伯人和伊朗人都将美国视为对抗欧洲帝国主义的潜在盟友，原因是美国在该地区没有领土野心，且通过传教士、现代化倡导者和移民与当地建立了友好的跨国联系。[11] 但二战后，美国跨国石油公司和华盛顿的行为越发引起中东北非地区精英和民众的反美情绪。

在富油的阿拉伯和伊朗的领导人看来，跨国石油公司是一把双刃剑。对于中东北非国家的政府而言，跨国石油公司为获得石油开采权而支付的石油美元是国家发展的重要收入来源。杜鲁门政府还期望美国石油公司作为该地区的主要现代化力量，相信这些收入、就业机会和基础设施建设将增强东道国在经济和政治上对抗共产主义的韧性，同时避免当地人认为美国以帝国主义的方式行事。[12] 然而，虽然许多美国领导人真诚地寻求全球南方的欠发达国家（LDC）的现代化，但是美国同期也领导了全球资本主义体系的重建。在这一体系中，欠发达国家继续苦于资本短缺和其主要出口产品——原材料的低价格。而全球北方的发达国家（MDC）则保有全球大部分资本并保持了其出口工业品的高价格。二战后，亚洲、非洲和拉丁美洲的领导人越来越多地拥护第三世界主义的意识形态，这一理念强调全球南北之间的分裂，而不是冷战的东西方分裂，并呼吁结束欧洲的政治殖民主义并重构全球经济，提高其出口原材料的相对价值，以资助全球南方的工业化，并使其生活水平与全球北方相当。[13] 在第三世界的富油国，反殖民主义精英不满于跨国石油公司对其最宝贵资源占据支配地位并获得大部分收入的分成，越发强烈地提出自然资源的主权主张，以此作为与跨国石油公司重新谈判石油特许权或将这些公司国有化的理由。跨国石油公司强烈抵制这些主张，它们想尽量减少与东道国的收入分成，遏制当地政府在定价或生产决策中的发言权，并禁止当地居民担任管理职位，以保持对石油工业的控制并实现利润最大化。随着时间的推移，中东北非地区富油国的各政治派别领导人对跨国石油公司以及华盛顿对后者的支持感到越来越失望。[14]

美国跨国石油公司的做法还在该地区催生了新的、激进的无产阶级。美国跨国石油公司在伊拉克和沙特阿拉伯的营地实行种族隔离，阿拉伯员工的住房条件不足、工作时间长且不安全，而且工资低于西方人。1945年，当阿拉伯员工抗议恶劣的工作条件和不平等的薪酬时，发生了针对阿美石油公司的第一次罢工。[15]在伊拉克，1946年和1948年针对伊拉克石油公司的劳工抗议也遭到了公司和政府的武力镇压和逮捕。[16]这种不公待遇在阿拉伯石油工人及更广泛的社区中引发了反美、反企业的情绪。

阿拉伯人与犹太复国主义者之间不断升级的冲突，也引发了阿拉伯精英和民众对美国的愤怒。1947年初，伦敦宣布将很快退出对巴勒斯坦的委任统治，将解决阿拉伯-犹太复国主义冲突的问题留给新成立的联合国。大多数阿拉伯人认为，在巴勒斯坦建立一个犹太复国主义国家将构成一种有害的西方帝国主义形式，不公正地剥夺了巴勒斯坦阿拉伯人的民族主义愿望。杜鲁门政府出于对大屠杀中欧洲犹太幸存者的人道主义关怀和争取美国犹太选民的政治考量，积极努力确保联合国批准包括建立犹太复国主义国家在内的巴勒斯坦分治计划，并在1948年以色列宣布独立后立即予以承认。杜鲁门政府对以色列的支持显著激化了阿拉伯民众的反美情绪，并使美国与阿拉伯国家的关系紧张，不过依赖跨国石油公司收入的富油君主并没有冒险与华盛顿断绝关系。[17]阿拉伯国家联盟成员国确实向新成立的以色列宣战，以维护阿拉伯巴勒斯坦人的权利主张，但其派出的军队均以失败告终，以色列将其边界扩大到了联合国分治计划所划定的范围之外。这次军事溃败强化了阿拉伯民族主义的普遍信念，特别是在军队内部，即认为当前的阿拉伯政府不称职，并且过于依赖西方大国。

随着1950年朝鲜战争的爆发，杜鲁门政府越来越担心共产主义者会推翻非洲和亚洲现任政府，并利用中东北非地区日益高涨的反美情绪来达成这一目的。因此，美国政府重新强调确保富油的君主制国家得到足够的资金以维持其稳定和忠诚。在阿拉伯世界，杜鲁门政府把跨国石油公司视为提供这种援助的渠道。阿拉伯领导人越来越频繁地要求从跨国石油公司获得更大份额的收入，而这些公司在20世纪40年代末仅向东道国支付了其石油销售利润的一小部分。在利雅得和华盛顿的压力下，阿美石油公司于1950年同意与沙特阿拉伯对利润进行五五分成，但它同时从美国政府那里获得了一项对其运营收入的法律上存疑的税收减免，实际上将增加的资金负担从阿美石油公司转移到了美国纳税人身上。影响立竿见影：1950年，阿美石油公司缴纳了5 000万美元的美国所得税，并向沙特阿拉伯支付了6 600万美元；1951年，阿美石油公司缴纳了600万美元的美国所得税，并向利雅得支付了近1.1亿美元。在华盛顿的鼓励下，跨国石油公司在1951年同意将利润与伊拉克和科威特政府五五分成。[18]阿拉伯国家的石油收益增加，促使杜鲁门政府决定在1950年至1952年期间仅向伊拉克和沙特阿拉伯提供不到100万美元的经济援助。[19]

然而，在伊朗，英国通过英伊石油公司继续垄断伊朗石油工业，拒绝采纳五五分成的利润分享协议。从1950年到1952年，美国政府向伊朗提供了超过8 300万美元的经济和军事援助，但这并不足以阻止伊朗人对英伊石油公司立场的不满。[20]新沙阿穆罕默德·礼萨最初的软弱，使得权力转移到了伊朗议会，为多元化、民主的政治创造了空间，这在老礼萨国王的统治下是不存在的。在这种新的政治环境下，包括世俗左派和"伊斯兰主义者"在内的众多伊朗议会议员组成了一个联盟，即民族阵线，挑战英伊石油公司的权力。民族阵线由伊朗首相穆罕默德·摩萨台（Mohammad Mosaddeq）领导，他的声望和反君主主义观点使他成为沙阿的对手。1951年，摩萨台在英伊石油公司拒绝与伊朗达成五五分成协议后，将该公司国有化。

由于担心东道国会将自己的企业收归国有，跨国石油公司协调了一场近乎全球性的抵制伊朗石油的行动，导致伊朗石油出口量下降了97%，伊朗经济遭受重创，德黑兰政府的财政也捉襟见肘。由于全球石油市场正处于长期过剩状态，伊朗的产量损失可以由包括阿拉伯产油国在内的其他国家弥补，因此跨国石油公司从中受益，而摩萨台则遭受打击。尽管如此，摩萨台在政治上仍然很受欢迎，因为他坚持与西方公司对抗。英国政府认为摩萨台将英伊石油公司国有化是对（英国）国家安全的威胁，因此开始密谋发动针对摩萨台的政变。杜鲁门政府虽然反对（伊朗的）国有化，但建议伦敦与摩萨台达成和解。不过，美国总统德怀特·艾森豪威尔的新政府更担心持续的政治僵局会为伊朗共产主义者在德黑兰夺权创造机会。因此，艾森豪威尔政府批准了中央情报局与英国、伊朗沙阿及其伊朗盟友合作密谋推翻摩萨台。1953年8月，在（伊朗）石油（被）抵制造成的经济损失引发骚乱的推动下，政变成功实施。政变确保了沙阿对伊朗的领导权，摩萨台被软禁，直到他于1967年去世。[21]

这次政变将伊朗确立为美帝国的一部分。沙阿把美国作为他克服英国干预和对抗伊朗国内反对力量的头号盟友。对于华盛顿来说，他确保了伊朗石油流向西方，为美国情报部门提供监听苏联的基地，并打压了共产主义者。作为回报，美国政府显著增加了对伊朗的援助，并于 1954 年监督制定了对伊朗更有利的石油协议。为了确保美国对伊朗石油事务的影响力并增加伊朗的收入，美国政府向不情愿的英国和犹豫不决的美国跨国石油公司施压，要求在伊朗成立一个新的财团，进而结束了英国在伊朗的石油垄断。这个新财团，即伊朗石油参与者（IOP），包括阿美石油公司和伊拉克石油公司在内的所有八家跨国石油公司，其中美国公司共同持有 40% 的股份。虽然德黑兰理论上通过伊朗国家石油公司保留了对国有化了的伊朗石油产业的所有权，但实际上这些跨国石油公司通过伊朗石油参与者控制了伊朗的石油产业，保留了对其产量和运营的决策权。跨国石油公司确实同意了一项五五分成的协议，美国公司获得了与阿美石油公司相同的税收减免，这大大增加了伊朗的石油收入，但代价是美国纳税人蒙受损失。沙阿利用这些增加的资金集中了他的权力，扼杀了伊朗新生的民主制度，扩充了军队和情报部门，推行国家主导的资本主义和西方化，并边缘化了什叶派宗教领袖的影响力。然而，美国政府在 1953 年伊朗政变中所扮演的角色以及随后对沙阿的支持广为人知，这使得伊朗左翼分子和"伊斯兰主义者"疏远了华盛顿，他们此前还对美国持有积极或中立的观点。[22]

伊朗政变也再次明确了跨国石油公司在中东的影响力。它们已经展示了自己能够使伊朗石油工业停摆，并游说本国政府推翻敌对政府。摩萨台给了其他中东北非地区领导人一个警示。五五分成的协议虽然为东道国政府带来了更多的收入，但由于西方政府的税收抵免，并没有显著削减企业利润。这些协议还为跨国石油公司保留了最终决定产量和石油价格的权力，东道国只能通过谈判来设法影响这些决策。

不过，如果说在华盛顿看来，伊朗正在同其建立一种友好关系，那么阿拉伯世界则似乎正在逐渐走向一种反西方的姿态。1952年，在反英暴动中，埃及军官推翻了开罗的君主制，并宣布成立共和国。魅力十足的上校、政变领袖贾迈勒·阿卜杜勒·纳赛尔很快确立了自己作为埃及颇受欢迎的权威总统的地位。纳赛尔领导着这个具有文化影响力、人口最多的阿拉伯国家，大力倡导泛阿拉伯民族主义、第三世界主义、世俗主义和反君主主义。1954年，他同伦敦达成英国军队分阶段从埃及撤军的协议，英国于1956年6月完成从埃及撤军。同样在1954年，由民族解放阵线（FLN）领导的阿尔及利亚民族主义者开始了长达七年的反对法国统治的游击战。民族解放阵线巧妙地在世界各地的媒体上宣传自己的斗争，在第三世界激发了对西方帝国主义的暴力革命抵抗运动。[23]

伊拉克和沙特阿拉伯对西方势力的持续反抗同样变得更加大胆。1953年，伊拉克石油工人罢工抗议低工资和恶劣工作条件，伊拉克政府宣布巴士拉省戒严。埃及不遗余力地在伊拉克开展宣传攻势，抨击王室通过与英国的军事关系奴役伊拉克人民，使其屈服于西方列强。[24] 沙特阿拉伯同样经历了持续的劳工抗议和政治动荡。1953年，13 000名工人在多个营地参加了针对阿美石油公司的罢工，寻求集体谈判和政治权利。沙特阿拉伯军队不得不出动镇压罢工。罢工导致石油业瘫痪了三个星期。此后不久，印有红色锤子和镰刀的反君主制传单遍布胡拜尔镇（al-Khobar），呼吁人们杀死沙特王室，"因为他们与外国帝国主义联合行动"，剥削工人。传单上写道："工人们哪！赶走美帝国主义者，夺取盈利的（剥削人的）石油公司……团结起来，因为阿拉伯半岛是阿拉伯人的。"1955年和1956年，新一轮罢工浪潮席卷沙特阿拉伯，导致沙特政府采取了更严厉的政策，包括驱逐可疑的外籍工人、禁止停工，据报道还将劳工领袖折磨致死。[25]

艾森豪威尔政府担心，阿拉伯民族主义的兴起可能会危及西方获取廉价石油的途径，致使基于西欧资本主义复苏的美国全球战略受到重创。这其中部分原因是阿拉伯民族主义者在呼吁推翻该地区受西方支持的富油国君主制。更广泛地说，阿拉伯民族主义者呼吁将阿拉伯石油资源置于所有阿拉伯国家（包括富油国和贫油国）的共同政治控制之下，最初由一个阿拉伯国家间石油组织主持，最终由一个统一的阿拉伯国家管理。这样的结果可能导致激进的贫油国切断来自阿拉伯海湾富油国家的廉价石油供应。最后，1953年苏联与以色列断交，此后不久便开始了一场公开的运动，声援阿拉伯民族主义者反对以色列和西方殖民主义，以赢得阿拉伯民族主义者的支持。[26]

为防止阿拉伯民族主义对西方获取阿拉伯石油的威胁，艾森豪威尔政府最初致力于将纳赛尔纳入美国的国际帝国体系。1955年，艾森豪威尔大幅增加了美国对开罗的经济援助，提出了新的阿以和平倡议，并提出将埃及纳入由其他中东国家和英国组成的新的反苏防御联盟。然而，美国对以色列持续的经济和外交支持，加上以色列在埃及领土上咄咄逼人的军事行动，导致纳赛尔对美国的和平倡议置之不理。为了结束英国在埃及的驻军，纳赛尔同样拒绝加入美国支持的联盟。当艾森豪威尔政府继续组织《巴格达条约》（英国、伊朗、伊拉克、巴基斯坦和土耳其之间的防御性联盟，美国在其中扮演非正式的顾问角色）时，纳赛尔公开谴责伊拉克总理努里·赛义德是"英美走狗",并成功地阻止了其他阿拉伯国家加入该条约。1954年,叙利亚签署了第一份大规模购买苏联武器的协议,次年纳赛尔也签署了该协议,这两份协议都是为了对抗以色列的军事力量。[27]法国和英国试图通过在1956年初同意摩洛哥、苏丹和突尼斯独立来安抚阿拉伯民族主义者,但纳赛尔和民族解放阵线仍然继续挑战它们在中东北非的影响。

由于纳赛尔与共产主义世界的关系日益密切,伦敦和华盛顿于1956年7月取消了为纳赛尔发展计划的主要部分——修建阿斯旺大坝——而联合向埃及提供的2亿美元援助计划。作为回应,纳赛尔将英国拥有的苏伊士运河公司国有化,他打算利用该公司的收入来支持水坝项目。愤怒之下,英国与法国和以色列达成了一个秘密计划,决定军事入侵埃及,以夺回运河的控制权——法国支持这一计划是出于纳赛尔对民族解放阵线的支持,而以色列则是由于与埃及不断升级的边境紧张关系。三个国家没有向美国透露它们的计划,只想留给艾森豪威尔一个既成事实。[28]

在1956年10月末,英-法-以联军发动进攻,很快在西奈战胜了埃及军队。尽管艾森豪威尔反感纳赛尔,但其盟友的表里不一还是令他十分愤怒。他担心如果自己支持入侵行动,美国在阿拉伯世界和第三世界的影响力将永远被苏联夺走。莫斯科对埃及的大力支持加剧了艾森豪威尔的担忧,莫斯科甚至公开威胁用火箭袭击伦敦和巴黎,艾森豪威尔对这一威胁高度重视。为了避免全球灾难和保持美国在阿拉伯世界和第三世界的影响力,艾森豪威尔对英国、法国和以色列施加了巨大的外交和经济压力,迫使它们接受立即停火,然后撤出埃及领土。其中包括美国向法国和英国禁运西半球的石油,并与阿拉伯国家共同切断石油供应，导致西欧出现了能源危机。在发现自己的处境难以为继后，英、法于1956年12月从埃及撤军，以色列在1957年3月撤军。艾森豪威尔的行动确实提升了阿拉伯对美国的尊重，但英法在中东北非地区的影响力却被进一步削弱了，同时苏联与埃及的军事和外交关系得到了进一步加强。此外，纳赛尔成功地抵御了欧洲和以色列人的攻击，使他及其泛阿拉伯主义的号召在整个阿拉伯世界广受欢迎，危及了阿拉伯国家政府的权威，尤其是那些与西方关系密切的国家。[29]

由于担心纳赛尔的泛阿拉伯主义和第三世界主义的传播会削弱美国在阿拉伯世界的影响力，并使其受到苏联的影响，艾森豪威尔于1957年1月启动了一项针对中东北非地区的重大新安全计划。该计划被称为"艾森豪威尔主义"，承诺美国将大幅增加对伊朗、伊拉克、约旦、利比亚、摩洛哥、沙特阿拉伯、黎巴嫩和突尼斯的经济和军事援助，并在必要时进行军事干预，以防止共产主义在中东传播。该理念的一个未公开声明的关键目标是将纳赛尔的阿拉伯民族主义边缘化，部分表现为美国几乎完全切断了对埃及的援助。沙特国王沙特（Saud）在1953年其父亲伊本·沙特（Ibn Saud）去世后继位，艾森豪威尔政府试图提升他的地位，将其塑造成一位可以对抗纳赛尔世俗民族主义的"伊斯兰领袖"，但沙特在国际舞台上表现不佳。阿拉伯民众普遍冷落艾森豪威尔主义，迷恋纳赛尔的泛阿拉伯主义。1957年春，约旦国王侯赛因不得不抵御纳赛尔派的约旦和巴勒斯坦军官推翻他的企图。1958年2月，叙利亚与埃及合并，组成了阿拉伯联合共和国，纳赛尔成为其总统。阿拉伯民族主义者对此感到欢欣鼓舞。[30]

为了应对阿拉伯联合共和国对自己统治的威胁，伊拉克和约旦君主国迅速宣布合并，成立阿拉伯联邦，此举得到了美国的支持。然而，反对王室与英国和美国关系密切的伊拉克军官在7月成功发动政变，处决了国王费萨尔二世、几名王室成员和首相努里。艾森豪威尔放弃了西方恢复伊拉克君主制的任何军事努力，因为他有充分的证据相信，伊拉克人很少支持这样的行动，而且这样做会激怒全球舆论。在新政府的领导下，伊拉克迅速解散了与约旦的阿拉伯联邦，并退出了《巴格达条约》。20世纪60年代，伊拉克领导层经过了一系列政变和死亡事件反复更迭，但每届新政府都与华盛顿关系冷淡。继埃及之后，伊拉克也退出了美国的国际帝国。

巴格达退出英-美势力范围并没有中断其与伊拉克石油公司（IPC）的关系，因为伊拉克仍然依赖该公司进入全球市场。无论政治上是否与美国结盟，中东北非的石油出口国都面临同样的问题，即西方对其资源销售的控制。此外，在20世纪50年代，虽然全球消费增长迅速，但全球石油产量增长更快。大量的现货石油供应导致油价走低。在这十年的大部分时间里，跨国石油公司在保持挂牌价格稳定的同时提高产量，一定程度上安抚了中东的东道国政府，逐步提高了中东北非国家在全球石油生产中的份额。但在1960年，为了应对来自苏联廉价石油出口的竞争，跨国石油公司将中东石油价格降低了约10%。这导致东道国的政府收入大幅减少，中东北非地区的领导人对此极为不快，因为在宣布降价之前，跨国石油公司往往没有与他们协商，也没有事先通知他们。纳赛尔希望利用民众对降价的愤怒，在他的领导下组织一个泛阿拉伯的石油卡特尔，这是艾森豪威尔政府所担心的结果。不过伊拉克政府为了在阿拉伯事务中保持自主，抵制了纳赛尔的计划。取而代之的是，伊拉克与伊朗、科威特、沙特阿拉伯和委内瑞拉开展了仍以中东为重但更具国际性的合作。1960年9月，来自这五个国家的部长/大臣们（包括塔里基）在巴格达举行会议，成立了石油输出国组织（OPEC，欧佩克），其既定目标是提高各自国家的石油价格。OPEC具有富油的特点但不具备泛阿拉伯特性，这打击了阿拉伯民族主义者的愿望，但OPEC的成立也是第三世界集体挑战西方跨国石油公司势力的首次重大努力。汲取摩萨台的教训，OPEC成员国还承诺，如果西方公司制裁其中任何一个成员国，它们将团结一致。[31]

但在OPEC成立之初的几年，全球石油持续过剩抑制了OPEC的影响力。中东北非地区正在开发的许多新油田是导致石油过剩的重要原因。这其中就包括利比亚，该国于1958年首次开采出石油；在随后的十年中，规模较小的美国跨国石油公司帮助该国发展石油工业，华盛顿也加强了与利比亚伊德里斯王朝皇室的联系。不过，虽然1963年中东石油产量超过美国，成为世界最大的石油产区，且到1967年，OPEC的成员也扩大到阿布扎比、印度尼西亚、利比亚和卡塔尔，但是全球石油过剩的局面仍然压倒了OPEC不断扩大的市场份额对石油价格的影响。[32] 到了20世纪60年代中期，OPEC除了确保跨国石油公司不再降低挂牌油价之外，几乎没有取得什么实质性的成果。

与此同时，西方国家日益接受中东北非地区的反殖民主义。英国于1961年承认科威特独立，使英国在阿拉伯世界的正式影响力仅限于沿阿拉伯半岛的一些保护国。法国于1960年承认毛里塔尼亚独立，并在经过一场代价高昂的战争后于1962年承认阿尔及利亚独立，结束了法帝国在阿拉伯世界的统治。同样，在1958年的动荡之后，艾森豪威尔及其继任者约翰·肯尼迪认为，美国边缘化纳赛尔派只会进一步恶化阿拉伯民众对美国的看法，因此美国试图同埃及和解，恢复援助，并寻求在共同目标上的合作，例如遏制阿拉伯世界共产主义者的崛起，纳赛尔将这股力量视作竞争对手。肯尼迪特别认为，美国需要与不结盟国家建立更好的关系，并鼓励第三世界的自由现代化计划，以免这些国家的居民陷入激进的哗变中。[33]

此外，纳赛尔面临着新的挑战和机遇。令他失望的是，伊拉克新政府并没有加入阿拉伯联合共和国，而是选择了自治，并日益挑战埃及在阿拉伯世界的领导地位。对纳赛尔而言更为不利的是，1961年在大马士革发生的一场政变使得复兴党上台，这是一个与纳赛尔派竞争的泛阿拉伯团体。复兴党上台后迅速宣布叙利亚退出阿拉伯联合共和国。在国内，纳赛尔越来越多地采取社会主义政策推动埃及的经济发展，部分资金来自苏联和美国的援助。

然后，在1962年9月，支持纳赛尔的也门军官推翻了北也门保守的伊玛目，并在阿拉伯半岛上建立了第一个共和国。不过，也门伊玛目穆罕默德·巴德尔（Muhammad al-Badr）逃脱了追捕，并在也门与沙特阿拉伯交界处集结了保皇派部队，引发了一场内战。纳赛尔迅速支持也门共和国，将其作为重振泛阿拉伯主义对抗君主制的力量的一部分。纳赛尔公开宣称："是我们发动了革命，这样我们才能摆脱沙特［国王］这样的人，才能摆脱封建主义和专制主义。难道我们应该保持沉默，眼睁睁地看着反动派镇压也门革命吗？"[34] 利雅得对阿拉伯半岛上人口最多的国家的首都沦为共和主义者的事实感到震惊，开始向保皇派提供武器，而开罗则派遣越来越多的埃及军队去保卫共和政府。三名沙特飞行员驾驶着（沙特政府）为也门保皇派运送武器的飞机叛逃到埃及，导致沙特政府空军停飞，这让人们意识到纳赛尔主义对沙特君主制的威胁。[35] 但肯尼迪总统没有顾及沙特的顾虑，他亲自建议沙特同父异母的兄弟、坚定而保守的沙特王储费萨尔，不要在北也门的冲突上浪费利雅得有限的资源，因为这些资源需要用来在国内实施改革，以防止沙特国内动荡。[36]

为了取悦肯尼迪，费萨尔发布了一个十项国内改革计划，随后基本将其束之高阁。利用沙特领导层在北也门事件后的恐惧，费萨尔也逐渐在沙特王室内部巩固权力，削弱了偶尔会与自由化改革派结盟的沙特国王沙特。肯尼迪曾希望将美国对沙特的武器供应作为筹码，保持停供直到利雅得在改革方面取得进展。然而，随着埃及为了支持也门共和派而越来越频繁地侵犯沙特领空，肯尼迪决定无条件地为沙特提供军事支持。北也门内战由此迫使肯尼迪放弃了与纳赛尔和解，转而无条件支持利雅得。原本对纳赛尔评价就不高的林登·约翰逊，在1963年11月肯尼迪遇刺后接任总统，进一步加强了美国与沙特的合作。一年后，费萨尔迫使沙特流亡，并正式接任国王。[37]

费萨尔着手于迅速发展沙特军队，部分是为了应对埃及在也门的军事集结，其方法主要是通过从英国和美国购买武器。沙特从美国购买武器的数量在1965年激增，并在此后的十年里逐年增加。沙特更新了空军和导弹防御系统，提升了军队的机动化能力，并建立了新的军事基地。费萨尔还加大了对疑似左派和少数什叶派异见人士的逮捕力度，并在1964年颁布了新的反罢工法，规定最高可判处15年监禁。尽管在肯尼迪政府时期沙特与美国的关系起步坎坷，但在约翰逊政府时期，沙特与美国的联盟达到了前所未有的合作水平。[38]

对于利雅得和华盛顿来说，20世纪60年代中期的阿拉伯半岛局势仍然引人关注。美国依旧指望英国在军事上保卫阿拉伯半岛及其相邻水道，但英国在该地区剩余的一系列军事基地和英国的保护国日益受到左翼民族主义者的攻击。部分受到北也门共和国成立的鼓舞，左翼分子于1963年开始武装斗争，以结束英国对南也门的直接统治，并于1965年结束了英国对君主国阿曼的间接统治。[39] 在北也门，内战仍在进行，尽管沙特资助的也门保皇派坚持游击战，耗费了埃及的资金和国内支持，但萨那（也门首都）逐渐受到埃及越来越多的控制，同时开罗也越来越受到苏联的影响。1965年，在苏联的军事援助下，驻扎在北也门的埃及部队达到了约7万人的峰值。[40] 沙特政府感到有必要大规模逮捕和驱逐也门移民工人，因为他们可能对共和主义持支持态度。1966年底和1967年初，阿拉伯半岛人民联盟（Arabian Peninsula People's Union）——一个在北也门活动并声称代表沙特人民的组织——在沙特阿拉伯境内实施了多达30次针对美国和沙特政府及军事设施的爆炸袭击。沙特公开处决了17名被指控的罪犯，并驱逐了数百名也门人。[41] 与此同时，在利比亚，埃及的广播和移民教师灌输着泛阿拉伯主义思想。君主政体的财政腐败及其与美国的结盟日益激怒利比亚人，因为他们无法从国家的石油繁荣中获得经济利益。[42]

正如对沙特阿拉伯所做的那样，肯尼迪政府坚信现代化计划可以帮助（中东）国家避免像邻国伊拉克那样发生激进革命，因此迫使伊朗进行国内改革，以更好地保障其政权安全。沙阿在1963年做出回应，启动了"白色革命"，这是一个由国家主导的发展和社会工程计划，进一步加强了他对伊朗社会的控制。当年伊朗军队杀害了数百名伊朗抗议者时，肯尼迪政府在很大程度上接受了沙阿的说法，即暴力镇压是为了保护其现代化议程不受反动教士的破坏所必需的。[43] 这使得华盛顿忽视了伊朗左翼力量和反对国王的伊斯兰力量的重要意义。"伊斯兰主义"反对派的一个重要领导人是阿亚图拉·鲁霍拉·霍梅尼（Ayatollah Ruhollah Khomeini），他是一位意志坚强、备受尊敬的什叶派宗教领袖，反对沙阿的西化改革和沙阿加强与美国和以色列的关系。1964 年 10 月，伊朗沙阿签署了一项协议，给予美国士兵、文职人员和军事使团家属外交豁免权，作为美国继续向伊朗提供武器、贷款和军队培训的交换条件，当时霍梅尼公开宣称："（伊朗）政府出卖了我们的独立，让我们沦为殖民地……如果宗教领袖有影响力，他不会允许这个国家今天成为英国的奴隶，明天成为美国的奴隶。"[44] 沙阿以流放霍梅尼作为回应。霍梅尼在伊拉克定居，在那里开展了针对沙阿的媒体宣传，并与他仍在伊朗的大批支持者保持联络。

约翰逊政府因担心伊朗政府的财政状况而限制伊朗购买武器，这让伊朗沙阿越发沮丧。1966 年，沙阿获得了美国向伊朗出售麦克唐纳-道格拉斯公司的 F–4E 型"幻影"喷气式战斗机的承诺，这是当时世界上最先进的战机之一，但最初的出售数量少于他所要求的。沙阿以"与莫斯科达成协议购买几个中队的米格–21 喷气式战斗机"为回应，这促使约翰逊政府增加了出售 F–4 系列战斗机的数量，以换取沙阿取消与苏联的交易。[45] 这次经历再次证明，沙阿希望通过增加石油收入来摆脱美国以援助伊朗为由所施加的限制。当年晚些时候，沙阿向美国大使抱怨说，跨国石油公司未能优先扩大伊朗石油产量和利润，这显示出"西方石油公司和［政府］未能认识到伊朗"在中东"可以并且必须扮演的角色"。[46] 与此同时，沙特阿拉伯也嫉妒地与伊朗争夺市场份额。[47] 伊朗和沙特阿拉伯是 OPEC 中最大的两个出口国，两国之间的竞争反映出该组织内部的分歧，以及其成员因无法提高石油销售的利润率而产生的挫败感。[48]

1962 年，肯尼迪政府批准了美国对以色列的首次大规模军售，即交付雷神公司的"鹰"式地对空导弹。约翰逊政府进一步加强了美国与以色列的军事联系，到 1965 年，美国已成为以色列进口武器的主要来源以及重要的援助来源。在这两届政府执政期间，多种因素促使美国增加了对以色列的武器转让：试图扩大美国对以色列外交政策的影响力，鼓励以色列不要发展核武项目，抵消苏联对埃及和叙利亚的持续军售，以及维持犹太裔美国人对民主党的选票。[49] 然而，不论华盛顿的理由是什么，美国对以色列的支持增加引起了利雅得的警惕。1966 年访问华盛顿期间，费萨尔对约翰逊说："那些反对我们的原则的人持续声称，美国对以色列的援助证明了美国反对所有阿拉伯国家。这严重阻碍了那些实际上想要与美国合作的国家的行动。"费萨尔指出，他本人"因在美国宣布向以色列出售武器之际继续访问美国而在［阿拉伯世界］遭受了巨大的批评。有人声称，这证明了［他］和美国正在密谋违背阿拉伯利益"。[50]

以色列与其阿拉伯邻国之间的紧张局势在 20 世纪 60 年代中期不断升级。边境冲突、巴勒斯坦游击队从阿拉伯国家突袭以色列以及以色列的报复性打击引发了双方的恐惧和愤怒。埃及、以色列、约旦和叙利亚日益严重的经济和政治危机进一步恶化了这些情绪。1967 年 5 月，纳赛尔在以色列边境附近集结埃及军队，并宣布封锁以色列在蒂朗海峡的航运，这使危机达到了顶点。作为回应，以色列军事领导人向以色列总理列维·埃什科尔施压，要求对埃及发动先发制人的打击。约翰逊政府在回应以色列关于此举的征询时，发出了越发倾向于"黄灯"的摇摆不定的信号。6月5日，以色列军队向埃及军队发起全面进攻，1967年的阿以战争由此拉开帷幕。[51]

　　以色列军队迅速摧毁了埃及空军，击溃了埃及军队。当约旦和叙利亚声援埃及并进攻以色列时，以色列军队也马上击败了这两个国家的军队。战争在六天内结束，三个阿拉伯国家接受了停火协议，以色列军队则占领了原来埃及控制的加沙地带和西奈半岛、约旦控制的约旦河西岸（包括东耶路撒冷）和叙利亚控制的戈兰高地，结束了此前19年的领土格局。被占领土上的100万巴勒斯坦人突然被置于以色列的统治之下。以色列公众为其惊人的胜利欣喜若狂，而阿拉伯世界则遭受了严重的心理打击。这次失败尤其削弱了阿拉伯人对纳赛尔及其世俗的泛阿拉伯主义计划的信心。

　　1967年的战争导致美国与阿拉伯世界的关系空前紧张。许多阿拉伯领导人和普通民众将以色列的胜利归因于美国多年来向犹太复国主义者提供的外交、经济和军事支持。在整个阿拉伯世界，反美抗议活动爆发。阿尔及利亚、埃及、伊拉克、毛里塔尼亚、苏丹、叙利亚和北也门都与美国断交。虽然阿拉伯君主国没有与华盛顿断交，但其统治者对美国支持以色列感到愤怒，并担心这可能引发人民对他们的反抗。战争次日，这些因素导致科威特、利比亚和沙特阿拉伯与阿尔及利亚和伊拉克一道禁止向美国和英国出售石油，首先是为了促使西方支持阿拉伯在冲突中的立场，其次是为了迫使西方施压以色列在战争结束后撤出阿拉伯领土。阿拉伯工人的罢工和破坏活动、阿拉伯输油管道的关闭以及纳赛尔关闭苏伊士运河，进一步中断或减少了阿拉伯的石油出口。然而，尽管在过去二十年里，阿拉伯石油供应对世界石油市场的重要性与日俱增，但非阿拉伯石油的现货供应仍足以抵消阿拉伯石油的减产。跨国石油公司将非阿拉伯石油供向英国和美国，同时重新调配阿拉伯石油以弥补缺口。经受了没有换得任何成果的收入损失，阿拉伯国家在1967年9月解除了禁运。中东北非国家通过"石油武器"大幅改变国际政治和经济秩序的全球条件尚未成熟。但许多阿拉伯人希望如此的愿望是显而易见的。[52]

从20世纪30年代到50年代中期，美国跨国石油公司和华盛顿与当地君主和欧洲盟友合作，逐渐建立了一个中东北非帝国，其基础是西方对中东北非石油的控制，并以相对低廉的价格在全球范围内销售。但从20世纪50年代中期到60年代中期，这种秩序面临越来越多的挑战。与美国结盟的阿拉伯君主国家和伊朗逐渐组织起来，要求增加石油收入，以提升它们相对弱小的经济和政治力量。与此同时，许多民族主义者加强了对美国在中东北非地区影响力的反对，且埃及和伊拉克等国退出了美帝国体系。1967年之后，阿拉伯与以色列冲突的持续、越南战争导致的美国实力受挫、英国实力的持续下降以及对石油的全球需求快速增长等因素相结合，显著挑战和改变了美国在中东北非地区的帝国秩序。

第二章

通往石油危机之路

随着1973年的夏天接近尾声，在国内，美国总统理查德·尼克松面临来自美国公众的愤怒和不信任，不仅因为正在发生的水门事件，更因为高通货膨胀率和不断上涨的油价。在1973年9月的盖洛普民意调查中，问及美国人最关注的问题，89%的人回答"高物价"，这一比例之高前所未有。[1]放眼国外，尼克松同样面临看起来很棘手的问题，包括来自敌对的和结盟的阿拉伯国家政府的大量威胁，这些国家称如果美国不在阿以冲突问题上向阿拉伯国家的立场靠拢，它们将削减石油产量，从而削减对西方的能源供应。1973年9月5日，尼克松就这些问题召开新闻发布会。尼克松宣称他已将解决阿以冲突问题列为"最优先事项"。不过，尼克松也向考虑继续提高油价或剥夺西方石油公司权益的阿拉伯政府发出了警告。尼克松说："正如摩萨台多年前学到的教训，没有市场的石油对一个国家没有什么好处。我们和欧洲就是市场。"[2]

尼克松所指，即伊朗国有化英伊石油公司后跨国石油公司成功抵制了伊朗的石油，并含蓄地提醒是美国支持的政变推翻了摩萨台，其含义对中东北非地区的领导人来说不言而喻。尼克松在1973年的新闻发布会上对中东北非地区石油出口国（OEC）的警告非常明确：如果石油出口国政府在威胁西方获取廉价石油方面做得太过分，美国将对它们施以严厉的经济和政治惩罚。然而，无论尼克松政府是出于无知还是好战的虚张声势而发出前述警告，1953年引发推翻摩萨台的全球环境已然基本消失。

从1970年到1973年，美国与中东北非富油国之间的关系开始发生转变，后者利用全球石油市场趋紧的局面多次提高油价，进而大幅增加其石油美元利润。尼克松政府容忍了中东北非油价最初相对温和的上涨，但未能采取政策来扭转西方对OPEC石油的依赖趋势。石油美元收入的增加，为与美国结盟的中东北非富油国在美国的合作式国际帝国体系内扮演新角色提供了便利。这些国家，尤其是伊朗，倍数级地增购美国武器，随着英国军事力量撤出该区域，它们成为维护西方在当地利益的新的主要军事捍卫者。美国之前已经为中东北非地区的富油盟友提供了军事装备，但在20世纪70年代初，这些国家的责任和美国公司向其出售武器所获得的利润增加到了一个完全不同的规模。

尼克松政府虽然接受了中东北非地区石油价格的适度调升，但反对可能损害西方经济的价格大幅上涨。此外，它期望中东北非盟友不会挑战美国的关键战略特权。然而，在1973年10月，富油国在这两方面都公然挑战了美国。首先，海湾国家单方面将其油价提高了70%，这是一系列涨价的开端，全球持续十多年的廉价石油时期就此结束。其次，包括美国盟友在内的阿拉伯国家，为了回应美国在阿以战争中对以色列的支持，对美国发起了影响深远的石油禁运，公然威胁美国在中东北非的影响力。两起事件叠加，打击了美国在中东北非的合作式国际帝国体系的基础，以及自二战以来美国在世界大部分地区建立的更广泛的地缘政治和经济秩序。

1967年8月末，阿拉伯国家联盟在喀土穆召开会议。与以色列的战争严重破坏了埃及的经济，而埃及的经济已经因为它持续介入北也门的冲突以及约翰逊政府停止对其援助而变得脆弱。迫切需要重建埃及军队但缺乏资金的纳赛尔同意与利雅得和解，接受沙特的要求即埃及立刻从也门撤军（这将在当年年底前完成），以换取富油的阿拉伯国家定期向埃及提供援助的承诺，从而增强埃及对抗以色列的实力。[3] 随后，沙特阿拉伯、科威特和利比亚每年向埃及提供大约2.5亿美元的无偿援助。[4] 埃及将这些资金用于支付大规模的苏联武器补给费，以及随之而来的截止到1967年底大约4 000名苏联军事顾问的军事训练费。[5] 因此，喀土穆会议实现了之前明争暗斗的阿拉伯大国之间更大的团结，但也标志着埃及地缘政治的衰落以及沙特阿拉伯的崛起，因为石油美元对于阿拉伯国家继续抵抗以色列变得越来越重要。

在喀土穆会议上，富油的阿拉伯国家承诺的额外资金很快被送往巴勒斯坦抵抗组织。巴勒斯坦民兵组织的私人资金也是来自阿拉伯海湾国家的富裕公民，以及大量在那里工作的巴勒斯坦劳工，他们的收入直接或间接与石油工业相关。巴勒斯坦团体的主要资金来源是石油美元，这些团体在1967年后增加了对以色列的外交和游击战袭击。大多数巴勒斯坦党派都隶属于巴勒斯坦解放组织（PLO），这一组织在亚西尔·阿拉法特（Yasser Arafat）的领导下获得了很高的国际知名度。阿拉伯媒体广泛报道的费达伊（巴勒斯坦游击队）对以色列的暴力抵抗，激发了许多海湾阿拉伯人的想象。然而，与此同时，巴勒斯坦抵抗运动中占主导地位的左翼革命意识形态，让一些阿拉伯君主犹豫不决。许多人声称，阿拉伯君主向巴勒斯坦人提供援助，是作为一种保护费，以免他们的破坏、袭击或暗杀行为伤及自己，而不是出于政治信念。然而，无论出于积极还是消极的考虑，富油的阿拉伯人越来越多地向PLO提供石油美元和政治支持。[6]

随着海湾阿拉伯国家对巴勒斯坦人的支持增加，英国进一步减少了它在阿拉伯半岛的驻军。伦敦认为英国在该地区的驻军是一项不划算的支出，它会激起阿拉伯国家反对地区盟友的民族主义情绪，还会加剧英国国内左翼力量对英帝国花销的抗议，从而危及英国在该地区的利益。尽管知道可能会让敌对的左翼分子掌权，但英国还是在1967年11月完成了从南也门的撤军。1968年1月，伦敦宣布将承认其在阿拉伯半岛的最后几个保护国独立，并在1971年底之前从该地区撤出其剩余的军事力量。约翰逊政府先是表达了愤怒，随后对英国不再提供波斯湾的军事防御表示了无奈，这使得西方在那里的驻军仅剩下一艘美国海上飞机母舰和两艘老旧的驱逐舰。华盛顿深陷越南战争，认为自己无法在该地区取代英国进行军事干预，因此必须依靠当地国家提供保护美国利益的安全保障。[7]约翰逊在任期最后一年，密切关注伦敦的做法，致力于在伊朗和阿拉伯海湾君主国之间实现权力平衡和区域合作，认为这是维护当地稳定以及共同抵御苏联影响的先决条件。[8]

1968年也见证了美国公众对越南战争的立场日益分化。到1968年底，战争已经夺去了25 000多名美国人的生命，造成了超过1 000亿美元的经济损失。一场重要的反战运动在美国左派中孕育出势头越来越盛的激进主义,削弱了美国必须在国外遏制共产主义的理念。普通美国人对这场战争的立场越来越极化,支持和反对双方都因这场看似无尽的战争而感到沮丧。美国在海外施加影响的能力,甚至是这么做的逻辑遭到质疑,而苏联在核武器方面追平了美国,其向越南等第三世界国家输出共产主义的预期似乎增强了,这引起了美国冷战正统派的警惕。[9]部分出于对越南战争的担忧,美国共和党候选人理查德·尼克松于1968年11月以微弱的优势当选总统。

尼克松坚韧且雄心勃勃,通过艰苦和精于谋划的努力,从加利福尼亚的一介平民崛起为共和党领袖。当选总统前,他曾担任过众议员、参议员和艾森豪威尔的副总统。由于个人倾向和所处的环境,尼克松就职后首先聚焦于外交事务。他坚信总统的主要职责是制定和执行外交政策,认为美国必须在国际关系中扮演一个积极和主导的角色,以保障美国的利益。尼克松进入白宫时,决心将美国从越南战争中解脱出来,同时保持美国军事和地缘政治联盟的信誉,这些联盟支撑着美帝国更宏大的体系。尼克松任命德国犹太人后裔、哈佛大学国际关系教授亨利·基辛格为国家安全顾问,作为他在外交政策上的主要助手。尼克松和基辛格都认识到,尽管美国仍是世界上最强大的国家,但对于其对手苏联以及美国的西欧和日本盟友而言,美国的军事和经济实力已经相对削弱,这些地区已经从第二次世界大战中逐渐恢复过来。同时,越南战争凸显了美国的力量局限,并引发了人们对华盛顿能否履行其外交承诺的怀疑。尼克松和基辛格希望解决这些问题,同时保持美国在世界上的主导地位。遏制苏联仍然是尼克松和基辛格的主要目标,但他们也希望与苏联总书记列昂尼德·勃列日涅夫建立良好的工作关系,缓和同莫斯科间的紧张局势,以避免危机,降低美国的军事成本，并推进越南局势的良好解决。西欧和日本虽然仍然是美国的重要盟友，但也会受到监视，以免其发展独立的政策削弱美国在联盟中的主导地位。[10]

在第三世界，尼克松和基辛格寻求将地区防御的人力和财政成本转移给当地盟国。这一策略既源于一个观点，即美国在越南等地的过度介入无谓地削弱了美国的实力，也源于一个现实，即美国的相对实力自二战以来逐渐下降。美国将通过继续向其第三世界盟国提供专业知识和援助，以降低苏联在该地区的影响力。然而，更大比例的防御人力和财政成本，特别是针对内部或区域威胁的防御成本，将放在当地盟友身上，以更好地分配美国的力量。这一政策后来被称为尼克松主义。尼克松政府认为中东北非地区对美国的安全至关重要，但也容易陷入危机。[11]为实施尼克松主义，新政府试图避免增加美国在中东北非地区的驻军，转而依靠区域盟友来保护美国的利益。

到了1969年，伊朗沙阿更加确信自己的王位稳固，相信他很快就能将伊朗塑造为全球重要大国。1967年11月，F-4战机交易的达成和美国国际开发署伊朗办事处的关闭，象征着伊朗增强了管理本国军事和发展的独立性。[12]现在，沙阿试图证明伊朗不再需要"大国指导"，并努力追求让他的国家在中东建立军事主导地位以及达到欧洲的生活水准。[13]随着英国退出波斯湾及伊朗经济年增长率接近10%，伊朗沙阿感觉自己的梦想即将成为现实。[14]

在沙阿看来，要使伊朗成为波斯湾的主导力量，只剩下两个障碍需要克服。首先，沙阿试图说服尼克松结束约翰逊政府限制向伊朗出售美国武器以及寻求伊朗和阿拉伯海湾君主国之间力量平衡的政策，转而确保美国支持伊朗成为该地区的霸主。沙阿在这一方面很快取得进展，因为他巧妙地迎合了尼克松和基辛格的地缘战略观点，让他们相信阿拉伯激进分子，尤其是由艾哈迈德·哈桑·巴克尔（Ahmad Hassan al-Bakr）总统领导的新复兴党政权（该政权在1968年的一次政变中夺权）具有在该地区大幅扩大苏联的影响力并推翻其余的阿拉伯君主政体的威胁，而只有伊朗拥有对抗此类威胁的军事能力和政治意愿。[15] 沙阿面临的第二个障碍是，尽管伊朗的经济增长率很高，但伊朗政府的支出远远超过了收入，这阻碍了沙阿同时扩张伊朗军事和经济的雄心。1969年3月，沙阿在私下里多次向他的宫廷大臣阿萨多拉·阿拉姆（Asadollah Alam）抱怨伊朗"政府的财政困境"以及国内发展项目资金的缺乏。[16] 沙阿需要更多资金，他考虑从占伊朗政府收入一半以上的石油销售中寻找解决方案。[17] 但伊朗的石油生产仍由伊朗石油参与者（IOP）控制，IOP抵制沙阿提高产量和收入分成的要求。[18] 在这方面，沙阿也向尼克松寻求帮助，但当两人在1969年4月会面时，尼克松坚称他影响不了石油公司。[19]

沙阿没有被吓倒，他把目光投向了伊朗石油参与者以外的美国公司，以支持其增加石油销售的计划。如果中东北非地区的经济增长，能够支撑购买更多的商品和服务，美国的武器、航空航天、汽车、电气和工程公司都将受益。由于中东北非地区的石油收入增加可以使美国工业受益，因此一些美国公司加入了支持沙阿的行列，为增加伊朗的石油收入进行游说。通用电气希望伊朗购买其服务，开展一个包括建造两座新发电厂在内的大规模电气化计划，耗资1亿美元。与此同时，被排除在伊朗石油参与者之外的美国小公司行星石油和矿物公司（以下简称"行星石油"）试图打入伊朗的石油开采市场。[20] 自1959

年以来，美国实行配额制度，限制进口外国石油的数量，以保护国内石油公司免于与更便宜的外国石油竞争。[21] 沙阿、通用电气和行星石油合作，说服美国政府将伊朗对美国的石油出口配额增加20万桶/天。多出来的石油额度将由行星石油开采，并销往美国；作为回报，伊朗保证将所有从新增石油配额中获得的收入都存入纽约的专户，仅用于购买美国的出口产品，如通用电气的电气化工程设备。艾森豪威尔政府的司法部长赫伯特·布朗内尔（Herbert Brownell）代表行星石油，利用其关系向尼克松政府游说该提议。布朗内尔在1969年3月写信给基辛格，称该计划将有助于缓解恶化的美国贸易账，并在一个战略上至关重要的地区"维护伊朗作为自由的堡垒"。[22]

白宫决定任命一个内阁石油进口特别工作组审查并决定是否需要增加美国的石油进口配额，这鼓舞了沙阿和他的企业盟友增加伊朗向美国的石油出口。在维护政治声望之外，尼克松对经济问题的兴趣不大；他曾经轻蔑地将经济政策描述为"在皮奥里亚建茅房"。[23] 然而，当他意识到增加石油进口对得克萨斯州独立石油生产商来说政治代价太高时，他很快私下决定搁置放开配额的计划。[24] 但尼克松不想让沙阿失望。尼克松和沙阿在1969年10月会面，后来的记录显示，国王"理解的是"尼克松将尽其所能增加自伊朗的进口配额。[25] 但尼克松此前已经写信给基辛格，希望通过伊朗石油参与者来增加伊朗的收入，而不是通过增加伊朗的配额，因此，看起来尼克松可能对沙阿夸大了他在这个问题上帮忙的意愿。[26] 尼克松还向沙阿承诺，将向伊朗石油参与者施压以增加伊朗的收入。尼克松在这一点上表现出了更大的诚意。[27]

在接下来的几个月里，沙阿继续向美国施压。由于担心尼克松可能采用一种有利于阿拉伯国家而不利于伊朗的石油配额制度,沙阿在 1969 年 11 月对美国大使道格拉斯·麦克阿瑟二世表示,"美国跨国石油公司为科威特[原文如此]、沙特和利比亚石油支付的大部分资金流向了埃及,用以资助纳赛尔诋毁美国",沙阿借此类比了二战前美国的经历——当年美国为了商业利益出口"大量废铁到日本,最终这些废铁(被后者)以成品形式在珍珠港还给了美国"。[28]1969 年 12 月,沙阿给尼克松写信,继续对阿拉伯国家进行抨击,批评石油财团成员偏袒那些"不需要资金且许多情况下在外国银行存有数亿英镑"的国家增加产量,而伊朗需要支付经济和军事发展的费用,以应对随着英国从中东撤军而在海湾地区日益猖獗的激进组织的威胁。[29]但在 1970 年 1 月,尼克松政府发现,其与跨国石油公司有关增加伊朗收入的谈判毫无进展,并同时告知布朗内尔,在"不久的将来"不会对行星石油的提议采取任何行动,伊朗也不应期望从内阁石油进口特别工作组那里获得支持。[30]当国王于 1970 年 2 月向尼克松表达他对后者明显的"欺骗"感到"深刻担忧"时,尼克松试图以增加进口配额(他早已决定搁置的一个计划)这一不利于跨国石油公司的决定来唬弄后者帮助伊朗,但这个策略似乎没有奏效。[31]1970 年 4 月和 7 月,尼克松被迫写信给沙阿,表达对沙阿的诉求的理解,但承认短期内增加伊朗的配额无望。[32]在尼克松总统任期的前两年,伊朗及其非石油领域的美国企业盟友为实现伊朗石油收入增加而付出的努力收效甚微。尼克松政府虽然珍视伊朗盟友,但其大多数成员,包括尼克松本人,都不愿采取重大措施增加伊朗的石油收入,而伊朗石油参与者对国王则保持着强硬的谈判立场。

然而,即将到来的石油美元经济的一些关键要素正在形成。随着

(伊朗）收入增加，美国公司越来越注意到伊朗是一个潜在的利润丰厚的市场，一些公司正在与彼此以及伊朗政府建立关系网，试图抓住未来的机会。此外，尽管尼克松不愿采取可能给他带来政治成本的措施，但他对沙阿增加石油收入的愿望表示理解。

尼克松政府同样面临着美国与沙特阿拉伯日渐增加的联系和争端问题。尼克松赞赏利雅得反对阿拉伯左派的立场。此外，到1969年，阿美石油公司成为美国在世界上最大的单一对外投资。阿美石油公司汇回的利润，加上美国对沙特阿拉伯的贸易顺差，在1968年为美国的经常账户贡献了超过5亿美元。[33] 但与伊朗一样，沙特阿拉伯也寻求更大的石油控制权。1969年10月，沙特阿拉伯王子法赫德（费萨尔国王同父异母的兄弟、可靠的大臣）来到华盛顿时，阿美石油公司和利雅得正处于最严重的收益分成争端中。法赫德请求美国政府向阿美石油公司施压，以便沙特阿拉伯分得更多的利润，从而使沙特阿拉伯能够发展其当下仍然有限的基础设施和军事力量，更好地为该地区的稳定发挥作用。[34]

沙特政府还担忧1967年后的阿拉伯革命浪潮以及美国对后者的忽视。在沙特阿拉伯北部，伊拉克和叙利亚这两个复兴党国家通过购买苏联武器，军力日渐强大。在阿曼和南也门，得到左翼力量支持的革命者呼吁推翻整个阿拉伯半岛上的反动政权。佐法尔（Dhofari）抵抗组织越来越多地采用左翼意识形态，声称要推翻阿曼，而1969年6月，它们掌控了南也门政府，并开始与美国断交。[35] 尼克松政府对这些激进组织几乎没有采取直接行动，而是指望英国和沙特阿拉伯来对付它们。沙特阿拉伯要求购买F-4战斗机，以应对伊拉克、阿曼、叙利亚和也门日益严峻的威胁。[36]

1969年9月1日，忠于纳赛尔主义的利比亚军官推翻了伊德里斯国王，建立了一个共和国。尽管美国之前支持伊德里斯，但尼克松政府认为，即使有美国的帮助，君主制也不太可能恢复，因此迅速承认了利比亚新政府，希望挽救美国在的黎波里的影响力。[37]美国未能保护另一个阿拉伯君主国使沙特王室感到不安，他们感到"越来越被激进的民族主义政权所包围，而在他们看来，美国没有为其温和的阿拉伯朋友提供支持"，一位美国官员说。[38]由于担心军事政变，沙特王室在1969年底逮捕了多达两千人，包括几名军官。[39]

沙特王室也对阿以冲突深感关切，这不仅是因为冲突本身。由于沙特与美国的密切关系，而美国现在显然是以色列的主要支持者，因此这场冲突对沙特统治者的合法性构成了挑战。法赫德在会见尼克松时坚称，"沙特的实力在很大程度上源于美国"，而沙特阿拉伯将继续"致力于民主和自由。然而，一切都取决于一个公正和公平的中东解决方案"。尼克松向沙特客人保证，越南战争之后，解决阿以冲突问题是他的最高优先事项。但随行的沙特外交大臣奥马尔·萨卡夫（Omar al-Saqqaf）重申了一点，即"沙特人认为时间的流逝对他们不利……他们感到一根绳子绕在脖子上。中东问题的解决不能久拖"。[40]

阿以冲突也让美国的金融和石油业领袖感到担忧。1969年12月9日，部分头面人物与尼克松会面，表达了他们的关切。这些人中包括总部位于纽约的大通曼哈顿银行董事长兼首席执行官戴维·洛克菲勒（David Rockefeller），他是共和党纽约州州长、基辛格的前伯乐纳尔逊·洛克菲勒（Nelson Rockefeller）的兄弟，而大通曼哈顿银行是全球最大的金融机构之一，对美国跨国石油业有大量投资；这些人中还有埃克森美孚的董事长肯·贾米森。他们向尼克松表达了他们的担忧，即如果美国没有在阿以僵局上取得进展，温和的阿拉伯国家将被激进的阿拉伯国家席卷，要么对美国在该地区的石油特许经营实施限制，要么直接将美国的石油设施国有化。他们担心这种情况可能会在1969年12月20日的拉伯国家联盟峰会上发生。他们建议向一些温和的阿拉伯国家（甚至包括埃及）派遣一名美国特使，随带一份新的和平进程提案，以避免激进派的威胁。[41]

这些人有理由担心。自发生推翻伊德里斯的政变以来，沙特阿美石油公司的员工反复收到带有利比亚邮票的信件，这些信件猛烈谴责美国人。其中一封信呼吁阿拉伯工人谋杀美国人并摧毁他们的财产："正是［美国］一直在说，以色列就是美国，美国就是以色列。因此，你们面前的这个美国人与任何犹太复国主义敌人没有区别……死亡比我们的美国敌人想要我们过的那种生活要好得多。"[42] 美国跨国石油公司及其金融支持者亲身体会到，华盛顿对以色列的支持正在催生反美情绪，这威胁到了他们的巨额投资和员工的生命安全。他们敦促尼克松解决阿以冲突，以消除阿拉伯人中反美情绪的主要根源。

尼克松想要解决阿以危机，认为这是苏联在阿拉伯世界施加影响的主要原因。但他也想保持以色列在军事上相对其阿拉伯邻国的优势，以证明与华盛顿结盟的好处优于与莫斯科结盟。基辛格和国务卿威廉·罗杰斯（William Rogers）的对立观点凸显了尼克松的双重看法。在洛克菲勒小组与尼克松会面后的国家安全委员会（NSC）会议上，罗杰斯认为："我们［在中东］的地位已经恶化，因为我们被视为以色列的主要支持者……除非我们停止支持以色列，否则我们永远无法摆脱这个问题。"基辛格反驳说，如果华盛顿牺牲了与以色列的关系，美国可能不会从阿拉伯人那里获得任何重要或持久的利益，反而建议"以色列占领其征服的阿拉伯领土的时间越长，苏联就越不能满足阿拉伯人的要求。随着时间的推移，阿拉伯人必将意识到，与苏联的友谊没有什么帮助"。尼克松在两种观点之间摇摆，他表示，如果他要向以色列"施压"，美国"应该尽可能多地从中获益，而苏联不能抢风头。阿拉伯人在引发［1967 年的］战争中扮演了重要角色，苏联应该为收拾残局付出一些代价"。[43]

尼克松最初让罗杰斯起草一项新的中东和平倡议。1969 年 10 月，罗杰斯私下向苏联、埃及、以色列和约旦提出了一个计划，呼吁结束敌对状态，恢复 1967 年前的边界，并就难民和耶路撒冷问题进行谈判。但罗杰斯并不知道，尼克松没有向以色列施压让其接受这个协议，甚至授权基辛格鼓励以色列公开批评该计划。罗杰斯在 1969 年 12 月 9 日的一次演讲中公开描述了该计划，就在同一天，戴维·洛克菲勒与尼克松会面了。令罗杰斯失望的是，埃及未置可否，以色列则断然拒绝了该计划。随着僵局持续到 1970 年初，埃及和以色列之间的低级别战斗升级了。由于无法对抗使用美国提供的 F-4 战机进行空袭的以色列，埃及请求并获得了大量苏联导弹、飞机和近两万名军事顾问的增援。这些顾问包括苏联飞行员，他们负责驾驶埃及战机。这是莫斯科第一次向一个非共产主义国家提供 SA-3 地对空导弹和苏联飞行员。尽管罗杰斯设法在以色列和埃及之间谈判达成停火协议，但是当纳赛尔在 1970 年 9 月 28 日突发心脏病去世时，局势依然高度紧张。震惊的阿拉伯民族主义者为他们这位饱受重压但仍然执掌权力的领袖的突然去世表示哀悼。[44]

纳赛尔的继任者是前副总统安瓦尔·萨达特（Anwar Sadat），他是一位在此之前能力被低估的政治家，敢于开辟新道路。萨达特决心振兴滞胀的埃及经济，为此他开始实施部分自由化政策，跳出纳赛尔时代不断扩大的自给自足模式，旨在吸引更多的西方投资和阿拉伯石油美元流入埃及。为了吸引外资回流，萨达特在1971年颁布了一些法律，保护外国公司免受国有化的威胁，并设立了"自由区"，自由区内的外国公司享有税收优惠。[45]萨达特当年还开始废除许多对埃及公民出国务工的限制，并制定了新的激励政策，以增加埃及境外务工——特别是到富油的阿拉伯国家就业——人员的数量，从而增加汇回埃及的石油美元。[46]

萨达特决心夺回以色列在1967年占领的埃及领土。他成功地从富油的阿拉伯国家获得了更多援助，埃及用这些援助购买了更多的苏联武器。[47]但萨达特也追求与美国和解，他相信美国是埃及夺回失地的关键。尼克松政府延续了约翰逊政府向以色列提供大量武器援助的政策，在其头四个财政年度内将向以色列提供17亿美元的援助，而在这之前的四年里这一数额仅4亿美元多一点。尼克松也执行了约翰逊授权的向以色列提供F-4喷气式战斗机的计划，使以色列空军在军备上领先于其阿拉伯对手，同时也让以色列日益依赖美国。法国作为以色列以前的战机来源国，于20世纪60年代中期重新调整其外交政策，逐渐向阿拉伯世界靠拢。[48]萨达特的理由是，以色列越来越依赖美国，这意味着只有华盛顿掌握着促使以色列让步的必要筹码。1971年5月，萨达特与罗杰斯会面，告诉后者他希望与以色列达成以土地换和平的协议，并承诺如果美国在埃及和以色列之间斡旋达成临时协议，他将遣返大多数苏联顾问。罗杰斯和尼克松对萨达特的提议很感兴趣。但莫斯科为了避免失去在开罗的影响力，在当月晚些时候促使萨达特签署了《苏联-埃及友好合作条约》，该条约虽然没有达成共同防御协议，却是苏联与非共产主义国家签署的第一个此类军事合作条约。[49]以色列将该条约作为拒绝与萨达特谈判的理由之一，罗杰斯的和平倡议再次陷入僵局。[50]为了从尼克松那里获得对抗以色列方面的更大支持，1972年5月，萨达特单方面驱逐了驻扎在埃及的将近两万名苏联军事顾问。尽管如此，尼克松还是告诉萨达特，在1972年11月成功连任之前他无法真的重启阿以和平进程。[51]

就在中东紧张局势持续之际，西方对中东北非石油的需求也在继续增长，而这些石油此间几乎提供了全球市场的所有剩余产能。1971年，OPEC在全球石油生产中的份额超过52%，而美国的份额下降至20%以下。[52]中东北非国家终于积累了足够多的（全球）石油市场份额、专业技术知识和政治团结，控制了石油的定价和生产。利比亚新的革命领袖穆阿迈尔·卡扎菲是第一个突破旧秩序的人，他倡导一种泛阿拉伯主义和伊斯兰主义的混合思想。1970年9月，他通过谈判大幅提高了利比亚石油的售价，并将利比亚从在该国运营的西方石油公司获得的收入份额从50%提高到55%。接着沙阿也要求伊朗石油参与者提高伊朗石油的售价，将伊朗的收入份额从50%增加到55%，伊朗石油参与者在1970年11月接受了这一要求。这对跨国石油公司造成了重大打击，它们意识到将被迫向阿拉伯海湾国家给出同样的条件。1971年初，利比亚接着提出了新的提价要求，随后其他OPEC成员国加入，进而引发了东道国和跨国石油公司间又一轮紧张的谈判。[53]

石油价格快速上涨加上 OPEC 成员威胁如果未能满足其要求将切断石油供应，迫使尼克松政府做出回应。白宫试图实现石油不间断供应和油价稳定兼得，但更优先考虑前者，接受油价进一步上涨的可能，且更担心石油出口国（OEC）可能会试图将美国跨国石油公司国有化。尼克松致信沙阿表达了自己对这种情况的担忧，并要求沙阿"做出建设性贡献……以就这一紧迫问题达成公正的解决方案"，他认为"消费国需要以合理的条件获得安全的石油来源，生产国有权从其最珍贵的资源中获得公平的收入"。尼克松派副国务卿约翰·欧文前往伊朗、科威特和沙特阿拉伯。欧文向它们的领导人强调了稳定油价和供应的必要性，同时承认通货膨胀可能会导致油价进一步上涨。[54] 因无法阻止东道国政府增加收入分成，跨国石油公司认识到，要想保持其高额利润，唯一的出路是放弃控制油价和产量，转而通过增加消费成本来提升收入，并将此举的责任推到中东北非国家身上。[55] 1971 年 2 月，跨国石油公司同意调整收入分成，并根据《德黑兰协议》提高油价，东道国政府每桶海湾石油上的收入将因此增加近 40%；1971 年 4 月，根据《的黎波里协议》进行的类似调整，东道国政府每桶地中海石油上的收入将增加超过 45%；两份协议有效期五年，且包括根据预期通货膨胀率每年提高油价的条款。[56]

《的黎波里协议》和《德黑兰协议》暂时稳定了价格结构，但它们并没有阻止跨国石油公司进一步失去对中东北非石油业的控制。在的黎波里和德黑兰会议期间，阿尔及利亚单方面控制了法国在该国 51% 的石油业务。阿尔及利亚总统乌阿里·布迈丁（Houari Boumediene）宣布："到目前为止，第三世界的财富一直在为富国利益服务。"而今，布迈丁认为，阿尔及利亚的石油财富将被用来在社会主义制度下为阿尔及利亚人发展平等的高生活水平。如今不论是左翼共和派还是保守派君主，石油出口国的领导人都效仿阿尔及利亚的做法，将在其国内运营的跨国石油公司国有化。在接下来的两年里，的黎波里夺取了在利比亚运营的各跨国石油公司的控股权，伊拉克直接将伊拉克石油公司国有化，而沙特与阿美石油公司谈判达成了一项立即生效的25%比例的"参与协议"，该协议将逐步使利雅得在1983年前获得该公司的控股权。沙阿也从西方主导的伊朗石油参与者手中获得了对伊朗石油行业运营的控制权，沙阿宣布："我终于赢了，72年的外国控制……结束了。"[57]

随着国外石油市场的剧变，尼克松出于政治考虑推迟了美国国内能源政策的改革，这一决定加剧了美国面对石油输出国组织时的脆弱性。1970年3月，美国经济顾问委员会警告尼克松，如果不采取重大行动改革国内能源系统，那么在接下来的五年内，美国将面临严重的燃料短缺问题，因为需求将很快超过现有供应。但尼克松却认为，比起他提出新立法来增加国内能源生产、提高能源效率或节约能源，停电和供暖短缺带来的政治代价会更小，因此他坚持不采取任何行动，直到1972年选举之后再说。为了满足不断增长的需求，1972年尼克松部分放宽了进口石油的配额限制，进口石油占美国消费量的比例上升到了29%。尽管当年美国石油消费量中只有11%来自中东，但美国的能源生产水平已无法抵消中东北非地区的供应削减。[58]

尼克松政府做出的其他经济决策，也导致了美国经济易受外部石油价格上涨和通货膨胀的影响。到1970年底，美国的失业率已经超过6%。[59]尼克松出于对自己在1972年能否连任的担心，在接下来的两年中，通过削减税收、增加政府开支来促进经济增长和提高就业率，同时实施工资和价格控制以抑制通货膨胀。这些措施在很大程度上吸引了选民，但高经济增长和工资-价格控制的组合掩盖了不断上升的通货膨胀压力，且不利于节约石油。[60]

此外，1971年8月，尼克松政府下令暂停美元同黄金的可兑换，并征收了10%的进口税。自二战结束以来，美国一直将美元与黄金挂钩，而其他经济合作与发展组织（OECD，简称经合组织）成员国自1958年起将其货币与美元挂钩*，这一秩序被称为布雷顿森林体系。保持固定汇率在某种程度上依赖于美国及其盟友实施的资本管制。但到了20世纪60年代，美元汇率已经被高估了。在这十年间，美国之外对外汇监管较少的国家的一些银行，开始积累并借出越来越多的美元，形成了一个被称为欧洲（美元）市场（这个体系起源于伦敦等欧洲金融中心，因此得名"欧洲"，但很快也包括了在欧洲之外运营的银行）的体系。到了20世纪70年代初期，欧洲市场上充斥着大量美元，使美元受到越来越多投资者的投机性攻击，这增加了美国及其盟友维护美元汇率的成本。与此同时，被高估的美元损害了美国出口商品的竞争力，而这些出口早已经面临西欧和日本复苏产业日益激烈的竞争。尼克松认为美国出口的下降预示着美国经济霸主地位的衰落，从而也预示着美国地缘政治霸主地位的衰落，而且他已经厌倦为了抵御投机者、捍卫美元所承担的国内成本。尼克松因此试图迫使西欧国家和日本就美元对欧元和日元贬值进行谈判，作为条件，美国将对其取消（美国）进口税。它们在1971年12月不情愿地同意了这一要求，当时美元对主要经合组织货币平均贬值了约10%。尼克松的决定标

---

* 1958年是IMF成员执行该组织协定的时间。——译者注

志着美国政策的转变,从接受国内牺牲以保护盟国经济转向强调与西欧和日本的商业竞争,这是一个先例,在即将到来的经合组织与石油输出国组织的对峙中将产生重要影响。[61]

油价上涨加上市场份额不断增长,给中东北非地区的富油国带来了前所未有的财富,其中最大的两个出口国是沙特阿拉伯和伊朗。1972 年,沙特阿拉伯的石油收入达到了 27 亿美元,是 1969 年的三倍;伊朗的石油收入几乎以同样的速度增长,同年达到了 24 亿美元。[62]在《德黑兰协议》达成时,伊朗沙阿"欣喜若狂",告诉宫廷大臣阿拉姆说:"石油问题解决了,伊朗在中东的领导地位得到了全世界的认可。"[63]石油收入的增加将为沙阿不断增长的军火采购提供资金,促进其实现将伊朗塑造为波斯湾军事霸主的目标。沙阿认为,只有通过大量军事开支,伊朗才能避免成为"像伊拉克那样可悲的猎物"。[64]

富油国获得的石油美元增加,且愿意使用这些石油美元购买美国武器,特别是伊朗这样的国家,这与尼克松主义将保卫美国在第三世界利益的成本转移给地区盟友的要求完美契合。1970 年 11 月 7 日,尼克松批准了 92 号《国家安全决策备忘录》(NSDM 92),重申伊朗和沙特阿拉伯是美国在波斯湾的两个关键盟友。[65]通过将波斯湾的防御转移到地区盟友身上,尼克松试图降低美国的支出,避免像在越南那样被卷入未来的冲突。

92 号备忘录还指示国家安全委员会"根据促进有序发展和当地政权负责维护稳定的战略,审查美国通过**私营**和公共项目在[波斯湾]提供技术和教育援助以及文化交流的计划"。[66]尼克松政府对伊朗和沙特阿拉伯等富油盟国采取私营而非公共的发展模式,这既反映了尼克松政府希望在不损害美国安全利益的前提下减少对外援助的开支，也反映了其对美国政府监督下的自由现代化项目的不信任（20世纪60年代，美国国内某些"伟大社会"项目和越南等海外区域的自由主义发展项目明显失败后，这种情绪日益高涨），同时也反映了尼克松政府更倾向于市场驱动的发展模式。伊朗和沙特阿拉伯包括石油在内的关键经济领域以及两国的发展计划都受国家控制。[67]不过，伊朗和沙特阿拉伯确实经常与美国企业合作发展经济，华盛顿通常认为这样可以加强政府和社会的力量；而且由于石油美元收入的增加，它们可以在不依靠美国政府援助的情况下支付这些服务的费用。从尼克松政府的角度来看，石油美元使其富油的中东北非盟友能够在与美国企业合作并互惠的情况下追求现代化的好处，同时又避免了美国政府援助和管理的弊端。

尼克松将伊朗视为美国在该地区的主要军事盟友。92号备忘录指出，虽然伊朗和沙特阿拉伯都对维护美国的地区影响力很重要，但必须承认"伊朗的力量占优势"。[68]1971年4月，尼克松与麦克阿瑟大使会面时询问伊朗可否填补英国从波斯湾撤军所留下的空白，指出"国务院和其中的一些工作人员曾认为这可能对伊朗造成过重的负担"。麦克阿瑟则认为伊朗经济状况良好，并表示虽然"沙阿经常夸大他的［军事］需求"，但是美国大使馆确保他不会过度支出。麦克阿瑟还认为，"美国无法填补［波斯湾的］真空。如果伊朗不能填补，那么它将被激进的阿拉伯国家填补，这些国家可能得到苏联的支持"。尼克松表示同意："伊朗是该地区的关键国家，值此动荡时期将成为至关重要的力量……我们必须精心呵护和加强同沙阿的关系。"[69]

然而，随着英国撤出波斯湾，阿拉伯君主国对伊朗的势力扩张保持警惕。伦敦和华盛顿成功调解了伊朗和阿拉伯国家之间的大部分领土争端。1971年8月英国正式承认巴林独立，9月承认卡塔尔独立。但1971年11月30日，就在英国承认停战诸国（Trucial States，阿拉伯联合酋长国旧称）独立并从波斯湾撤回其最后军力前夕，伊朗军事占领了阿布穆萨岛和通布岛——这些是波斯湾中伊朗和停战诸国均声索主权的小岛。阿拉伯国家一致谴责伊朗的行动，但它们没有试图夺回这些岛屿。虽然伊朗沙阿使用武力解决领土争端的行为令阿拉伯领导人感到不满，却给尼克松留下了伊朗是新的地区霸主的深刻印象。[70]

随后的事件凸显了伊朗对尼克松政府的价值。1971年12月初，得到莫斯科支持的印度同得到华盛顿支持的巴基斯坦之间爆发战争。伊斯兰堡立即向尼克松寻求武器支持。虽然尼克松希望支持巴基斯坦，但他也知道美国公众和国会多数会不赞成这样做。尼克松转而要求沙阿并得到同意，将伊朗手中的美国武器秘密提供给巴基斯坦。沙阿当时的理解是，事后美国将补充伊朗的武器。根据美国法律，授权第三方移交美国武器是非法的，除非总统正式宣布美国自身也将向该国移交同样的武器，但尼克松没有选择这样做，因为他想避免付出国内政治代价。[71]

伊朗向巴基斯坦转移武器是白宫利用新兴的石油美元经济来蔑视美国选民意愿、违反美国法律以实现外交目标的早期例子。它也是一个范本，展现了在尼克松主义的构想下，日渐增长的石油财富如何在无须美国直接干预的情况下，帮助美国的一个盟友，捍卫彼此共有的地缘政治利益。尽管巴基斯坦在军事上迅速败于印度，但尼克松仍对国王的援手表示感谢。

不过，苏联也加强了在伊拉克的影响力。巴格达新的复兴党政府最初寻求改善与美国的关系，但遭到了约翰逊政府的拒绝。[72] 这一情况，加上尼克松政府对伊朗的武器增援、伊朗面临的持续的关于阿拉伯河所有权的争议、伊朗对伊拉克库尔德叛乱的支持，以及伊拉克石油公司拒绝履行伊拉克的条款，促使复兴党改变策略，转而追求亲苏联政策。此举由萨达姆·侯赛因推动，他是伊拉克副总统，也是总统巴克尔的表亲，是一个政治上诡诈而无情的人物，他在复兴党内的影响力与巴克尔相当。这一转变受到莫斯科的欢迎。1972年4月，苏联与伊拉克签署了一项类似于埃及友谊条约的协议，随后批准了一笔大规模的武器销售，未来四年内伊拉克军队的规模将因此翻一番。那几年，莫斯科还主张，与提高油价和抵制西方相比，国有化跨国石油公司是对抗西方帝国主义的更优选项，而且莫斯科以提供技术支持的方式强烈支持伊拉克国有化伊拉克石油公司的决定，并保证用硬通货购买伊拉克的出口石油，直到伊拉克重新在更大的世界市场上建立销售渠道，从而挫败跨国石油公司的报复性措施。[73]

尼克松希望伊朗能够取代英国，在军事上抗衡被苏联武装的伊拉克，并在更大范围内成为美国在中东力量的可靠延伸。美国工业界希望向伊朗出售武器和基础设施项目。而渴望提升伊朗军事实力的国王，越来越有能力通过增加收入来实现这一目标。当尼克松于1972年5月访问德黑兰时，国王阐述了伊朗正在对抗的多种影响西方利益的地区性威胁：支持伊拉克的库尔德抵抗力量削弱伊拉克，支持巴基斯坦对抗苏联支持的印度，以及协助阿曼苏丹卡布斯·本·赛义德对抗受苏联支持的军队。伊朗沙阿暗示，只有伊朗才能保卫波斯湾，因为沙特政府正处于"极大的危险之中"，而且"非常落后",其士兵也是"糟糕的战士"。尼克松回应说请沙阿"保护我",并同意向伊朗出售一些美国最先进的非核武器,包括格鲁门F-14"雄猫"和麦克唐纳-道格拉斯公司的F-15"鹰"喷气式战斗机以及激光制导导弹,以协助美国担任西方在波斯湾的守护者。[74] 沙阿在会晤结束时感到尼克松已经"同意了他提出的每个请求"。[75] 尼克松信守承诺,指示国防部和国务院迅速出售F-14、F-15和激光制导炸弹给伊朗,并表示"关于军备采购的决策应该主要由伊朗政府做出。如果伊朗政府已经决定购买某些设备,在适当的情况下应该委婉地鼓励购买美国的设备"。[76]

伊朗使用美国武器的机会很快就在阿曼出现了。在1972年下半年,阿曼越来越倾向于向伊朗寻求支持,以在佐法尔地区对抗左翼阵营。1972年8月,沙阿利用美国飞机运送美国,使用洛克希德C-130大力神军用运输机向阿曼交付了一批,包括三架贝尔206喷气式游侠直升机。到1972年10月,阿曼秘密接受了150名伊朗特种部队士兵,伊朗开始在佐法尔冲突中扮演直接参与的角色。沙阿在没有事先征得华盛顿批准的情况下发起了这次军事干预,因为他试图展示伊朗在保护自身在波斯湾的国家利益方面的独立性,但这一举动符合尼克松主义的逻辑,并得到了美国的认可。[77]

尼克松主要是出于地缘政治因素希望伊朗变得强大,但其政府也认识到伊朗从美国购买武器给美国所带来的经济利益。国家安全委员会的一名工作人员哈罗德·桑德斯提醒基辛格说,"英国、法国和意大利的销售员正在向伊朗军队推销他们的装备",而美国此前一直"对推销美国装备犹豫不决……因为我们政府一些层级的工作人员认为,我们应该防止伊朗过度购买"。但是现在,"总统的政策是出售伊

第二章 通往石油危机之路 053

朗认为需要的东西，并鼓励购买美国装备，因为这有助于我们的国际收支"。[78]沙阿的确下单了。在1973年初，伊朗宣布当年将购买超过20亿美元的美国武器，包括更多的F-4战斗机。沙阿还表达了未来购买F-14战斗机和休斯凤凰空对空导弹的兴趣。[79]石油美元推动了波斯湾地区西方利益的主要军事维护者从英国转为伊朗，同时也为美国军火制造商带来了更多的收入。

尼克松政府虽然将伊朗视为该地区的主要军事盟友，但它也努力促进与阿拉伯君主国的更紧密联系，以确保美国的安全利益，而创纪录的石油利润也为这一努力提供了便利。在尼克松担任总统的前三年中，与沙特阿拉伯签订的军售协议价值平均为2 800万美元；1972年达到3.3亿美元，1973年上升到6.89亿美元。[80]1971年，尼克松批准了向科威特出售武器，以应对英国撤军、伊拉克对科威特的主权要求以及该国大量巴勒斯坦人口的骚乱所带来的威胁。尼克松政府在为武器销售辩护时指出，科威特的国际收支状况良好，这意味着它有能力在对其经济威胁很小的情况下进行此类采购。[81]1972年8月18日，美国国家安全委员会实施186号备忘录，该备忘录遵循92号备忘录的逻辑，即通过促进美国对伊朗和沙特阿拉伯的武器销售来增强地区安全，同时减轻美国的负担，并将该逻辑扩展到波斯湾下游国家。[82]

增加中东北非地区石油收入对美国的好处不仅限于增加武器销售。正如基辛格在为1971年5月尼克松与费萨尔国王会晤做准备的备忘录中所指出的那样，沙特阿拉伯是"阿拉伯半岛最富有的国家"，希望能够鼓励沙特"在支持北也门、阿曼和波斯湾地区的温和派政府方面更加积极"，并"继续向［约旦的］侯赛因国王提供财政援助"。基辛格还指出，沙特一直是美元的"坚定支持者"，随着沙特阿拉伯的外汇储备预计随着其石油利润的增加而迅速上升，这一点将越来越重要。[83]

到 1971 年中期，美国与中东北非地区之间的新石油美元秩序的许多特征已经形成。美国在该地区的盟友利用不断增长的石油收入大量购买美国武器，以保卫自己和西方在该地区的利益。美国政府也希望富油盟友向贫油的中东北非盟友提供财政和军事援助。此外，美国政府和一些企业越来越多地将富油的中东北非国家视为美国出口和美元的重要支持者。

然而，以色列和美国之间的关系仍然是阿拉伯世界关注的一个重大问题。当费萨尔在 1971 年 5 月与尼克松在华盛顿会晤时，沙特国王坚称，犹太复国主义致力于分裂阿拉伯世界和美国。费萨尔表示，他将接受将阿以边界恢复到 1967 年战争前状态的解决方案，并认为这样的"快速解决方案可以对某种势力在该地区的影响造成致命打击"，但如果"允许现状拖延下去，那么这种势力在该地区的影响力将变得过于强大，我们将无法应对"。尼克松告诉费萨尔他同意解决这个问题具有紧迫性，但未给出具体细节。[84] 在接下来的几个月里，阿以冲突仍将继续恶化。

1972 年 11 月，尼克松以压倒性的 60% 普选票赢得连任。尼克松的成功归因于多种因素。他的民主党竞选对手，来自南达科他州的美国参议员乔治·麦戈文（George McGovern）经历了一场灾难性的竞选，流失了中间派民主党人的选票。过去两年，尼克松的扩张性经济政策将失业率降至选举时的 5.6%，而尼克松在同一时期实施的价格和工资控制措施则使通货膨胀得到控制。[85] 此外，到 1972 年，尼克松还大幅减少了美国在越南战争中的地面部队，这场战争已经导致超过五万八千名美国人和数百万东南亚人丧生。1973年1月，美国签署了《巴黎和平协定》，确保从越南战争中撤出美军，并实现了南北越的短暂停火。

然而，尼克松1972年的胜利也埋下了他在政治上走下坡路的种子，美国将很快陷入连续数年的经济衰退和持续的通货膨胀，即滞胀，美国人因此对其政治和经济机制的信心将显著下降。1972年夏天，尼克松开始努力掩盖其政府在水门事件中的作用，虽然在大选期间这一事件很少受到关注，但到1973年夏天，它已成为一个重大的公共丑闻。1971年和1972年推行的经济刺激政策、难以为继的价格和工资控制措施以及美元贬值等政策，都导致了通货膨胀的快速上升，美国居民消费价格指数从1972年中期的略高于3%上升到1973年中期的8%。[86] 最后，1972年美国对能源行业的忽视为1973年的石油危机埋下了隐患。

1973年，全球16.5%的石油产自美国，而超过55%的石油产自OPEC。自1969年以来，阿尔及利亚、厄瓜多尔、尼日利亚和阿拉伯联合酋长国（UAE）均已加入该组织。[87] 在非共产主义世界紧张的石油市场上，中东已然是唯一一个主要的剩余产能来源，这使得中东北非国家对石油全球供应和价格拥有重大控制权。1973年4月，尼克松政府才姗姗推出应对新出现的能源危机的双管齐下政策，在国内呼吁国会通过立法扩大美国能源生产，在国际上则结束了对美国石油进口的限制，因为美国石油进口的成本已经赶上了美国国内控制的价格。但由于立法进展缓慢，而美国的石油消耗却继续增长，国内既有产量已经饱和，缺口只能由进口石油弥补。当年进口石油占美国总消耗量的比例上升到35%，其中大约一半来自中东。尼克松政府因此依赖其出口石油的盟友，特别是沙特阿拉伯。沙特巨大的石油储量和较少的政府预算，使得其最有能力调整自身石油生产水平，以增加其石油产量，超过全球需求，从而控制价格。但伊拉克、科威特和利比亚的减产，加上美国进口的增加，使全球石油供应紧张，市场油价上涨。[88]

由于人口稀少的阿拉伯国家积累石油美元的速度超过了其消费能力，其外汇储备迅速膨胀，这使得这些国家的金融决策在全球范围内越来越有影响力。西方国家1971年12月达成的固定汇率体系*屡屡受挫，因为投机者会抛售他们认为被高估的货币。1972年6月，这些投机性攻击导致英国对英镑采取浮动汇率；1973年1月，意大利出于同样的原因让里拉浮动。1973年2月，投机者开始抛售美元，促使美国、日本和西欧国家谈判将美元贬值约10%。这仍未能阻止针对美元的投机行为。1973年3月1日，因预期美元将进一步贬值，美元持有者涌入西德外汇市场，试图将27亿美元兑换成西德马克。值得注意的是，这些美元中估计约有25%来自中东北非的央行。可见石油美元在国际货币体系的波动中扮演着重要角色。此外，3月1日的事件导致美国、欧洲和日本领导人接受了美元浮动。虽然当时许多人预期并希望美元很快会恢复固定汇率，但这并没有发生。1973年3月美元继续贬值标志着布雷顿森林体系的实质终结，这在一定程度上是石油美元流动引起的结果。[89]

随着阿拉伯国家的外汇储备继续快速增长，它们对国际货币体系

---

* 指《史密森协议》，参见《时运变迁：世界货币、美元地位与人民币的未来》。——译者注

的潜在影响也在迅速扩大。在 1973 年 3 月的美元挤兑后，西方对这一事实的讨论越来越多。美国时任财政部长乔治·舒尔茨是一位具有前瞻性的经济学家，他欢迎固定汇率的结束，认为市场将更有效地决定货币价值，这与多数其他国家的财政部长甚至尼克松政府内阁的许多官员的立场不同。1973 年中期，舒尔茨同样认为，海湾阿拉伯国家的外汇储备预计到 1980 年将达到 1 000 亿美元，并可以通过金融市场进行有效管理。舒尔茨认为，阿拉伯投资者将越来越多地寻求长期投资而不是短期持有，以从更高的回报率中获利。这将为西方工业提供有用的资本，同时防止阿拉伯石油美元的快速流动，减少破坏汇率稳定的可能性。舒尔茨还认为，美国"可以与任何国家竞争投资机会"，而石油美元资金可以改善美国的国际收支状况。[90]

其他人则没有那么乐观。美国国家安全委员会的工作人员将"大量积累的阿拉伯外汇储备可能对世界货币系统造成的潜在破坏"作为追求低油价的原因之一。美国企业研究所的戈特弗里德·哈贝勒（Gottfried Haberler）警告舒尔茨，为努力支付不断上升的能源成本，石油进口国可能很快会发起贸易战。其他人则警告说，如果西方经济和汇率走弱，阿拉伯人可能会减少石油产量，而不是积累那些无利可图的过剩石油美元。沙特石油部副大臣沙特·本·费萨尔王子公开宣称："从长远来看，地下石油储量可能比外国银行的金融储备更有价值。"甚至舒尔茨在 1973 年 4 月也私下向尼克松描述了沙特外汇储备的预期增长"惊人"，并敦促美国采取政策降低石油价格，从而减少阿拉伯石油生产商所获得的"租金"。[91]

为了解决油价和石油美元流动的问题，美国财政部和国家安全委员会采取了一种（与盟友）相互依存的策略，特别是同沙特阿拉伯之间。根据这一逻辑，美国将推动深化沙美军事关系，增加沙特在美国经济中的投资，以及对美国商品和服务的购买。这些将为沙特阿拉伯带来重要的地缘政治优势和发展利益，但华盛顿也将"说服沙特，不能让石油产量低于美国和盟友的需求，否则将破坏我们的关系中其他有价值的元素"，国家安全委员会在 1973 年 8 月为基辛格准备的备忘录中解释道。同时，这些沙特的投资和采购将有助于确保阿拉伯的石油美元回流美国，稳定国际货币体系。因此，石油美元的相互依存将支持美国的能源和金融利益。然而，根据基辛格的战略观点，国家安全委员会在一个领域力图避免联系。国家安全委员会认为，"我们应该尽可能地将石油与我们对以色列的政策分离开来"。[92]

此外，沙特阿拉伯越来越多地试图利用其在全球石油市场上日益增强的主导地位和新的石油美元财富作为与美国谈判的筹码。1972 年 9 月，沙特提议与美国签署一项特殊的石油销售安排，类似于伊朗之前提出的方案，即保证将增加的沙特石油出口收入花在美国或投资于美国。罗杰斯指出，鉴于世界市场条件，沙特可以很轻松地在其周边区域销售石油，几乎没有市场动力去确保对美国的石油销售。相反，沙特似乎正试图增加与美国的经济融合，从而扩大对美国的影响力。[93]

尼克松没有理会这一提议，但美国与沙特石油和石油美元的经济相互依存关系仍在加深。当沙特彬彬有礼的石油大臣、费萨尔的亲信扎基·亚马尼（Zaki Yamani）及其副手于 1973 年 4 月同基辛格会面时，亚马尼警告说，虽然沙特阿拉伯出于"责任感"增加了石油产量，以满足西方日益增长的需求并压低油价，但沙特已被孤立，并"受到来自阿拉伯世界其他国家的巨大压力"，要求沙特改变策略，让油价翻倍，直到美国解决与以色列有关的阿拉伯问题，而他不确定沙特面对这种压力还能扛多久。亚马尼暗示，这种油价上涨将是美国国际收支的重大负担，费萨尔则补充说："其他阿拉伯国家，甚至是与沙特阿拉伯交流的欧洲人都在问，为什么沙特阿拉伯只与美国沟通，且只在美国投资其石油收入？"亚马尼和费萨尔暗中威胁，如果美国不在阿以冲突问题上改变立场，那么沙特的石油生产和流向美国的石油美元都将面临不确定性。[94]

1973年初，尼克松表达了重启阿以和平进程的决心，并向以色列施加压力，迫使其做出让步。然而，水门事件丑闻愈演愈烈，很快就转移了尼克松的注意力。事实上，对政府犯罪行为的调查越来越多地分散了尼克松对一般政策事务的注意力，给他的下属留下了更大的空间——甚至必须——独立行事。此间，基辛格对解决阿以争端没有表现出紧迫感。他认为，阿拉伯人不太可能发动另一场战争，因为他们知道他们会输，而且他认为在定于1973年10月底举行的下一次以色列大选之前不可能进行实质性谈判。1973年2月，基辛格与埃及国家安全顾问哈菲兹·伊斯梅尔（Hafez Ismail）举行了会谈，但毫无结果；3月，有消息称尼克松已秘密承诺向以色列提供更多喷气式战斗机。[95]

与基辛格的设想相反，美国持续忽视和平进程且武装以色列导致萨达特在1973年4月下旬与叙利亚总统哈菲兹·阿萨德（Hafez al-Asad）达成秘密协议，计划在六个月内对被占领土上的以色列阵地发动埃及-叙利亚联合攻击。为备战，萨达特改善了与莫斯科的关系，确保了新武器的交付，包括"飞毛腿"弹道导弹，以及两千名苏联军事顾问的复归；叙利亚同样得到了大量苏联武器，包括米格-21喷气式战斗机和 SA-6 地对空导弹。萨达特并没有指望能够击败以色列，但希望一场有限的战争能够让埃及夺回一些土地和尊严，同时改变以色列和美国对谈判不感兴趣的现状。萨达特清楚，鉴于以色列的强大军力，与以色列的战争是一场赌博；但他也知道，如果继续僵持下去，埃及经济将处于无法承受的战时状态，使国家陷入贫困，引起民众对以色列继续占领西奈半岛的不满情绪，这可能导致他被推翻。[96]

虽然一开始并不知道萨达特的战争计划，但费萨尔也对华盛顿失去了耐心；虽然费萨尔之前曾私下敦促尼克松采取行动，但在 1972 年之前，他一直抵制其他阿拉伯国家公开构建"石油武器"威胁的呼吁。在愤怒于美国的无为、外交上受到其他阿拉伯政府的压力、担心无所作为会损害沙特王朝的民众合法性并使王国暴露于巴勒斯坦激进分子和普遍的国内动荡之中的同时，由于掌握了对全球石油供应的新影响力，在 1973 年，费萨尔认为向美国施加更大压力既有必要也是可能的。亚马尼对基辛格的警告是费萨尔（对美施压）最初的升级。当这未能说动尼克松政府时，费萨尔在 1973 年 5 月告诉阿美石油公司的高管们，如果美国不尽快改变对以色列的政策，"美国的利益方将被赶出这个地区"，"你们将失去一切"。石油商们急忙将这些威胁传达给白宫，但基辛格和其他政府官员对这些警告持怀疑态度。那个夏天，费萨尔罕见地接受了包括《华盛顿邮报》《基督教科学箴言报》《新闻周刊》和 NBC 电视台等美国媒体的采访。他警告称，沙特向美国出口的石油多少和（沙美）友谊能否延续将取决于美国政府在阿以冲突中的立场是否改变。[97]

虽然尼克松政府对费萨尔威胁的可信度持怀疑态度，但美国官员的确试图向国王保证美国对沙特阿拉伯的承诺。白宫尝试通过摆出美国与沙特阿拉伯的军事和发展项目来缓解费萨尔的担忧,石油美元利润的不断增长使这些项目成为可能。在1973年春,尼克松政府向沙特阿拉伯销售了F-4战斗机,这一决定遭到了以色列的强烈抗议,以色列认为这是对其安全的威胁,因为(在此之前)这种战斗机使以色列获得了相对于阿拉伯国家的空中优势。[98]尼克松在1973年8月31日致信费萨尔,试图明确"我们对沙特阿拉伯的安全和福祉的强烈关注始终如一,我们最近表示愿意在您的空军准备好接收时出售F-4'幻影'战斗机"已经证明了这一点。尼克松进一步写道:"我们看到沙特阿拉伯正处于经济增长和发展的关键时期,我相信美国的技术和管理经验可以做出重要贡献……我很高兴看到一些美国公司正在研究成立合资企业的可能性,这将有助于实现沙特阿拉伯经济的多元化。"[99]尼克松政府希望,在和平进程停滞不前之际,石油美元项目能保持沙特阿拉伯与美国的关系。

在尼克松致费萨尔的信函发出的八天前,萨达特曾私下告诉费萨尔,埃及可能很快会对以色列发动战争,而费萨尔则承诺动用石油武器并给埃及提供更多石油美元以支持其行动。1973年9月5日,尼克松在新闻发布会上承诺将阿以和平进程作为优先事项,同时警告阿拉伯产油国不要提高油价。11天后,石油输出国组织要求,从10月8日开始在维也纳与跨国国家石油公司举行会议,重新谈判《德黑兰协议》和《的黎波里协议》达成的定价。[100]接着,在1973年10月6日,埃及和叙利亚军队袭击了位于西奈半岛和戈兰高地的以色列军队阵地。

埃及和叙利亚的突袭让以色列和美国措手不及。在最初几天中,阿拉伯军队取得了令人瞩目的胜利，并让以色列军队的阵地后退了。对于刚就任国务卿同时还保留着国家安全顾问职位的基辛格来说，首要问题是防止这场区域战争升级为两个超级大国之间因支持对立方而引发的危机。基辛格因此全力以赴致力于实现早日停火。令他失望的是，苏联于1973年10月10日开始向埃及和叙利亚提供军事补给。10月12日，以色列总理戈尔达·梅厄（Golda Meir）勉强同意了美国提出的停火建议，当时其军队处境不佳。但萨达特拒绝停火，坚持要求以色列保证一个持久的和平解决方案，包括以色列军队从1967年战争中占领的土地上完全撤出。[101]

随着战争进入第三天，跨国石油公司和石油输出国组织开始在维也纳进行谈判。跨国石油公司开场提出将石油定价上调15%，石油输出国组织（OPEC）反对并提出将油价上调100%。跨国石油公司的高管们对这一前所未有的要求感到震惊，转而向美国、日本和西欧各国政府寻求建议。它们的回复是拒绝接受所有接近石油输出国组织要求的幅度的提议。1973年10月12日，跨国石油公司的高管们要求石油输出国组织再给几周时间来给出新报价。在经过一夜的努力迫使跨国石油公司给出报价失败后，亚马尼冷冷地告诉跨国石油公司的高管们，他们将通过广播听到他的下一步行动，然后就休会了。[102]

与此同时，中东战事愈演愈烈。以色列人急切呼吁美国向其提供军事补给，并警告说以色列能否生存可能取决于此。但阿美石油公司董事于1973年10月12日警告尼克松道："OPEC在维也纳提出的要求太过分了，它们可能会对西方世界的国际收支造成严重破坏。"跨国石油公司还被告知，在削减石油产量方面，"如果有更多的证据表明美国支持以色列的立场，沙特阿拉伯和科威特将采取实质性的（减产）行动"。尽管有这样的警告，尼克松和基辛格还是决定，他们不能冒险让苏联的武器打败美国的盟友，因此于1973年10月13日用美国军用飞机向以色列空运美国武器。到10月15日，以色列军队在埃及和叙利亚的战线上重新夺回了主动权。由此引发的阿拉伯国家对美国的抗议十分激烈，但基辛格仍然坚称，沙特阿拉伯不太可能切断美国的石油进口。[103]

在1973年10月16日，包括亚马尼在内的阿拉伯和伊朗石油官员在科威特城召开会议，宣布他们将单方面将两国石油的价格上调70%。此举导致全球油价大幅上涨。此外，通过单方面宣布涨价，而不与跨国石油公司谈判，中东北非国家成功地开创了一个是他们而不是西方控制他们的石油资源的新时代。同时，阿以战争引发的对阿拉伯石油减产的担忧，强化了OPEC的谈判地位。但此番新一轮油价上涨的关键因素是全球石油市场的变化。到1973年，中东北非国家显然是唯一拥有大量剩余石油产能的区域，而全球石油需求则持续增长。同时，中东北非国家通过将跨国石油公司国有化或与其谈判共享控制权，确保了对其石油的控制。1973年10月，中东北非石油出口国的领导人意识到他们不再需要同跨国石油公司商议价格或产量，他们欢呼雀跃。亚马尼告诉一位代表说："这个时刻我已经等很久了。我们是我们自己的商品的主人。"[104] 新的定价方式意味着石油出口国（OEC）将在未来几个月乃至几年中获得前所未有的巨额利润。石油美元经济已经正式开始。

在宣布石油涨价70%的第二天，伊朗代表团离开了科威特城，而阿拉伯官员们则重新开会讨论利用石油武器，报复美国对以色列的军事补给。伊拉克代表团提议阿拉伯国家团结起来，从美国的银行撤出所有资金，将美国在阿拉伯世界的所有财产国有化，并对美国实施全面的石油禁运。不过，其他阿拉伯与会者担心，对美国实施如此激烈的经济战，将使自己也陷入过于不确定和危险的境地，因此拒绝了伊拉克的提议，这导致伊拉克人退出了会议。剩下的阿拉伯代表们宣布他们将把原油产量在 1973 年 9 月水平的基础上削减 5%，且后续每月继续削减 5%，直到以色列从所有阿拉伯领土上撤出。那些被认为支持以色列的国家获得的（石油）出口将大幅下降，而被认为发挥积极作用的国家获得的（石油）出口则保持正常水平。尽管面对这样的宣示，但尼克松政府还是于 1973 年 10 月 19 日向美国国会提议了一份 22 亿美元的援助以色列计划。在接下来的两天内，阿布扎比、阿尔及利亚、巴林、迪拜、科威特、利比亚、卡塔尔，以及最关键的沙特阿拉伯下令对美国实施全面的石油禁运。美国石油产量相对下降和海湾石油定价上涨 70%，意味着禁运和减产将对西方造成重大经济冲击，而阿拉伯国家将继续积累空前的石油美元利润。[105]

虽然对阿拉伯禁运感到愤怒，但基辛格的首要任务仍然是实现阿以停火。鉴于以色列军队有重创埃及第三军团的威胁，勃列日涅夫和萨达特两人同样日益渴望停火。1973 年 10 月 20 日，苏联和美国发布了一项联合决议，呼吁立即停火，随后进行了语焉不详的谈判。10 月 22 日，埃及和以色列接受了停火协议，次日，叙利亚也接受了。但以色列军队仍然对埃及第三军团实施封锁，导致勃列日涅夫在 10 月 24 日向华盛顿发出警告，如果美国不对以色列加以制约，苏联将考虑单方面干预。作为回应，基辛格在没有尼克松参与的情况下召开了一个由总统高级顾问参加的紧急会议，尼克松当时因为水门事件指控的升级而精疲力尽，正在睡觉。基辛格以尼克松的名义回复莫斯科，警告后者单方面的干预"将产生不可估量的后果",并命令美国军方提高核威慑级别,以表明华盛顿的决心。幸运的是,苏联没有进一步升级危机,接下来的几天里,埃及和以色列达成了持久的停火协议。尽管如此,这场战争再次展示了阿以冲突如何可能演变成一场超级大国间的危机。据估计,这场战争夺去了约12 000名埃及人、3 000名叙利亚人和2 300名以色列人的生命。[106]

战争结束后石油价格仍然高企,阿拉伯国家对美国的石油禁运仍在继续。1973年10月23日,法赫德致信基辛格重申了沙特的立场:"只要以色列占领的阿拉伯领土超出其1967年6月战争前的边界,对美国的石油禁运就将持续。"三天后,在一次关于禁运及全球油价上涨这一更大问题的国务院会议上,基辛格承认:"我不知道答案是什么。"然后他哀叹道,"我知道这如果是在19世纪的话该做什么。但我们做不到这一点。一个贝都因王国[原文如此]能够让西欧和美国停滞不前,这在过去绝对是不可想象的。他们(以前的西欧和美国)会登陆,会瓜分油田,并会解决这个问题。"[107]然而,虽说基辛格对19世纪帝国主义的鼎盛时期有怀旧之情,实际上他所哀悼的却是美国在20世纪中期与中东北非地区帝国秩序的终结,那是一个西方力量强行压低油价且要求盟友顺从的秩序。现在,前所未有的石油美元正在为富油的中东北非国家带来巨大的经济和政治实力,甚至传统盟友沙特阿拉伯也正在挑战美国的权力。美国在中东北非地区的旧体系已经被彻底颠覆。美国同中东北非一众石油出口国家能否达成新的协议,成为一个未决而紧迫的问题。

第三章

追求石油美元的相互依存

基辛格的耐心已经耗尽。三个多月来，他一直在向沙特政府施压，要求其解除对美国的阿拉伯石油禁运。1974年1月下旬，基辛格认为他已经就此从沙特获得了一个坚实的承诺，但是在2月3日，他收到费萨尔的消息称，由于几乎所有其他阿拉伯国家的坚持，禁运将不会被解除，直到叙利亚从以色列夺回一些领土为止。第二天，基辛格指示美国驻沙特大使詹姆斯·艾金斯告诉沙特人："鉴于此前我们收到了许多未兑现的保证，我们将不会接受任何进一步的保证。特别是，我们不希望沙特人来信说，禁运将在叙利亚和以色列达成停止冲突协议并实施后再解除。你应该让沙特人明白，[尼克松]总统不会授权美国进一步努力在叙利亚和以色列间实现停止冲突，除非禁运和产量限制解除。"基辛格做出了一个有悖外交惯例的惊人举动，他指示艾金斯告诉沙特人，除非他们结束禁运，"否则我们将别无选择，只能公开收到的来自沙特的［外交］信息"，以向世界证明他们已向美国政府保证禁运很快结束。[1]

1974年2月5日，艾金斯与沙特外交大臣奥马尔·萨卡夫（Omar

al-Saqqaf）举行会谈，通报了基辛格的态度。萨卡夫惊呆了，他时而痛苦地长时间沉默，时而愤怒之情无以言表。萨卡夫告诉艾金斯："华盛顿的这种敌对反应只能被解释为华盛顿承认它并不真的打算向以色列施压。"然后他问艾金斯，"美国是否知道它即将失去什么……美国不明白它的政治和经济利益是什么吗……还是说只是因为美国比阿拉伯人所认为的更加完全地受制于以色列的愿望和犹太复国主义的压力？"萨卡夫宣布，沙特将不得不重新评估其与美国的关系。"必须重新审视美国和沙特的军事关系——这不会带来任何问题，许多欧洲国家都急于取代美国。"萨卡夫说，"沙特阿拉伯将不得不考虑从美国的银行撤回资金，而美国也无须参与王国的任何大型发展计划。"回忆起他们在最后一个话题上的频繁交流，萨卡夫告诉艾金斯，这个损失让他特别痛苦，因为他"完全同意组建一个包括美国、沙特阿拉伯和其他阿拉伯国家的巨型经济合作组织的可取之处。美国本可以在沙特阿拉伯获得优先地位，因为它拥有最大的经济体量、最发达的技术和最值得信赖的商人"。但萨卡夫悲叹道："如果美国真的采取了（基辛格）态度中所暗示的立场，这一切现在似乎都已结束。"沙特将采纳欧洲国家和日本为了获取阿拉伯石油而提出的工业化和投资计划取而代之。"你们知道的，没有你们我们也完全可以生存。"萨卡夫总结道。[2]

1973 年的阿以战争和阿拉伯国家对美国的石油禁运导致阿美关系降至新低。对美国政府来说，双边关系受损的时机尤其糟糕，因为石油危机和不断增长的石油美元盈余，显著增强了富油的阿拉伯国家——尤其是沙特阿拉伯——在决定全球能源供应和成本以及国际金融体系的健康和格局方面的重要性。尼克松政府认识到了这一点，于是专注于修复与利雅得的关系，首先寻求结束阿拉伯石油禁运，然后重新将沙特王国纳入美国国际帝国体系。沙特王室同样表现出希望修复同美国关系的强烈愿望，以推动其外交议程和国内发展。然而，尽管双方都希望重新开展外交关系，但由于1973年10月事件引发的严重不信任，沙特和美国政府甚至要花费数月才能部分消除这种隔阂，而且双方关系可能恶化成战争的严重担忧在接下来的多年里一直存在。

在很大程度上，沙特阿拉伯和美国通过利用沙特石油美元的联合项目逐渐恢复了彼此的信任。这些项目包括沙特在美国私人金融机构和政府中显著增长的长期投资，以及沙特购买美国的商品和服务，特别是用于沙特阿拉伯工业和军事发展的商品和服务。这种石油美元相互依存的体系满足了双方即时关切的需求，例如为沙特提供安全的投资渠道并增加收入，同时为美国提供必要的资金。然而，更广泛来说，利雅得和华盛顿寻求在彼此之间建立石油美元的相互依赖关系是为了促进一些间接目标的实现。其中最突出的，对美国而言，是沙特的石油供应和定价政策；对沙特而言，则是美国在以色列问题上满足阿拉伯国家的要求。沙特和美国的石油美元相互依存关系需要时间来发展，而石油美元的联系并不能保证双方意见一致。事实上，尽管在20世纪70年代中期伊朗和美国之间有深厚而持续的石油美元联系，但沙阿在石油价格问题上还是表现出了鹰派姿态，令美国官员感到失望。不过追求石油美元的相互依赖，在很大程度上恢复了沙特阿拉伯在美国帝国体系中的地位，同时也极大地改变了前者在后者体系内的角色。沙特阿拉伯的重要性从为西方提供低价石油转变为向美国提供大量石油美元，这些资金对美国经济至关重要。

在1973年阿以战争结束时，恢复与旧有的阿拉伯盟友国的关系，特别是沙特阿拉伯，对于尼克松政府来说成为当务之急。中央情报局于1973年10月25日发送给基辛格的一份评估报告称，沙特和其他阿拉伯政府可能会利用其石油美元以及石油禁运，向华盛顿施压，迫使美国采取行动支持阿拉伯国家在阿以冲突中的立场。这些措施包括用其他国家取代美国成为武器供应国，全面抵制所有与美国的贸易，与"游击队武装分子"展开更全面的合作，以及"在国际货币市场上坚决削弱美元"。中央情报局分析人士指出，由于与美国的历史纽带和共有的利益，传统的阿拉伯盟友对此类措施的热情会受到一定的制约。但他们的结论是："尽管如此，如果停火并未迅速促成谈判，且未能展现出至少朝阿拉伯直接目标迈进的迹象——以色列接受从1967年以来占领的领土撤军的原则——那么这些方案将会被（阿拉伯国家）认真考虑。"[3]

阿拉伯国家目前施行的石油减产和涨价已经导致石油消费国的经济苦不堪言。油价上涨推高了美国的通货膨胀率，使其从1973年10月的7.8%上升到1974年12月的12.3%。同期，由于成本上升和不确定性导致的经济衰退，美国的失业率从4.6%上升到7.2%。[4] OPEC提价的直接成本虽然对美国来说已经很高了，但对美国最大的盟友们来说则更为高昂。在最近的阿以战争之前，美国总能源消耗的17%依赖进口石油，与之相比，日本是世界上最大的石油进口国，而对于欧洲经济共同体（EEC）来说，进口石油比重从联邦德国的42%到意大利的93%不等。[5] 石油消费国发起了各种运动，以开发国内的石油或替代燃料来源并更加高效地利用能源。尼克松在1973年11月提出了名为"独立计划"的措施，旨在于1980年前实现美国能源自给自足。但是这样的计划需要数年时间才能发展起来,对于大多数国家来说,这并不能消除对进口石油的需求。至少在短期内,石油进口国要么不得不为外国石油支付更高的费用,要么减少能源使用,这两种情况都危及经济增长。

与此同时,石油危机恶化了美国与其欧洲和日本盟友之间的关系,而布雷顿森林体系的瓦解已经令这一关系变得紧张。西方盟友比美国更依赖于阿拉伯石油来维持其经济的基本运转,为了确保石油进口,他们打破了与美国的政策一致性。在北约内部,只有葡萄牙允许美国飞机于战争期间在其领土上降落以向以色列军队提供补给;在1973年11月,欧洲经济共同体呼吁以色列撤回到1967年战争前的边界。欧洲和日本均与阿拉伯世界和伊朗达成了双边贸易协议,以确保石油供应。在个别国家层面,这是合理的策略,却使石油出口国获得了更强的议价能力,进而导致各国进口油价集体上涨。基辛格担心西方联盟日渐崩溃,自给自足正在重新出现,美国在阿以和平进程方面的领导地位将面临越来越多的挑战。[6]

面对与阿拉伯盟友和西方盟友同时产生的裂痕,美国还必须应对欧洲盟友的挑战,它们利用阿拉伯对华盛顿不满的机会试图取代美国在中东北非的影响力。为了能够从阿拉伯国家进口石油,同时(向后者)出口以换取中东北非的石油美元从而抵消油价上涨的影响,西欧和日本越来越倾向于挑战美国与阿拉伯国家的安全和贸易联系。尤其是法国,它反对大西洋联盟内部美国的许多政策,并自1967年起转向改善与阿拉伯国家间关系的战略,表现出特别强烈的、削弱美国影响力的意愿。虽然法国已经与阿尔及利亚和伊拉克建立了牢固的关系,但它也在积极扩大自己在沙特阿拉伯等传统上受美国影响的国家中的势力，这一做法无疑会牺牲美国的利益。美国国防部长威廉·克莱门茨（William Clements）在1973年11月指出，因沙美关系恶化，价值20亿美元的沙特海军和国民警卫现代化装备在沙特闲置。克莱门茨感叹道："沙特人开始觉得我们对他们不太认真。他们开始与法国接触。法国国防部长已经去沙特了，法国正竭力想要在沙特阿拉伯接替我们的位置。"[7]

美国政府历来反对欧洲削弱美国在阿拉伯世界的经济和政治影响力。由于欧洲正在与美国争夺该地区重要的石油供应和资本供应，并挑战美国的核心外交政策（比如管理阿以冲突），因此防止美国失去与阿拉伯国家间的联系就变得越发重要。由于尼克松政府认为利雅得是结束阿拉伯石油禁运、降低油价以及恢复美国在更广泛的阿拉伯世界的影响力的关键，因此欧洲取代美国在沙特阿拉伯的影响力的努力尤其具有威胁性。沙特阿拉伯（当时）是世界上最大的石油出口国，与伊朗不同，其人口少且国内基础设施落后。因此，沙特从石油出口中赚取的资金远远超过它们的开支，这减少了它们提高油价的动力，并使其在决定全球石油供应方面具备更强的调节能力。伊朗仍然是美国在中东北非地区最重要的军事代理人以及美国商品和服务的进口国，这些角色没有受到阿以冲突的干扰，事实上还因其日益增长的石油美元收入而显著加强。尼克松政府也支持与科威特、阿联酋、卡塔尔，甚至是"激进"的阿尔及利亚、伊拉克和利比亚建立更紧密的相互依存关系。但是沙特阿拉伯对于结束石油禁运和降低油价具有决定性的价值。

为了改善与利雅得的关系，此前几乎没有涉足中东北非事务的基辛格，与阿拉伯和以色列领导人展开了一系列的直接谈判，这被称为

"穿梭外交"。他向沙特和其他阿拉伯领导人辩称，他的和平努力证明了美国的诚意。同时，他不断地强调，阿以和平进程的进一步推动取决于禁运的结束，这既是为了防止美国国内民意对阿拉伯国家的强烈反弹，进而妨碍尼克松政府捍卫阿拉伯立场的能力，也是为了维护美国的地缘政治地位。在1973年11月底的一次会议上，基辛格向他的一些国家安全同僚表达了他的看法，即美国不能支持激进的阿拉伯国家或苏联的要求。"[费萨尔的]问题是，他是美国的朋友，但他承受着激进分子的压力，"基辛格辩称，"所以他在策略上超越了激进派，以免因为与美国的关系而感到尴尬。"[8]

费萨尔同基辛格一样希望结束石油禁运，重建利雅得和华盛顿之间的合作关系，但他坚持要求美国首先就中东冲突中阿拉伯的诉求采取切实行动。1973年11月8日与基辛格会面时，费萨尔礼貌但坚定地表示，尽管"没有什么比能够维持甚至增加对美国朋友的石油供应更让他高兴的了……但他受到激进分子的压力。他指出，所有阿拉伯国家在基本问题上是团结的，他希望我们能够尽快达成解决方案"。[9] 三天后，亚马尼告诉基辛格，"他面临的主要问题是国王[费萨尔]对美国非常愤怒，这将难以获得[减少石油禁运]的批准……在这个时候，完全解除禁运是不可能的，美国将不得不为支持其以色列朋友付出代价"。[10] 六天后，基辛格收到了沙特皇家顾问卡马尔·阿德汉姆（Kamal Adham）的报告，称费萨尔告诉萨达特，如果与美国的谈判陷入僵局，沙特阿拉伯将会着力于再次发动对以色列的战争，以在该地区制造不稳定，迫使超级大国重新关注以色列占领阿拉伯领土的问题。[11]

为了强调利雅得在石油美元繁荣之后的决心和新获得的能

力，沙特官员突出了他们国家抵抗美国经济胁迫和替换美国贸易角色的能力。当康涅狄格州的共和党众议员罗伯特·斯蒂尔和加利福尼亚州的民主党众议员莱奥·瑞恩在1973年11月访问沙特阿拉伯时，亚马尼警告他们："美国任何企图禁止向沙特出口机械设备的努力都将是徒劳的。日本人渴望向沙特阿拉伯出售机械设备。沙特人更喜欢继续从美国购买机械设备，但如果受形势所迫，他们将从日本购买。"另一位沙特大臣就美国可能抵制（向沙特出口）谷物的问题提出了类似的论点，指出"还有其他国家愿意把小麦卖给沙特"。[12]

为了向沙特施压，尼克松在1973年12月3日给费萨尔写信，再次强调了他的担忧："美国人民可能无法理解，在他们的政府未来几周和几个月里将做出重大且艰难的努力以促成阿拉伯世界所寻求的公正和平时，[禁运]还在持续……我担心[美国]公众舆论不会允许我们持续发挥作用，而您和我们都同意发挥这些作用是我们的责任。"[13] 但费萨尔没有让步，当亚马尼于1973年12月10日在华盛顿与舒尔茨会面时，他告诉后者，虽然阿拉伯石油生产国"急于为取消（石油）禁运找一些理由"，并在一些问题上与美国合作，如确保国际货币体系的稳定以应对阿拉伯世界预计迎来的庞大外汇盈余，但美国需要在阿以冲突上采取行动，帮助沙特"摆脱这种痛苦的困境"，这种困境削弱了"沙特与美国的传统友谊和共同利益"。[14] 沙特人再次向美国同行暗示，他们的新石油美元力量可以同美国合作，也可以反对美国。

正当美国和沙特阿拉伯僵持不下时，伊朗沙阿同阿拉伯领导人合作，开始了新一轮的油价大幅上调。1973年12月23日，沙阿宣布波斯湾产油国将于1974年初将油价翻倍至每桶11.65美元。沙阿对记者说："工业世界必须认识到，他们依靠廉价石油获得巨大进步乃至更加巨大的收入和财富的时代已经结束了。如果你想过上同现在一样好的生活，就必须为之奋斗。即使是那些富裕家庭的孩子，食物充足、有汽车代步甚至像极端分子一样到处扔炸弹，也必须工作。"[15] 沙阿此前并没有加入阿拉伯的石油禁运，但他仍然是主要的主张高油价的鹰派，并决心获得所需的石油美元收入，以快速发展其国家，而不顾华盛顿限价的愿望。

在1974年初，非共产主义国家石油消费中的43%来自波斯湾的石油供应，波斯湾的石油对全球油价产生了巨大影响，其价格在短短两个半月的时间里几乎翻了两番。[16] 高油价和高石油美元收入成为常态，没有人知道油价的上限在哪里。美国驻伊朗大使理查德·赫尔姆斯（Richard Helms）在收到（油价大涨）这一消息后，给基辛格写信表达了震惊之情。他写道："毫不夸张地说，非共产主义世界正在经历一定程度的动荡。这些［OPEC］国家的领导人知道他们掌握主动权，他们记着各大石油公司多年来的拒绝或侮辱，他们不满于其他大宗商品价格在市场上自由浮动而原油价格波澜不惊……我建议，找到［应对OPEC的］答案将需要您亲自领导……来制订解决问题的方案，至少在短期内，这个问题是自二战以来工业世界面临的最重要的经济挑战。"[17]

以2018年美元价值为基准，1967—1988年中东北非地区OPEC成员的石油预期收入如表3-1所示。

表 3-1　1967—1988 年中东北非地区 OPEC 成员的石油出口收入

（单位：10 亿美元，以 2018 年不变美元价值为基准）

年份	沙特阿拉伯	伊朗	利比亚	科威特	伊拉克	阿联酋	阿尔及利亚	卡塔尔	总计
1967	10.4	13.1	8.8	9.9	4.6	2.0	4.0	1.5	69.0
1968	14.6	12.2	13.4	10.0	5.5	2.4	4.2	1.5	78.0
1969	14.4	12.7	14.8	10.1	5.3	2.8	4.1	1.5	79.2
1970	15.6	15.3	15.4	10.2	5.1	3.4	4.4	1.5	83.6
1971	23.6	21.7	16.7	15.0	6.7	5.2	3.8	1.9	106.7
1972	32.9	21.9	17.6	17.0	6.2	6.7	6.2	2.3	122.6
1973	50.7	31.8	22.5	20.2	10.4	9.8	8.6	3.5	168.8
1974	180.6	106.4	42.0	53.8	33.3	32.2	21.7	10.1	490.1
1975	137.6	91.7	31.6	40.1	38.4	31.8	20.1	8.2	408.7
1976	168.3	101.1	42.1	40.1	40.6	37.0	21.1	9.4	468.4
1977	179.3	97.7	47.2	36.9	39.6	38.3	23.0	8.5	478.7
1978	155.3	83.5	38.1	36.8	42.0	33.3	22.5	8.9	428.0
1979	217.5	66.4	55.2	59.8	74.0	44.5	30.3	12.8	567.2
1980	309.3	35.7	66.8	57.8	79.6	59.1	39.6	13.9	667.8
1981	307.9	27.7	41.2	39.3	27.7	51.8	36.1	12.9	550.0
1982	190.5	48.6	35.6	23.6	25.8	41.5	29.0	9.4	409.1
1983	113.0	51.1	31.1	25.4	19.4	32.8	24.3	6.6	308.7
1984	87.8	38.0	26.5	26.6	22.0	29.1	23.7	8.0	266.6
1985	60.4	30.3	28.3	22.0	26.2	25.4	22.5	5.8	225.6
1986	41.4	13.5	17.3	14.6	15.8	15.7	11.8	3.4	138.1
1987	45.1	20.8	13.9	16.6	24.6	17.5	14.5	3.7	161.1
1988	42.8	17.8	12.9	14.5	24.0	16.2	12.1	3.2	147.8
总计	2 399.0	958.9	639.0	600.4	576.7	538.5	387.7	138.3	6 423.9

数据来源：Organization of the Petroleum Exporting Countries, *Annual Statistical Bulletin*（2018）。

注：由于四舍五入关系，表中总计数据略有出入。

基辛格告诉赫尔姆斯大使，他应该尽早向沙阿表示，尼克松"非常担心价格上涨……会对世界经济造成不稳定的影响，以及可能给国际货币体系带来灾难性问题。它将对石油消费国的经济产生严重的压制作用，可能导致全球经济衰退，最终谁都得不到好处，包括石油出口国"。但沙阿不为所动，只是将价格上涨归咎于 OPEC 的其他成员国。[18] 基辛格于 1973 年 12 月 28 日直接致信萨卡夫称，对于阿拉伯国家决定继续实行石油禁运，"我表示强烈的失望和沮丧，对美国实行的石油禁运和石油限产必须立即结束"。此外，他希望沙特政府知道，"12 月 23 日在德黑兰宣布的大幅度和不合理的价格上涨……［以及］它们对自由世界的经济和货币体系产生的使其动摇的影响是可预见和灾难性的，是我们最深切关注的问题"[19]。尼克松同一天以更礼貌的口吻给费萨尔写了一封信，谈到了同样的问题。[20]

沙特政府再次拒绝了美国的恳求。萨卡夫在 1973 年 12 月 30 日告诉艾金斯："如果沙特现在取消抵制，就好像完全屈服于美国的压力。为以色列辩护的美国人会夸口说，他们已经让沙特屈服了……因此，没有理由对他们*做出任何让步。阿拉伯世界对（沙特）国王和沙特阿拉伯的反应将更强烈。"艾金斯向基辛格透露了他对沙特人的感受："沙特人感到极度不安。以色列人可能被马萨达情结所困扰；但在（沙特）这里，更多的是一种'诸神的黄昏'的感觉，或者说，是一种沙特人像是被困在加沙神庙中的参孙的感觉；如果施加给他们的压力变得难以承受（他们也确实对［美国的］军事攻击感到恐惧），他们将被摧毁，但这也将给世界带来深重的灾难。"[21] 从艾金斯的独

---

* 指阿拉伯世界。——译者注

特视角看，沙特与美国的关系已降至危险的低谷；沙特领导人已做好准备——宁愿毁于美国之手，这不仅有可能，而且是优于向以色列的要求妥协的选项。因为在他们看来，后者有失沙特尊严，很可能最终导致他们被激进分子推翻。

1974年1月，当基辛格继续开展其外交活动时，中央情报局的分析师估计"［石油］生产国的石油收入将在1974年达到约950亿美元，是前一年的三倍半"，且"沙特阿拉伯、科威特和其他波斯湾小国的收入将远远超过它们的支出能力"。[22] 考虑到涉及的资金数额巨大，富油国如何支配和投资其石油美元，正成为一个严重的问题，其严重程度逐渐堪比石油进口国如何支付不断上涨的能源成本。石油美元可能会显著增强美国的全球地位，也有可能严重削弱，这取决于这些石油美元的使用方式。

美国财政部认为，美国和石油美元国家之间的金融相互依存，将有助于说服后者结束石油禁运、避免今后对美国经济的攻击，甚至在石油定价方面更为克制。财政部1974年1月的一份研究报告给出了这一考虑背后的理由。报告认为，除了"石油武器"外，OPEC成员的预期盈余构成了第二个可能的武器，可以用于扰乱金融和外汇市场。不过报告认为，OPEC财长无意中的资金管理不善更有可能对全球市场的平稳运行构成威胁。为了减少这两种可能性，该文件建议美国"鼓励OPEC国家对经纪公司、投资银行和做市商等金融机构进行大量投资，这样这些国家的利益就与市场的平稳运行息息相关，破坏性活动将付出双重代价——首先是其证券投资组合的价值，其次是其直接投资的价值"。此外，"随着OPEC国家（在外国）积累金融资产……它们在这些国家持续的经济增长和稳定中的利害关系将会增加。对于 OPEC 成员而言，如果它们关心其财富的积累，它们试图破坏其持有资产国家的经济的可能性就会大大降低。因此，随着财富的增加，它们推行旨在阻碍其他经济体的政策（如切断其石油来源）的可能性就会下降"。简言之，美国财政部认为，美国同 OPEC 成员之间的经济相互依存，将大大降低后者出于自身利益考虑采取损害美国利益的经济政策的可能，包括限制美国获得价格合理的石油。[23]

根据这种推理，1974 年 1 月，美国财政部将"实现主要中东国家利用石油出口赚取的美元在美国投资，并制订吸引此类投资到美国的国家计划"作为首要目标。[24] 出于相关原因，美国其他部门也赞同财政部的石油美元相互依存目标。商务部强调，产油国对获得美国技术的渴望会促使它们投资相关的美国企业并购买美国的出口产品，从而给美国带来所需的资本和销售收入，这是"抵消我们不断上升的石油进口成本的宝贵的经常账户收入"。[25] 美国国防部、国家安全委员会和国务院专注于技术和军火销售对中东北非国家的潜在影响，以此来加强美国与中东北非国家的关系，同时使这些国家在军事和政治上更加强大。早在 1973 年 12 月，基辛格就向沙特官员表示要为技术转让等"合作安排"建立一个"新机制"。[26] 尼克松政府上下形成广泛共识，美国与石油美元国家的相互依存将有助于维持或增加美国的利益。加强与石油美元国家的相互依存关系将与推进阿以和平进程相辅相成，成为恢复美国对富油的阿拉伯国家的影响力的主要手段。

作为一个经济和地缘政治超级大国，长期以来，美国既吸引着来自保守阿拉伯国家的业务，同时也吸引着激进阿拉伯国家的业务，但阿以冲突威胁着这一格局的持续性。由于持续的石油禁运，阿拉伯君主国仍然对美国可能对其实施报复深感恐惧。1974年2月，美国驻苏黎世领事在与"大量银行界人士"交谈后向国务院报告说，"瑞士银行以各种方式处理的阿拉伯资金数额巨大"。银行家们还报告说，除了马克和日元，"阿拉伯客户偏爱美元投资，因为他们普遍相信美国的相对实力和稳定性、美国经济以及美元"。不过，这些银行家还报告说，阿拉伯人试图"伪装"他们在美国机构中的投资，使其无法被追踪，这是为了避免在阿美关系进一步恶化的情况下被没收资产。[27] 这两种做法均抑制了相互依存，并可能最终导致美国金融机构拒绝更多的阿拉伯存款。此外，可以想见，如果阿拉伯人被激怒或惧怕到足够的程度，他们有可能彻底退出美国金融机构，无论是美国国内的金融机构还是欧洲市场内的机构。[28] 这样的结果可能会严重冲击美元、美国经济和全球金融体系，即使是部分避开美国金融机构，也可能导致阿拉伯国家因为石油美元投资渠道减少而进一步减少石油产量。要在阿拉伯世界和美国之间牢固地重建经济相互依存关系，就必须改善政治关系。

尽管尼克松政府内部在1974年初日益形成共识，认为美国需要同沙特阿拉伯之间形成石油美元的相互依赖关系，但在阿以和平进程和石油禁运问题上的分歧仍然阻碍了这一目标的实现。1974年1月中旬，基辛格成功谈判达成了第一个西奈协议，该协议使以色列军队从埃及的部分领土上撤离。基辛格预期这一成就将为沙特人提供足够的理由来结束阿拉伯的禁运。但基辛格2月3日从艾金斯那里得到消息称，除埃及和卡塔尔外，费萨尔国王没有得到其他阿拉伯国家对他结束禁运建议的支持，反而遇到了来自阿布扎比、阿尔及利亚、科威特和叙利亚的强大压力，他们表示在以色列从叙利亚战线开始撤军之前不应解除禁运；伊拉克和利比亚则坚持不管什么时候都不能解除禁运。费萨尔因此认为，在阿拉伯国家解除禁运之前，美国必须促使以色列从叙利亚前线撤军。[29] 正是费萨尔的这一信息，激起了基辛格及随后的萨卡夫在本章开头对沙特-美国联盟可行性的愤怒质疑。为了应对沙特-美国关系中的紧张局势，尼克松于1974年2月7日会见了沙特大使易卜拉欣·本·阿卜杜拉·阿尔-苏韦耶尔（Ibrahim bin Abdullah al-Sowayel）。尼克松要求大使转告费萨尔，禁运限制了他进行和平谈判的能力，因为这给了他的国内对手一个借口，声称他是在压力下这样做的。与此同时，尼克松还辩称："我想要一个我们可以与你们进行贸易的世界。"而且"［中东］面临两个威胁——激进主义者和苏联。美国……把这两股势力压制住，符合我们双方的利益"。[30] 言下之意，尼克松认为禁运阻碍了两国在经济和军事领域建立互利的石油美元关系。

为了降低石油价格并扭转西方联盟的颓势，基辛格提议在经合组织国家中组织一个石油消费国卡特尔，利用它们的集体购买力来降低油价。作为这种策略的一部分，基辛格寻求在发达国家中达成一致，不与OPEC成员国进行双边交易，无论是为了获得石油还是通过投资和贸易获得石油美元。为此，1974年2月，美国与日本、联邦德国、英国、法国、意大利、加拿大、荷兰和挪威召开了华盛顿能源会议。然而，日本和欧洲国家拒绝采纳基辛格提出的对抗性方法，以免冒犯OPEC并承担其能源供应被大幅削减的风险，因此会议最终以签署一项温和的协议而告终，该协议缺乏执行措施，只呼吁在经合组织国家内加强合作。而法国甚至拒绝签署这份协议。经合组织国家之后立即无视了它们的承诺，继续对中东北非地区的石油和石油美元展开相互伤害式的竞争。与此同时，阿拉伯国家对美国的禁运持续进行，导致全美范围内汽油短缺，加油站排起了长队。一些地方汽车排队的长度达到一英里*，车辆在怠速状态下燃烧燃料，司机们怒不可遏。在印第安纳州的加里市，一名车主在插队加油被加油站老板拒绝后，开枪打死了老板。[31]

由于缺乏经合组织的有效合作，尼克松政府比以往任何时候都更需要沙特的协助。对白宫来说幸运的是，沙特在继续禁运问题上的决心正在减弱。尼克松继续强调加强石油美元联系的前景，以此换取解除禁运。他在1974年2月19日对萨卡夫表示，此时"关键"的是他的政府能否"使以色列保持理性"，并为沙特提供"经济、工业、文化方面的帮助"。1974年3月2日，基辛格访问了利雅得，同样提出了美国致力于推进和平进程和石油美元相互依赖的措施，他告诉费萨尔："我们将继续推行我们在该地区实现和平的政策，同时我们准备加强与沙特阿拉伯王国的关系。"对于后者，基辛格宣称，美国"准备开始讨论军事领域、经济领域和科学领域的长期合作……我们准备向沙特阿拉伯派遣一个代表团，处理长期的经济和技术合作问题……我们的目标是与国王陛下合作，并在长期基础上加强我们的友谊"。费萨尔对这些提议做出了热情的回应，并明确"我们将非常高兴地表示欢迎……这些步骤必将扩大和加强我们之间的关系"。费萨尔仍然主张结束禁运之前以色列在叙利亚战线上实现撤军，而基辛格则主张相反的顺序，但讨论气氛友好。[32]

基辛格对于增加与美国的经济和军事合作的承诺最终促使沙特

---

* 1英里=1.609千米。——编者注

阿拉伯结束禁运感到越来越乐观。1974年3月7日，他告诉克莱门茨："我们正全力以赴与沙特合作，我已经和国王［费萨尔］商定好了，我们将派出一个军事代表团和一个经济代表团……国王很喜欢这个想法。"[33] 3月11日，基辛格告诉尼克松："我们已经就双边关系接触了沙特人，他们的反应非常热情，实际上是非常热烈，以至于我不得不相信这一点将影响［原文如此］他们对禁运的决定。"基辛格指出，除了"军事关系和长期经济关系"外，沙特还将获得"美国在战略上对它们的承诺，以对抗伊拉克、南也门等敌人，以及国内的敌人"。[34]

1974年3月18日，尽管尚未实现以色列从叙利亚撤军，但沙特阿拉伯与除利比亚和叙利亚（后者的石油出口微乎其微）之外的所有阿拉伯国家都同意结束对美国的石油禁运。沙特阿拉伯还承诺增加石油产量，并成功向OPEC的其他成员施压，使得OPEC在未来三个月内不将官方油价上调15%，本来涨价15%是OPEC的所有其他成员均支持的举措。[35] 这样，沙特王国最终采取行动，改善了美国在中东北非的政治地位，并使OPEC的定价决策趋向温和。沙特阿拉伯的这些举动遭到其他阿拉伯国家和OPEC成员国政府相当大的敌意。美国驻吉达领事指出，沙特期望通过这些努力得到美国的支持。[36] 为此，沙特政府和美国政府于1974年4月5日公开宣布，决定在沙特阿拉伯成立经济和军事发展联合委员会。[37] 5月31日，经过艰苦的谈判，基辛格促成以色列于其从叙利亚夺取的戈兰高地部分地区撤军。

1974年6月8日，法赫德王子在华盛顿见证了两个联合委员会协议的正式签署，一个是经济委员会，另一个是军事委员会。基辛格在1974年6月6日写给尼克松的信中表示："我们认为，密切的经济关系将为巩固美国-沙特关系提供更切实的基础。避免再现石油禁运是我们关切的其中之一，我们也在寻求沙特对我们的阿以谈判方式的支持。"[38]这两份协议是美国与阿拉伯国家之间首次签署的此类协议。联合军事委员会的美国代表团由国防部领导，联合经济委员会则由美国财政部领导。*[39]在三天前，法赫德私下会见了基辛格，表达了他对苏联试图通过伊拉克和南也门在沙特阿拉伯周围实施"钳制运动"的担忧，以及沙特阿拉伯需要加强自身对抗这种威胁的能力的需求。基辛格向法赫德保证，沙特的武器需求将得到美国的优先考虑。[40]

1974年6月10日，尼克松和基辛格开始了为期九天的中东之行，访问了埃及、沙特阿拉伯、叙利亚、以色列和约旦，旨在推进和平进程和加强美国与该地区的经济联系。在沙特阿拉伯，尼克松私下向费萨尔强调了"我们与沙特阿拉伯的新型联合'积极伙伴'关系的严肃性"，建议沙特可以订购美国武器并秘密转交给像埃及和巴基斯坦这样的盟国，以绕过国会对武器转移的限制。他还表示，"美国非常希望沙特阿拉伯在监视波斯湾小国方面发挥'看门人'的角色"，最后请求沙特"帮助影响产油国降低石油价格"。费萨尔反过来表达了对尼克松的支持，以及对"由杰出的基辛格博士不懈努力制定的中东地区公正和平的新政策"的支持，并承诺继续向其他产油国提出限制价格的建议。[41]

---

* 《纽约时报》在1974年6月9日的报道中使用了"milestone"一词，修饰这份协议。这应该是被中文世界渲染为"不可动摇协议"的原因。另，双方6月8日只签署了一份"声明"（后多被称为"协议"，也是坊间各种讹传的"石油美元"协议，见书后附录，声明中仅有的两条内容就是关于这两个委员会的。两个委员会在不长时间后（并非当天）又分别签订了新协议。作者此处表述有误。——译者注

1974年中，尼克松政府加强沙-美石油经济依存关系、降低OPEC石油价格的任务越来越多地落在了威廉·西蒙（William Simon）的肩上。西蒙是前债券销售高管及联邦能源办公室前主任，自1974年5月起接替舒尔茨出任财政部长。西蒙急于落实与沙特阿拉伯的新经济合作协议。他努力降低美国油价，甚至比大多数人都更相信沙特阿拉伯是降低石油成本的关键。西蒙之所以持有这种信念，部分原因在于沙特阿拉伯在世界石油出口市场中的主导地位，但更重要的是因为他正确地估计到沙特王室比伊朗沙阿更愿意降低油价。1974年2月，西蒙在国会做证时，激烈地反驳了沙阿在哥伦比亚广播公司新闻节目《60分钟》上公开发表的言论，称美国实际上并不缺油，而且美国石油公司正通过在海上改变油轮航线来打破阿拉伯国家的禁运。西蒙因此招致了沙阿个人的敌意。西蒙将沙阿的观点描述为"不负责任、荒谬可笑"，甚至是"疯狂的"。[42] 这次媒体上的争论后，西蒙在伊朗成了不受欢迎的人物。那一年，沙阿曾私下向英国官员发泄不满，斥责西蒙是"股票经纪人"。[43]

考虑到已经无法说服沙阿，西蒙便尝试让沙特阿拉伯与伊朗对立。在1974年6月的OPEC会议上，只有沙特阿拉伯力主再冻结油价三个月；以伊朗为首的有其他成员国都希望油价上涨。亚马尼成功说服OPEC其他成员国接受沙特的主张。[44] 但西蒙希望能说服沙特阿拉伯在未来迫使OPEC接受降低油价。1974年7月初，西蒙私下向亚马尼推演，沙特正在"壮大它们的敌人——高［油］价现在帮助的是其他［OPEC成员］国，而不是沙特自己"。[45] 几天后，就在前往中东进行首次讨论经济政策的访问之前，西蒙在接受《美国银行家》杂志采访时公开阐述了他的立场。"沙阿是个疯子，"西蒙告诉该杂志，

"他想（让伊朗）成为超级大国……他把所有的石油利润都投资到了国内，主要是军事装备……在他看来，石油价格最大化符合他的最大利益。"西蒙接下来明显是说给沙特听的："但这并不符合沙特的利益。从它们的角度来看，这是疯狂的。沙特阿拉伯帮助维持高油价，是在壮大它们的天然竞争对手伊朗。"[46]

西蒙也担心国际银行体系继续回流石油美元的能力。西方银行对石油美元的态度是矛盾的。一方面，许多银行急于获取石油美元，以便从全球的贷款需求增长中获利，其中许多贷款被各国用于支付不断增长的石油进口费用。仅在1974年上半年，日本就借入了94亿美元。1974年，OPEC对欧洲市场银行的新存款总额将达到大约240亿美元，这一数额相当于欧洲美元市场银行当年所有国际净贷款额的40%以上。这在很大程度上促进了1974年欧洲市场的快速增长，其市场净规模增长了约550亿美元，总额达到了2 100亿美元。[47]另一方面，银行担心两个重大约束可能会使石油美元大量回流缺乏可行性。第一个约束是，阿拉伯放贷方倾向于坚持在确保高流动性的条件下存放其石油美元，通常规定它们在存款后一周或更短时间内就能提取资金。然而，大多数银行贷款的期限要长得多。随着银行持有了越来越多可能被阿拉伯人快速提取的石油美元存款，银行倒闭的风险也在增加。关键是，阿拉伯人坚持高流动性，部分原因是为了让自己有可能在阿-美关系进一步恶化时迅速撤回资金，以避免被美国扣押。第二个约束是，为寻求安全，阿拉伯投资者往往只借款给最大的银行（例如位于纽约市的大通银行和第一国民银行，后者于1976年更名为花旗银行），而1974年的资本市场不稳定、不安全。这意味着，接收大部分石油美元的大银行可能认为向较小的银行放贷过于冒险，从而导致大银行不再希望获得石油美元、较小的银行无法获得石油美元的局面，这可能引发信贷紧缩和全球经济崩溃。[48]

1974年6月，来自欧洲、北美和日本的银行家们在弗吉尼亚州威廉斯堡参加了一次国际货币会议。银行家们主要关注的阿拉伯存款仍然大多是短期的，这让他们忐忑且恐惧。纽约一家大银行的一位经济学家回忆说，他曾因为询问银行从阿拉伯投资者那里获得了多少一年期的资金而遭到该银行外汇部门主管的嘲笑。"一年期的资金！"银行家难以置信地回答道，"我希望我能拿到超过24小时的钱。"[49]银行家们的共识是越来越不愿接受更多的短期存款，即便这意味着企业和国家的信贷枯竭，银行也不愿冒短期存款和长期贷款间如此失衡的风险。西蒙担心出现（金融）灾难。"由于所有［石油］生产国都有钱却无处投资，银行和金融市场正陷入麻烦之中。"西蒙在1974年7月9日即将前往中东之前对尼克松说。"金融市场正面临恐慌。一些大公司借不到钱。"[50]西蒙试图说服阿拉伯国家增加其长期投资，以便银行继续向其他客户提供贷款。

西蒙肩负的另一个任务是想办法为不断增长的美国联邦债务融资。他倾向于通过削减政府的社会项目预算来减少联邦债务，且强烈反对通过提高税收来减少赤字。他认为，高税收会阻碍企业投资和经济增长，因此应该减税。也是在1974年7月9日同尼克松的谈话中（其间西蒙谈到了美元回流问题），西蒙敦促尼克松"保持克制。减税……从社会保障中减支50亿美元……提出一项议案，宣称政府开支已经持续太久。像这样的议案可以提五项"。[51]但国会不会实施西蒙所希望的减税或减支措施，尼克松当即指出这一点，所以西蒙被迫考虑一个第三选项：增加政府借款。西蒙认为，财政部在美国国内资本市场借贷，本身就存在问题，因为它拿走了私人借贷者原本可能获得的资金。[52]

这个问题的解决方案之一是让美国财政部直接从阿拉伯中央银行借入石油美元。这样，美国政府就可以在不挤出美国国内经济中私人借贷者的情况下为其部分债务筹措资金。西蒙想起了在华尔街做债券经纪人时的经历，他准备在纽约联邦储备银行举行的常规拍卖之外，向阿拉伯国家，尤其是沙特阿拉伯出售美国特别国债，这也是以前向联邦德国等国出售国债时的做法。[53]西蒙在给尼克松的信中写道："（向科威特和沙特阿拉伯出售美国特别国债）对我们的好处是，我们可以提前知道何时会有大笔资金到我们这里，而且可以在一定程度上降低美国的利率水平……对它们的好处是，通过直接与美国财政部打交道，它们可以避免在私人市场上大量买入或卖出时可能遭遇的不利价格波动，从而减少损失。"[54]除了经济理由之外，西蒙也意识到政治考虑可以提供额外的动力。"对沙特人来说，与美国的密切关系可以确保他们拥有一个大国支持者，以应对敌对邻国，"西蒙在准备行程时用便笺提醒自己，"并且有希望获得最好的可用技术和技能，以快速发展其国家。"[55]简言之，美国的地缘政治力量可以通过对沙特的利诱巩固美国的经济力量。

西蒙在1974年7月访问了埃及、以色列、科威特和沙特阿拉伯。关于石油问题，西蒙警告沙特各部的大臣们："沙特阿拉伯可能还有150年的产量，而伊朗只有15年。也许伊朗会发展它们的工业，当（伊朗的）石油耗尽时，它们可以（通过军事手段）接管你们（的国家），并夺取石油资源。"[56]这个警告似乎很有效。西蒙认为，如果"我们的牌打得好"，未来几个月油价很有可能"大幅下降"。科威特人表示他们看不到降低油价的好处，但沙特人看到了。西蒙在出访后写信给尼克松说："沙特意识到，通过限制沙特的产量来维持当前的高油价并不符合它们的利益，因为当前的好处可能会流向伊朗，而且沙特巨大的石油储量最终可能会在未来以更低的价格出售。"[57]

发展合作的可能性同样给西蒙留下了深刻印象。他报告说，当沙特代表团在1974年6月访问美国时，"沙特人对与美国政府在工业化方面的合作持怀疑态度……他们怀疑我们只是要提供私人美国公司的服务，而他们认为他们自己已经完全可以得到这类服务。经过我们的各种讨论之后，沙特人现在对直接从同美国政府的合作中获益充满热情"。双方商定，有一些美国官员将全职在利雅得工作，以监督经济、工业和石油领域的发展。[58]

在更为紧迫的金融合作问题上，西蒙也发现了很好的乐观理由。"从美国能够为石油生产国在海外金融投资方面提供的服务中，可以获得——而且将会获得——相当大的互利好处。"西蒙在访问后写道，"我们发现沙特和科威特都非常愿意与我们合作。他们觉得——我认为这是对的——在这个领域，他们都是负责任和保守的。"此外，西蒙离开时表示："有信心（科威特和沙特阿拉伯）将决定购买相当数量的我们的特别（国债）。他们主要是出于经济原因，**但可能也在一定程度上是为了展示他们与我们合作的愿望。**"[59]虽然西蒙不愿公开承认，但他私下坦承，"自由市场"并不是唯一决定石油美元流向的因素，美国的政治诱因也影响了决策。美国在阿拉伯世界的帝国基础已经从廉价石油转向了石油美元资金。

对利雅得的访问让西蒙再次坚定了他的信念，即沙特阿拉伯是降低石油价格的关键。但他也相信，除非美国对伊朗施加更大压力，使其不去对抗沙特提高产量和降低成本的措施，否则沙特在这方面的行动将受到严重制约。在访问期间，西蒙获得了沙特通过额外拍卖增加石油产量的承诺，这一措施如果不被其他地方的减产所抵消，可能会降低全球石油价格。但沙特阿拉伯面临着来自伊朗和OPEC其他成员国反对其实施拍卖的巨大压力。[60] 回到华盛顿后，西蒙告诉尼克松，他特别担心如果油价保持高位，全球各地可能随之出现的国际收支问题。"费萨尔说他已经尽力了，没有我们的帮助他无法再做更多。"西蒙对尼克松说，"沙阿威胁要减少产量。"尼克松回应说，沙阿"是我们的好朋友，但他在石油问题上态度强硬"。西蒙反复强调，费萨尔需要美国帮助应付国王，以对抗沙特政府内部的价格鹰派。"沙阿有我们，"西蒙坚持说，"没有人会与他对抗……这个问题的解决最终需要美国采取强有力的行动。"尼克松同意制定一项针对伊朗的战略，并指示西蒙与基辛格协作。[61]

西蒙心中有一个策略：如果伊朗沙阿不在石油价格上有所收敛，美国就不向伊朗出售武器。1974年8月3日，西蒙向基辛格陈述了他的理由，认为高油价不可控制，如果任其发展下去，（世界）将会"被迫发生政治重组……欧洲正变得越来越依赖阿拉伯国家的石油和资金"。[62] 基辛格与西蒙一样也希望降低油价，两周后他表示："我们必须找到一种方法来打破［OPEC］卡特尔……让有4 000万人口的几个国家勒索工业世界的8亿人是无法容忍的。"[63] 不过，与西蒙的（乐观）态度相比，基辛格对沙特可能的帮助更多的是怀疑。"你也必须知道，另一场阿以战争的可能性是真实存在的。"基辛格告诉西蒙，"沙特真的准备好配合（我们）降低价格吗？他们能做到什么程度？"

西蒙坚持认为："如果不减产，油价将下降30%。"他接着提出，"我们可以视减产为不友好的行为，而对于伊朗来说，我们可以切断军事供应。"基辛格表示他愿意同沙阿私下沟通，但他认为其他OPEC成员国可能会支持伊朗而不是沙特阿拉伯。如果美国停止对伊朗的军售，欧洲人会替代美国满足伊朗这方面的需求；而如果美国因为疏远国王而依赖沙特的石油，沙特将在以色列问题上对美国施加更大的压力。美国必须首先确保欧洲人的合作。"然后我们才能进行对抗。"基辛格说，"但只有在我们愿意使用武力的情况下才会奏效。"西蒙对欧洲人是否会支持美国与OPEC对抗表示怀疑。"如果你是对的，"基辛格回答说，"我们就没有足够的力量单独面对阿拉伯人、欧洲人、日本人，以及可能发生的以色列危机中的苏联人。"美联储主席亚瑟·伯恩斯赞同基辛格的说法："不向伊朗出售武器无济于事，把（石油）消费国联合起来才行。"没有决策权的西蒙虽然对此表示反对，但也转而支持与欧洲人协调合作。[64]

六天后的8月9日，面对国会关于他在水门事件中的角色的弹劾，尼克松辞职下台，副总统杰拉尔德·福特（Gerald Ford）接任总统。福特曾是密歇根州的资深共和党众议员，并且在被提名接替因受贿和欺诈行为辞职的斯皮罗·阿格纽成为副总统之前，担任了近十年的众议院少数党领袖。福特持传统的保守派经济观点，虽然他在外交关系方面经验有限，但他坚信冷战时期维持美国全球权力的必要性。[65]

福特留任基辛格和西蒙为内阁成员，他们之间关于伊朗的争论很快就重新开始了。在1974年8月13日的一次会议上，西蒙再次敦促美国在油价问题上对伊朗施加更大压力，以增强沙特的决心，他还质疑欧洲能否真正取代美国成为先进武器的提供者。基辛格和其副手布伦特·斯考克罗夫特（Brent Scowcroft）认为欧洲可以：比如法国的幻影喷气式战斗机可以取代美国的F-14，满足伊朗的要求。西蒙随后主张，如果伊朗在石油价格问题上不更加坦诚，就应该被告知有可能会失去与美国的联盟关系。"我认为向沙阿施压不会让我们损失什么。"西蒙说。基辛格对此表示完全不同意。"比尔，我们有很多可损失的。"这位国务卿反驳道，"他是该地区唯一持久的政治力量。认为沙特阿拉伯在1974年剩余时间里会是我们可靠的资源来源这个想法是不合理的。"基辛格表示他愿意向沙阿表达美国的关切，但他不会冒疏远伊朗的风险，因为沙阿对阿拉伯石油生产国几乎没有影响力。[66] 此外，正如基辛格在四天后告诉福特的那样，他认为沙阿"是我们对抗苏联方面的真正朋友"，并且在石油价格问题上，"我们不能对他施压，否则就会损害他的地位"。[67]

为了在中东北非地区获得更多的影响力，基辛格希望短期内恐吓阿拉伯人、长期内考虑将主要的美国项目作为联合委员会的要挟筹码。基辛格在一次高级会议上表示，他正在告诉他见到的每一位阿拉伯官员，"美国绝不会接受另一次石油禁运"。这是他短期内的策略，目的是广泛传播这一威胁，作为一种威慑。他向同事们解释说："我真的认为我们无法承受另一次禁运。这将导致欧洲经济崩溃，导致北约崩溃。如果真的到了那个地步……"在此处的档案记录中，基辛格的话仍有两行被保密，伯恩斯、国务卿助理托马斯·恩德斯（Thomas Enders）和基辛格之间的讨论也有六行半处于保密状态。他们有可能是讨论了为应对新禁运而入侵富油阿拉伯国家的准备计划，这种猜测是合理的。至少，解密记录清楚地表明，基辛格认为石油形势非常严峻，他打算吓唬阿拉伯领导人，以阻止他们考虑另一次禁运。[68]

至于长期考虑，基辛格希望联合委员会能在阿拉伯国家和伊朗建立备受重视的发展项目，这些项目将由阿拉伯和伊朗的石油美元提供支持，但依赖于美国的专业知识和技术。基辛格相信，这些项目一旦启动，就可以作为对阿拉伯领导人和国王施加影响的筹码；只有在富油国不挑战美国核心利益的情况下，这些项目才会继续进行。为此，基辛格强调联合委员会必须尽快开展行动。鉴于欧洲和日本未能与美国联手对抗OPEC，这一任务就更加迫切了。"美国的策略应该是首先在双边领域尽可能地先发制人。"基辛格宣称，"我们必须在沙特阿拉伯成立委员会，并在伊朗开始行动……我们要抢在该死的欧洲人前面。"西蒙和副国务卿罗伯特·英格索尔（Robert Ingersoll）坚称联合委员会正取得良好进展，但基辛格明显地表达了不耐烦。当英格索尔提到要在委员会启动工作前一天召开一次会议时，基辛格怒斥道："我不想谈论什么该死的会议……那里有任何正在建设且他们不想放弃的项目？……在我们能为我们（同他们之间）的关系建立一个实际的联系之前，什么都是白搭……在沙特阿拉伯和伊朗，委员会能够发挥作用，但不能仅通过举行会议。他们必须有所作为。"基辛格强调他并不关心这些项目的实用性，只要求它们成为外国领导人高度重视的项目，这样美国就能对后者形成牵制。为沙特阿拉伯提出的一个项目包括建立一个多方参与的化肥研究所，但该计划被美国国际开发署束之高阁，后者坚持认为还需要足够的时间来完善该计划。"我需要在沙特阿拉伯有资产，"基辛格咆哮道，"我才不关心什么世界化肥工业分布是否合理……如果我们可以在八年内在埃及建立一座核电站，在沙特阿拉伯的化肥领域有所作为，那我们就有了战略。我们就有了他们不想失去的东西。我想要一场对抗，相信我。但我需要筹码。"[69]

基辛格暂时战胜了西蒙；福特政府在1974年并没有正式向沙阿施压要求降低油价。相反，美国国务院和财政部加强与伊朗和沙特阿拉伯之间石油美元相互依存关系的共同目标在全速推进。1974年下半年，沙特阿拉伯开始批准美国的投资、开发和军事建议，当年11月，伊朗和美国启动了美伊联合合作委员会，扩大在"政治、经济、国防、文化、科学和技术领域的联系"。[70]

最终，沙特政府决定不继续进行与西蒙商定的石油拍卖，部分原因是受到了伊朗的压力。然而，在OPEC于1974年9月举办的会议上，沙特阿拉伯再次否决了所有其他成员提高（石油）价格的愿望，并强行达成了维持报价在11.65美元的协议。在同年12月的会议上，沙特更进一步，将报价降低到了11.25美元（不过OPEC政府对外国石油公司征收的特许权使用费和税收增加，抵消了下降的价格）。[71]这些并不是西蒙和其他人所希望的"大幅降价"，但沙特几乎是以一己之力，在巨大的反对声中，制止了OPEC的油价上涨，甚至在1974年底实现了小幅降价。通货膨胀意味着随着时间的推移，实际油价成本会进一步降低。因此，石油出口国（OEC）的石油美元盈余以及石油进口国的相应赤字并没有像早前担心的那样扩大，正如西蒙所期望的那样，缓解了国际货币体系和工业化国家的经济压力。

美国对石油出口国出口的增加，有助于抵消日益上涨的石油进口成本，同时也改善了同后者的政治关系。从1973年到1974年，美国对伊朗的出口额从7.72亿美元增加到17.3亿美元，对沙特阿拉伯的出口额从4.42亿美元增加到8.35亿美元。[72]到1974年，伊朗和沙特阿拉伯是富油的中东北非国家中最大的两个经济体，也是OPEC中最大的两个石油出口国，两国石油总产量占 OPEC 总产量的 48%。[73] 通过保持或恢复与伊朗和沙特阿拉伯的合作关系，美国将这两个在石油美元秩序中最具影响力的国家留在了自己的势力范围内。美国对阿尔及利亚、伊拉克和利比亚的出口也有所增加，但规模要小得多，同时双边关系也有所改善。1974 年 11 月，阿尔及利亚恢复了与美国的外交关系。伊拉克官方仍然与华盛顿维持断交，但私下里却在吸引美国企业。[74] 而在 1975 年初，虽然卡扎菲仍然在发表反美言论，但他结束了利比亚对美国的石油禁运。[75]

国际金融体系的前景在 1974 年后期和 1975 年初也有所改善。虽然在 1974 年夏季，部分经济学家预测 OPEC 的累积盈余在 1985 年前可能超过一万亿美元，但是在 1975 年 2 月，《纽约时报》报道称，经济学家们又普遍认为该盈余将在 20 世纪 70 年代后期或 80 年代初期达到 3 000 亿美元的峰值后下降，这缓解了人们对全球货币体系的金融失衡的担忧。全球货币体系的此番剧变，是由于实际油价的下降和 OPEC 成员国在短时间内进口规模的意外增加。[76] 由于阿拉伯投资者明显增加了长期投资，西方银行家们也同样对石油美元基金赞不绝口。[77]1975 年，由美国银行、花旗银行和大通银行的高管以及国际商会美国理事会的一名顾问组成的小组私下告知美国财政部："私人银行家现在比去年更有信心。最近对 OPEC 可能的资金流入的估计……似乎比早先的估计更容易把握。"他们也不认为新的阿拉伯投资者会出现任何问题。该小组表示："OPEC 的大部分资金流入将来自科威特、沙特阿拉伯和阿拉伯联合酋长国，这些都是非常保守的政府和保守的投资者。他们对收购不感兴趣，而是关注投资组合和房地产投资……他们认识到自己缺乏基础设施和管理能力。"[78]

1967—1988 年美国对中东北非国家出口情况如表 3-2 所示。

表 3-2　1967—1988 年美国对中东北非国家出口情况

（单位：10 亿美元，以 2018 年不变美元价值为基准）

年份	沙特阿拉伯	伊朗	OPEC 中的其他阿拉伯国家	非 OPEC 成员的阿拉伯国家	以色列	中东北非总计
1967	1.3	1.8	2.2	2.2	1.5	9.0
1968	1.4	2.0	2.5	2.2	2.0	10.1
1969	1.1	2.4	2.3	2.5	3.1	11.4
1970	0.9	2.1	2.0	2.4	3.8	11.2
1971	1.0	3.0	2.1	2.7	4.4	13.2
1972	1.9	3.4	2.5	2.7	3.4	13.9
1973	2.5	4.4	3.4	4.2	5.4	19.9
1974	4.3	8.8	6.5	6.7	6.1	32.4
1975	7.0	15.1	9.6	8.7	7.2	47.6
1976	12.2	12.2	9.7	9.5	6.2	49.8
1977	14.8	11.3	9.8	9.6	6.0	51.5
1978	16.8	14.2	9.8	9.5	7.4	57.7
1979	16.9	3.5	11.1	10.2	6.4	48.1
1980	17.6	0.1	12.1	11.3	6.2	47.3
1981	20.2	0.8	13.5	12.4	7.0	53.9
1982	23.5	0.3	11.6	13.1	5.9	54.4
1983	19.9	0.5	8.3	12.2	5.1	46.0
1984	13.5	0.4	7.5	11.2	5.3	37.9
1985	10.4	0.2	6.0	9.1	6.0	31.7
1986	7.9	0.1	5.7	7.9	5.1	26.7
1987	7.5	0.1	5.8	8.0	6.9	28.3
1988	8.1	0.2	7.7	8.3	6.9	31.2
总计	210.7	86.9	151.7	166.6	117.3	733.2

数据来源：US Bureau of the Census, *Statistical Abstract of the United States*，多个年度。

虽然石油美元纽带正在修复沙特与美国的联盟关系，但 1973 年的创伤仍然困扰着双方，给双方留下了持久的不确定性和不安感。1975 年初，《商业周刊》刊登了一篇采访亨利·基辛格的文章，其中采访者问到军事力量是不是瓦解 OPEC 的唯一解决方案。采访者引用基辛格的话回答说，这样做"非常危险。我们应该从越南战争中学到，卷入战争比摆脱战争更容易"。但他也补充说："我并不是说在任何情况下我们都不会使用武力。但是，在争议价格的情况下使用武力是一回事，在工业化世界实际遭遇扼杀的情况下使用武力又是另一回事。"[79] 利雅得对基辛格陈述的后半部分表现出极大的担忧。亚马尼告诉艾金斯，"他从未见过国王［费萨尔］如此沮丧、如此担忧，并对他与美国的关系产生怀疑"，还警告说，如果沙特面临入侵，它们可能会破坏自己的油田，并在十年内拒绝向美国供应石油。[80] 艾金斯还认为，欧洲和日本大使及其他外交官员利用沙特对美国入侵的恐惧，试图以美国为代价，（从沙特）获得更多的政府武器采购份额和工程合同。[81] 作为对沙特焦虑的回应，福特政府多次发出信息，否认对阿拉伯世界存在任何军事意图，并重申美国对该王国的承诺，其中包括一封福特写给费萨尔的亲笔信。[82] 但就在福特的信发出三天后，基辛格向特别行动小组的成员指出，如果另一场阿以冲突导致阿拉伯人对西方发动"全面的石油禁运，那么我们就必须有使用武力的计划"。基辛格认为，在这种情况下，美国可能需要军事占领一个阿拉伯国家。基辛格继续说道："我不是说我们必须接管沙特阿拉伯。阿布扎比或者利比亚怎么样？"但克莱门茨似乎更倾向于入侵沙特阿拉伯，而基辛格则似乎对这种可能性持开放态度。[83]

然而，基辛格力图避免这种结果，他和西蒙仍然认为石油美元相互依存是实现这一目标的最大希望。"我们必须想办法榨干他们的钱。"基辛格在 1975 年 2 月初告诉表示赞同的西蒙，再次强调他并不在乎阿拉伯国家如何使用他们的钱，只要他们与美国形成相互依存的关系。"如果那些贝都因人想用他们的钱建造足球场，那对我来说也很好……我们应该尽可能地吸收他们的钱……我们的主要目标应该是最大程度地增加他们对我们的依赖。"[84] 但基辛格和西蒙清楚，阿以冲突的持续存在有可能使他们与阿拉伯世界在石油美元相互依存方面所做的一切努力付诸东流。基辛格和西蒙也明白，要消除另一场大规模战争的风险，就必须将埃及纳入美国的帝国体系。为了实现这一目标，以及针对广大第三世界的其他目标，两人再次认为石油美元可以发挥重要作用。

第四章

尼罗河三方

西蒙在 1974 年 7 月写给尼克松的信中说："毫无疑问，您在埃及时已经注意到，由于纳赛尔的控制，埃及的经济已经到了每况愈下的地步。现在，萨达特和他能干的经济"沙皇"赫加齐似乎致力于解放经济，并在政治现实允许的情况下尽快发布吸引外国私人投资的政策。"西蒙对这一前景感到兴奋，并认为："美国政府承诺合作的公开证据无疑将使萨达特更容易朝着自由化的方向加速推进。"西蒙已经启动了一系列埃美合作的措施，其中包括一项协议，"计划联合建立一个新的研究所进行项目可行性研究，不仅可以用来吸引美国的投资，还可以用来吸引石油盈余国家的投资"。西蒙对埃及的前景表现出极大的热情："因为我相信，随着似乎与埃及人的本性格格不入的一些体制被取代，利用大量未被充分利用的受过教育的埃及劳动力，将会出现吸引人的投资机会。"[1]

虽然西蒙对埃及经济的未来潜力持乐观态度，但全球油价的急剧上涨对像埃及这样的贫油欠发达国家造成的打击尤为严重。如果它们无法通过外援、出口、贷款或汇款抵消进口石油增加的成本，那么本已疲弱的经济将会衰退，给其大部分人口带来更多的困难甚至贫困。虽然形势严峻，但尼克松和福特政府却采取了会阻碍向全球最贫困人口提供救助的政策。美国政府在开展降低油价、增加富油国对外援助以及加强私人资本控制这些结果不明的努力的同时，成功地破坏了国际货币基金组织（IMF）、世界银行、不结盟运动和77国集团增加发达国家外援和改善同发达国家的贸易条件的国际努力。

虽然尼克松和福特政府削弱了发达国家向欠发达国家提供支持的努力，但是他们也在引导阿拉伯国家和伊朗的援助和投资方向，以使欠发达国家更加紧密地融入美国国际帝国和全球资本主义体系。埃及的战略价值和区位优势使其成为美国尝试将石油美元引向贫油欠发达国家的桥头堡。埃及和美国的政府官员认为，石油美元可以通过两种方式促进和加强埃及同美国的关系。首先，尼克松和福特政府希望促使富油国家增加对埃及的援助，这能够体现美国作为盟友的价值，并有助于开罗从莫斯科转向华盛顿。其次，西蒙和其他官员认为，如果海湾国家向埃及投资石油美元，将有助于引导埃及摆脱封闭的国营经济下的停滞状态，进入通过私营企业和全球贸易创造繁荣的新时代。他们还认识到，美国公司可以从埃及市场的开放和石油美元的投资中获益。埃及和美国官员开始使用"三方"或"三角投资"等术语来描述这一目标，即将富油的阿拉伯投资资金与美国技术和服务专业知识结合，在工业、农业、旅游、金融和矿业等埃及经济发展领域创造有利可图的私营企业。按照三角投资倡导者的设想，三角投资将使阿拉伯石油美元回流到世界经济中，海湾国家将从中获利，埃及将收获所需的发展，美国公司则能够获得利润丰厚的新销售和投资。然而，以色列将会强烈反对华盛顿与埃及建立更紧密的经济和军事联系，以色列采取的一系列行动将使阿拉伯-美国的关系出现新的问题，导致美国增加对以色列的援助，以帮助缓解后者与石油美元相关的担忧。

近代以来，欠发达国家经常寻求从发达国家获取贷款，作为其努力发展经济并最终达到更发达水平的一个步骤。在19世纪和20世纪初期，西方私人银行（起初主要是英国公司，后来越来越多的是美国公司）在为其储蓄寻找有利可图的出路，它们向欠发达主权国家的政府和企业提供贷款，期望这些资本能够得到有效利用并盈利，使欠发达国家能够连本带利地偿还银行的初始贷款。然而，大萧条导致欠发达国家（和发达国家）的一波贷款违约潮，之后超过三十年，私人银行几乎停止向全球南方国家提供新贷款。二战后，对第三世界国家的贷款主要来自美国政府、国际货币基金组织和世界银行，还有一小部分来自苏联。与私人贷款不同，政府提供的贷款不是出于营利目的的，而是作为一种出于维护国家利益和国际秩序的援助形式，用以在冷战中确保联盟稳定，并推动特定的现代化愿景。这些政府贷款是许多欠发达国家重要的外汇来源，可以为工业化计划提供资金，并提高居民生活水平。在20世纪60年代中期，私营金融机构开始逐渐恢复对优选的第三世界国家贷款，为这些国家提供了新的发展资金来源。[2]

石油价格上涨制约了贫油的欠发达国家继续其发展规划的努力。鉴于石油在现代经济中的关键作用，且往往不可替代，石油进口国要么想办法抵消上涨的石油成本，要么减少消费，让经济增速下降。但与贫油的发达国家不同，贫油的欠发达国家通常缺乏相应的外汇储备、资本、强大的银行或竞争性出口工业，无法从中获得所需的资金来抵消进口石油成本的上涨。除非贫油的欠发达国家能够获得新的财富来源，否则其发展规划将停滞不前。相对于发达国家和富油的欠发达国家，它们的经济实力将被削弱，生活水平将停滞不前，数百万生活在极端贫困中的人将承受严峻的后果。

国际货币基金组织和世界银行分别致力于帮助国际收支有困难和有发展需求的国家，它们提出了一些项目，以利用石油美元和发达国家资金缓解石油冲击给欠发达国家带来的经济挑战。国际货币基金组织的总裁、荷兰前政治家约翰内斯·维特韦恩（Johannes Witteveen）提议创建一个新的国际货币基金组织设施，从石油出口国（OEC）和发达国家借款，再将资金借给在石油危机后存在巨额经常账户赤字的石油进口国。维特韦恩打算将该设施主要用于援助欠发达国家，也可能用于援助有严重国际收支困难的发达国家。[3] 维特韦恩力求为这个设施筹集尽可能多的资金，这个基金后来被称为"石油信贷基金"（oil facility）。[4] 对于贫油的欠发达国家，世界银行总裁、美国前国防部长罗伯特·麦克纳马拉（Robert McNamara）与维特韦恩一样担忧。麦克纳马拉已经将世界银行的重点从基础设施项目转向消除贫困。[5] 随着石油冲击的来临，麦克纳马拉指示其员工与沙特阿拉伯接触，探讨如何合作解决石油进口国经常账户赤字过大的问题。[6] 与维特韦恩一样，麦克纳马拉将寻求从石油出口国和发达国家两个途径筹集更多资金，以帮助进口石油的欠发达国家。

以财政部为首的尼克松和福特政府均反对国际货币基金组织和世界银行的建议。首先，这两任政府坚定地认为，无论是通过双边关系还是通过国际机构，美国都不应增加公共贷款来抵消欠发达国家不断上涨的石油成本，因为美国冻结援助可能会迫使全球油价下跌。财政部在1974年1月的备忘录中概述了这一策略。财政部预计大多数欠发达国家将在年底前耗尽用于支付石油进口成本的传统资金资源。因此，它们很可能会向美国寻求更多的金融援助，这是一个合理的假设，因为大多数欠发达国家仍然依赖政府贷款。备忘录"建议美国确立一个总体政策立场，即其对欠发达国家的经济和金融援助（包括债务重组）不应也无法为了应对后者石油进口的额外成本而增加"，希望这种无力支付石油账单的结果，"可能导致欠发达国家努力让阿拉伯OPEC成员国降低油价"。[7] 该计划实际上是为了美国的经济利益，让世界上最贫穷的国家与新富但仍不发达的石油出口国（OEC）对抗。其他国家很快就认清了美国的计划。正如兰开斯特公爵领地事务大臣哈罗德·莱弗（Harold Lever）对英国首相哈罗德·威尔逊所说："其他［石油］消费国认为，美国目前的立场仍然围绕着它们早期试图大幅度降低［石油］价格的不切实际的政策……美国给人的印象是，它们希望通过让欠发达国家缺钱的方式来压低［石油］价格。"[8]

尼克松和福特政府反对国际货币基金组织和世界银行的计划的另一个理由是石油出口国借出石油美元的条件不够优惠。这两任政府通常主张石油出口国增加对其他欠发达国家的援助，因为虽然这不会降低油价，但可以将价格上涨的部分成本转嫁回OPEC成员国，且可以减少对美国对外援助的需求。如果石油出口国的援助是提供给美国的战略盟友，那就尤其有价值。美国财政部认为，石油出口国对拟议的国际货币基金组织"石油信贷基金"的出资不够优惠，因为这是一笔需要还本付息的贷款。[9] 美国财政部同样反对世界银行通过向石油出口国家出售更多债券来增加其资本、提高其放贷能力，因为正如美国财政部的一份备忘录所述，石油出口国家通过购买世界银行债券获得了"帮助欠发达国家的政治荣誉"，但是这"本质上是商业投资"，这意味着"石油出口国家向欠发达国家提供后者最需要的极优惠援助的政治压力减轻了"。[10]

最后，美国财政部官员坚持自由市场理念，蔑视新政或"伟大社会"之类的计划，特别是对石油美元相互依存的战略追求，使他们认为美国在获取阿拉伯和伊朗资本并决定其用途方面，与国际货币基金组织和世界银行存在竞争关系。例如，曾先后任职于美联储和商业银行、时任财政部副部长的保罗·沃尔克（Paul Volcker）写信给舒尔茨说，反对石油信贷基金的一个原因是它会把国际货币基金组织变成一个"'福利'机构"。[11] 财政部1974年8月的一份备忘录表达了一种担忧：世界银行通过出售债券而积累的石油美元持续增长，这对美国资本的流入和流出均构成了挑战。财政部一位官员认为："世界银行债券基本上与财政部发行的债券直接竞争，没有投资于世界银行债券的资金往往会直接或间接进入美国市场。"而且，"世界银行越来越依赖于从政府借贷，这正在改变世界银行的性质——进一步削弱其对欠发达国家中私人部门的支持，以及对实施健全财政政策的支持，而这些政策是获得私人资本市场全面支持所必需的……［它］还使放款国政府对世界银行的影响力大大提高……例如，看起来利比亚已向世界银行强烈施压（甚至有可能成功），要求其通过支持公共部门企业参与非洲的矿产开发项目，而这些项目原本是美国私营企业试图组织的。"[12] 与国际货币基金组织和世界银行的做法不同，财政部努力引导石油美元流向美国政府和商业银行，因为财政部认为它们会在市场原则的指导下做出更明智的决定。

1974年初，舒尔茨和沃尔克均与维特韦恩通信，试图劝阻他不要以接近市场条件的方式发展石油信贷基金。美国财政部官员认为，欠发达国家甚至连半优惠性质的贷款都不可能偿还,因此它们需要的要么是石油出口国赠款援助,要么是油价回落,而国际货币基金组织近乎市场利率的贷款的增加将减轻石油出口国提供赠款援助或降低油价的压力。针对舒尔茨1974年3月的呼吁,维特韦恩写了一篇热情洋溢的文章,为拟议中的石油信贷基金辩护。他坚持认为,有理由期待欠发达国家能够偿还贷款;但他争辩说,即使存在一些违约的风险,国际货币基金组织的贷款仍然比欠发达国家在私人市场上以更高成本借款更可取,并问舒尔茨:"我们是否能够合理地拒绝向我们最贫穷的盟友提供援助,并因此对其信誉和发展计划产生负面影响,仅仅寄希望于这可能导致油价下降或获得足够的优惠援助而这种希望充满了不确定性?"[13]维特韦恩的信质疑了财政部对欠发达国家采取压制策略的经济和道德合理性,但尼克松政府仍然反对国际货币基金组织的计划。

维特韦恩并不气馁,于1974年4月前往中东,为石油信贷基金争取石油美元的支持,最好是以优惠条件投入。到达利雅得后,维特韦恩的助手们发现挤在这座小城的世界私人银行家和政府财政部长多过酒店房间的容量,导致银行行长们不得不以每晚一百美元的价格租出租车睡在后座上。沙特人竭力为国际货币基金组织的官员们争取安排了一间有简易床的酒店合住房间,但是房间破旧不堪,而且遍布蟑螂和臭虫。[14]这种情况既凸显了国际社会对沙特石油美元的激烈竞争,又显示出沙特石油美元在多大程度上可用于其国内发展。沙特领导层认为他们的石油美元应该服务于沙特阿拉伯的经济或政治利益,而不是慈善事业。沙特阿拉伯货币局总裁安瓦尔·阿里(Anwar Ali)承诺为(国际货币基金组织的)石油信贷基金提供大约12亿美元的资金,且有可能增加额度，但他坚持要求利率只能略低于市场利率，并明确表示他"非常关注任命一名沙特阿拉伯人担任［国际货币基金组织］执行董事的可能性，因此他才愿意借钱给国际货币基金组织"。15

在科威特城，维特韦恩遭遇了对拟议的石油信贷基金更大的怀疑。科威特财政和石油大臣阿卜杜勒·拉赫曼·阿提基（Abdul Rahman al-Ateeqy）对国际货币基金组织介入的必要性提出质疑，并对普遍的指责——认为阿拉伯人剥夺了世界的资本——表示强烈不满。阿提基明确表示，科威特的盈余资金早已经投资到国外或用作援助。阿提基抗议说："科威特一直采取建设性合作的态度，然而阿拉伯人在世界其他地方却遭到诋毁。世界必须认识到，如果阿拉伯人被视为恶魔，他们将开始按恶魔的模式行事。"美国担心石油信贷基金将维持高油价，而科威特人则担心石油信贷基金是西方的一个陷阱。科威特人的理由是，如果富油国被期望承担向贫油的欠发达国家提供贷款的大部分负担，而后者违约，那么富油的欠发达国家将牺牲它们的石油美元财富来支持贫油的欠发达国家，而西方国家却几乎没有任何牺牲。"这将让工业世界获利，"阿提基争辩说，"而长期以来正是这些国家一直在剥削阿拉伯人。"16

1974年6月13日，国际货币基金组织成立了石油信贷基金，由科威特以及包括伊朗、尼日利亚、阿曼、沙特阿拉伯、阿联酋和委内瑞拉在内的其他石油出口国，还有加拿大和荷兰这两个发达国家共同提供资金。国际货币基金组织于1975年批准了第二只石油信贷基金，比利时、瑞典、瑞士和联邦德国加入并提供资金。然而，美国坚持施压欠发达国家的策略，拒绝向任何一只石油信贷基金提供资金。石油出口国家向这两只基金提供的贷款不多，并坚持要求以略低于市场利率的利息还款。1974—1976年间，这两只石油信贷基金共向国际收支困难的国家提供了大约79亿美元的贷款，与OPEC成员国同期积累的约1 400亿美元贸易盈余相比，可谓微不足道。[17]因此，国际货币基金组织在石油美元回流中只扮演了一个次要角色。

美国和石油出口国同样使麦克纳马拉对世界银行的设想落空。值得肯定的是，在石油危机爆发后的一年半里，OPEC成员国向世界银行提供了近80%的新贷款。但鉴于石油出口国坚持相对较高的利率，在1975年间，它们购买世界银行债券的数量显著下降。最终，在1974年到1981年间，OPEC成员国仅将其经常账户盈余的1.4%借给了世界银行，它们更喜欢将其石油美元提供给承诺更高回报的西方银行和投资项目。与此同时，美国致力于限制世界银行的资本规模，进而限制了其贷款能力。1974年初，麦克纳马拉发起了一项倡议，旨在将世界银行的实收资本增加一倍，达到400亿美元，但美国的阻力迫使他在经过两年的谈判后接受了只增加85亿美元。[18]麦克纳马拉因美国抵制他支持贫油的欠发达国家的努力而倍感沮丧。"美国财政部的立场似乎是欠发达国家的需求被夸大了，欠发达国家不配得到外部援助，外部世界也无力提供这样的援助，而且（在它们眼里）都是私人金融机构做得更好。"[19]

石油出口国阿尔及利亚借助自身在第三世界运动中的领导作用，倡导了一种激进的策略，旨在提高贫油的欠发达国家的生活水平。阿尔及利亚政府利用了不结盟运动。该组织成立的目的是保护各国在冷战中保持中立的权利，其在20世纪70年代初期的成员国包括了大多数第三世界国家（包括所有阿拉伯国家，但不包括以色列和伊朗）。自1967年以来，阿尔及利亚政府一直在努力将不结盟运动的重点从捍卫东西方斗争中的中立权利转向解决南北关系中的经济不平等问题。1973年9月，阿尔及尔主办了第四次不结盟运动首脑会议，阿尔及利亚人指导通过了囊括其纲领的各项决议。会议宣言认为"帝国主义仍然是发展中国家获得解放和取得进步的最大障碍"，而"新殖民主义剥削……是工业化国家与欠发达国家之间存在巨大且不断扩大的差距的原因"。美国被含蓄地指责为"发动了对中南半岛和阿拉伯人民的罪恶战争"的帝国主义国家，后者是指美国对以色列的支持。该宣言主张，克服新殖民主义造成的不断扩大的不平等，应通过组织类似于石油输出国组织（OPEC）的自然资源卡特尔，并大幅增加对最不发达国家的多边援助，这些援助由联合国管理，由发达国家提供资金。这样，不结盟运动就把贫油的欠发达国家经济问题的责任推给了发达国家，而不是富油的欠发达国家。因此，不结盟运动坚持认为，从经济上改善贫油的欠发达国家的成本应由发达国家承担，而不是由富油的欠发达国家承担。[20]

阿尔及利亚总统布迈丁（Boumediene）随后利用全球对资源问题的关注，成功请求联合国召开了有关原材料问题的特别会议。1974年4月，在联合国第六次特别会议上，布迈丁代表77国集团（一个与联合国内不结盟运动目标一致的第三世界国家组织）发言。布迈丁认为，OPEC应该成为其他欠发达国家在国有化其铝土矿、铜和铁矿资源并通过创建垄断卡特尔提高出口价格方面的典范。"原材料生产国要坚定地当家作主。"布迈丁宣称。[21] 贫油的欠发达国家继续以压倒性多数支持阿尔及利亚的愿景，它们和石油出口国（OEC）利用它们在联合国大会中的多数地位通过了《建立新的国际经济秩序宣言》。宣言呼吁通过提高原材料出口价格和非对等贸易优惠，以及增加发达国家对欠发达国家的无条件援助来纠正全球南北方经济不平等现象。联合国决议不具有约束力，但在接下来的几个月里，77国集团又多次召开会议，提出了修改国际协议的具体建议，并为OPEC成员国资助成立新的自然资源卡特尔制订了可能的计划。沙特阿拉伯一再向美国指出，关于可能降低石油价格的多边会谈必须同稳定其他原材料价格的讨论联系起来。石油出口国的石油美元暴利既是对新国际经济秩序（NIEO）倡导者的激励，也是实现NIEO的可能工具。[22]

NIEO提案中的卡特尔主义、国家主义和经常出现的反美言论，并不被尼克松和福特政府所接受。起初，基辛格采取了与NIEO运动不合作的策略。但到了1975年，他转变了策略，开始与77国集团有限度地接触，支持就一些原材料和其他华盛顿可接受的NIEO议题进行对话，但对其他议题则持反对态度，以期通过意识形态和资源问题分化第三世界国家。基辛格希望通过仅对部分国家表现出建设性的姿态并做出让步，挑起欠发达国家中的温和派与激进派、富油国与贫油国之间的分歧。为此，基辛格提醒进口石油的欠发达国家高油价给它们带来的经济痛苦，同时还利用与美国间的石油美元相互依存的好处，劝阻其他石油出口国不要对贫油的欠发达国家的要求给出过于确定的承诺。正如基辛格对亚马尼所说："你们要的是投资安全。我们要的是［石油］供应安全。你们想要一个合理的石油价格……我们对许多与发展相关的问题都有兴趣。"最终，石油出口国并不愿意为了其他欠发达国家的卡特尔而冒险损害与美国和其他西方国家的关系。阿拉伯国家和伊朗，无论其政府如何，都是通过在西方国家花费或投资大部分石油美元来谋求发展的，它们选择接受NIEO的谈判陷入僵局，而不是寻求与西方大国激烈对抗。此外，对于现代经济来说，石油是一种非常重要且通常无法替代的原材料，其供应集中在少数几个第三世界国家，而其他自然资源往往更具可替代性或在全球范围内分布更广泛。这很大程度上解释了其他原材料卡特尔在石油危机之后未能出现的原因，事实上，许多自然资源的相对市场价值都在20世纪70年代下降了。[23]

总之，无论是国际货币基金组织、世界银行还是NIEO峰会，为资助欠发达国家石油进口而制订国际性、大规模和渐进式的计划的国际努力都失败了。这些计划无法克服美国政府的反对，也无法改变阿拉伯君主国和伊朗的无感或谨慎态度。贫油的欠发达国家只能要么减少石油消费，要么主要通过传统方式来抵消上涨的石油进口成本——出售出口产品和劳动力，在自由市场上吸引投资，以及从发达国家和石油出口国那里争取附带条件的援助。

在努力冻结美国对外援助的同时，尼克松和福特政府鼓励石油出口国向贫油的欠发达国家提供援助和投资，尤其是那些具有战略利益的国家。埃及很快成为这样的欠发达国家之一，华盛顿代表埃及游说富油的阿拉伯国家和伊朗向埃及投入石油美元。1973年战争之后，基辛格认为埃及对于防止另一场阿以战争、避免随之而来的阿美关系彻底破裂、更严重的石油禁运以及（美国）与苏联间的军事危机等风险至关重要。在1973年12月会见萨达特时，基辛格也意识到埃及总统正寻求与美国建立合作伙伴关系，这为基辛格提供了一个不可拒绝的机会，在按照美国的条件解决阿以冲突的同时，改变这个人口最多、军事力量最强大的阿拉伯国家的冷战路线。[24]在1974年7月的首次访问中，西蒙同样对埃及着迷，原因还有一个：为了"让萨达特更容易地朝着［经济］自由化的方向迈进"和"与苏联划清界限"。为此，西蒙"同意共同成立一个新的研究所，研究可用于吸引来自美国和石油盈余国家投资的项目的可行性"。[25] 美国力图帮助埃及获得中东北非地区的石油美元，为经济自由化、吸引美国公司和购买美国产品的项目提供资金，并在政治上将开罗与华盛顿紧密联系起来。

萨达特的观点与美国官员的观点不谋而合。除了在与以色列的谈判中得到美国的支持外，萨达特还迫切需要美国帮助改善埃及的财政状况。争取外汇已成当务之急。战争的负担和经济停滞导致埃及在 20 世纪 60 年代末期的外汇储备严重不足，到 1974 年春季，埃及外债规模已经累积达 150 亿美元，相当于其 6 年的出口收入总和。如果没有外汇，埃及将无法进口武器以抵御以色列，无法进口居民所需谷物等基本生活物资，也无法进口技术和服务以发展埃及的工农业。此外，埃及迫切需要新的外汇来源以避免现有外债违约。许多人担心，外债违约将显著削弱埃及吸引更多外资的能力。萨达特认为，在 1973 年的战争之后，时下他有了一个绝佳的机会，可以向石油美元富余的阿拉伯国家施压，让它们为埃及提供大量资金援助，以维持埃及对以色列的军事和外交压力。这些资本将用于从美国和经合组织其他国家的公司购买先进的技术和服务，并通过合资企业吸引更多的西方投资。这种三方投资将使埃及能够发展工业和农业部门，提高国内生产和出口销售水平，恢复贸易平衡，摆脱债务不断增加的恶性循环。[26]

就任总统不久后，萨达特就开始逐渐放松对经济的政府控制，并采取其他鼓励对外商业交流和投资的政策。在 1973 年的战争之后，萨达特试图进一步推动这一经济政策。但值得注意的是，萨达特政权并不寻求完全结束对经济的政府控制。埃及政府仍然拥有并经营大部分的经济部门，直接雇用大部分就业人口，对收入设定官方限制，并对其给予补贴的主要商品定价。虽然埃及政府内部也有一些人试图使这些方面的经济自由化，但在萨达特的明确支持下，大多数人仍然坚持计划经济。大多数埃及官员追求对外国投资和贸易开放，仅仅是为了获得外汇，而不是作为沿着资本主义路线对埃及经济进行全面自由化的一个步骤。[27]

为了减少对苏联的依赖，开罗希望美国不仅能促进对埃及的三方投资，还能提供直接的经济和军事援助。尼克松政府强烈希望批准埃及的援助请求，以进一步将埃及拉入美国的影响圈。然而，由于阿以冲突和美国国内日益反对对外援助计划，尼克松政府在制订任何新的援助埃及的重大计划时都遭到了国会的强烈抵制。尼克松政府因此只能逐步增加给予埃及的援助。1974年1月，在埃及和以色列军队首次撤军后，美国政府宣布向埃及提供850万美元的援助，并于3月请求国会批准在1975财年对埃及提供2.5亿美元的援助。[28]

然而，在1974年初，苏联注意到萨达特转向美国后便不再向埃及提供援助，以使开罗重新回到苏联阵营。鉴于1973年的战争严重削弱了埃及的经济和军事实力，两个超级大国都没能提供足够且即时的支持，使萨达特政府承受着极大的压力。甚至在阿拉伯石油禁运结束之前，基辛格就于1974年3月2日建议费萨尔将一些美国武器移交给埃及，"以削减苏联在那里的影响力"，并在苏联武器禁运的情况下保持其军力。基辛格解释说，有必要通过沙特阿拉伯而不是直接向埃及移交美国武器，因为"我们暂时遇到了国内的困难"（即国会反对美国武装埃及）。[29] 1974年4月1日，美国大使赫尔曼·艾尔茨（Hermann Eilts）向基辛格报告，埃及外交部长伊斯梅尔·法赫米（Ismail Fahmy）曾向他慷慨陈词，请求美国提供经济援助。法赫米告诉艾尔茨，莫斯科"明确表示，苏联接下来所有的帮助，无论是军事上的还是经济上的，都以埃及支持苏联直接参与所有后续的[阿拉伯-以色列]和平谈判为条件"，并且苏联人"正在'向埃及施压'，埃及感受到了压力。在过去的四个月里，[萨达特]总统和他已经大幅调整了埃及的[对美]政策。他们这样做是冒着极大的政治风险和个人风险的，却没有从[美国政府]那里得到什么回报……他希望[美国政府]认识到，[埃及和以色列之间的]撤军协议虽然有帮助，但并不能（重复一遍'不能'）解决埃及严峻的政治和经济需求"。[30] 三天后，法赫米再次警告艾尔茨："埃及人将很快开始把过去二十年里从苏联得到的东西与迄今为止美国提供的微薄支持放在一起比较。如果埃及出现任何商品短缺——目前已经处于这种情况，因为苏联拒绝提供所需的经济援助，除非用现金支付——这些短缺将被归咎于萨达特及其政策的转变。"[31] 1974年4月20日，萨达特告诉艾尔茨，为使埃及的武器来源多样化，获得美国武器是当务之急，他希望美国能做出回应。[32] 显然，埃及人认为经济和军事援助是埃及与美国结盟的重要条件，仅在阿以和平进程方面取得进展是不够的。

美国国务院急于鼓励埃及在政治上重新向美国靠拢，但也意识到国会会阻止超出埃及期待的更早地到位援助，因此它在寻找绕过立法部门的其他援助方式。许多建议都将阿拉伯石油美元纳入考量。早在1974年1月，美国就建议世界银行"提供一个框架，将西方和阿拉伯的资金与西方的技术相结合，使埃及成为增长最快的欠发达国家之一"。[33] 1月下旬，美国国务院开始秘密充当中间人，以避免埃及第一个大型三方投资项目——SUMED 管道建设——解体，该项目是在1973 年战争爆发前一周启动的，原计划由阿拉伯和美国放款方（包括大通银行）共同出资，由总部位于加利福尼亚的柏克德（Bechtel）公司施工。柏克德公司与埃及政府之间的造价和融资纠纷有可能导致整个项目泡汤，法赫米告诉艾尔茨，这种结果"将是灾难性的"。作为回应，艾尔茨向柏克德和埃及政府施压以达成解决方案。[34] 虽然柏克德最终将其角色从管道建造者降低为管理监督者（实际建设将由意大利公司接手），但美国国务院的调解可能防止了计划的彻底烂尾，并保留了未来阿拉伯与美国联合投资埃及的希望。[35]

1974 年 5 月 1 日，基辛格在埃及时告诉萨达特，后者急需的美国武器援助，"（美国）可以（先）卖给科威特或沙特阿拉伯，然后由其中一个或另一个政府再移交给埃及"。之后，美国和埃及之间可以直接进行军售、信贷和援助。基辛格的说法是，他希望从间接转让开始，逐步增加对埃及的军售，以削弱以色列游说的效力。"我们应该首先出售那些不太可能引起公众愤怒的装备。"基辛格向萨达特解释称，"我们可以允许沙特人购买 [F-4]'幻影'[战斗机]，因为已经进行过向沙特阿拉伯出售'幻影'的讨论。"[36] 国会可能尚未准备好批准美国对埃及军售，所以沙特的石油美元可以让美国武器向埃及的销售更容易。值得注意的是，时任国务院副助理哈罗德·桑德斯（Harold Saunders）早先曾向基辛格表达过担忧，因为这种由另一个阿拉伯国家转让美国武器给埃及的做法在法律上需要通知国会，并且也必然会被以色列情报机构掌握和宣传，所以这种间接转让可能会比政府为支持向埃及直接军售而开展的协调一致的安排更能激起美国公众的愤怒，但是基辛格还是向萨达特提出了间接军售的计划。[37]

美国财政部也参与了石油美元回流埃及的计划，基辛格和西蒙均认识到向埃及回流石油美元可以带来政治机遇，而西蒙同时也专注于石油美元为改变埃及经济结构所创造的机会。美国财政部从萨达特身上看到了使埃及经济自由化的愿望，但同时也认为他需要"大量的金融援助才能开放经济"。在同意美国援助埃及的同时，美国财政部还认识到，"许多阿拉伯石油生产国已经公开表示，如果能够找到可行的项目，它们愿意为埃及的发展提供大量金融援助。因此，我们在确定项目方面的支持将有助于石油生产国兑现其承受部分援助负担的承诺"。为了实现这个目标，西蒙计划向埃及提出建立"一个项目开发研究所（project development institute），以遴选增长领域和可行的项目，吸收阿拉伯石油生产国提供的资金。该研究所可以外包给美国或其他国家的私人公司进行项目可行性研究"。[38]

虽然财政部预计石油美元的投资可以让埃及的经济自由化进程更顺利，但财政部也认为经济自由化措施才是吸引石油美元投资到埃及的必要条件。财政部希望埃及实行的具体建议包括取消价格和利率管制，允许更多官办企业参与商品和资本竞争，并使它们（美国财政部）认为被人为高估的埃及货币贬值。[39]财政部原则上支持这样的经济自由化，但它也认为如果埃及要吸引足够多的石油美元投资，这个计划对埃及特别重要。不过，财政部似乎低估了这些拟议的改革将在埃及官员中遇到的阻力，这些官员既希望获得外国资本，又希望政府在大多数经济领域进行干预。

1974年上半年，埃及政府在外国投资进入埃及以及埃及与美国之间的经济合作方面似乎取得了稳步进展。1974年2月11日，萨达特成立了阿拉伯和国际合作署，以吸引外国投资。4月，萨达特公开宣布了他的计划，即通过放松政府控制，实行埃及对外国投资和贸易"开放"（intifah）的政策。[40] 同月，萨达特公开声明埃及将在富油的阿拉伯国家的帮助下购买西方武器，结束对苏联军事装备的依赖。[41] 5月31日，埃及和美国正式成立联合合作委员会，以改善两国之间的经济关系。[42] 6月10日，埃及通过了第43号法律，开放了以前受保护的埃及经济领域以吸引外国投资，允许外国银行进入，并为外国投资者提供税收和利润汇回优惠。[43] 四天后，尼克松访问开罗，重申了美国向埃及提供援助和私人投资的承诺，并宣布了一个向埃及提供用于和平能源目的的核技术的协议。[44]

这一切都为西蒙在1974年7月访问埃及做好了铺垫。埃及旨在实现经济自由化和吸引外国投资的法律和言论鼓舞了西蒙，但他认为可以做的事情还很多。在会见埃及政府官员时，西蒙及其助手强调需要通过偿还未偿债务来提高埃及的信用评级，继而简化税法，并允许外国公司汇回更大比例的利润。[45] 西蒙还向赫加齐提出了在联合合作委员会下成立项目开发研究所的想法，以明确并制订可行性计划，吸引来自阿拉伯和美国的外国投资。为西蒙的访问准备材料的美国财政部提示他向赫加齐强调："项目开发研究所……可以独特地将石油生产资本、美国专业知识和私人资本以及埃及土地和人员结合起来。"[46] 赫加齐在西蒙访问期间公开同意了成立项目开发研究所。[47] 赫加齐和西蒙还签署了一项双边投资保障协议，规定如果美国公司感觉在与埃及政府产生争端的情况下没有得到满意的待遇，华盛顿可以代表他们向开罗索赔。在该协议签署的同一天，埃及还宣布允许大通银行、花旗银行、美国运通公司和美国银行在埃及开设银行办事处，这是十七年来埃及首次允许外国银行这样做。[48]

开罗认识到，石油美元融资的承诺在吸引美国商业方面将大有裨益，并且努力推广这一理念。当美国-埃及联合合作委员会于 1974 年 8 月 15 日在美国商务部办公室举行会议，讨论进一步促进两国投资和贸易的措施时，埃及代表团提出了"'三方投资'的概念，即将美国-埃及投资项目与来自第三国的资本（最有可能是来自阿拉伯石油生产地区的资本）结合起来。通过这种方式，美国私人部门的技术信息和技能可以对埃及做出更大的贡献，远大于美国合作伙伴只提供所有必需的自有资本情况下的贡献"。埃及代表团提出将美国投资者与这种第三方资本联系起来，作为在埃及做生意的一个额外好处。美国官员同意帮助美国商人增进对埃及的机会的了解，并传递埃及政府的信息。联合合作委员会还"同意成立'联合商会'类型的组织，提供一个持续的论坛。在这个论坛上，美国和埃及的商人可以按照各自的条件相互交流，讨论彼此感兴趣的问题"。[49]

福特接替尼克松成为总统后，美国继续努力利用阿拉伯石油美元构建其帝国体系，方式是增进美国的私人商业利益并将埃及拉入美国的影响圈。福特总统上任的头几天，基辛格向其强调了整个中东，尤其是埃及对美国利益的重要性。1974 年 8 月 12 日早上，基辛格向福特报告说："中东冲突是我们面临的最严重的问题。石油的情况是我们面临的最严峻的形势……我们承受不起另一次禁运。假使我们面临这种情况，我们可能不得不占领一些油田。"基辛格认为，"关键问题是埃及的军事装备。苏联正在切断供应。如果这种情况持续下去，埃及军方将不得不推翻萨达特或重新依赖苏联"。为了维持住萨达特政府及其对美国的倾向性，福特政府需要弥补苏联武器的缺口。基辛格指出，朝这个方向迈出的第一步是"通过沙特阿拉伯〔用美国武器〕武装埃及。首先要将武器发送到沙特阿拉伯，并让埃及军队在那里接受训练……沙特阿拉伯愿意为埃及投入 2 亿（大概是美元）"。[50] 当天晚上，来访的法赫米再次向基辛格强调，在苏联冻结对埃及的援助后，埃及需要美国的武器。基辛格试图安抚他，保证美国的武器将很快通过沙特阿拉伯送达埃及。[51] 次日，基辛格向福特提交了一份美国可以经由沙特阿拉伯向埃及提供的武器清单，并再次建议福特批准。福特问："那你认为我们应该采取这个行动吗？"基辛格回答："我认为我们应该。埃及处于困境中，如果我们无法鼓励它们放弃苏联，而它们又回头依赖苏联，那么在我们这一代可能不会再有这样的机会了。"福特同意道："我认为我们应该这么做。"[52]

在福特总统任内，美国财政部和商务部继续努力吸引阿拉伯石油美元，用于埃及和美国的合作项目。到 1974 年秋季，许多美国公司向财政部表达了对进入埃及市场的兴趣：美国电话电报公司（AT&T）和西部电子公司（Western Electric）对提供电信技术感兴趣，诺思罗普（Northrop）有意建立一个研究基金会，格涅斯科（Genesco）计划建立一个纺织厂，联合碳化物（Union Carbide）想建立一个石化综合体，而西方石油（Occidental Petroleum）对开发磷矿和建设化肥厂感兴趣。财政部官员心中确实有一些隐忧：埃及政府似乎没有能力提供吸引大多数投资者所需的令人满意的可行性研究报告，似乎也不理解美国提议成立项目开发研究所帮助他们制订投资提案的目的，而且在偿还外债甚至对外债进行全面分类方面也遇到了困难。[53] 但财政部还是继续努力推动与埃及的合作，到 1974 年 11 月已经发展出了"三角投资"（triangular investment）这一有用的概念。财政部官员杰拉尔德·帕斯基（Gerald Parsky）在一份关于美国-埃及联合合作委员会11月的活动情况更新中写道："我们花了大量时间专注于个别合资项目和三角投资概念，该概念涉及将美国技术、埃及项目和其他阿拉伯金融资源结合在一起。埃及人对这个概念非常感兴趣。"[54] 同一天，帕斯基还写信给已接任柏克德公司副总裁的舒尔茨，讨论了舒尔茨即将对埃及的访问。帕斯基向舒尔茨描述了他在"发展三方或三角投资概念"方面的努力。帕斯基还请求舒尔茨"在你［与埃及］会谈后分享任何想法——特别是政府对我们工作的看法……当然，（我们）格外感兴趣的是美国企业在双方国家互利互惠中扮演重要角色的机会"。[55]

然而，尽管埃及政府做出了经济自由化的努力，但截至1975年中期，来自西方和阿拉伯世界的外国投资仍然很少。面对这一现实，开罗敦促福特政府既要增加美国援助，也要游说富油国和发达国家增加对埃及的援助。来自富油阿拉伯国家的对埃及的援助已达到前所未有的水平，但在1975年5月，埃及告知美国，它需要额外的10亿美元的紧急进口融资援助。如果这笔资金不能迅速到位，开罗将不得不拖欠外债或者严重削减进口，前者将进一步损害埃及的信用和经济前景，而后者可能导致政治动荡，危及萨达特政权。美国国务院指出："埃及人通过向美国而不是［世界银行］和国际货币基金组织寻求帮助，向其他潜在的捐助者表达他们对［紧急］非项目援助的需求，因为他们显然担心由国际机构管理的财团会在其承诺中附加政治上麻烦的经济改革条件。"[56] 虽然福特政府同意国际货币基金组织和世界银行的观点，即埃及需要开展进一步的经济改革，但它也希望赢得埃及政府的政治支持，并维持萨达特政权的稳定。在这种情况下，福特政府更重视其政治考量而非经济担忧，并代表埃及进行游说，争取不附带条件的外国援助。

福特政府首先游说伊朗和沙特阿拉伯与美国一起，形成一个援助计划，即这三个国家将在1975财年各自提供大约2.5亿美元的援助。这个"核心小组"将利用它们的承诺来鼓励其他西方和富油国提供支持。沙特政府迅速同意了这个计划，前提是沙特直接提供双边援助，同时必须让埃及明白，不要期望明年再次扩大援助，以免形成依赖。美国欣然同意了这一条件。[57] 伊朗政府对这个计划热情不高，抱怨说，虽然支持萨达特，但由于通货膨胀导致石油收入的实际价值下降，伊朗在提供对外援助方面很难慷慨起来。[58] 伊朗最终还是同意了这个计划，承诺提供1.5亿美元，并以埃及采购伊朗商品为条件再提供1亿美元，而沙特阿拉伯则迅速提供了2.5亿美元的援助。此外，除了美国的2.5亿美元援助外，联邦德国和日本也各承诺提供5 000万美元的援助。[59] 福特政府促成了对埃及的一项关键的石油美元援助计划，帮助维护了萨达特政权和埃及的经济前景，同时展示了与美国建立更密切关系的好处。

美国政府看到的是利用石油美元使埃及和其他国家与美国结盟的潜力，但是以色列政府看到的则是生存威胁。以色列意识到，石油美元正在重塑其与阿拉伯世界之间的经济和军事力量平衡，这对以色列不利，因此它寻求美国的援助以抵消这种影响。为了加强自身谈判地位，以色列将其在和平进程中的合作与美国援助联系起来。

20世纪70年代中期，以色列经济陷入低迷。油价飙升导致以色列的能源支出从20世纪60年代平均占其国民生产总值（GNP）的

石油美元　　124

1% 上升到 1973 年至 1979 年的 7% 以上。以色列的国防开支也因 1967 年和 1973 年的战争以及与阿拉伯国家的军备竞赛而激增，因为石油美元为阿拉伯国家的武器库提供了资金。石油美元收益的增加因此引发了对阿拉伯军事威胁的忧虑，也使以色列的军事支出不可持续，面临经济崩溃的风险。在 1974 年的拉巴特峰会上，阿拉伯国家联盟不仅一致宣布巴勒斯坦解放组织（PLO）是巴勒斯坦人民的唯一代表，而且富油成员国还承诺，除了先前已有的援助协议之外，每年再向埃及和叙利亚各提供 10 亿美元援助，向约旦提供 3 亿美元援助，并在接下来的四年中每年向 PLO 提供 5 000 万美元援助。石油危机和国防支出的增加也导致以色列的通货膨胀率飙升。因此，以色列政府迫切需要军事和经济援助，以抗衡阿拉伯国家日益增长的力量。[60]

起初，以色列官员向华盛顿强调，苏联向阿拉伯国家大量运送武器，而美国向以色列运送的武器少之又少，这两者之间存在明显反差。例如，1974 年 8 月，以色列副总理兼财政部长伊加尔·阿隆（Yigal Allon）对西蒙发牢骚："（看看）苏联在叙利亚和伊拉克的武器储备，埃及也有小部分。"同时，他"感到惊讶……看看美国在应对世界各地的挑战方面是多么毫无准备，美国也无法向朋友和盟友供应所需的最低限度的常规武器"。阿隆坚称"只要以色列与美国的双边军事、经济和政治问题没有得到解决"，他就不会参加任何和平会议，并表示"如果保持军事力量的平衡，战争就可以避免"。[61]

随着美国向阿拉伯国家出售武器的增加，以色列政府不仅继续要求美国增加援助，还敦促美国限制向阿拉伯国家出售武器，并强调美国向沙特阿拉伯提供的武器与向以色列提供的武器之间的差异。比如，1975 年 2 月，以色列大使西姆查·迪尼茨（Simcha Dinitz）在与基辛格和斯考克罗夫特会面时，先是抗议美国延迟了向以色列出售 F-15 战斗机的要约函，很快便转而抱怨（美国对）沙特阿拉伯（的做法）。迪尼茨认为，美国向沙特阿拉伯交付武器的速度比向以色列交付武器的速度更快。美国毫不顾忌地向沙特阿拉伯出售一些最先进的武器，且并未采取足够的措施防止沙特阿拉伯向埃及转让美国武器。就在抱怨过程中，迪尼茨停了下来，注意到他明显惹恼了基辛格。"我心烦意乱。"基辛格反驳道，"因为我想讨论［和平进程］谈判，而你只有索要武器时才有心情。"[62] 迪尼茨清楚地向基辛格表明了以色列人的担忧，即沙特人正在获得过多的武器，这些武器可能会被转移到埃及，危及以色列对其阿拉伯邻国的军事优势。此外，基辛格也深知以色列将在和平进程中的合作与美国对以色列的军事和经济援助联系起来的策略，并对此感到沮丧。

在以色列政府试图利用和平进程来争取美国援助时，美国政府则试图利用美国援助在和平进程中促使以色列让步。尼克松、福特和基辛格都把美国的援助当作胡萝卜，作为对以色列撤军的奖励，并缓解其对阿拉伯国家与美国关系加强的担忧。当认为以色列在和平谈判中过于固执时，这三位领导人都毫不犹豫地把暂停美国援助作为大棒，用以促使以色列推进和平谈判。[63] 在 1974 年，以色列获得的胡萝卜多于大棒。这部分是因为以色列在 1973 年战争期间及之后有大规模重新武装的需求，部分是因为美国努力推动以色列在和平谈判中的进展，还有部分原因是为了缓解以色列对日益增长的阿拉伯石油美元力量的担忧。所以美国在 1974 年向以色列提供了前所未有的近 26 亿美元的援助，这一数额超过了尼克松政府前五年对以色列提供的援助的总和（19 亿美元），甚至超过了 1961 年至 1973 年美国对以色列的所有援助的总和（25 亿美元）。此外，美国以前向以色列提供的所有军事援助和大部分经济援助均为贷款形式，但 1974 年的一揽子援助计划中包括了 15 亿美元的军事捐赠。

1974 年标志着美国对以色列的援助进入了一个急剧变化的阶段。在此之前，美国对以色列政府的财政援助并不多，但从 1974 年到 1980 年，美国的援助占以色列国防预算的 85%。[64] 这种明显的转变，部分是以色列和美国对新的石油美元经济反应的结果。

美国对以色列援助的急剧增加令大多数阿拉伯人感到不快，而开罗在 1974 年底尤其有理由感到沮丧，因为美国在那一年实际向以色列提供了 26 亿美元，但是只承诺在 1975 财年向埃及提供 2.5 亿美元的非军事援助。1974 年 12 月，沙特代理外交大臣穆罕默德·马苏德（Muhammad Masud）私下告诉艾金斯说，埃及安全顾问阿什拉夫·马尔万（Ashraf Marwan）拜访费萨尔和法赫德时告诉他们："埃及人对他们与美国的新关系越来越失望。他们〔埃及人〕在美国和沙特阿拉伯的敦促下与苏联决裂了，但他们得到了什么？美国承诺提供经济和军事援助，却没有兑现承诺。他们承诺以色列将从被占领的阿拉伯土地上撤军，但越来越明显的是，以色列不会这样做。"艾金斯认为，"至少一些沙特人……得出的结论是，我们的安抚之词和我们〔与沙特阿拉伯〕的'特殊关系'仅仅是侵略计划的幌子"，马尔万的抱怨给费萨尔留下了深刻的印象。[65] 1974 年 12 月 18 日，费萨尔向福特发去一封措辞强硬的信，反映了埃及的抱怨。"阿拉伯埃及共和国改变其对苏联的立场后获得了什么好处？"费萨尔直截了当地问道。费萨尔将美国对埃及不充分的支持与对以色列的援助进行了对比，并表示，虽然他感激美国在和平进程中所做的努力，"但我向您保证,（以色列）迟迟未能从所有阿拉伯领土完全撤军，未能给予巴勒斯坦人民自决权和返回祖国的权利，将使已经做出的所有努力化为泡影，阿拉伯世界对美国的反应将非常强烈"。[66] 费萨尔显然担心，美国援助不平衡且未能监督和平进程的进展，可能会使沙特建立一个与沙特-美国结盟的阿拉伯集团的努力落空，甚至可能迫使利雅得重回敌视华盛顿的立场。

福特在给费萨尔的回信中说，虽然进展不如后者所期望的那样快，但在以色列军队从埃及领土首次撤军、美国恢复向埃及提供援助和支持经济发展计划等方面，已经取得了重要成果。福特坚称，只要费萨尔继续支持美国的努力，很快就可以取得进一步推进。[67] 福特政府同沙特王室一样，也不希望看到沙特-美国领导的阿拉伯阵营瓦解，但要求美国采取进一步行动的压力越来越大。1975年3月14日，中央情报局给斯考克罗夫特发送的一份评估报告指出："如果［和平进程］没有迅速取得进展……或者至少获得了可以很快生效的保证，埃及很有可能与叙利亚联合重新开战。"[68]

这就是基辛格在1975年3月未能达成第二份埃及-以色列协议的背景。以色列总理伊扎克·拉宾（Yitzhak Rabin）拒绝在没有正式的非敌对承诺的情况下向埃及归还一对战略要地；萨达特则拒绝在没有拿回要地的情况下达成任何协议，并表示，作为阿拉伯世界的政治掩护，他只能承诺不通过武力解决阿拉伯-以色列冲突。尽管福特和基辛格施加压力要求以色列接受埃及的方案，但以色列还是拒绝了。此时，福特公开宣布政府将重新评估其中东政策，明确地将和平进程的破裂归咎于以色列，并暗示以色列与美国的特殊关系可能因此受损。[69] 在1975年3月28日的国家安全委员会会议上，福特政府一致表示，将限制对以色列的援助和政策配合，而与阿拉伯国家的合作将继续保持相对不变。美国国家安全委员会对此表示担忧，如果美国未能说服以色列沿着埃及的最低接受标准恢复和平进程，另一场战争将会爆发。可能的结果将是美国在阿拉伯世界的影响力显著受挫，另一次阿拉伯石油禁运，以及苏联军事力量进入该地区。[70]

刚从沙特阿拉伯回国的美国副总统纳尔逊·洛克菲勒（Nelson Rockefeller）参加了国家安全委员会会议，他前往沙特是为了参加三天前因不明原因被侄子暗杀的费萨尔国王的葬礼。费萨尔的亲弟弟哈立德（Khalid）继位为国王，但成为王储的法赫德当时即被认为是沙特政策的主导力量。洛克菲勒通报称，法赫德在葬礼期间告诉他，"除非在一年内实现'公正、公平、持久的和平'——这是他的原话，否则苏联将重新介入。激进派将得到苏联的再度支持和武装，而温和派将转向欧洲并与之建立紧密关系。欧洲有武器想卖，我们有钱去买……阿拉伯国家将继续从苏联和西欧购买武器武装军队，并最终击败以色列"。洛克菲勒补充说，法赫德"对西欧的看法是正确的。法国派出国防部长带着一份要出售的武器清单和飞机、坦克模型参加葬礼。这得罪了沙特人"。[71] 不过，虽说法国显示出自己不够圆滑，但它们同时也表明欧洲可以成为沙特的替代庇护者。从福特政府的角度来看，以色列人已经危险地威胁到了美国与阿拉伯世界之间石油美元相互依赖关系的新秩序。

福特政府暂停了与以色列间的所有新经济和军事协议，希望这种压力能让以色列在另一场战争爆发前改弦易辙。拉宾起初抵制，因为他知道美国近期兴起的亲以色列犹太活动增强了他与华盛顿谈判的地位。1973年的战争之后，许多犹太裔美国人担心，阿拉伯的石油美元力量可能会导致其他美国人，进而导致美国政府为了追求经济利益而牺牲以色列。作为回应，全国犹太社区关系咨询委员会设立了一个300万美元的紧急基金，用于资助公共关系特别工作组。这个工作组领导了反对福特政府重新评估政策的媒体和国会运动。[72] 1975年5月21日，福特收到了一封来自76名参议员的信，呼吁他"对以色列的经济和军事需求做出回应"。[73]

但福特政府立场坚定。1975年6月，拉宾及其内阁决定应该按美国的路线重新参与和平进程。萨达特也做出了让步，同意美国平民可以驻留在西奈半岛的观察点，以进一步确保埃及不会恢复敌对行动。1975年9月4日，埃及和以色列正式签署了《西奈第二协议》（Sinai II Accord）。该协议接受了埃及坚持要求的大部分领土让步，作为交换，埃及承诺通过非军事手段解决阿以争端。但为了确保以色列的合作，基辛格还承诺向以色列提供大约20亿美元的额外援助。[74] 福特政府成功地推动了和平进程。

然而，为达成《西奈第二协议》所进行的旷日持久的斗争凸显了以色列的担忧——部分源于阿拉伯石油美元的力量——可能会导致该地区产生新冲突，这将破坏主要依靠石油美元联系在一起的、脆弱的新兴沙特-美国阿拉伯集团。这一事件也体现出美国正向阿以军备竞赛的双方提供武器，而这只是该地区诸多被日益增长的石油美元收入迅速重塑的趋势之一。

第五章

石油美元经济

爱达荷州民主党州长塞西尔·安德鲁斯（Cecil Andrus）决定去见伊朗沙阿。1976年4月，他率领一个由10名来自爱达荷州的商业领袖组成的贸易代表团前往伊朗，其中包括美国马铃薯公司董事长和其他来自核能、炼油、建筑、采矿、畜牧、灌溉和农业公司的高管，以及爱达荷州的共和党参议员詹姆斯·麦克卢尔（James McClure）。启程前一个月，安德鲁斯请求福特总统给沙阿写一封介绍信，以便安排一次会面。[1]但福特政府有一项政策，禁止为美国私人商务旅行提供总统信件，所以福特礼貌地拒绝了这一请求。[2]安德鲁斯再次致信福特，表示虽然他确信国务院的立场是不提供总统亲笔信，但他同时也"确信您（福特）不会允许国务院来指示您是否可以代表一位州长、一位美国参议员和十位杰出的商业领袖，向一位外国领导人写介绍信"。随后，安德鲁斯重申了他对于总统亲笔信的请求。[3]

福特政府念及安德鲁斯过去对总统倡议的支持，所以白宫官员试图让大使赫尔姆斯为安德鲁斯安排与沙阿会面来绕过总统信函问题。赫尔姆斯有他自己的原则，不亲自安排与沙阿的私人会面，但斯考克罗夫特——在 1975 年 11 月福特决定让基辛格专注于其国务卿角色后担任国家安全顾问——写信给赫尔姆斯说："这是一个非常特殊的情况……如果你能提供任何帮助，我——而且我相信总统——将非常感激你。"[4] 赫尔姆斯"与宫廷大臣阿拉姆（Alam）全力合作"，成功地安排了会面。[5] 斯考克罗夫特事后写信给赫尔姆斯说："毫无疑问，沙阿［现在］对种土豆相关信息的了解远超其需求，但我要再次告知您，我们非常感激您在一个棘手的问题上给予的帮助。"[6]

爱达荷州的伊朗贸易代表团代表了美国主导的新石油美元经济的主要趋势。这种秩序在美国人、阿拉伯人和伊朗人之间建立了新的接触点和合作网络，扩大了参与中东北非与美国关系的个体数量，吸引了更多领域的参与者。随着美国几乎全国上下、各行各业都开始依赖石油美元作为主要的资本来源，同时富油政权则依靠美国的商品和服务快速推动经济和军事现代化，美国企业与中东北非政府间发展出了前所未有的共生关系。这些企业进一步将中东北非引入全球资本主义和消费体系。所有这些趋势都有助于华盛顿通过相互依存来确保和扩大其在中东北非的帝国目标。同时，石油美元的繁荣改变了美帝国及帝国内部富油的中东北非盟友在其中所扮演的角色。中东北非盟友不再提供廉价石油，而是提供石油美元。迅速军事化的地区盟友，尤其是伊朗，将不再依赖英国军队，而是自己捍卫其在中东北非地区的利益；不再是美国向欠发达盟国提供绝大多数外援，而是富油国，尤其是沙特阿拉伯，承担了对美国在第三世界的盟国提供财政援助的更大份额。除其他影响外，这样的援助将在维持埃及转向美国阵营的过程中发挥关键作用。

不过，石油美元的相互依存也被证明是一把双刃剑。起初，美国领导人并没有完全认识到这一点，但美国人和商品的涌入——特别是当他们服务于当地政权的镇压职能时——导致许多中东北非社区产生敌意。随着越来越多地与富油的阿拉伯国家联系在一起，美国也越发牵扯于阿以冲突所带来的后果中。当黎巴嫩内战有可能再次引发一场全面的阿以战争时，美国政策制定者担心石油美元可能被用作针对美国及其盟友的金融武器。虽然石油美元援助有助于美国改变埃及的政治和经济取向，但它也产生了意想不到的社会后果，削弱了萨达特政权。

在 20 世纪 70 年代中期，全球油价仍然高于 1973 年之前的水平，但的确经历了小幅、逐渐的下降。OPEC 在 1974 年 11 月制定的 11.25 美元/桶的挂牌油价一直维持到了 1975 年 10 月，随后 OPEC 将每桶价格提高到 11.51 美元（仍低于 1974 年初的名义价格），并一直维持到 1976 年底。考虑到通货膨胀因素，石油销售的实际价值从 1974 年到 1976 年有所下降。[7] 沙特阿拉伯仍然是油价的主要制约者，而以伊朗为首的其他大多数 OPEC 成员国则在推动油价上涨。从 1974 年到 1976 年，沙特阿拉伯是 OPEC 内最大的石油生产国，其石油产量占 OPEC 总产量的 27%，而伊朗以 20% 的比重位列第二。[8] 两国相互制约，而 1975 年 10 月的价格上涨则是两国之间达成的一种不稳定的妥协。福特政府继续敦促利雅得和德黑兰在短期内防止 OPEC 进一步提高油价，同时通过开发项目努力提升它们与美国间长期的相互依存关系。沙阿经常拒绝美国的请求，而沙特则试图迫使华盛顿在阿以和平进程上做出让步，以换取沙特对油价的压制。[9]

第五章　石油美元经济

福特政府对 OPEC 再次提高油价的担忧在 1976 年末达到顶峰。1976 年 10 月，斯考克罗夫特告诉福特，（油价的）任何提高"都会对发达国家和发展中国家产生严重甚至灾难性的影响"，并特别关注意大利和英国由于持续的国际收支困难，可能面临的"经济和政治上稳定的压力"。美国国务院认为油价上涨 15% 将导致美国 GDP 增速下降一个百分点。福特和基辛格试图对伊朗和沙特施加压力，尽管后者一直怀疑，除非法国也加入施压的行列，否则威胁暂停向沙阿提供武器的做法是行不通的。1976 年 12 月中旬的 OPEC 会议上，伊朗和沙特未能达成妥协，导致 OPEC 公布的自 1977 年起的价格出现分歧，沙特和阿联酋发布的油价上调了 5% 至 12.09 美元/桶，而伊朗带领其他 11 个成员国将发布价上调了 10% 至 12.70 美元/桶。华盛顿对沙特保持住了更低的价格感到满意，但也知道沙特人希望美国以帮助实现最终的阿以和平协议作为报答。[10]

然而，即便 1974 年以后发布的油价的实际价值有所下降，出口石油的中东北非国家仍然获得了前所未有的石油美元收入，促进了其经济的快速增长。从 1970 年到 1977 年，沙特阿拉伯在最大国民总收入（国家）排名中的位置从第 55 位上升到第 19 位，其国民总收入年均增长率达到 58%。同期，伊朗的国民总收入（国家）排名从第 36 位上升到第 20 位，国民总收入年均增长率为 26%。[11] 在富油的中东北非国家，石油美元为快速的工业化和城市化提供了资金。虽然意识到石油美元的支出会导致通货膨胀和腐败等问题，但中东北非国家政府普遍认为，与它们新获得的财富所带来的军事和发展利益相比，这些问题微不足道，是可以控制的。

1970—2018 年中东北非国民总收入占全球的百分比如图 5-1 所示。

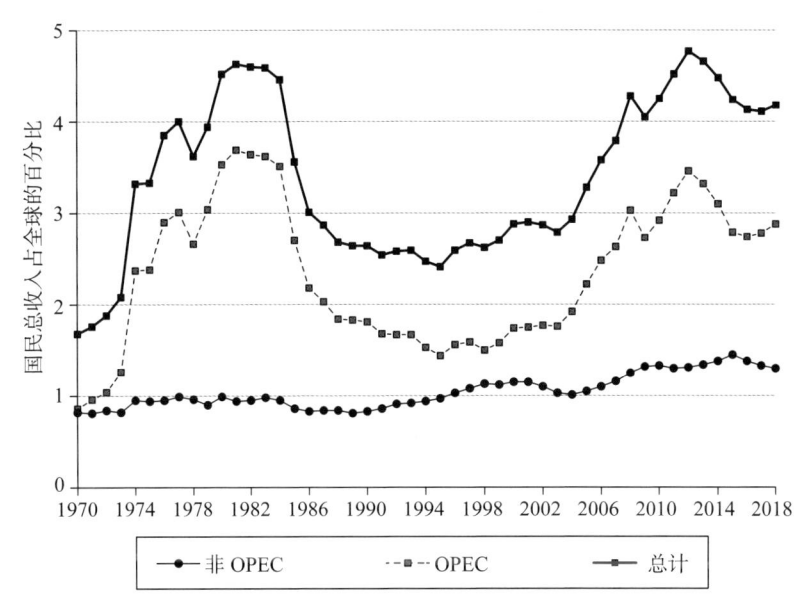

图 5-1　1970—2018 年中东北非国民总收入占全球的百分比

数据来源：United Nations, National Accounts Main Aggregates Database。

相比之下，美国则经历着自 20 世纪 30 年代以来最严重的经济衰退。失业率从 1974 年 8 月的 5.4% 逐渐上升到 1975 年 5 月的 9% 高点。这与二战后的总体物价稳定的崩溃相呼应，通货膨胀率从 1972 年 12 月的 3.4% 上升到了 1974 年 12 月的 12.3%。失业率和通货膨胀率的上升由多种因素导致，包括全球经济结构变化和美国的各项政策，但油价上涨对两者的影响同样突出。高通货膨胀率、高失业率并存，挑战了当代经济学的正统观点，即通过通货膨胀措施可以解决就业水平下降的问题，反之亦然。福特政府主要是优先采取了通货紧缩政策，到 1976 年底，通货膨胀率已降至 4.9%，但失业率仍然高达 7.8%。然而，虽然更高的油价在美国国内造成了广泛的经济混乱，但一些美国企业从石油美元国家的投资和向后者的出口潮中受益，特别是在金融、军工和工程等领域。

对于大多数其他经合组织国家来说，20世纪70年代中期也出现了类似的经济衰退和通货膨胀问题，这很大程度上缘于高油价。1974年和1975年，发达国家的工业产出暴跌10%。1975年，英国和意大利获得了国际货币基金组织（IMF）第二只石油信贷基金近一半的资金，以解决各自巨大的国际收支赤字问题。石油出口国（OEC）已然成为发达国家主要的援助来源。[12] 尽管得到了这些援助，但英、意两国的赤字仍在继续。1976年它们都不情愿地接受了紧缩计划，以换取国际货币基金组织常规的紧急援助。[13] 令华盛顿警觉的是，英国因劳工罢工而社会不稳，共产党在几个欧洲国家取得了重大进展——尤其是在意大利，1976年有超过三分之一的选民投票支持共产党，使得北约几个主要成员国是否能持续留在北约存疑。[14] 西欧国家的不同政策观点和利益也在持续挑战美国。基辛格建立一个有效的工业化石油消费国卡特尔的目标从未实现。相反，为了抵消更高的石油进口成本的影响，日本、联邦德国、英国和法国在中东北非以及其他地区成功地在贸易领域发起攻势，挑战了美国的商业和政治影响力。

虽然油价上涨给全球最大的资本主义国家带来了经济压力，但它给苏联这个超级大国带来了一笔意外财富。此间，苏联有足够的石油来推动本国经济发展，并向国外销售石油以支持新的国内和外交政策举措。在第三世界，苏联提供补贴或免费石油，以支持像古巴、埃塞俄比亚、南也门和越南这样的共产主义盟友。[15] 莫斯科还为其东欧盟友提供了部分免受油价上涨影响的保护，但是这还不足以使这些国家免于为支付不断增加的能源和其他消费账单向西方越来越多地借款。[16] 中东北非地区的石油经济繁荣对苏联的影响更为复杂。（前者）

石油美元　　138

最大的收入流向了反共君主制国家，而沙特阿拉伯和其他国家的石油援助则使埃及逐渐退出苏联阵营。苏联也不是中东北非石油投资的重要接受国。但是，石油美元确实提升了苏联盟友伊拉克的实力，伊拉克和其他像利比亚和叙利亚这样的阿拉伯国家，用本国的石油收入或石油美元援助购买了大量的苏联武器。

　　油价上涨普遍导致进口石油的欠发达国家经济放缓。另外，由于经合组织陷入经济衰退，很多贫油的欠发达国家因对经合组织成员国的出口及自其获得的援助均减少而遭受了更大的打击。NIEO运动继续向美国施压，但未能获得重大让步。虽然西方普遍的说法是，市场的无形之手会使西方银行将石油美元存款回流给需要资金支付更高石油账单的欠发达国家，但实际上，在20世纪70年代，一个欠发达国家增加石油进口量与该国获得的私人贷款增加之间并没有相关性。相反，西方银行主要向人口众多的富油国，如阿尔及利亚、墨西哥和委内瑞拉，以及缺油的新兴工业国，如阿根廷、巴西和韩国，或东德和波兰等社会主义国家提供贷款，而基本上忽略了其余的贫油发展中国家。这种选择过程的依据是哪些国家看起来是安全和有利可图的投资目的地，符合以利润为导向的机构的行为方式。因此，发展中国家之间出现了日益扩大的裂缝，富油的和新兴的工业化国家获得了继续发展的收入和私人贷款，而经济最疲弱的贫油欠发达国家既缺乏大量的私人贷款，许多情况下国际援助也同时下降。对于撒哈拉以南非洲和南亚的许多国家来说，资本流入不足及燃料和化肥价格上涨加剧了旱灾和饥荒危机。因无力支付燃料费用，印度关闭了灌溉系统，导致原本可以养活5 000万人一年的小麦绝收。在坦桑尼亚，饥荒导致婴儿死亡率上升。[17]华盛顿试图削弱西方援助以降低油价，也对这些悲剧负有部分责任。

虽然石油美元盈余的增长速度并没有西方经济学家最初担心的那样快，但OPEC成员国的海外投资仍然迅速增长，并成为全球金融中的一个重要的新力量。正如舒尔茨和西蒙所希望的那样，绝大部分石油美元存放在美国和西方金融机构中。从1974年到1976年，OPEC成员国对外投资和贷款的净增加额约为1 250亿美元。其中，大约25%流向美国的国内银行、投资和政府债券，35%流向欧洲市场（包括美国银行的海外分支机构），15%投资于其他发达国家。这些石油美元的流入在私人银行的新增存款中占很大比例。[18]对于那些向国际清算银行（BIS）报告的银行，这可以作为对发达国家（包括美国、大部分西欧国家、日本、加拿大和主要的离岸地区）国际银行业的一个大致衡量指标。新的OPEC存款占这些银行新国际贷款的百分比在1974年估计为44%，1975年为19%，1976年为18%。[19]

中东北非地区的石油美元为财政困难的美国提供了经济发展急需的资金。从1974年到1976年，波斯湾富油国在美国国内的净投资估计为266亿美元。其中，大约60%流向政府，约相当于相应财年联邦赤字的12%。从1975年到1976年，美国国债外国持有量中约三分之一的增加额是由于海湾富油国家持有的美国国债的净变化所致，其中新增购买主要由沙特阿拉伯牵头。海湾富油国家其他40%的投资流向了私人部门，主要是银行存款和公司股票。无论是投资于公共部门还是私人部门，中东北非地区的石油美元都增强了美国的支出能力。[20]这些富油的中东北非国家集中投资于美国六家最大的银行，其中五家位于纽约，一家位于旧金山，这有助于这些银行相对于其他国内银行增加规模，以及在海外扩张。这些银行包括花旗银行，由总裁沃尔特·里斯顿（Walter Wriston）领导，率先向欠发达国家提供私人贷款。[21]

海湾富油国家很少直接投资于美国，1974 年至 1976 年这类投资净增长 6 800 万美元，占其在美国国内总投资的 0.25%。尽管规模相对较小，但阿拉伯的直接投资确实在美国人和阿拉伯人之间创造了新的接触点和合作网络，否则可能永远不会有这样的接触。一个显著的案例是关于南卡罗来纳州民主党州长约翰·韦斯特（John West）的。[22] 在 20 世纪 70 年代中期之前，韦斯特对阿拉伯世界没有表现出任何兴趣，他曾访问过以色列和印度，但没有到过两国之间的区域（即中东地区）。不过，他积极支持吸引外国投资到南卡罗来纳州，最初主要是来自西欧和日本的投资。但在 1974 年初，当科威特投资者从私人手中购买了南卡罗来纳州的基洼岛（Kiawah），并宣布计划耗资高达 5 亿美元开发一个度假胜地时，韦斯特迅速将中东作为南卡罗来纳州吸引外国投资的新目标，并在 1974 年 4 月接待科威特投资者访问后者新购置的产业时，设法取悦他们。[23]

然而，这种直接投资计划既可能得到美国人的支持，也可能引起他们的愤怒。许多美国人反对基洼岛开发计划，要么是因为他们想保护这个岛屿的野生环境，要么是因为他们怀有反阿拉伯世界的排外情绪。还有传言称，科威特人正在这个岛上囤积武器。[24] 有时，环保主义和反阿拉伯世界情绪交织在一起，一位来自新泽西州的热心市民就是如此，他写信给韦斯特说："在读了关于基洼岛的破坏性开发消息后，我为南卡罗来纳州的人民感到非常难过……一个未受破坏的岛屿——这在美国实属罕见——被卖给从美国公众身上榨取了大量金钱的阿拉伯石油商，这真是一种犯罪。"[25] 环保组织发起了一场全国性的运动，要求取消这项交易，查尔斯顿自然历史学会还给科威特萨利姆·萨巴赫发电报，要求他推迟对基洼岛的开发，让南卡罗来纳州的人民决定是否在那里建立一个自然保护公园。[26]

韦斯特为了获得石油美元投资，向科威特人保证该学会不代表南卡罗来纳州大多数人的观点，并试图说服学会停止其行动。[27] 韦斯特于1974年底访问了科威特，会见了科威特王储和首相。韦斯特向科威特人保证，南卡罗来纳州希望与他们进行贸易并获得他们的投资，但也建议科威特人制作电视广告并聘请一家公关公司"来指导你们改变阿拉伯人的形象……和对阿拉伯投资的印象"。[28] 科威特人听从了韦斯特的建议，发起了一场媒体运动，以应对保护主义者的担忧。[29] 基洼岛的开发继续推进，新度假村在1976年5月迎来了第一批游客。[30]

虽然韦斯特在1975年结束了其州长任期，但他对阿拉伯世界的兴趣仍在持续。他是阿拉伯-美国发展服务公司的四位主要创始人之一，该公司为在中东北非市场寻找机会的美国企业提供信息、联系和谈判服务。1976年，韦斯特还牵头了一支南卡罗来纳州发展委员会派往沙特阿拉伯、科威特和约旦的贸易代表团。[31] 作为贸易代表团成员之一的洛克伍德·格林工程师公司（Lockwood Greene Engineers），与沙特阿拉伯签订了一份价值约1.5亿美元的大型港口设施工程合同。[32] 韦斯特与吉米·卡特（Jimmy Carter）的友谊以及对卡特总统竞选的早期支持，使韦斯特成功游说卡特让其成为美国驻沙特大使。[33] 韦斯特与科威特投资者的邂逅深刻影响了他的生活，同时，他也成为美国和阿拉伯世界之间交流的重要桥梁。

虽然韦斯特最初对中东北非地区的投资机会感兴趣，但他很快将目光投向了出口领域，这是富油国对商品和服务需求激增的必然结果。从 1972 年到 1978 年，全球对中东北非 OPEC 成员国的出口现值从 58 亿美元增加到 593 亿美元，总计达到 2 300 亿美元。美国获得了这一贸易中最大的名义份额，占全球（对该区域出口）总额的 13.7%，主要的出口对象是伊朗和沙特阿拉伯。但美国面临来自日本、联邦德国、法国、英国和意大利的激烈竞争，这些国家与美国合计占全球对该地区出口总额的 63.8%。一方面，来自这些国家的竞争对美国在该地区和全球范围内的霸主地位构成了经济和政治挑战；另一方面，美国更发达盟友的经济成功降低了该地区受苏联挑战的风险。同一时期，苏联和中国分别只占据了（全世界对）该地区出口总额的 1.2% 和 1.0%。[34] 包括与苏联结盟的伊拉克在内的富油国，都普遍偏好资本主义商品和服务，而西方企业和政府也急于同这些富油国做生意，这意味着石油冲击扩大了中东北非国家与全球资本主义的联系。

1969—1978 年全球对中东北非地区 OPEC 成员国的出口情况如图 5-2 所示。

在中东北非地区的出口市场中，苏联成功参与竞争的为数不多的市场之一是军火贸易。不断上涨的油价和持续的地区紧张局势，显著加剧了中东北非的军备竞赛。苏联和美国是全球军工大国，但即便是像伊拉克和利比亚这样的左翼国家，也转向法国购买部分武器，以减少对莫斯科的依赖，华盛顿乐见这种做法。[35] 尽管两个超级大国均向各自的附属国销售了大量武器，但美国的盟友却倾向于保持或扩大其军事优势，尤其是伊朗，有能力也有意愿在军备投入上超过其区域内的对手，且拥有部署这些武器的人力。1972 年，伊朗开始在伊拉克

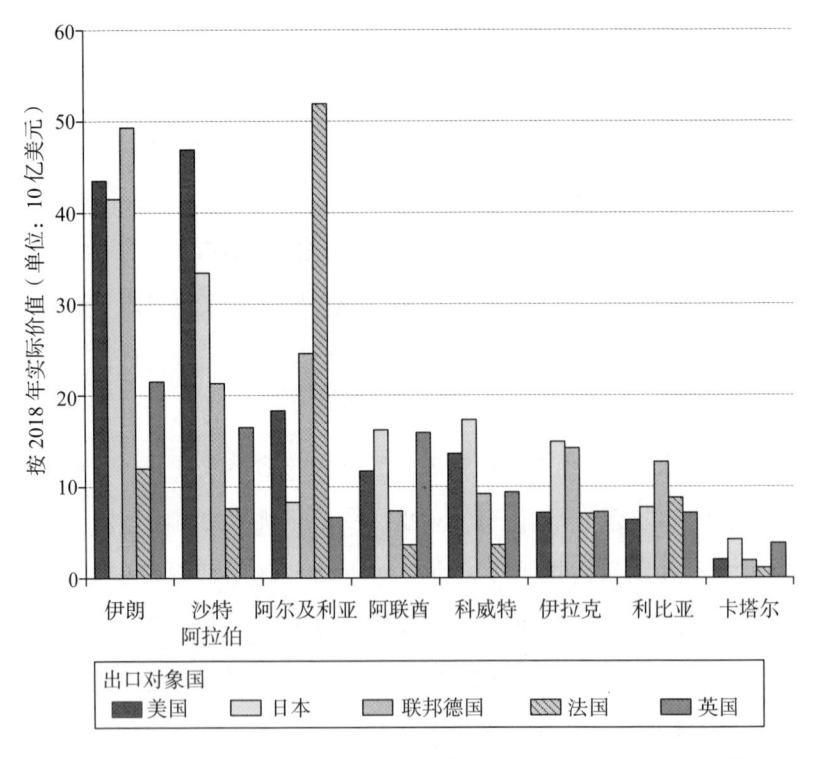

图 5-2 1969—1978 年全球对中东北非地区 OPEC 成员国的出口情况
数据来源：IMF, Direction of Trade Statistics。

边境上进行军事集结，同时跨境向叛乱的库尔德人增加武器运送和援助，且通过 CIA 成功争取到美国的帮助。华盛顿并不知道，沙阿发起这场运动的目的是迫使巴格达同意伊朗的主张，即伊朗拥有两伊边界阿拉伯河（Shatt al-Arab）的一半，推翻 1937 年在由英国监督的伊朗-伊拉克条约中达成的伊拉克拥有整条河流的主张。伊朗对伊拉克库尔德人的支持使他们成功地抵抗了伊拉克军队，并从巴格达的亲阿拉伯政权中获得自治。萨达姆·侯赛因急于结束库尔德人持续不断的叛乱所带来的高昂的经济和政治成本，于是在 1975 年 3 月在阿尔及尔与沙阿会晤，并同意了伊朗的领土要求，以换取伊朗停止支持库尔德人的秘密承诺。伊朗支持的中断使库尔德人陷入绝境，他们的叛乱在一个月后瓦解。福特政府总体上对伊朗放弃库尔德人感到不满，当库尔德领导人在媒体上公开 CIA 发挥的作用时，福特政府感到尴尬。但福特政府最终将与德黑兰的关系置于库尔德叛军之上，并且伊朗已经清楚地展示了其在军事上压制伊拉克的能力。[36]

在华盛顿看来，伊朗军队正在阿曼更为熟练地使用美国武器，且训练更见效果。阿曼的卡布斯苏丹一直在与控制着该国佐法尔大部分地区的革命军进行生死较量。1973 年 12 月，伊朗向佐法尔额外增派了 1 500 名士兵，与革命军展开激战。1974 年，伊朗又向阿曼增派了 2 900 名士兵和若干 F-4 战机，以打击革命军，并阻止南也门为他们提供任何可能的支持。阿曼的革命军宣布反对"美国帝国主义"以及"阿拉伯和伊朗反动派"，其战士激烈抵抗伊朗和苏丹的军队。伊朗部队在扭转军事局势中发挥了关键作用，它们切断了革命军的补给线，并以人数和武器的优势压制住对方。1976 年初，革命军在军事上被击败。伊朗履行了其在尼克松主义框架内的角色，击退了一支对与西方结盟的阿拉伯国家存在威胁的力量，用暴力镇压了试图结束马斯喀特的绝对君主制并实现阿曼公民而非臣民的真正政治参与的努力。[37]

美国武器和训练的增加，不仅助力伊朗在海外的干预，还加强了镇压异见人士并维护沙阿统治的伊朗军事和警察力量。美国的阿拉伯富油君主制盟友的情况也是如此。苏联与欧洲的商品和服务则强化了维持阿尔及利亚、伊拉克和利比亚政权安全的部队力量。在整个中东北非地区，不论意识形态，也不论是直接出钱还是通过援助或干预，由石油美元支持的大规模武器支出的增加加剧了威权主义的趋势。

1969—1978年对中东北非（MENA）最大的武器接受国的武器销售情况如图5-3所示。

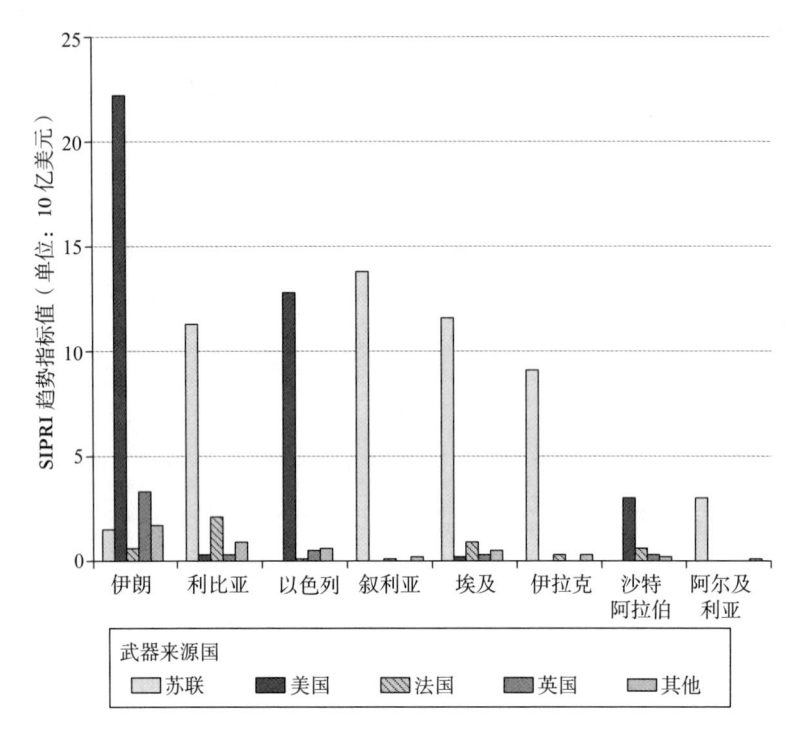

图5-3　1969—1978年对中东北非（MENA）最大的武器接受国的武器销售情况

数据来源：SIPRI, Arms Transfers Database。

注：斯德哥尔摩国际和平研究所（SIPRI）趋势指标值是一个通用单位，旨在代表武器的实际生产成本，而非变动的销售价格。

可能许多中东北非地区的人哀叹于武器销售降低了他们的政治权利或参与感，然而许多总部和生产工厂位于加利福尼亚州、马萨诸塞州、密歇根州、密苏里州、纽约州、得克萨斯州、华盛顿州和威斯康星州等州的美国武器和军事建设公司却视这些销售为其新的生存倚仕。随着美国退出越南战争，美国国防开支大幅减少，这些企业受到了影响。朝鲜战争后，美国国防开支的实际价值在1968年达到高峰，之后迅速下降，到1976年触底且比高峰时下降了近40%。[38] 向中东北非国家出口为武器（和军事）建设公司提供了一个重要的恢复利润的方式。事实上，对中东北非的武器销售成为一些美国企业的生命线，其中就包括格鲁曼（Grumman）公司，其向伊朗出售的价值20亿美元的F-14战斗机使其免于破产。[39] 此外，一家美国制造商向中东北非国家出售的所有武器都已经是为美国政府设计的（成熟产品）。这意味着公司在该产品上的大量研发资金投入早已经完成，任何新增的武器销售都不需要在资产负债表上计入（研发）成本。因此，向其他国家再销售这些武器就显著提高了生产该武器的公司的盈利能力。[40]

伊朗和沙特阿拉伯均希望大幅提升各自的军力，它们都喜欢美国的武器和军事工程服务，既因为其在技术上非常先进，也因为两国同美国建立了政治关系。从1971财年到1977财年*，美国对伊朗的对外军售（FMS）协议总额为97亿美元，对沙特阿拉伯的总额为66亿美元，分别占所有美国对外军售协议的24%和16%。从1973财年到1979财年，美国对伊朗的军事销售交付总额达到100亿美元，对沙特阿拉伯为40亿美元，分别占美国全球军售总量的31%和13%。除了F-14战斗机的销售之外，伊朗的主要军购还包括160架通用动力公司生产的F-16"猎鹰"喷气式战斗机，总价32亿美元；209架麦克唐纳-道格拉斯公司生产的F-4战斗机，总价10亿美元；4艘利顿工业公司生产的DD-963斯普鲁恩斯级导弹驱逐舰，总价15亿美元。

---

* 美国的财年从前一年的10月计到当年的9月。——译者注

直到1977年，沙特阿拉伯与美国签署的军售协议均未包括最先进的战斗机或驱逐舰，而是集中于地面部队的现代化。沙特阿拉伯甚至还在更大程度上与美国合作，通过大规模的军事设施和基础设施建设来发展王国的防御能力。从1971财年到1977财年，美国与沙特阿拉伯签署的外国军事建设服务协议总额为103亿美元，从1973财年到1979财年对沙特阿拉伯交付的外国军事建设服务总额为40亿美元；两者分别占该时期此类协议总额和交付总额的99%以上。沙特阿拉伯对美国军事建设服务的支出激增，是使1976财年美国对伊朗和沙特的军售协议总额占其全球军售总额的63%的关键原因。[41]

1970—1986财年美国的武器、军事服务及建筑合同如表5-1所示。

表5-1　1970—1986财年美国的武器、军事服务及建筑合同
（金额单位：百万美元，名义价值）

年份	沙特阿拉伯	以色列	伊朗	埃及	其他中东北非国	中东北非国总计	世界总计	中东北非占世界比重（%）
1970	63	151	134	—	37	385	1 067	36.1
1971	15	285	348	—	19	667	1 382	48.3
1972	300	380	427	—	29	1 136	2 822	40.3
1973	2 171	146	2 065	—	16	4 398	5 737	76.7
1974	2 037	2 344	3 231	—	118	7 730	9 443	81.9
1975	3 604	767	1 180	—	651	6 202	13 186	47.0
1976	7 114	948	1 332	80	718	10 192	13 313	76.6
1977	1 664	451	1 159	1	257	3 532	5 899	59.9
1978	1 766	1 319	241	155	141	3 622	6 931	52.3
1979	5 974	730	14	396	289	7 403	13 056	56.7
1980	4 194	507	—	1 808	690	7 199	13 600	52.9
1981	1 841	114	—	278	493	2 726	6 875	39.7
1982	3 866	550	—	1 410	597	6 423	14 654	43.8

（续表）

年份	沙特阿拉伯	以色列	伊朗	埃及	其他中东北非国	中东北非国总计	世界总计	中东北非占世界比重（%）
1983	733	2 056	—	663	591	4 043	13 778	29.3
1984	2 873	93	—	768	318	4 052	12 068	33.6
1985	3 176	84	—	331	507	4 098	10 767	38.1
1986	633	165	—	489	372	1 659	5 954	27.9
总计	42 024	11 090	10 131	6 379	5 843	75 467	108 910	69.3

数据来源：US Department of Defense, Defense Security Cooperation Agency, *Historical Facts Book*: *Foreign Military Sales, Foreign Military Construction Sales and Other Security Cooperation Historical Facts as of September 30 2016*。

注：美国 1976 财年延长为 15 个月；其他所有财年均为 12 个月时长。

石油美元经济还为此前专属美国军方的（军事）服务领域的私有化提供了一个试验场。沙特王国聘请总部位于加利福尼亚州的文内尔（Vinnell）公司，由美军前军官监督，为 2.6 万名沙特国民警卫队成员提供现代武器使用和军事战术培训。这是五角大楼首次将外国军队的训练外包给私营承包商。虽然美国军队已经训练过并且持续训练沙特和伊朗的军队，但 1973 年实行的美国全志愿兵役制度使得派遣美国士兵去训练外国士兵的成本大幅上升。因此，作为一种节约成本的措施，美国开始寻求私营外包。文内尔公司的主业是建筑，为美国国内项目（如洛杉矶道奇队棒球场）和海外项目（如在东亚建造军事基地）提供相关服务。在 20 世纪 60 年代末期和 70 年代初期，面对建筑利润下降的局面，该公司决定向外国军队提供军事培训，以此将其业务多元化。多年来，五角大楼一直聘请私营工程公司建设外国军事基地，而今五角大楼开始将外国武装部队的培训也外包给私营公司。[42] 私营承包商不久也开始为伊朗军队提供培训。[43]

第五章　石油美元经济

美国与中东北非地区的贸易并不仅限于军火销售。后者对美国的工程服务和消费品也有很高的需求。在这方面，欧洲和日本的竞争更加激烈，但美国公司仍然表现不俗。伊朗和沙特阿拉伯为了快速发展基础设施和实现经济多元化，需要美国工程公司的专业知识。伊朗委托美国通用电话电子公司（GTE）为其提供价值 5 亿美元的电信基础设施，包括两百万部电话的服务系统、电视服务和提升国际通信能力。[44] 不过，沙特阿拉伯签署的一些工程合同规模最大，而美国公司则获得这些交易中最大的标的。1975 年，柏克德公司签署了一份初始额为 90 亿美元的合同，合同规模很快扩大，用几年时间，在朱拜勒（Jubail）这个小渔村建造一个可容纳超过十万人的工业城，城中有钢铁厂，石化、化肥和铝制品工厂以及炼油厂。1983 年，《吉尼斯世界纪录大全》将朱拜勒工程列为历史上最大的在施项目。一项预计耗资 140 亿美元的天然气收集系统项目交给了沙特阿美公司和得克萨斯州的福禄（Fluor）公司。[45] 美国建筑公司与沙特签订合同，大幅扩建沙特城市。这些公司将利雅得等原来小而拥挤的城市重新设计成由大片联排住宅和长长的公路组成的美国式广袤郊区都会区，以避开城市中居住着移民劳工的更贫困的地区。[46] 美国公司也在其他阿拉伯国家开展业务。1977 年，柏克德公司获得了总值 9.5 亿美元的阿联酋天然气田开采和天然气处理厂建设合同，1978 年获得了总值 6.26 亿美元的阿尔及利亚天然气田开采合同。[47]

20 世纪 70 年代中期，伊朗和伊拉克寻求在西方大国的协助下建造核电站。虽然这样的设施会为一个国家提供能源，但也增加了其秘密发展核武器的风险。尼克松和福特政府试图防止核武器扩散到其他国家，即便对方是盟友。建造核电站需要多年时间，更不用说开发核武器了，因此这个问题并不紧迫。然而，福特政府确保伊朗的核计划仅限于非军事目的的努力并不理想。福特政府希望为美国公司争得价值数十亿美元的合同，以开发伊朗的核电站，但它也寻求与德黑兰达成正式协议，使美国对伊朗核计划的监督力度超过国际核不扩散条约的要求。沙阿拒绝了这一要求，且在1976年与法国和联邦德国达成了核开发合同，因为这两个国家都没有坚持美国那样的监督要求。福特在1977年初离任时，还没有找到方法说服欧洲盟友同意（对伊朗的核计划进行）更严格的规定，或让伊朗沙阿接受美国的方案。[48] 鉴于同伊拉克联系有限，美国在后者的核开发项目中的影响力就更小了。伊拉克得到了法国的合同，以建造一座名为奥希拉克（Osiraq）的核反应堆，它使用可武器化的高浓缩铀作为燃料。[49] 石油美元财富和许多愿意与富油国家做生意的国家的结合，再次削弱了华盛顿控制地缘政治秩序的能力。

对于美国企业来说，在国内经济滞胀的背景下，与富油国的贸易提供了急需的收入。像哈利伯顿（Halliburton）这样总部位于得克萨斯州的石油服务公司，越来越多地寻求从中东和其他富油地区获取收入，且事实上在石油危机后获得了创纪录的利润。[50] 由于美国从越南战争中撤军以及国内房地产市场低迷，美国政府的国防合同减少，美国工程和建筑公司受到的打击尤为严重。[51] 面对外国竞争，美国商界领袖敦促政府加大支持力度，以促进美国出口。在1975年4月的经济政策委员会会议上，高管们"强调了与我们主要的出口竞争对手相比，美国政府措施的力度较小……他们强调了其他国家的商务官员在中东这样的新市场领域的重要作用"。[52] 针对这样的需求，美国财政部和商务部有时与全国制造商协会合作，为美国商人与相关的中东联系人牵线，在联邦层面的活动中亲自介绍美国商人和中东代表，并提供寻求商品和服务的中东北非项目的信息。[53]

尼克松和福特政府在中东北非盟友的经济发展中，优先考虑（美国）私人部门而不是公共部门，这是他们意识形态上承诺减少政府计划的结果，他们认为私营企业会在经济和政治上取得更好的成果。具体到沙特阿拉伯，西蒙写道，作为一个总体指引，"在美国政府和美国私人部门都有能力提供沙特阿拉伯政府在美-沙联合经济合作委员会下所需的援助时，应当强烈偏向于利用私人部门……这一政策应该会为我们与沙特阿拉伯的经济关系带来最大的长期［原文如此］利益，并将防止因美国政府优先于美国私人部门而引起的不公正和批评"。美国政府将在保护美国海外私人商业活动中发挥作用，从而保护美国的经济利益，并确保私人公司服务于美国的地缘政治利益，尤其是在领导旨在保障盟国政治和经济实力的发展计划时。但是，这些发展项目本身的工作将主要交由美国私营公司来完成。[54]

中东北非与美国之间的贸易增长创造了新的政治网络，以前未涉足中东北非问题的美国商界和政府领导人现在成为阿拉伯和伊朗官员的合作伙伴和立场的支持者。有时，这些新的联系与美国的主导政策相悖。1975年4月，密西西比州民主党州长威廉·沃勒（William Waller）带领一个州贸易委员会前往科威特、伊朗和伊拉克，以吸引外国投资并争取食品和制造材料的出口交易。他对伊拉克表现出了特别的兴趣。沃勒于同年10月重返伊拉克，并与伊拉克外交部长法杜恩·哈马迪（Fadoon Hamadi）等伊拉克高官会晤，进一步推进有关密西西比州向伊拉克销售商品的协议。不久之后，沃勒给福特写了一封信，在信中敦促福特政府"采取强有力的政治立场，支持为中东所有国家实现公正和永久和平，支持与所有阿拉伯国家扩充贸易关系……并立即考虑采取措施与伊拉克建立正式外交关系"。沃勒提出了他实现这些目标的外交服务构想，他认为："由于密西西比州目前与伊拉克的友谊和关系可能比其他任何州都要好，我诚挚地建议邀请密西西比州参与进一步增进和改善与伊拉克及其他阿拉伯国家关系的任何讨论。我们诚挚地恳请与您办公室或国务院的指定官员会面，以推进这一极为重要的事宜。"[55] 出于对增加贸易的渴望，沃勒成为一位加强美国与复兴党领导下的巴格达关系的意想不到的倡导者。

福特政府似乎并没有认真考虑沃勒提出的改善与伊拉克关系的提议，但其他商业联系将被证明对美国外交政策产生了更深远的影响。在 20 世纪 70 年代中期，柏克德公司从尼克松和福特政府聘请了四名前政府高级雇员，其中包括前卫生、教育和福利部[*]部长卡斯帕·温伯格（Caspar Weinberger），一位知名的行政官员，以及乔治·舒尔茨，他在 1975 年 5 月升任为柏克德公司总裁。[56] 利用他们对美国政策和法律的了解以及他们与全球政商界领导人的联系，美国前政府官员们推动了美国与中东北非之间商业网络的发展，其间也为自己赚取了财富。舒尔茨和温伯格后来成为罗纳德·里根总统政府的高级内阁官员。

由石油美元带来的新接触点不仅限于中东北非与美国精英阶层之间。随着中东北非的现场工作越来越多，成千上万的新美国人抵达该地区。到 1978 年，据估计约有 28 000 名美国人在沙特阿拉伯工作，大约有 30 000 名美国人在伊朗。[57] 美国人常常发现难以适应新文化及艰苦的条件。许多美国人选择在工作几个月后提前终止合同；沙特

---

[*] 美国政府在 1979 年后对该部做了调整。——译者注

第五章　石油美元经济　　153

阿拉伯的一些公司报告员工提前离职率高达30%。[58]美国工人有时也表现出对当地阿拉伯和伊朗文化价值观的漠视。最令人震惊的例子之一发生在伊朗伊斯法罕市（Isfahan），当时训练伊朗军队的一些无聊的美方直升机飞行教练，为了打发时间而酗酒、参与斗殴，甚至骑摩托车穿行一座清真寺。[59]

富油国还增加了对美国高等教育服务的投资，并为其公民赴美留学补贴费用，以提高其劳动力的现代化水平。受经济衰退重创的美国大学，对石油美元支持的捐赠基金和学费表示欢迎。到1977年，伊朗与大约50所美国大学建立了机构联系，以进一步强化伊朗的教育系统、经济、国家官僚机构和军队。在20世纪70年代的十年间，前往美国留学的伊朗学生的人数翻了两番，达到近五万人；从1974年到1978年，前往美国留学的沙特学生人数增长了四倍，达到一万人。矛盾的是，阿拉伯和伊朗学生人数上升及对美国大学资金投入的增加，一方面有助于加强美国在中东北非地区的经济和发展基础，但另一方面也削弱了其文化上的影响力。阿拉伯资金和学生的增加导致美国中东研究领域的（观念）转变，学者以更加批判的立场看待美国对以色列的支持。在美国知识探究自由和言论自由的经历促使许多伊朗学生动员起来，抗议沙阿的专制和暴力统治，这削弱了美国民众对伊朗政府的支持，并引起了沙阿的警惕。[60]

尽管OPEC成员国通常没有自贫油欠发达国家（LDC）购买大量出口品或对后者进行大量投资，但富油的欠发达国家，尤其是人口稀少的富油阿拉伯国家，在1973年后显著扩大了对越来越多的特定欠发达国家的援助规模。经合组织统计了1974年至1976年间伊拉克、科威特、利比亚、卡塔尔、沙特阿拉伯和阿联酋提供的双边和多边援助（不包括国际货币基金组织的石油信贷基金）的净支出额为175亿美元；由于中东北非国家在档案保存和披露方面的限制，实际数字可能比这高出数十亿美元。在已核实的金额中，绝大部分来自沙特阿拉伯、科威特和阿联酋，只有约10%来自伊拉克和利比亚。沙特阿拉伯援助规模的扩大尤为显著。1973年，沙特官方对外援助总额约为3.35亿美元；次年上升至16亿美元，成为全球仅次于美国的第二大援助国。另外，在1974年之前，沙特的援助几乎全部流向埃及、约旦和叙利亚，但在接下来的几年里，沙特的援助越来越多地流向非洲、中东、南亚甚至远至韩国和巴西，还有大量援助流向巴基斯坦和北也门。[61]

总体而言，阿拉伯和伊朗的对外援助同尼克松和福特政府的目标一致。在全球层面，这些援助符合不通过增加美国援助来解决，而由OPEC成员国弥补欠发达国家经常账户赤字的计划。此外，欠发达国家经常利用石油美元援助购买美国和西方的出口品。由于沙特阿拉伯和科威特在OPEC援助资金中占据主导的财务地位，石油美元援助的现金流也主要流向地缘政治上受到美国青睐的国家。从1973年到1981年，在OPEC双边援助的前十个受援国中，有八个是与美国结盟的，其中包括接受了61亿美元的最大受援国埃及以及接受了39亿美元的第三大受援国约旦。不可否认，与美国结盟或敌对的阿拉伯国家的一些援助流向了挑战美国在中东北非地区的计划的国家和团体，如叙利亚和巴勒斯坦团体，它们将资金用于购买苏联武器。叙利亚收到OPEC约60亿美元的双边援助，是第二大受援国，这使其得以购买米格-23喷气式战斗机这类先进武器。然而，当阿萨德在1976年的黎巴嫩内战中与美国立场一致时，基辛格实际上曾游说伊朗和沙特阿拉伯向叙利亚提供援助，因此即使是 OPEC 对叙利亚的援助，有些时候也被华盛顿认为是有用的，不过在以后叙利亚与美国敌对期间，这种援助并不被华盛顿认同。[62] 美国的阿拉伯盟友也通过多边组织向南也门等美国的敌对国家提供了一些援助，伊拉克和利比亚则直接援助了挑战美国及其盟友的国家和组织。不过，总的来说，流向美国盟友的石油美元援助远远超过了美国的对手，而且彼时恰逢美国财政困难日增、公众对外援的反对日益增长的时期。

许多欠发达国家获取大量石油美元的最后一种方式，是在富油国工作的劳工的汇款。富油阿拉伯半岛国家和利比亚特别希望引进卑微且拥有教育背景的外国劳工，以补充本国稀少的人口。这些国家经常从贫油的阿拉伯国家雇用员工，因为他们具有共同的语言和文化背景、地理接近、具备跨国联系而且这些劳工可以提供各种有用的技能。虽然记录不精准，只能粗略估计，但在 1973 年石油危机之后，阿拉伯地区之间的外籍劳工数量明显增加了，从 1973 年的不足 70 万人增加到 1975 年的 130 万人和 1977 年的 220 万人。[63] 1975 年的（外籍劳工）总数中，沙特阿拉伯引入了大约 54% 的阿拉伯地区外籍劳工，利比亚占 24%，科威特占 11%。埃及则是输出了（阿拉伯地区外籍劳工）总数的约 31%，北也门输出了 22%，约旦和巴勒斯坦输出了 20%（在此期间，许多阿拉伯政府在其记录中使用约旦-巴勒斯坦来标识约旦公民和巴勒斯坦难民，其中大多数外籍劳工是巴勒斯坦难民）。[64]

埃及劳工的汇款金额增长速度惊人。1970 年，埃及的官方通道汇款不到 1 000 万美元；到 1978 年，这个数字已经上升到 17.6 亿美元。埃及人还将价值数亿美元的耐用消费品（如汽车和电子产品）带回国，这些商品没有报关，他们还通过外汇黑市将更多款项汇回国（黑市汇率比官方的更有吸引力），估计这些款项金额相当于通过官方通道汇回金额的20%~100%。虽然所有这些汇款并非完全来自在富油国的工作收入，但大多数都是。[65]汇款连同石油美元援助，成为贫油阿拉伯国家经济增长的主要贡献者，虽然这些增长没有达到富油国的繁荣水平，但其1973年到1982年的经济增长率仍然比上一个十年要高。[66]

同样，劳工汇款对美国利益的影响是复杂的。外籍劳工维持了（与美国关系）日益敌对的利比亚的发展，而汇往叙利亚和南也门等敌对国家的汇款，则帮助了这些国家，并为其采购苏联武器提供了资金。巴解组织和其他巴勒斯坦抵抗组织严重依赖海湾地区的巴勒斯坦籍劳工的汇款。[67]不过，在更大程度上，外籍劳工支持了同美国结盟的富油国和贫油国的快速发展。一些外籍阿拉伯劳工还用其石油美元工资购买美国消费品，支持了美国向贫油阿拉伯国家的出口增长。1972年，美国对贫油阿拉伯国家的出口总额为4.54亿美元；到1976年，该数字已经上升到21.49亿美元。[68]从更宏观的角度，大多数贫油阿拉伯国家为了追求石油美元而选择放开劳动力、资本和商品的国际流动，这与美国对全球自由市场的支持一致。

对于埃及等国家的人口来说，移民劳工的影响喜忧参半。埃及人可以在海湾地区获得的薪酬通常是他们本国水平的十倍，这提高了外籍劳工及其家庭的购买力。但另一方面，石油美元的吸引导致埃及教育和建筑等关键领域的人才流失，阻碍了其国内发展。在沙特阿拉伯，外籍劳工发现政治和社会自由显著减少（失去了在本国享有的公民权和社区保护），于是越发对收入更高、常常干得很少或经验更少的沙特本地同事感到不满，而且一些沙特雇主还对其外籍劳工进行身体虐待，让他们生活在恶劣的条件下，通过扣押护照和扣减工资来控制他们。抱怨工作条件的个人和整个社区的人员经常被驱逐出境。这种对外籍劳工的控制体系，加上政府对本国公民大幅提高补贴和收入，在20世纪70年代极大地削弱了沙特阿拉伯和其他阿拉伯君主国中劳工运动及其对国家的政治挑战。[69]

尽管石油美元的流动在很大程度上按照美国所支持的路线重塑了中东北非地区的政治经济，但石油美元的相互依存也在持续不断的阿以冲突中严重威胁到了美国的利益，这一点在1975年至1976年黎巴嫩内战的第一阶段尤为突出。黎巴嫩的右翼，主要是基督徒，试图保持黎巴嫩政府的派系制度。尽管黎巴嫩公民中基督徒的比例为少数，但该制度使黎巴嫩基督徒在议会中占多数并掌握了权力强大的总统职位。此外，黎巴嫩右翼主张维护亲西方和资本主义的国家取向，且要驱逐巴解组织出境，以确保黎巴嫩的主权，并结束以色列针对源自黎巴嫩的巴勒斯坦袭击而向黎巴嫩实施的报复性暴力攻击。黎巴嫩的左翼，主要是穆斯林，试图终止黎巴嫩政府的派系权力分配，将国家经济转向社会主义，政治转向阿拉伯民族主义，并支持巴解组织对抗以色列的行动。巴解组织与黎巴嫩左翼结盟，前者的武装力量部分得益于阿拉伯的石油美元援助而装备精良，在最初阶段帮助左翼在内战中扭转了对黎巴嫩右翼的劣势。

随着黎巴嫩右翼处境的恶化，以色列警告称，它不会接受巴勒斯坦-黎巴嫩左翼的胜利，必要时会进行军事干预。叙利亚政府也认

石油美元　　158

为黎巴嫩内战对其稳定和安全构成威胁。到1976年初，叙利亚政府已经决定，尽管叙利亚复兴党与巴解组织和黎巴嫩左翼之间有着传统的联盟关系且意识形态上接近，但后两者必须受到约束，以免引发与以色列的更大规模的战争，继而拖累毫无准备的叙利亚。讽刺的是，以色列和叙利亚都试图运用武力制服巴解组织和黎巴嫩左翼，但双方也互相警告称，如果对方武装进入黎巴嫩将引发战争。虽然结束黎巴嫩内战是以色列和叙利亚的共同目标，但两国也担心如果对方占领黎巴嫩，对方就会获得长期的军事优势。但当巴勒斯坦和黎巴嫩左翼势力无视大马士革的劝告，拒绝与黎巴嫩右翼达成协议，反而是在1976年3月接近于全面胜利时，以色列或叙利亚的干预变得越来越可能发生。[70]

在叙利亚向美国私下表达其干预黎巴嫩的意愿的同时，以色列继续公开和私下表示，作为回应，它将对南黎巴嫩进行军事干预。福特政府认为这种形势会导致两国之间的战争，进而引发更大规模的地区冲突。基辛格在1976年4月6日的国家安全委员会会议上声称："叙利亚人不会袖手旁观且承担同以色利瓜分［黎巴嫩］国家的指控。他们只能进攻［以色列］。"基辛格当时预测约旦和埃及将被迫加入对以色列的战争。他还预计："沙特阿拉伯会支持［阿拉伯国家］，并将实施石油禁运。"纳尔逊·洛克菲勒（Nelson Rockefeller）则补充道："不仅仅是石油禁运。阿拉伯人拥有200亿［美元］的美国资产，他们可以抛售。其破坏性可怕。"这提醒了基辛格，他指出："［经济顾问委员会主席艾伦］格林斯潘说，西欧人之所以能够量入为出，唯一靠的就是阿拉伯存款。如果沙特人和科威特人退出英镑，英镑就会崩溃。"[71]

美国与沙特的石油美元秩序在中东再次受到当地军事参与者的威胁。虽说对石油美元的关切并非美国试图防止另一次阿以战争爆发的唯一原因，但也占据了重要地位。福特政府担心，石油美元投资可能被用来破坏美国经济，或者用来要挟西欧不与美国合作，甚至惩罚西欧。

福特政府一直到1976年5月都在努力阻止以色列或叙利亚对黎巴嫩发动公开的军事干预，它还致力于在黎巴嫩左翼和右翼之间达成停火协议。但福特政府拒绝满足黎巴嫩左翼的关键要求，所以战斗继续。不知是否与美国事先达成了谅解（福特政府坚称没有这样的谅解，这一说法得到了现有档案记录的支持），叙利亚军队在1976年5月31日夜间侵入了黎巴嫩。福特政府随后敦促以色列不要干涉叙利亚的干预行动，也不要自行侵入南黎巴嫩。以色列政府私下同意，只要叙利亚军队不进入南黎巴嫩，以色列就不采取行动，而叙利亚对此也乐意接受。

初遇挫败之后，叙利亚军队于1976年9月严重削弱了巴解组织和黎巴嫩左翼的民兵力量。沙特阿拉伯随后呼吁通过谈判来结束黎巴嫩冲突。沙特阿拉伯认为，阿拉伯内部的分裂已经削弱了阿拉伯在阿以冲突中的地位。随着美国总统大选的结束，推进和平进程并获得以色列让步的新机会即将到来，但前提是阿拉伯人必须团结起来。1976年10月，沙特阿拉伯、科威特、叙利亚、黎巴嫩、巴解组织和埃及在利雅得和开罗举行会议，以达成一项协议。巴解组织和叙利亚同意停火，富油的阿拉伯国家同意资助一支由三万名士兵（主要是叙利亚人）组成的阿拉伯威慑力量，以维护黎巴嫩的稳定，直到局势稳定为止。在失去了巴解组织的军事支持之后，黎巴嫩左翼不得不暂时接受停火，暴力活动暂时减少。[72] 利雅得和华盛顿在黎巴嫩内战的第一阶段成功地维护了沙特-美国阿拉伯集团。然而，冲突的核心问题仍未得到解决，战争将继续进行十四年，多次间歇性升级会再次危及阿拉伯国家同美国之间的关系。

黎巴嫩的危机强化了福特政府早已强烈的愿望，即获得埃及的追随，从而减少全面阿以战争的风险。石油美元在这一努力中继续发挥着重要的、尽管经常是矛盾的作用。这之中也涉及美国向埃及销售军火的问题，这是萨达特迫切希望的，但华盛顿在 1975 年初尚未启动这一计划。到了 1975 年 4 月，福特政府已经断定，试图通过沙特阿拉伯秘密向埃及出售武器的做法终究行不通。桑德斯的论点显然被接受了，即这种操作既不合法，也不可避免地会被泄露给公众，引发丑闻，进而阻碍美国未来对埃及的军火销售。艾尔茨大使在 1975 年 4 月 19 日向萨达特通报了这一政策变化。艾尔茨指出，美国并不反对沙特出资支持埃及公开购买美国武器，但他补充说，福特政府目前不能保证任何此类武器销售。萨达特对此表示失望，但对美国尽快向埃及出售武器仍抱有希望。[73]

由于在几个月里都没有给出美方军售方案，美国收到报告称埃及军方日益动荡不安。基辛格在 1975 年 10 月 24 日致信福特总统时写道："萨达特必须仔细观察埃及武装部队是否有不安或不满的迹象。埃及军官们一定是担心萨达特的政策会使埃及武装部队与以色列相比处于严重劣势。"为了缓解萨达特的处境，同时也因为预见到国会和美国公众需要逐步接受向埃及销售先进军事装备的事实，基辛格提议先从出售非致命性军事装备开始，包括 C-130 军用运输机。[74] 福特支持这一想法，并在克服了国会最初的一些阻力之后，于 1976 年 4 月获得了向埃及出售六架 C-130 的批准。沙特阿拉伯代表埃及支付了这些飞机的费用。从军事角度来看，这项价值 6 500 万美元的军售意义不大。但从象征意义上讲，在美国对埃及实施了长达 20 年的武器禁运之后，这次出售标志着埃美关系的一个转折。[75] 这也是富油阿拉伯国家首次为埃及自美国购买高端武器。虽然 C-130 交易不完全是"三角投资"的范例，但可以被称为埃及的第一笔"三角军售"。

到 1976 年，石油美元三角投资进展不多。1976 年 3 月，西蒙访问埃及，称赞萨达特已经采取了市场自由化的初步步骤，并建议进一步放松管制，以推进埃及的"私人部门马歇尔计划"。[76] 但在西蒙担任财政部长期间，并没有推出如此宏大的计划。尽管埃及采取了吸引外国投资的改革措施，但美国商人仍认为存在许多障碍。他们批评埃及的法律为埃及镑设置了双轨汇率，这迫使将外汇带入埃及的人接受人为压低的外汇汇率，又在将资金汇出该国时接受官方抬高的外汇汇率*。他们还抱怨说，埃及的投资法仍然过于模糊，埃及官僚机构对拟议中的项目横加了太多要求和延迟。到 1976 年底，仅有大通和花旗等几家银行在埃及开设了主要分支机构。这些银行汇兑业务量大，但融资业务却很少。[77]

1974 年至 1976 年，埃及国内生产总值（GDP）迅速增长，很大程度上得益于援助和外汇汇款的流入。然而，埃及获得的大部分援助和汇款都被用于购买外国武器、消费品和偿还债务，而非投资于埃及的工业或农业，导致埃及出口和进口替代领域相对滞胀。埃及因此

---

* 即外汇入境埃及时，埃及镑贵；埃及镑兑成外汇出境埃及时，外汇贵。——译者注

仍然依赖进口满足基本食品和安全需求,同时依靠外援支付这些进口费用。与此同时,外援和汇款的涌入、高额的政府军事和国内支出以及油价上涨,都导致埃及通货膨胀率居高不下。为了保护埃及低收入群体免受通货膨胀的伤害,维护民众对萨达特政权的支持,埃及政府迅速增加了基本消费品的政府补贴。由于这些商品多是进口品,这些补贴又进一步冲击了埃及的国际收支。所有这些的最终结果是,在1973年至1976年间,埃及的外债几乎增长了近2倍,而国内补贴则增加了13倍。[78] 石油美元援助和汇款非但没有打破埃及的债务循环,反而促进了政府出台恶化债务循环的政策。

福特政府曾在1975年春季为埃及组织了一揽子多边援助,以使其免受国际货币基金组织和世界银行的规定限制。但到1975年秋季,福特政府已经意识到,埃及需要开始认真调整经济结构,才能改善国际收支状况。为使这一调整过渡期更加顺利,并激励埃及改善埃美关系,美国政府考虑将对埃及的援助从1975财年的3.72亿美元增加到1976财年的9.87亿美元。[79] 但福特政府也向埃及方面施压,要求遏制政府支出。1975年10月,美国国务院就埃及经济援助问题起草了一份简报,内容指出,开罗希望在1976年继续获得来自外国捐助者的高额援助,包括大约25亿美元的非美国援助,国务院认为这种情况不太可能发生。"美国援助的大幅增加及埃及〔在西奈第二协议之后〕缓和与以色列的对抗,可能会给阿拉伯和其他国家提供借口,削减对埃及的援助。"国务院的简报写道,"日本和德国拒绝提供要求它们各自于1975年提供的全部1亿美元,这在一定程度上反映了它们对埃及经济管理不善的不满,而且认为美国和富裕的阿拉伯国家会维持埃及的经济不至于崩溃。"简言之,"美国政府无法在1976年成功重演其在［1975年夏天］为埃及从［西方和阿拉伯政府］筹集紧急援助时所扮演的角色"。相反，美国国务院主张埃及应向世界银行寻求援助。"美国在埃及的政治利益令美国不会单方面对萨达特施加经济改革的压力。"国务院指出，"要想通过阿拉伯和西方［原文如此］对这些政策问题进行协调和政治上的匿名处理，只能在［世界银行］的领导下实现。"[80] 美国国务院本可以将国际货币基金组织与世界银行一并提及，但其想法很清晰：由于美国不希望通过迫使埃及调整其经济结构而损害与埃及的关系，且包括沙特阿拉伯在内的其他捐助国对继续提供无条件的高额援助持抵触态度，因此埃及将被迫从世界银行或国际货币基金组织那里获取援助，并以调整经济结构为条件[*]。

早在1974年，在萨达特宣布开放政策的鼓舞下，国际货币基金组织和世界银行就迫不及待地参与了埃及的经济结构调整。[81] 但随着时间的推移，这两个机构对埃及未能实现其宣称的目标感到失望。1975年11月，国际货币基金组织官员约翰·冈特（John Gunter）私下抱怨埃及财政部长艾哈迈德·阿布·伊斯梅尔（Ahmed Abu Ismail）"对外汇政策兴趣不大，其1976年预算草案在解决根深蒂固的财政问题方面进展甚微"，例如政府对基本消费品的补贴费用不断膨胀等。[82] 1976年4月，麦克纳马拉同样对一位埃及顾问表达了他对"他认为的两个影响埃及经济复苏的主要问题——过度支出和行政效率低下——的担忧"。[83] 没了美国的支持，无法像1975年那样无条件地获得直接的国际援助，开罗转而求助于国际货币基金组织，同意降低补

---

[*] 国际货币基金组织的融资安排通常附带很多条件，以调整经济结构改善国际收支为主。美国国务院因此有意不提国际货币基金组织。——译者注

贴和降低埃及镑被高估的汇率，以获得国际货币基金组织的贷款。但埃及政府很快反悔了，显然是认为还能从富油的阿拉伯国家获得更多的援助。[84]

但沙特阿拉伯已经越发不愿再向埃及提供援助了。1976 年全年，福特政府都在鼓励利雅得向埃及提供慷慨的援助，但其也在内部指出"沙特人对过去一年来埃及管理财政的无能的批评越来越多"。萨达特在 1976 年 7 月 26 日的一次演讲中批评海湾阿拉伯国家对埃及的援助水平，这也严重激怒了沙特政府。[85] 同年 9 月，沙特官员告诉国际货币基金组织，他们赞成后者为迫使埃及解决其国际收支赤字和债务问题所做的努力。国际货币基金组织欢迎沙特支持其立场，但也鼓励沙特积极承诺援助埃及，认为即便有沙特的援助，埃及也将陷于困境之中。[86]

阿拉伯石油美元的援助仍然进展缓慢，萨达特因此于 1976 年 10 月写信给福特，希望后者能安排一揽子新的国际紧急援助计划，以避免接受国际货币基金组织贷款的条件。萨达特担心按照国际货币基金组织的方式进行结构调整可能会引发针对他的大规模社会动荡。[87] 福特于同年 11 月 30 日回信给萨达特，对于在国际货币基金组织之外制订新的紧急援助计划的前景不置可否。他对萨达特说，"只有你才能做出最符合贵国利益的决定"，但"我个人的判断是，艰难但明智的经济决策所直接衍生出的问题，将会因为潜在捐助者更愿意增加对埃及的援助而得到足够的补偿"。[88] 1976 年 12 月中旬，埃及和国际货币基金组织官员在开罗会晤，重新讨论贷款和结构调整问题。国际货币基金组织官员指出，虽然埃及官员"承认需要一个计划来实现经济政策方向的重大改变……但他们［也］意识到一个充分的计划将导致价格大幅调整，从而带来政治问题，并且会受到［埃及］内阁其他成员要求减轻这些计划的影响的压力"。会晤结束时，埃及没有对国际货币基金组织的结构调整建议做出承诺。[89] 1977 年 1 月初，（埃及）外交部长法赫米最后一次向沙特阿拉伯和科威特请求增加援助，但他们拒绝了。[90] 开罗无奈地承认，它别无选择，只能采纳国际货币基金组织的一些建议。1 月 18 日，埃及报纸宣布，将减少对约 30 种商品的补贴，包括大米、糖、丁烷气和石油等生活必需品。[91]

补贴的减少使得埃及数百万低收入群体的生活越发困苦。成千上万人在两天之内走上全国城市街头抗议、抢劫和破坏财产，这是埃及自君主制结束以来最严重的内部骚乱。左翼活动者加入了抗议和骚乱行列，认为萨达特背叛了纳赛尔的遗产。直到萨达特承诺维持之前的补贴水平并在街头部署军队时，秩序才得以恢复。埃及安全部队在骚乱结束前至少杀害了 79 人，逮捕了 2 000 人，另有数千人受伤。[92] 萨达特通过削减补贴进行的首次经济调整尝试，就这么终结于萌芽之时。富油的阿拉伯君主国对萨达特政权受到的威胁感到担忧，在骚乱发生两周后承诺向埃及提供 10 亿美元的新贷款，并在接下来的几个月追加了援助。[93]

石油美元经济促进了许多全球趋势，后者则使美帝国更进一步。美国与中东北非地区之间的石油美元相互依存，推进了尼克松和福特政府以及许多美国公司的政治和经济目标。美国及其西方盟国获得了石油出口国（OEC）流出的大部分石油美元。石油美元大幅提升了伊朗作为美国地区利益捍卫者的能力，也显著提升了沙特阿拉伯向美国的第三世界盟友提供援助的能力，这两者均符合尼克松主义的逻辑。石油美元流动往往也推动了第三世界国家的经济自由化，例如部分国家转向私人而非公共渠道获取国际贷款，或者在富油国寻求更高工资的外籍劳工流动增加。但石油美元经济也给美国的权力制造了麻烦。石油美元，有时甚至是美国盟友的石油美元，被提供给了同华盛顿敌对的国家和组织。石油美元相互依存，也使得美国在阿以冲突中面临被中东北非报复的潜在威胁。石油美元引发的（各地）向新自由主义经济政策转变的动向，可能引起针对美国同盟的民众反抗，埃及的面包暴动便是一个明显的例证。鉴于石油美元经济的广泛影响，美国人、阿拉伯人和伊朗人越来越频繁地争论这种秩序的文化和政治意义，以及美国在其中的角色。

第六章

石油美元的前景和风险

美联社于 1974 年 11 月 15 日报道："塔科马市（Tacoma）很快可能会拥有一个不光彩的殊荣：西北地区的粪便出口之都。"太平洋西北部的牛场主与理查德·布里格斯（Richard Briggs，牛粪液化和除臭工艺专利持有人）管理的 R. J. B. 销售公司和迈克尔·兰达佐（Michael Randazzo）经营的商品驳船运输公司——世界海运公司（World Wide Marine Inc.）达成协议，每月向巴林和迪拜运送五万吨液化牛粪，为期三年。从 1974 年 12 月开始，这种名为"自然本色"（Nature's Own）的粪便将从华盛顿州通过驳船运往路易斯安那州，在那里它们将被泵送到驶往波斯湾的油轮上。抵达巴林和迪拜后，这种液体废物将与粉碎的木屑混合，作为肥料撒在两国干旱的沙地上，同时播种草籽，作为沙漠改造项目的一部分。作为回报，这两个阿拉伯国家将支付 12 亿美元。布里格斯和兰达佐将赚取数百万美元，而牛场主们将获得急需的新收入来源。"这将拯救我们的生活。"山景农场的维吉尔·贝克（Virgil Baker）表示，"乳制品业现在非常萧条，我们每个月都要亏损 3 000 美元。现在我们可以通过售卖粪便获得高达 4 000 美元的收入。这听起来像是一个童话故事。"

但没过几个月，这个童话故事就被证明是一场闹剧。在 1974 年秋天，兰达佐向布里格斯报告说他已经与巴林王子穆罕默德·卡希尔·易卜拉欣（Mohammed Kahlil Ebrahaim）达成了 12 亿美元的协议，其中有 1 000 万美元预付款，用以支付初始费用。布里格斯、兰达佐和易卜拉欣签署了一份合同，华盛顿州安吉尔斯港的西北国家银行提供了大约 40 万美元的贷款，约为该银行总贷款能力的一半，用于资助这个项目。尽管兰达佐的信用评级不佳，但他个人以租赁驳船为由从银行借出了 94 000 美元，不过他没去租船，而是花了 20 000 美元购买林肯大陆轿车来招待巴林王子。与此同时，一些牛场主开始为这个项目购买昂贵的储罐。1974 年 12 月，兰达佐通报称已收到来自巴林的第一张支票，金额为 1 600 万美元。但当支票存入银行时，却由于（开票方）账户资金不足而被退票了。巴林警方随后发现那位自称王子的人实际上是一名航空公司职员，随即将其拘留。巴林和迪拜的官员声称对拟议的肥料项目一无所知。另据披露，兰达佐于 1972 年因持有伪造的船长执照而被定罪。多年后人们仍不清楚欺诈是从何时开始的，但这个商业活动无疑是结束了。安吉尔斯港的西北国家银行勉强度过了这场灾难。联邦调查局（FBI）和国际刑警组织调查了这件事情，随后又出现了多起诉讼。[1]

尽管离奇荒诞，但这个故事反映了美国主导的石油美元经济中出现的更大的经济和文化趋势。正如 1977 年《华尔街日报》的一篇文章所说："如今看来，为了能在中东分一杯羹，那些创业者几乎不择手段。"[2] 前述的肥料出口一方面代表着普遍的乐观情绪，即有了石油美元，一切皆有可能——中东已然如此富有，甚至跨越半个地球把粪便运过去都可以想着赚到大钱。但另一方面，这个故事最终成了一则警示，反映了人们对石油美元经济可能带来的灾难性后果的担忧。

在20世纪70年代中期，由于石油美元的流动，许多美国人、阿拉伯人和伊朗人经历了全球化的新时代，他们通过创造和传播有关中东北非地区与美国石油美元相互依存的各种不同叙事，来为其全球化社会中发生的变化赋予意义。对于一些人来说，美国主导的石油美元秩序代表了中东北非社会同美国社会之间相互合作和互利的最佳可能性。但对于其他人来说，同样的秩序则威胁到其民众和盟友的生计、主权、价值观，甚至生命，助长了外国对他们的攻击；这些群体提出了关于构建石油美元流动的不同愿景。在促进大众理解接受石油美元概念、趋势的过程中，不同派别均试图为其对全球政治经济的看法及对美帝国的态度争取民意支持，进而赢得权力。这些辩论以不同的形式出现在大众文化、新闻媒体、政治和经济分析以及各种制定政策的论坛中。它们为各国政府的政策提供了理论依据，也为其宣传活动提供了框架。

20世纪70年代，美国各政治派别都越来越担心美国在地缘政治、经济和道德方面的衰落。70年代初期，越南战争是这类焦虑的焦点。因为政府进行了他们认为不公正的战争，左翼美国人越来越质疑其政府的道德立场；右翼人士则越来越担心其同胞已经失去了对抗苏联阵营所必需的理想信念。在美国最终从越南撤出的几个月后，石油危机爆发了。在美国媒体上，对美国能源独立终结的广泛报道，将美国描绘为依赖阿拉伯石油的瘾君子，或者是一个不能再自给自足的软弱的消费者。因此，石油危机成为许多美国人眼中美国地缘政治力量衰落和道德失范的另一个普遍象征，它与1974年水门事件调查内容曝光和1975年南越落入北方政权之手等更多打击美国人信心的事件相叠加。此外，高油价伴随（且很大程度上被认为是推动）美国高通货膨胀率和高失业率，引起了美国人对美国经济基础的担忧。[3]

阿拉伯的石油禁运及阿拉伯人、伊朗人的新石油美元财富尤其让许多美国人感到不安，因为这挑战了他们几个世纪以来广泛持有的东方主义信念，即西方人的优越性和中东人的从属地位。在这种世界观中，美国人把中东人描绘成劣等的、非理性的、不道德的和反常的"他者"，是一个需要西方指导或者应当被强力排斥的群体。而今，富油的阿拉伯国家和伊朗正在展现前所未有的经济繁荣和地缘政治自信，而美国则陷入衰退和能源危机，并被迫关注阿拉伯的政治关切以结束石油禁运。这让许多美国人担心他们已经成为中东人的附庸。然而，即便许多美国人认为阿拉伯人和伊朗人已经扭转了力量关系，但他们对阿拉伯和伊朗社会的负面评价仍未改变。这些美国人认为，富油的中东人将会利用其石油美元的力量来伤害美国的利益。最近的政治争端，特别是阿以冲突和阿拉伯石油禁运，进一步加深了许多美国人对阿拉伯人的敌意。当前副总统斯皮罗·阿格纽（Spiro Agnew）和来自阿肯色州的前民主党参议员威廉·富布莱特（J. William Fulbright）等人批评美国的亲以色列政策时，他们被媒体大肆攻击为"阿拉伯游说集团"的代理人，被认为是为了换取阿拉伯国家对他们和其关联公司的回报（才这样做），而不是出于信念。媒体宣传同样谴责阿拉伯国家对乔治敦大学和南加州大学等学校的捐赠，认为这是石油美元正在腐蚀美国机构，把它们变成了反以色列宣传的喉舌。[4]

对于中东人通过石油美元财富获得了对美国人的优势所带来的担

忧，美国媒体的一个回应是拒绝接受这种（美国优势被超越的）看法，并重申西方文化和经济的优越性。一种常见的叙事认为，尽管有石油美元的暴利，但石油出口国的经济仍然管理不善、腐败、缺乏多样性且不可持续，与西方经济相比充满了文化矛盾，甚至这些问题恰是石油美元的暴利导致的。[5] 其他批评家则认为，中东人没有资格主张自己拥有伟大的文明或更高的石油美元收入，因为他们没有独立发展他们的石油工业。1973年12月《纽约时报》刊登的一封读者来信就指出："如果不是美国和欧洲人用智慧、冒险和商业头脑，发现、开采、加工和销售大自然储存在这些沙地下的石油，阿拉伯人和柏柏尔人现在还坐在沙地里好奇自己的'脐带'——而欧美人的成绩没有得到这些从绿洲游荡到绿洲的牧民的丝毫帮助。"[6] 这些看法忽略了中东人在发展其石油工业和主权资源权利方面的重要作用，但却向许多美国人证明了为什么他们不应该为外国石油支付更高的价格，以及为什么阿拉伯和伊朗人不配拥有他们的财富。

许多美国人还认为，提高油价并不构成公平的经济交换，而是一种政治勒索或攻击。基于此，这些美国人呼吁美国采取政治回应，结束美国人不公正的金钱损失和无良对手不劳而获的财富。1975年1月，美国劳工联合会和产业工人联合会（AFL-CIO）呼吁美国抵制那些参与了1973—1974年对美国石油禁运的国家的石油，作为美国经济独立的必要措施。该组织主席乔治·米尼（George Meany）谴责基辛格向阿拉伯国家"纳贡"，并呼吁"对这些人不提供外援，不进行贸易，不提供喷气式战斗机——除非勒索停止"。米尼承认，抵制阿拉伯石油将给美国带来一些经济困难，但他认为，"为避免完全的经济崩溃并将美国的经济命运从阿拉伯石油酋长的手中夺回，财政拨款和限额配给是一个小代价"。[7] 两个月后，新保守主义者、约翰斯·霍普金斯大学政治学家爱德华·卢特瓦克（Edward Luttwak）用笔名"迈尔斯·伊格诺图斯（Miles Ignotus）"在《哈珀杂志》撰文指出，高油价为美国采取军事回应提供了理由。他建议美国攻入沙特阿拉伯，夺取其石油以瓦解石油输出国组织，而不要接受高油价，因为高油价会把石油进口国（作者原文）变成一个"专制的贫民窟"，而"我们所有人都将被迫为酋长的专机和独裁者的战斗轰炸机提供资金"。[8] 值得注意的是，让米尼和伊格诺图斯感到愤怒的不仅是高油价，还有中东人利用其石油美元购买昂贵的现代化产品，如喷气式战斗机。

将阿拉伯国家的石油美元描绘为不劳而获且被用作邪恶用途的叙事也出现在流行小说中。美国电影业的早期作品里，就有一些将阿拉伯酋长描绘为愚蠢、奢华、性狂、暴君或嗜血恶棍的影片。石油美元的繁荣导致了此类角色的增加，同时为酋长提供了一个更新的背景故事，即他从石油利润中拥有了不劳而获的财富和权力。[9] 1976 年的一部电影（*Ilsa: Harem Keeper of the Oil Sheiks*）通过指出美国公司在阿拉伯国家发展中的作用，试图使阿拉伯国家的石油收入合法性受到质疑。

该电影继续传达了和迈尔斯·伊格诺图斯一样的观念，即为了让富油的阿拉伯人屈服，美国使用武力是正当且必要的。与失败的外交手段相比，暴力支配性的方式，是与石油美元富余的阿拉伯人打交道的更好手段。

1977 年的一部喜剧电影（*The Happy Hooker Goes to Washington*）也以非常不同的方式表明，对抗富油的阿拉伯人既是必要的也是可行的。电影通过将参议员与残忍、放纵、自私的阿拉伯亿万富翁联系起来，迎合了美国人在"水门事件"后对政府领导人冷嘲热讽的心境，以及对阿拉伯石油美元可能被用来颠覆美国民主的担忧。尽管他们的领导人有所失误，但这部电影还是肯定了如果美国人愿意，他们仍然可以战胜富油的阿拉伯人。事实上，这部电影暗示，如果真正面对挑战，阿拉伯人实际上并没有看上去那么强大。电影刻画的阿拉伯领导人中最"残忍"和"激进"的，却被证明是滑稽的、无能的、缺乏安全感和男子汉气概的人。阿拉伯人和其石油美元权力，被证明是一个幻象。

尽管许多美国叙事赞扬了与石油出口国（OEC）的对抗，但美国外交政策精英和支持石油美元相互依存的面向国际的商界领袖，则明确表达了与阿拉伯世界和伊朗合作的好处。作为对20世纪70年代各种国际挑战（石油危机和石油美元盈余是其中之二）的回应，大多数美国主流政策精英都接受了这一观点，即美国要以合作而不是对抗的方式管理日益多极化的世界。[10]在美国的大众媒体，尤其是那些面向受过高等教育人群的媒体中，石油美元合作的支持者强调了美国对中东北非地区的出口和投资激增所带来的经济和地缘政治好处。这些叙事驳斥了中东北非地区石油美元显示了美国的弱点或可能被用来破坏美国制度和利益的指责。相反，石油美元的流动被视为资本主义全球化好处的证据，以及美国经济对外国人相对开放的体现。石油美元流入美国，被视作证明该国仍然是一个不断上升的大国和充满活力的经济体的依据，反驳了那些坚持认为越南战争或滞胀等事件已使美国制度陷入衰落的人的观点。石油美元相互依存的支持者还认为，美国与中东北非地区的经济联系，既是促进美国人与阿拉伯人和伊朗人之间合作的手段，也是这种合作可行性的证据。这种探讨反驳了将中东人民视为美国对手的文化理解，新闻媒体也比石油危机前更愿意以尊重甚至赞扬的方式讨论阿拉伯人和伊朗人。同时，合作的叙事也旨在让美国人放心，他们仍然在中东北非地区发挥领导作用；阿拉伯人和伊朗人现在拥有财富，但他们仍需要美国的专业知识、技术和地缘政治支持。总的来说，这些叙事为石油美元相互依存提出了一个积极的论点，旨在为其表达支持，并对抗与之竞争的敌对叙事方式。

美国《时代》周刊成为倡导石油美元相互依存的好处的坚定支持者。该刊1974年12月的一篇文章认为，来自富油国的投资将为美国提供其需要的资本，从而改善美国经济；文章同时指出，美国多年来一直倡导外来投资自由，并将其作为一个重要的国际原则。该文章还阐述了尼克松和福特政府所追求的石油美元相互依存的策略。文章写道："石油输出国组织在美国经济中的份额越大、在美国企业中的利益越多，这些石油国家就越会成为美国经济的俘虏，他们就越不愿意实施另一次会损害自己投资的禁运。"然后它在讽刺地暗指第三世界接管西方石油公司的情境中还补充说，"如果某家由石油富豪控制的公司失控了，美国总是可以进行国有化。"[11]

一个月后，《时代》周刊宣布费萨尔国王为该杂志1974年"年度人物"。封面报道充分阐述了美国与石油出口国（OEC）之间的石油美元互依合作的必要性。在石油输出国组织和石油进口国之间，文章没有倾向性，而是认为双方都有合理的不满和需求。文章对未能成功回流石油美元的风险发出警告，并敦促西方国家帮助石油生产国实现工业化、发展农业并找到有益的投资渠道，相信这将使双方受益，有助于缓解危险的全球经济失衡。《时代》周刊总结道："未来是困难的十年，最好的结果是希望所有各方都将意识到他们确实相互依赖——无论资源、技术、商品、资本还是想法。由西方主导的旧世界已经结束，但如果石油大国试图主导相互依存的新世界，结果将是西方的破产和通货紧缩，以及发展中国家更加严重的贫困和饥饿……在这场全球利益的大碰撞中，双方需要平抑各自的愤怒，并寻求新的相处之道。如果理智要占上风，指导政策必须是合作而非对抗。"[12] 这种观点认为，只有认识到由石油和石油美元带来的全球相互依存关系，并对这种依存关系采取合作态度，才能避免美国、富油国和世界的灾难。

其他文章则有力地论证了《时代》周刊在费萨尔"年度人物"的文章中所描绘的互惠经济合作确已发生。这些文章认为，中东北非国家的经济增长惠及美国，同时反驳了有关富油的酋长们通过高油价剥削美国普通人的负面说法。《纽约时报》1977年的一篇文章这样开头："美国和沙特阿拉伯之间的关系通常被简单地看作是油轮向西运输石油，而数十亿宝贵的美元也肯定流向东方。但幸运的是，这些石油美元并没有躺在沙特的金库里，也没有像几年前人们普遍担忧的那样被用来收购西方公司。相反，它们大多被重新投入世界经济特别是美国经济中。"[13] 依据这个观点，沙特阿拉伯不是对美国的敌对威胁，而是一个有益的伙伴，而日益相互依存的全球经济对美国人来说并不是净损失，而是一个有益的平衡。《时代》周刊几个月后也发表了类似的看法，认为由于沙特同西方经济的相互依赖关系及反共努力，可以预期他们"将谨慎行使其石油权力"。[14]

支持石油美元相互依存的一些最引人注目的论点，来自有关美国在中东北非建设项目的报道。《财富》杂志1976年的一篇文章认为，阿拉伯半岛上的"建设狂潮"，"不仅让有幸被阿拉伯人雇用的美国公司倍感满意，更可能使其中一些公司得以存续。[阿拉伯]半岛上的施工费很高，且支付及时——在芝加哥或纽约等地就没这么好的条件，那里正处于衰退期，建筑业同其他行业一样遭遇重创"。简言之，进入不断增长的外国市场有助于抵消国内市场的衰退。此外，美国工程师的成功也可以让读者相信，面对衰落的说法，美国的精神依然充满活力，其影响力经久不衰。文章记录了美国的建筑师们同酋长在阿布扎比的一次会面，因为后者在猎鹰，会面便被安排在沙漠中的一个帐篷里，这个描述将酋长塑造成"未开化"的形象。相比之下，美国人正在带来现代化，他们计划建造一家有着450间客房的高档酒店，他们的收益是从投资该酒店的酋长那里获得丰厚的石油美元收入；事实上，酋长一时兴起要求再增加300个房间，美国人欣然同意。《财富》将中东视为美国历史上的最新前沿，一个"并不冷的克朗代克（Klondike，加拿大育空河流域的黄金产地）"，在那里美国人再次获得财富、建立文明。[15]

美国工程师有能力在艰苦条件下建造前所未有的奇迹，这同样体现了美国人的自豪感，即便这些奇迹并不在美国本土。《纽约时报》1977年的一篇文章这样描述美国在沙特阿拉伯牵头进行的建设项目："一切都是或将成为世界上最大的：最大的海水抽取和处理厂，最大的天然气液体厂，最大的原油码头、装载设施和储油区，以及最大的炼油厂。今天还是一片沙漠的朱拜勒（Jubail），五年后将成为一个拥有50万人口的城市。"[16]这些项目有利于沙特阿拉伯，但也是美国持续伟大和具备全球吸引力的有力证明。倡导石油美元相互依存的美国文章也赞扬了美国向中东北非地区出售其他产品的做法。《纽约时报》1975年的一篇文章指出："尽管当地大部分地区在过去十年中都存在反美情绪，且日本和欧洲的竞争也十分激烈，但据从中东回来的美国商人称，当地人明显偏爱美国产品。"[17] 即使与阿拉伯世界部分地区有着持续不断的政治争端，且欧洲和日本在当地的贸易竞争日益加剧，美国对石油美元富裕的中东北非地区的强劲出口势头，为美国在日益全球化的经济中取得成功提供了保证。

美国的石油美元相互依存的支持者和反对者在许多具体问题上存在冲突。其中最突出的一个问题是石油美元对美国公司的投资。石油美元投资的支持者认为，这些投资通过提供所需的资本加强了美国经济，并且由于美国仍然是部署资产的有吸引力的目的地，这些投资还展示了美国经济的持续实力。反对者指责外国投资者与贪婪的美国公司和政治家串通一气，利用其金融影响力操纵公众舆论、破坏民主制度并损害美国的国家利益，他们将阿拉伯人购买美国企业和资产的趋势视为美国经济实力和独立性下降的证据。一战以来，全球资本流动趋势是美元自美国流出，而今，趋势逆转，全球资本流动越来越多地涉及外国资本流入美国，阿拉伯国家的投资因此成为美国国内关于如何理解和应对全球资本流动增加的早期争论的核心。这样的辩论与相关的立法斗争相呼应，一方寻求加强对石油美元流动的监管和限制，另一方则寻求鼓励石油美元投资。

值得注意的是，尽管美国媒体关注阿拉伯和伊朗的直接投资问题，即他们在公司的控股权，但阿拉伯和伊朗在美国的投资绝大部分实际上是证券投资组合，他们在公司中的股权很小，无法影响公司的治理。事实上，20世纪70年代，美国大部分外国直接投资来自西欧和加拿大，1976年来自两地的资金占美国外来直接投资总额的

85%。[18] 但即使是亲阿拉伯的美国媒体也反复以石油出口国的收入能够买下多少家美国公司这种吸引眼球的手法来描述 OPEC 的暴利规模之大，强化了阿拉伯和伊朗控制美国经济是真实可能的观念。例如，《时代》周刊 1974 年年度人物费萨尔的配文中，未加解释地简单宣称，OPEC 在 20 世纪 70 年代初的价格上涨导致了"历史上最大规模和最快速度的财富转移"，而按照其当时的积累速度，OPEC 可以在"143 天内买断所有 IBM 的股票，在 79 天内买断所有埃克森美孚（Exxon）的股票，在 6 天内买断洛克菲勒家族的财富"。[19] 这些数字极具误导性，因为 OPEC 成员国并非一个单一实体，它们必须把很多收入用于各自的国内目的，而这种描述给人一种错误的印象，即 OPEC 的金融实力正在超过规模更大的美国经济，阿拉伯和伊朗正在准备收购美国的大企业。

抨击石油美元的联系威胁到美国主权的媒体宣传中，对阿拉伯直接投资影响力的臆测反映了两个流行观念的一致性：一是阿拉伯国家的可用资金近乎无限，二是阿拉伯人对美国社会要么漠不关心，要么怀有敌意。尽管其他国家在美国的直接投资要（比阿拉伯国家）多得多，但在 20 世纪 70 年代，美国媒体经常将阿拉伯国家作为外国直接投资带来威胁的主要例子，部分原因在于美国文化中已经存在对阿拉伯人的负面刻板印象，以及对阿拉伯外交政策的反对。各路媒体广泛宣传阿拉伯投资者将收购美国珍视的企业和资产的观点。《桑尼和雪儿的喜剧时刻》(Sonny and Cher Comedy Hour) 有一个滑稽的片段，在这个片段中，阿拉伯人边唱着"This Land Is Your Land, This Land Is My Land（这片土地是你的，这片土地是我的）"，边从美国地图上划掉了一些州。[20] 漫画《坦克·麦克纳马拉》有个一周连载故事，内容是富有的阿拉伯人购买了波士顿棕熊冰球队并将其迁至贝鲁特,更名为"石油美元企鹅队",但是这些"暴发户"阿拉伯人对这项运动缺乏基本的了解,比如不知道冰球运动需要冰面。[21]1975年,小爱德华·波利茨(Edward Pollitz Jr.)创作的小说《第41个小偷》虚构了一个富油的阿拉伯国家,威逼利诱负债累累的美国金融领袖,意在恶意收购通用汽车,以阻止该公司开发能使美国人摆脱对外国石油的依赖的太阳能汽车。[22]

在1976年奥斯卡获奖影片《电视台风云》(Network)这部黑色喜剧中,当红新闻主播霍华德·比尔(Howard Beale)告诉观众,一家沙特企业集团正在秘密动用经由西方银行洗白的石油美元收购他所在的电视台。比尔明确指出,这次收购是大趋势的一部分。"现在阿拉伯人已经骗了我们足够多的美元,然后回过头来用我们自己的钱收购通用汽车、IBM、ITT、AT&T、杜邦、美国钢铁和其他二十多家美国公司。"比尔大喊道,"阿拉伯人正在买光我们。只有一个力量能阻止他们:你们!"比尔呼吁美国人民向白宫发电报称"我不想看着银行把我的国家卖给阿拉伯人"!在美国观众中间,这部电影预设且广泛传播了一种民粹主义的妖魔化阿拉伯人的观点。这种妖魔化基于几个假设:阿拉伯人不该从美国人这里拿钱,阿拉伯人天生与美国价值观背道而驰,以及阿拉伯人试图控制美国。这部电影暗示,美国人只有通过重新投身于政治,防止外国的经济收购,美国的权力和主权才能得到重塑。[23]

随后,比尔所在电视台所属公司的董事长阿瑟·詹森(Arthur Jensen)与比尔私下会面,并对比尔的言行给予了长篇抨击。"阿拉伯人已经从这个国家带走了数十亿美元,现在他们必须把钱放回来！"詹森宣称，但这并不是为了美国的利益，而是为了国际金融考虑，"你依然是从国家和人民角度思考的老派思维。"詹森继续道，"没有国家，没有人民……没有阿拉伯人，没有第三世界，没有西方。只有一个由众多系统构成的整体系统……即决定这个星球上全部生活的国际货币体系。"影片由此将跨国公司与阿拉伯人视为破坏美国主权的同谋。对金钱的追求导致企业高管将美国卖给了阿拉伯人；事实上，其中一些高管已然完全沉溺于财富追求，认识不到两者之间的区别。对于像詹森这样的商人，以石油美元回流为核心的新全球化经济体系，已然抹去了金钱以外的所有认同和价值观。[24]

然而，虽然电影《电视台风云》视资本主义抹去国家间的界限为威胁，但经济学领域的许多保守派则支持这个趋势，认为逐渐形成的全球化市场将打破国家间的过多障碍，促进人民之间的交流。这些保守派强烈反驳了阿拉伯投资对美国构成威胁的说法。花旗银行的沃尔特·里斯顿公开表示，可以预期阿拉伯投资者同其他投资者一样也是理性行为人，因为"购买一家公司的控股权并不会消除市场力量，也不会废除法律"。[25] 如果一家由阿拉伯控制的美国公司对美国人采取敌对行动，消费者的选择或美国政府将惩罚它。

一些保守派人士指责那些反对阿拉伯在美国投资的人顽固不化。1975年，《国家评论》认为限制石油美元流入美国的努力缘于对阿拉伯人不合理的反感，并将其归咎于左翼美国人，嘲讽称"阿拉伯人成功地使种族歧视在自由派圈子里变得受人尊重"。该杂志坚持认为，"从经济效率的角度来看，缩小资源自由流动的区域绝不可取……我们需要鼓励外国资本流入，以平衡因石油进口而流出的美元，同时为我们的国内资本市场提供资金"。[26]《国家评论》因此把全球自由贸

石油美元　　184

易的呼声与将阿拉伯人视为美国受尊敬的合作伙伴的理念相结合，这是 20 世纪 70 年代美国文化中的一个大趋势，在这个趋势中，自由市场价值观同包容所有种族和国籍的文化精神越发趋向一致。[27]

小说作品也支持阿拉伯对美国的投资，反对经济民族主义。作者彼得·塔努斯（Peter Tanous）和保罗·鲁宾斯坦（Paul Rubinstein）1975 年出版的小说《石油美元收购》(The Petrodollar Takeover)，从正面虚构了沙特阿拉伯为获得通用汽车公司的控股权而做出的努力。在小说中，沙特人控制通用汽车公司的动机被塑造成一种合理的自卫行为，其根源是为了破坏向伊朗出售装甲车的计划，因为伊朗年轻的新国王对沙特阿拉伯边境发动了挑衅性的袭击。小说中，沙特的收购行动成为倡导国际商业自由的一种手段。正如书中一位主角、叙利亚裔美国投资银行家约翰·哈达德给读者传递的："世界已经变得太小，国家之间过于相互依赖，不能允许狭隘的民族主义障碍阻止贸易和商业的自然运作。"[28] 小说将沙特的投资视为给美国银行家、高管和汽车工人带来更高收益的行为。书中主张，如果美国限制外来投资，其他国家将采取报复行动，限制或国有化美国在海外的投资，从而使美国经济陷入瘫痪。无论是石油美元还是其他形式的相互依存，对于那些追求和平和经济增长的人来说都是利大于弊。

在现实生活中，考虑直接投资于美国的阿拉伯人面临着一个恶意满满的环境，许多美国人支持有关石油美元的负面媒体叙事。1975 年初，两位阿拉伯人（一位沙特人、一位黎巴嫩人）试图获得位于加利福尼亚州圣何塞和密歇根州庞蒂亚克的两家中等规模的银行（资产约 3 亿美元）的控股权时，遭遇了当地的强烈抵制。这些抵制包括犹太商人计划的抵制行动、银行顾客的提款、银行董事会引导的股东反对运动，以及寻求法院禁令的努力。圣何塞的一位烈酒店主总结了当地的民众情绪："我担心有了这些石油美元，阿拉伯人会把我们都买光。"在这两起收购案中，民众的反对阻止了阿拉伯投资者获得银行的控股权。[29] 财政部同期则非常担心阿拉伯人和伊朗人可能引发美国公众对外国投资的愤怒，因此指示其时已就职于柏克德公司，同时又任（美国）在海湾国家非官方政府特使的乔治·舒尔茨，向阿拉伯和伊朗强调"对外投资的产油国谨慎且公开地突出……在与国防、制造舆论或产油国自身谈判无密切关系的行业中进行长期投资是有好处的……［因为这些投资］不太可能引发破坏性的公共辩论和过多的限制性规定"。[30] 简言之，民众的强烈反对削弱了中东在美国的投资。

外国投资者还面临着一些国会议员越来越严格的审查。虽然尼克松和福特政府在推动石油美元投资，但国会中代表更广泛意识形态和选民关切的议员人数更多。一些国会议员鼓励外国直接投资，并认为现行法律已足够保护国家安全利益；而其他议员则出于对以色列的支持或经济民族主义等不同动机，呼吁增加更多的限制和监管。早在1969年至1973年间，国会的担忧就已经加剧，彼时美国的外国直接投资（主要来自西欧和日本）增长了50%以上，一些美国人对欧洲和日本在美国国内经济中的竞争表示担忧。然而，1973年石油冲击之后，石油出口国预计将出现巨额盈余，这给美国关于这一问题的辩论带来了新的紧迫感。1974年1月，加利福尼亚州的民主党众议员约翰·莫斯（John Moss）提交了一项议案，要求将外资对美国能源和国防公司的持股比例限制在10%以内，以保护国家安全利益；宾夕法尼亚州的民主党众议员约翰·丹特（John Dent）提交了一项议案，要求禁止外国人拥有任何美国公司超过5%的表决权股票。[31] 1975

年2月，新泽西州的民主党参议员小哈里森·威廉姆斯（Harrison Williams Jr.）提出一项议案，旨在赋予总统裁量权，以阻止任何外国投资者持有资产超过100万美元的美国公司超过5%的股份，并要求国内公司全面公开所有外国和国内的股权信息。此举部分是由于有报道指出阿拉伯人利用其石油美元对美国的犹太银行造成了损害。威廉姆斯称："[我们应该]警惕那些声称经济力量永远不会被用于赢得政治目标的说法……我们对外国投资的传统开放政策所固有的危险再也不能被忽视了。"[32]

尼克松和福特政府抵制了国会增加对外国投资监管的努力，因为他们试图保持石油美元流入美国，维持与中东北非盟友国家的良好关系，以及维护美国以对外国投资实行最低限制作为全球准则的广泛承诺。[33]财政部带头劝阻国会限制外国对美直接投资，坚持认为外国投资有助于美国经济，而且（美国的措施）对国家安全利益已经有了足够的保护。财政部副部长埃德温·耶欧（Edwin Yeo）在国会做证时争辩说："我们能成功地吸引到越多资本，就越能促进经济复苏。"[34]福特政府以及通用电气、百路驰（BFGoodrich）、洛克韦尔国际、开利公司和惠普等企业也指出了这样的风险：如果美国加强对外国直接投资的限制，那么美国在其他国家的直接投资可能会遭到针对性报复，而美国在其他国家的直接投资是流入美国的外国直接投资总额的六倍。[35]福特政府在立法方面取得了成功，国会没有通过增加对外国直接投资限制的新立法。[36]但反对方确实成功地营造了一个不利于阿拉伯和伊朗直接投资于美国的氛围。从1974年到1976年，中东北非的石油出口国对美国的直接投资净总额仅为6 800万美元。[37]

在处理阿拉伯抵制以色列的问题上，福特政府与国会的协调更加困难。阿拉伯联盟成员国于1948年对以色列实施了抵制，并随着时间的推移将这一抵制对象扩大到许多与以色列有业务往来的公司；在具体抵制方面，执行情况各不相同，如果阿拉伯国家需要这些公司的服务，许多公司会获得豁免。到1972年，阿拉伯国家已将约1 500家与以色列有商业关系的美国公司列入黑名单。[38]

在1973年之前，大多数公司无视或不知道阿拉伯的黑名单，但据报道，在石油危机后，许多公司由于担心失去阿拉伯石油美元而避免与以色列有业务往来。[39]1975年2月，科威特国际投资公司退出了两个借贷银团，因为这些交易由被列入黑名单的拉扎德兄弟（Lazard Frères）银行公司作为承销商，阿拉伯的抵制于是成为新闻头条。[40]参议员哈里森·威廉姆斯公开呼吁福特政府调查此事，并确定阿拉伯的抵制行动是否非法歧视犹太或其他美国人。[41]此后不久，圣约信徒会反诽谤联盟指控美国陆军工程兵部队、海外私人投资公司和六家美国私营公司在阿拉伯国家的工作现场招募犹太雇员时存在非法歧视。由来自爱达荷州的民主党参议员弗兰克·丘奇（Frank Church）担任主席的参议院外交关系多国公司小组委员会于1975年2月底和3月初就阿拉伯抵制问题举行了听证会，会上反诽谤联盟呼吁在阿拉伯抵制问题得到解决之前禁止阿拉伯国家在美国投资。[42]

福特政府就阿拉伯国家是否违反美国法律开展了调查，但没有推动应对阿拉伯抵制行动的立法，认为这个问题最好通过"低调的外交和劝说"来解决。[43]许多国会议员不同意这种观点，并提交了新的法案，将参与阿拉伯的抵制行动定为刑事犯罪。[44]这激怒了沙特领导人，他们告诉福特政府："在与'阿拉伯抵制行动'相关的签证和商业政策的实施上仍有低调、务实的改善空间，但他们将强烈反对任何试图通过公众压力和美国立法来迫使他们就范的企图。"[45] 为了同时安抚国会和利雅得，福特在 1975 年 11 月提出了一项立法，旨在禁止美国企业基于种族、宗教、国籍或性别进行歧视，但并不支持阿拉伯抵制以色列。[46] 然而在 1976 年，尽管福特政府游说反对，但国会仍然继续提出了反对"阿拉伯抵制"的法案。有一项措施是剥夺了参与阿拉伯抵制的公司的某些税收优惠，这项措施作为修正案附加到一项福特不愿否决的税收修订法案上，1976 年 10 月，福特不情愿地将其签署为法律。[47] 利雅得随后警告美国政府和美国大公司，任何附加的反抵制立法都可能迫使沙特阿拉伯停止压低油价，他们不希望自己的帮助从美国那里换来的是以怨报德。[48]

石油美元争议的另一个重要领域，是美国向中东北非的石油出口国大量销售武器及其技术。许多美国人认为，美国向中东北非国家出售武器可能对和平、人权和美国战略利益构成潜在威胁。对于支持以色列的人来说，美国向阿拉伯国家出售武器尤其令人不安。

许多评论家提出了这样一种可能性，即美国向中东盟友出售的武器可能被用来反对美国利益或落入异己之手。1975 年《时代》杂志关于美国武器出口的封面文章认为，武器销售已达到"疯狂"的水平，并警告说："今天受宠的武器客户可能变成明天的科学怪物。政府可能会突然更迭；伊朗或沙特阿拉伯的政变可能会带来一个像利比亚穆阿迈尔·卡扎菲上校那样激进的政权。新领导人将接手一批最新的军事装备，他几乎肯定会利用这些装备来损害最初提供这些武器的西方国家的利益。"[49]《纽约时报》1976 年发表评论认为，对外军售已变得"盲目"和"过度"，并指出，出售给伊朗等国家的武器之复杂需要数千名美国驻地人员，可能会将美国卷入地区冲突，这唤起了美国介入越南战争初期向西贡部署军事顾问的记忆。[50]

保罗·E.厄德曼（Paul E. Erdman）出版的小说《1979年的崩溃》（The Crash of '79），不仅荣登《纽约时报》畅销榜单，而且上了沙特情报局长图尔基·本·费萨尔（Turki bin Faisal）王子的书架。小说深刻展示了人们对武器-石油美元交易可能在不久的将来导致世界末日的担忧。[51] 小说中的主要反派角色是现实生活中的伊朗沙阿。小说中的沙阿利用美国对石油美元的短视追求，购买了大量的美国武器，甚至租用了两艘航空母舰，其目的是征服富油的阿拉伯邻国和以色列，从而把伊朗建立为第三个超级大国。现实中的伊朗的确购买了先进的美国武器，这为小说中的场景提供了可能性。当沙阿发动入侵时，厄德曼将其指挥掩体描述为"现代技术的奇迹……由旧金山的柏克德公司建造，由雷神、西屋、利顿工业和德克萨斯仪器公司配备最先进的通信设备。华盛顿的五角大楼和白宫中的设施都无法与之媲美"。[52] 在常规报道中，美国许多报纸和杂志的文章都使用赞赏的文笔来描述美国在中东北非地区的工程项目，而厄德曼则用讽刺的手法对此进行了模仿。沙阿建立新波斯帝国的努力失败了，但其战争确实导致波斯湾石油供应被破坏和全球金融崩溃，将世界带回到前工业化时代。厄德曼的小说以耸人听闻的方式向美国人暗示，美国与中东暴君之间不断增长的武器贸易，在道德上和战略上都是不明智的。[53]

许多国会议员要么共情对美国向中东出售武器日益增长的担忧，要么体会到对此采取行动的政治压力。随着武器-石油美元贸易的加速，一个由以色列的捍卫者、反战倡导者、人权支持者以及担心美国军事技术落入敌对势力手中的群体组成的国会议员联盟日益壮大。由于担心美国向中东等冲突频发地区（通常是向争端双方国家）的军售规模不断扩大，可能会危及美国的国家安全利益，美国国会议员主张加强对行政部门对外军售的立法控制，截至 1974 年，这些军售一直不受国会监督。[54] 尤其是，（美国）国会无法监管石油美元富裕的国家，因为虽然（美国的）立法者决定了美国提供的军援资金，但他们无法控制由购买国全款支付的美国对外军售，时下的伊朗和沙特阿拉伯就是这种情况。国会因此于 1974 年底通过立法，要求所有拟议的超过 2 500 万美元的对外军售必须通知国会，并授权国会以参众两院多数票否决此类军售。

1976 年，福特政府在中东北非地区的军售问题上遭遇了来自国会的最大阻力。当年伊始，来自特拉华州的共和党代表皮埃尔·杜邦四世（Pierre du Pont IV）就发表了一份报告，指责美国无法阻止出售给海湾国家的武器在冲突再起时被转移到以色列周边的阿拉伯国家，而且美国政府在对外军售方面缺乏连贯的政策。[55] 国会议员提出并起草了新的武器贸易法规，包括设置一年内批准的美国武器出口价值上限。[56] 来自威斯康星州的民主党参议员威廉·普罗克斯迈尔（William Proxmire）指责说，对伊朗等国的大规模武器销售分散了美国军队急需的关键人力和武器资源，并敦促重新优先考虑美国的需求。[57] 除国会外，在 20 世纪 70 年代美国支持人权活动蓬勃发展的大环境下，伊朗大规模拘禁和虐待政治犯的行为也引发了（美国）民间的抗议活动。[58] 在哥伦比亚大学 1976 年 2 月的一次会议上，与会者聆听了伊朗诗人礼萨·巴拉赫尼（Reza Baraheni）讲述伊朗国内秘密警察机构萨瓦克（SAVAK）的特工如何用钢丝鞭抽打他 75 次。美国前司法部长拉姆齐·克拉克（Ramsey Clark）还宣称：" 我们正在支持国外的暴政……对我们来说,所有的财富和石油都不应该比人的尊严更有意义。我们必须制定以人权为基础的政策。"[59]

限制武器销售的提议引起了沙阿的警觉。他在1976年3月接受《美国新闻与世界报道》采访时警告美国:"如果你们试图采取对我国不友好的态度,我们可以伤害你们,甚至比你们带给我们的伤害更严重……不仅仅通过石油,我们还可以在(海湾)地区给你们制造麻烦。如果你们迫使我们改变我们的友好态度,后果将不可估量。"[60]尽管沙阿言辞强硬,但国会还是在4月通过了一项法案,规定从1977年开始,美国每财年的对外军售总额不得超过90亿美元,并允许国会禁止向侵犯人权的国家出售武器。福特否决了该法案,认为这些措施限制了美国帮助盟国的能力,"阻碍了美国军工业与外国供应商公平竞争"。[61]但是,国会的反对已经明确地对伊朗与美国的关系造成了压力。

1976年7月,当福特政府请求向沙特阿拉伯销售2 000枚由雷神公司生产的"响尾蛇"空对空导弹和1 800枚"牛仔"空对地导弹时,更多的国会议员提出了反对。为了缓解国会对以色列安全和美国对外军售激增的担忧,福特政府将其请求减少到850枚"响尾蛇"导弹和650枚"牛仔"导弹。[62]即便如此,也只是在基辛格与参议院领导人会面并向后者强调了如果交易被取消可能对沙特-美国关系造成的损害后,国会才允许继续销售。[63]

佐治亚州前民主党州长、1976年民主党总统候选人吉米·卡特(Jimmy Carter)在竞选中提出恢复人权和理想主义作为美国外交政策的指导原则,抨击福特和基辛格的现实政治。在与福特的竞选中,卡特通过抓住关于阿拉伯抵制和美国对外军售的争议,吸引了那些支持

石油美元

以色列、反对美国支持经常侵犯人权的国家，或担心军备竞赛的美国人。1976 年 9 月 30 日，卡特谴责福特政府"向外国的勒索屈服"，因为后者阻止了反对阿拉伯抵制的立法，并向沙特阿拉伯销售了"响尾蛇"和"牛仔"导弹。[64] 六天后，福特试图反驳卡特的指控，宣布政府将披露参与"阿拉伯抵制"的公司名单。[65] 然而，当福特于同年 10 月 12 日访问纽约市时，迎接他的，是反对其政府向阿拉伯国家销售武器和对"阿拉伯抵制"采取宽容态度的抗议者的嘲笑，还有他本人及基辛格的人偶。[66] 尽管战略和经济方面的需要推动着福特鼓励美国同中东北非间的石油美元相互依存，但这种做法被证明是一种政治负担。同年 11 月，福特在连任竞选中以微弱的劣势输给了卡特。尽管导致其失败的因素很多，但公众对福特的石油美元政策的日趋不满，肯定对其竞选产生了不利影响。

与美国国内的情况相反，20 世纪 70 年代中期阿拉伯世界的媒体很少质疑阿拉伯石油美元利润上升的合理性。无论是富油国还是贫油国，激进派还是保守派，伊斯兰教派还是世俗派，阿拉伯媒体都经常表达这样一种认识，即阿拉伯世界基于主权权利和经济上相较于西方的落后状态，应该并需要得到更多的石油美元注入。阿拉伯媒体争论的重点是如何维持高额石油利润并使用所积累的资金。埃及、伊拉克和沙特阿拉伯的官方媒体是 20 世纪 70 年代阿拉伯言论的三个最大渠道，它们在对美石油禁运期间的报道口径最为统一，一致反对美国支持以色列和大幅降低石油价格。

甚至在 1973 年战争之前，复兴党治下的伊拉克的媒体就在宣传与美国及其欧洲盟友的斗争。1972 年后，这种宣传的主要关注点是巴格达对伊拉克石油公司的国有化。1973年6月1日，萨达姆·侯赛因接受了驻巴格达的复兴党报纸《革命报》的采访，讨论了在伊拉克石油公司国有化一周年之际做出这一决定的原因和影响。萨达姆认为："垄断公司［伊拉克石油公司］的立场和行为与国家利益相冲突……因此，当务之急是解决这一矛盾，以便我们对自身财富行使主权。"[67]

在1973年石油冲击的后期，《革命报》经常刊发文章和漫画，将伊拉克石油美元收入的增加归功于复兴党将伊拉克石油公司国有化的决定，并呼吁阿拉伯世界和第三世界与伊拉克一道反对美国的经济帝国主义。当尼克松在1974年1月宣布他希望石油消费国同生产国展开对话时，（伊拉克）总统艾哈迈德·贝克尔公开反对了这一提议。《革命报》称贝克尔将尼克松的提议视为"美国帝国主义战略"的一部分，是旨在"损害石油生产国的地位和合法权利"的阴谋。该报呼吁世界"拒绝美国对全球权力的控制，并在［石油］生产和消费的国家之间建立公正的关系并实现平等"。[68]《革命报》另外还发表文章，庆祝新的石油经济给伊拉克带来了前所未有的发展和人民生活水平的提高。[69]与此同时，这类文章还配发政治漫画，刻画了以戴高帽的富翁形象代表的西方石油公司，被国有化的拳头击中。其中一幅漫画画出了一个简单的等式：国有化的拳头砸碎了一个标着"垄断"字样的人的头，加上一个标着"坚韧和增产"的伊拉克工人，就能为伊拉克儿童带来欢乐和繁荣。[70]通过定期评论伊拉克石油工业的国有化和反对华盛顿的立场，复兴党政府在国内和国际上宣传其合法性，将其政策描述为挑战美帝国的同时在伊拉克实现快速的经济发展。

沙特首都的同名报纸《利雅得报》在阿拉伯石油禁运期间同样采取了与美国对立的立场。在禁运开始的1973年10月，一幅漫画将费萨尔（沙特国王）画成了一个身材高大，手持步枪的士兵，他告诉被画成手持煤气罐的牛仔、个子矮小的尼克松，石油"只提供给朋友"。[71] 同样，11 月的一幅漫画中，手拿几个汽油瓶的圣诞老人称，"只会［把它们］送给西方的好人"。[72] 1974 年 2 月初，《利雅得报》抨击了华盛顿"浅薄的愿望"，即在其即将召开的能源会议上组建发达国家石油消费国集团，挑战 OPEC 及新的石油价格。[73] 当月晚些时候，该报发表社论宣称"正义比石油更宝贵……［原文如此］法律高于犹太人"。[74] 尽管与美国的紧张局势仍在持续，《利雅得报》还是显示出了在石油定价和阿以冲突等问题上对美国发起公开挑战的态度，在言辞上表现出与伊拉克复兴党同样的好战性。

贫油阿拉伯国家的媒体也加入了庆祝富油国获得石油武器和新的石油美元利润的行列。例如，1974 年 3 月 14 日，开罗著名的《金字塔报》刊登了一幅标题为"石油哲学"的漫画，一名开心的阿拉伯人站在石油桶一侧，手放在油桶阀门上，对着一名急于讨好他的山姆大叔说："只要是我的手……［原文如此］在阀门上……［原文如此］我就能打开［它］，也能关上［它］！"[75] 两天后的另一幅漫画是山姆大叔被关在标有"石油禁运"的监狱里。一名快乐的阿拉伯狱卒告诉山姆大叔，"如果表现良好"，阿拉伯石油大臣们可能会提前释放他。[76] 1974 年初，黎巴嫩的大报之一《黎明报》津津乐道于"'石油革命'将西方的目光转向了阿拉伯世界"，该报的每周经济特刊吹嘘"华盛顿和波恩［都］觊觎阿拉伯的钱"。[77] 在石油禁运期间，阿拉伯媒体普遍展现了对不断增长的石油收入的自豪感，且一致反对华盛顿，这助长了阿拉伯人对美国的敌意。

石油禁运结束、利雅得同华盛顿关系缓和之后，关于石油财富合理用途的潜在分歧，在伊拉克和沙特阿拉伯的官方媒体以及阿拉伯伊斯兰文学作品中重新浮现。这些辩论主要集中在阿拉伯人是否应该寻求与美国的石油美元相互依存的问题上。伊拉克复兴党越来越多地直接批评伊朗、间接批评沙特阿拉伯，认为二者与美国的石油美元关系威胁到了阿拉伯的利益。许多阿拉伯伊斯兰主义者从不同的意识形态角度，担忧与美国的石油美元关系正在腐蚀和削弱伊斯兰世界。与此相反，面对阿拉伯和穆斯林对美国在阿以冲突等问题上的政策的普遍愤怒，沙特君主国则通过其媒体竭力为沙特与美国的石油美元关系辩护。

伊拉克政府声称自己在领导阿拉伯世界和第三世界为结束美帝国主义的经济和政治剥削而斗争，同时谴责那些在美国大量投资和同美国开展贸易的"反动政权"。复兴党人借此利用反美情绪以及伊拉克和沙特各自同美国经济联系的巨大差异来确认两者的反帝国主义资格，并在国内外巩固政治支持。伊拉克官方媒体认为，石油美元流向美国损害了阿拉伯的事业。1974年，伊拉克的《革命报》发表了一篇有代表性的文章，指责美国为收回美国用于购买阿拉伯石油的石油美元，向阿拉伯地区出售价高却不值钱的商品，发动了一场"美国出口品对阿拉伯地区的入侵，[从而]掠夺和破坏后者的经济"。该报呼吁所有阿拉伯国家不要同美国通商，以避开这种帝国主义的陷阱。[78] 这十年余下的时间里，《革命报》还经常庆祝伊拉克对伊拉克石油公司（IPC）的国有化，称这为伊拉克人民的繁荣未来奠定了基础，这与美国对阿拉伯酋长和统治者们过着奢华生活而其臣民生活在贫困中的描述形成了鲜明对比。1977年的一幅有代表性的漫画配文，是当

"阿拉伯石油为阿拉伯人服务",而不是为西方石油公司服务时,结果是大量资金可用于国家发展。[79] 通过这种方式,复兴党向伊拉克人表明该党反对西方帝国主义的立场,并且提醒伊拉克人石油资助的政府项目和工作岗位正在提高伊拉克的生活水平,从而努力提高该党的声望和合法性。

伊拉克还面临着伊朗花费数十亿美元购买美国武器这一现实问题。在与伊朗武装的库尔德抵抗力量的战斗中,或者在与伊朗军队的边境小规模冲突中,对方使用了一些美国武器打击伊拉克军队,并造成伊拉克方人员伤亡。萨达姆在1974年向国际记者发表讲话时谴责了沙阿与美国的石油美元联系,同时辩称伊朗购买美国武器威胁不到伊拉克复兴党。萨达姆辩称,"进步的高尚爱国者"不应该因伊朗拥有"美国的有效武器"而担忧正在进行的伊拉克革命,尽管沙阿"不断购买并囤积〔美国〕武器",但这些武器对他几乎没有什么好处,因为他没有获得伊朗人民的真正支持,不像伊拉克复兴党人,在整个地区的阿拉伯人中享有广泛的支持。萨达姆认为:"伊朗当局可以在西方市场上购买常规武器,但他们无法购买一个民族对他们或他们政策的信任……美国可以提供武器〔给沙阿〕,但愿意使用这些武器的人将会很少。这些武器吓不倒我们。"此外,萨达姆警告沙阿说:"在〔自己的〕人民衣不蔽体地露宿街头、无鞋可穿、食不果腹的时候谈论囤积武器毫无光荣可言……对伊朗人民有益的,是寻找一种方式建设一个没有饥饿的社会……一个不存在个别人大吃大喝而其他人却饥肠辘辘的社会。"[80] 萨达姆因此攻击沙阿政权的合法性,声称伊朗人民因后者挥霍无度却徒劳无益地购买美国武器而生活在贫困之中。

萨达姆随后声称:"我们并不因反动政权的军队扩张和军火充足

而感到恼火",因为这将使更多的农民和工人加入军队,增加了普通人在革命中夺取权力的机会,就像1958年推翻伊拉克君主制度的革命一样。值得注意的是,萨达姆从对伊朗的具体讨论过渡到了对反动政权的一般讨论,并提到了与美国结盟的伊拉克君主制被推翻,他借此暗示其余的阿拉伯君主以及沙阿通过依赖美国武器进行镇压性军事建设,而不回应其人民的进步意愿,恰是在为他们的政权被推翻铺平道路。萨达姆认为,这样的结果既合民心又不可避免,因为阿拉伯和第三世界的人民会加入伊拉克人的行列,共同拥护革命民族主义、社会主义和反帝国主义的胜利事业。[81]

《革命报》也定期提醒读者,伊拉克的敌人在用其石油美元购买美国武器。在一幅涉及1974年伊拉克与伊朗边境紧张局势的漫画中,一条写着"为在巴格达举行的谴责伊朗侵略的阿拉伯人民大会做准备"的横幅,使一名被踩得鼻青脸肿的伊朗士兵惊恐地逃了出来,并扔掉了贴有"美国"标签的枪支。[82]《革命报》经常在其漫画中将伊朗武器标记为美国制造,以此不断提醒读者美国在支持伊拉克的敌人,从而强化关于华盛顿背信弃义和复兴党反帝的叙事。这些漫画还重申了萨达姆的理念,即美国向伊朗军队提供的武器并不构成对伊拉克的重大威胁,因为无论伊朗军队拥有多么先进的美国武器,泛阿拉伯民众对巴格达的支持都能轻松对抗沙阿手下毫无斗志的士兵。

阿拉伯伊斯兰主义者还批评了一些阿拉伯国家政府使用石油美元,认为其使用方式破坏了伊斯兰原则,是为西方国家的利益服务,而不是为普通穆斯林服务。著名媒体人、埃及伊斯兰教徒穆斯塔法·马哈茂德(Mustafa Mahmoud)谴责资本主义是外来的,不如伊斯兰教,并谴责阿拉伯国家与资本主义西方的石油美元联系。马哈茂德谴责资本主义西方是"殖民国家……它们在意识形态或经济上侵略我们。它们卖给我们武器,然后让我们互相攻击,一石多鸟。它们收回购买我们的石油的硬通货,建设工厂,为它们的失业者提供工作,破坏我们的团结,让狂热的阿拉伯精英死于同样狂热的阿拉伯精英之手,然后坐下来庆祝他们战胜了一个蠢货的世界——一个被所谓的'进步先锋队'拖后腿的阿拉伯世界"!马哈茂德对经济的批评,以及对在阿拉伯世界实施真正的伊斯兰治理作为解决该地区落后问题的方案的呼吁,挑战了巴格达的世俗政权和利雅得的神权君主制。穆斯林兄弟会杂志《呼召》经常谴责在穆斯林占多数的国家收取贷款利息的行为(他们将之定义为高利贷[riba],这在《古兰经》中是被禁止的),含蓄地批评了阿拉伯共和国和君主国允许以这种方式使用石油美元存款。[83]事实上,虽然利雅得推动了国际伊斯兰银行的发展,这些银行在国外不收利息,但它几乎从未授予伊斯兰银行在沙特阿拉伯境内运营的许可,这可能是因为沙特领导人不想让人觉得王国内部的常规银行——沙特精英用它们来存放大部分石油美元——不符合伊斯兰教教义。[84]1974年,沙特阿拉伯还坚持要求美国政府不公布沙特在美国的投资国别数据(大部分国别数据都公布),而是只公布富油的中东北非地区的总投资数据,美国财政部同意了这一要求,并为此辩护了几十年,以确保沙特的石油美元流入美国机构。[85]利雅得之所以要求保密,可能缘于它希望最大程度地减少左翼和伊斯兰主义者的指责,即沙特在经济上支持美国并参与了高息业务。

激进的伊斯兰主义者在谴责沙特王国时往往更为直接。当社会学家在1974年至1977年间采访在埃及被捕的激进的伊斯兰主义者时,这些激进分子普遍表示,石油财富被浪费在了阿拉伯精英的颓废的生活方式上,而没有用于加强伊斯兰政体抵御外来威胁的能力和消除贫困。研究人员总结了伊斯兰主义者的信念:"没有真正的穆斯林统治者会允许一处的穆斯林享受过多的财富,而其他地方的穆斯林却在挨饿(一如沙特阿拉伯同孟加拉国之间的反差)。"[86]

由于无法完全否认大量的石油美元从沙特阿拉伯流向美国,且面临世俗左翼和伊斯兰主义者的挑战,沙特政府指导其媒体强调沙特-美国的石油美元相互依存关系如何使利雅得能够从美国为沙特阿拉伯乃至更广泛的阿拉伯、第三世界和伊斯兰世界获取经济和政治利益。例如,当《利雅得报》在1974年4月宣布沙特政府计划加入两个与美国的联合经济和军事委员会时,该报强调沙特将获得美国在"经济、技术、制造以及向沙特王国提供防御所需物品"方面的援助。此外,沙特政府坚持认为,沙特-美国的经济合作将基于美国政府的承诺,即"在中东地区实现公正而持久的和平,使该地区所有人民都能在稳定中享受和平,并致力于该地区的发展与繁荣"。[87]

三天后,《利雅得报》头条报道沙特阿拉伯将花费10亿里亚尔购买美国的空对空和地对空导弹,建立覆盖全国的防御网络,从而凸显了与华盛顿保持密切关系的军事优势。[88] 利雅得因此将沙特-美国在石油美元上的合作视为从美国获取利益的手段,并通过确保沙特政府只在推进阿拉伯、第三世界和伊斯兰世界事务的情况下才与美国合作,预先堵住反对派的批评。沙特领导层如此看重美国政府批准军售,部分是出于宣传的目的;沙特王国可以利用批准军售来证明其与美国的合作是正确的,而反对者则可以利用不批准军售来攻击沙特君主统治的合法性。

阿拉伯媒体也关注石油美元如何影响贫油的第三世界国家。在这个问题上，伊拉克官方媒体以伊拉克在社会主义和反帝国主义原则下以石油为动力的经济和政治发展为榜样，告诫其他第三世界国家如何成功地抵制美国。正如萨达姆·侯赛因1978年在巴格达的一次国际工会会议上发表的"五一"讲话中所说，伊拉克在国内发展革命和科学社会主义的进展"继续推进……不仅是为了解放我们在整个阿拉伯土地上的阿拉伯人民，而且也是为了将革命的潜力、成就和经验服务于全人类"，这就是"伊拉克革命自1968年以来一直受到帝国主义打压的原因"。[89] 伊拉克媒体经常刊登此类文章，即来访的第三世界国家领导人对复兴党政府给予积极评价，并将其政策作为他们努力实现政治和经济独立、摆脱美国新帝国主义影响时效仿的典范。

这方面有一则代表性报道，即1974年2月《革命报》连续刊登了一系列有关斯托克利·卡迈克尔（Stokely Carmichael）访问伊拉克的文章。卡迈克尔是一位特立尼达裔美国人，在20世纪60年代是美国著名的黑人民权活动家，他逐渐将美国政府视为全球有色人种的敌对者。在20世纪60年代末，他在几内亚获得庇护，并在那里与几内亚总统塞古·杜尔（Sékou Touré）和流亡的加纳总统夸梅·恩克鲁玛（Kwame Nkrumah）建立了密切联系，这两位都是社会主义、反帝国主义和泛非主义运动的著名领导人。恩克鲁玛让卡迈克尔在其全非人民革命党中担任领导职务，卡迈克尔正是以这一身份率团访问伊拉克的。《革命报》强调，卡迈克尔将复兴党统治下的伊拉克描述为全非人民革命党和几内亚的榜样和盟友。该报报道称，在一次大学研讨会上，"非洲革命党领导人之一、自由战士斯托克利·卡迈克尔目前正在访问伊拉克及相关机构，他说，伊拉克让他们受益匪浅，他们从阿拉伯复兴社会党反对犹太复国主义和殖民主义的斗争中获益良多。他还说,他们在伊拉克期间接受了复兴党的很多思想……他又说,阿拉伯人民和非洲人民有着共同的抱负,要共同反对一个敌人,即帝国主义和犹太复国主义",而且他支持伊拉克使用石油作为对付这些敌人的武器。[90]两天后,《革命报》报道卡迈克尔的讲话称:"进步世界今天仍然钦佩并赞赏伊拉克人民的经验和不断取得的胜利。"[91]斯托克利在第三世界政治中的地位使他成为复兴党的理想背书人选。通过斯托克利的言论,《革命报》向读者讲述的是,复兴党治下的伊拉克是第三世界的领袖,是社会主义治理和抵抗美帝国主义的成功典范,而且世界各地的其他自由战士都将其作为本国人民学习的榜样。

执政的沙特王室无法将自己塑造成革命派的领袖,但他们有更大规模的石油美元盈余,可用于向第三世界国家提供援助。这种援助是赢得其他国家支持的有力工具,但也被用于展示沙特君主制对国内臣民的恩泽。沙特报纸经常刊登文章,强调利雅得提供给第三世界国家的大量援助。[92]这些报纸上的漫画也使用了类似的表现手法。例如,1974年世界卫生日当天,《利雅得报》刊登了一幅漫画,告诉读者沙特阿拉伯已承诺提供5 000万美元用于旨在消除全球饥饿的援助计划。漫画中,高大的沙特国王费萨尔递给世界一大捆谷物,而世界则被拟人化为一个弯腰曲背、苦苦挣扎的农民,他的嘴巴大张,惊讶于费萨尔的慷慨。[93]这种表现强调了沙特君主的权力和仁慈,同时含蓄地反驳了有关高油价损害第三世界贫油国经济的批评。漫画也含蓄地将费萨尔描绘为伊斯兰慈善的典范,这一形象试图获得伊斯兰主义者和穆斯林的普遍赞同。

1973年战争刚结束,埃及媒体就对阿拉伯世界的团结再度表现出乐观的态度，并相信随着大量石油美元援助和投资的注入，埃及经济将迅速发展。[94] 埃及媒体强调，不要把这种赠款或贷款视为慈善。相反，这些资金是埃及为保卫整个阿拉伯民族免受以色列的侵略而用鲜血和财富换来的。当费萨尔国王于 1974 年 8 月访问埃及并宣布向该国捐赠 10 亿美元时，《金字塔报》将这一新闻作为头条报道，并强调沙特阿拉伯将这笔钱提供给了"战斗的埃及人民"。[95] 在费萨尔访问后期，《金字塔报》将费萨尔的声明——"埃及的牺牲使阿拉伯人抬起了头颅，使他们重获尊严"作为头条新闻标题。[96] 这类报道安排暗含的意思是，埃及有权从阿拉伯兄弟的石油美元中分得一杯羹。

埃及媒体还为阿拉伯石油国家反驳了美国的言辞攻击，支持阿拉伯世界对其资源销售应获得更多补偿的主张，同时淡化了更高商品价格对西方的影响。1975 年 1 月，当福特赞同地重申基辛格在《商业周刊》上发表的关于美国在面临高油价"扼杀"的情况下需要采取军事应对措施的假设时，《金字塔报》以一幅漫画作为回应。漫画借用了福特使用的"扼杀"一词，描绘了一个名为"西方"的人并不是被阿拉伯石油生产商扼杀，而是被一个名为"通货膨胀"的巨兽扼杀。阿拉伯读者很容易理解，这种通货膨胀是美国经济政策而不是油价上涨所导致的，因为阿拉伯领导人一直在重复这一观点。在漫画中，尽管明显的事实是，巨大的"通货膨胀"站在福特面前扼杀着西方，阿拉伯人则在背景中无辜地忙于自己的事务，然而福特却威胁要使用武力对抗阿拉伯石油生产商以拯救西方。[97]

不过，随着时间的推移，埃及官方媒体越来越多地批评海湾国家在西方而非埃及的投资比例过高。1974 年 11 月，《金字塔报》的一篇社论将埃及描绘成阿拉伯斗争的基地，并反问海湾阿拉伯国家：

"为什么它们延迟阿拉伯力量的发展？它们把那数以百万、数以十亿计的［美元］资金投到了哪里？"1975年1月，卢特菲·胡利（Lutfi al-Khuli）在《金字塔报》上发表文章，提出了"石油血液和石油美元"（petro-blood and petro-dollars）的理论，称富油的阿拉伯国家所获得的石油美元的增加，是由那些与以色列刀枪相见的贫油阿拉伯国家付出的流血牺牲直接带来的。胡利谴责阿拉伯石油国家"获得了巨额财富"，却让"与犹太复国主义和帝国主义敌人作战的阿拉伯国家［陷入］贫困和苦难的深渊"。1977年1月的食品骚乱后，埃及媒体对富油阿拉伯国家进行了又一轮攻击。埃及的周报《鲁兹尤素福杂志》（*Ruz al-Yusuf*）提出，如果其他阿拉伯国家不承担对埃及的责任，埃及人将放弃阿拉伯民族主义。经济类报纸《经济金字塔》（*al-Ahram al-Iqtisadi*）在描述埃及在阿拉伯世界中受到的"经济隔离"时，借南非为例，谴责了那些"拥有巨大购买力"、来埃及旅游的富裕阿拉伯游客，"他们从内部分裂并破坏埃及社会"。[98]事实证明，萨达特和西蒙推动的石油美元三角流动越来越不能令众多埃及人满意，进而导致了阿拉伯国家的分裂。

石油美元的流入推动了西方资本主义和消费主义的传播，阿拉伯伊斯兰主义者对这种传播给贫油阿拉伯国家的经济和文化所带来的变革提出了自己的批评。马哈茂德在其著作中以摩洛哥的菲斯这一个古老的伊斯兰学习和文化中心为例，说明西方消费主义所引发的变革。马哈茂德写道："现在，这些善良且敬畏上帝的人的孩子都穿着迷你裙和带有花卉图案的现代衬衫……在古老的菲斯外面，一座新的、西式风格的城市正在崛起，它有着宽阔的街道、现代化的咖啡馆和巨大的娱乐中心。新潮的美国汽车在你身边呼啸而过……除非这些人意识到迫在眉睫的危险，并采取行动来避免它……这个城市最终将成为一个精神匮乏的所在……年轻人最终会被送进精神病院或自杀；奢侈和富足将标志着终结，因为感官的快乐扼杀了心灵的生活！"他还警告说，"看上去是在菲斯发生的事情，实际上可能会出现在任何一个阿拉伯城市"，而这种趋势构成了"西方的伟大胜利"，因为穆斯林的"家园，甚至我们的思想和心灵都已被征服"。[99] 对于像马哈茂德这样的伊斯兰主义者来说，阿拉伯世界的新石油财富并没有被用来建设一个更好的社会，相反，它是被用来建设一个腐败的、西方化的、注重消费主义而不是有原则性信仰的社会。

不过马哈茂德也抱有希望，认为另一种石油美元秩序，即将贫油阿拉伯国家的劳动力与富油阿拉伯国家的财富在伊斯兰教义下结合起来的秩序，能够在精神和军事上抵御西方的侵袭。马哈茂德说："如果我们本着宗教精神开始实施我们的经济计划，我们就会创造奇迹，并很快赶上世界其他国家……在经济上实现一体化，阿拉伯国家将成为一个比美国更富裕、更强大的国家……想想沙特阿拉伯、科威特和海湾国家的综合经济潜力，以及埃及、苏丹和阿拉伯北非的综合经济潜力吧！"[100] 马哈茂德和其他阿拉伯伊斯兰主义者的著作，阐述了一种不同的石油美元秩序，这种秩序对现有阿拉伯政权的合法性均提出了挑战，无论是贫油国还是富油国。

与阿拉伯富油国的领导人一样，沙阿也认为，由于他获取和使用了更高的石油美元收入，伊朗人民因此享受到了巨大的物质和文化收益。在1978年出版的《迈向伟大文明》（*Toward the Great Civilization*）一书中，沙阿总结了他过去十年向伊朗人民和世界媒体发表的演讲的主题。沙阿解释称，伊朗经常走在文明进步的前沿，但它也经历过灾难。最近一次是19世纪末20世纪初伊朗在腐朽领导人统治下的国力衰退，这使伊朗遭受欧洲的剥削，包括"石油帝国主义……现代世界上最不人道的帝国主义之一"。然而，经由沙阿的成功努力，伊朗重新获得了"对其石油工业全面且明确的所有权和主权"，石油收入正被用于"国家的重建"。现在，伊朗正走在以"伟大文明"迎接第三个千年的道路上……"在这个文明中，人类知识和远见的最佳成果将被用于确保每个公民享有最高标准的物质生活和精神生活"。[101]

在《迈向伟大文明》一书中，沙阿并没有将伊朗的进步归功于与美国的关系，反而隐秘地暗示美国跨国石油公司和华盛顿曾密谋对抗他和伊朗。沙阿在谈到1973年的石油危机时指出："工业世界的情报和宣传机构……立即以最激烈的方式动员起来对抗那些出口石油的国家。它们的目标是说服西方世界（以及第三世界）的人民，OPEC旨在摧毁世界经济、破坏人类文明……我不想介绍我在这段简短的历史中面对石油'帝国'和'巨头'以及支持它们的政治力量时所承担的个人风险……[但]这些发展伴随着……可想而知的最危险的斗争。"[102] 早在1976年，沙阿就认真地发起了一场更大规模的反美媒体运动，当时他认为解决伊朗国内日益高涨的反美情绪的最好办法就是利用这种情绪。沙阿鼓励官方媒体严厉批评美国，将伊朗国内的问题归咎于美国，他还以自己的名义公开指责美国，质疑与华盛顿打交道的可靠性。不过这场运动并没能转移民众对沙阿的愤怒，因为在大多数伊朗人心中，他与美国的联系已经过于紧密。不过，媒体宣传的确帮助加深了伊朗人的反美观点。[103]

攻击美国和沙阿的伊朗人中，阿里·沙里亚蒂（Ali Shariati）是最受欢迎、口才最好的参与者之一。作为一名学术语言学家，沙里亚蒂将左翼的第三世界主义与伊斯兰灵性主义结合，并将其融入对沙阿政权及其与西方联系的隐晦批评中。沙里亚蒂由于在大学里的演讲，屡次被伊朗警方逮捕。1977年春，他离开伊朗前往伦敦，几周后在那里去世。许多伊朗人怀疑萨瓦克杀害了他，这使他成为一名烈士。他的死令他成为一个神话般的人物，并进一步提高了其演讲的知名度，伊朗书店和路边小贩将演讲内容油印成册，售出了成千上万册。事实证明，沙里亚蒂特别受学生和年轻穆斯林的欢迎。[104]

在一次刊发频次颇高的演讲中，沙里亚蒂和穆斯塔法·马哈茂德一样，认为"穆斯林民族……一直是经济的受害者……更可悲的是，他们还遭受了（资本主义国家）思想和道德的殖民化"，资本主义国家使用"一切可能的伎俩和非人道的计划，将国家变成商品和产品的市场。为此，所有人类都必须成为'消费动物'，所有国家都必须被剥夺其本色"。西方意识到破坏（穆斯林地区的）思想传统会导致当地的经济生产力下降，便有意为之。此外，"殖民主义者已经认识到，宗教是他们在文化和政治上渗透其他民族的最大障碍……阻碍社会迅速转变成一个新的消费市场……阻止人们彻底变成只会无助和贪婪地依赖西方生产的动物"。[105]在美国主导的石油美元经济背景下，为什么国家积累了石油财富而伊朗人却仍在经历经济不平等和社会不满，沙里亚蒂为此提供了一个解释：沙阿及其下属允许伊朗在经济和思想上被西方殖民。沙里亚蒂认为，伊朗人只有回归其正统文化——革命什叶派伊斯兰教，他们才能自我解放。在另一场讲座中，沙里亚蒂阐述了早期穆斯林通过其信仰击败拜占庭和波斯帝国的过程，"这些帝国甚至比当代的超级大国更具有压迫性和殖民主义特征"。沙里亚蒂坚持认为："如果当代穆斯林了解真主，他们就可以统治世界。"[106]因此，沙里亚蒂为解决伊朗在美帝国内的从属地位问题提供了一份伊斯兰主义的方案。

在伊拉克活动的霍梅尼通过发表演讲和信件，对沙阿在美国主导的石油美元秩序中的作用提出了更直接的批评。在1973年的战争期间，霍梅尼向全世界的穆斯林发表讲话，谴责国王"日益屈从于美国"，而且沙阿通过增加伊朗石油产量削弱了阿拉伯的石油武器，从而支持了以色列。霍梅尼表示担心，"［沙阿］从他那些吞噬世界的主子那里购买的数十亿美元的武器——这笔交易让伊朗濒临破产——现在将被送往以色列"，或被伊朗军队直接用来"打击那些热心、同情伊斯兰教的武装力量"。在1975年3月致伊朗人民的一封信中，霍梅尼对沙阿使用石油美元的做法进行了长篇攻击。霍梅尼认为："他没有把［石油出口］收入用于造福这个贫穷饥饿的国家，而是借给他的帝国主义主子，或购买毁灭性武器……继续屠杀人民和镇压反帝运动。"由于他向西方国家借贷且在西方消费，沙阿忽视了伊朗的农业和工业，任其衰败。这使得伊朗的食品依赖进口，工业运营则依赖外国管理者。霍梅尼称，沙阿浪费了伊朗的石油财富，伊朗也因此越来越依赖外国人。他警告说："这个政权耗尽了石油资源，致使人民陷入贫困，最终将被奴役……伊朗这个高贵的民族……将不得不与贫困和逆境做斗争，或者为资本家劳动。"[107]通过这些言论，霍梅尼提供了一个民粹主义的视角，认为美国主导的全球化导致了伊朗的贫穷和衰弱。这一观点在许多处于困境或被迫流离失所的伊朗农民、工人和商人中引发了共鸣，这些人要么是没有被纳入沙阿与西方间的石油美元交易之中，要么是因之受到了损害。

霍梅尼还与美国和加拿大的伊斯兰学生协会通信，从而向美国穆斯林表达其主张。在 1975 年，他向该协会第七届大会致辞，提出了美国在伊朗进行经济剥削的主题。"我们一直在目睹穆斯林国库中的钱财被挥霍，饥饿民族的家底被用于满足外国列强的要求。"霍梅尼宣称，"我们一直在目睹（统治者）为保护外国人的基地而大量购买价值数十亿美元的军备。"通过这次致辞，霍梅尼努力发展跨国穆斯林盟友，他们可以挑战美国政府对沙阿的支持。[108]

霍梅尼希望美国穆斯林能够找到一个愿意听取沙阿反对者意见的美国总统，这一希望可能随着吉米·卡特的当选而增加。卡特执政 6 个月后，霍梅尼再次致信美国和加拿大的伊斯兰学生协会，恳请其成员"让国际社会听到他们的声音，让美国总统了解，伊斯兰国家把这个［巴列维］王朝的罪行，特别是近年来的罪行，归咎于美国的领导"。基于卡特将促进人权作为美国外交政策计划支柱的言论，霍梅尼称："现任（美国）总统必须信守承诺，避免前几届政府的犯罪行为。我们现在拭目以待，看现任美国政府是会为了物质利益而牺牲自己和其人民的荣誉，用一个贫穷而高尚的国家的石油来玷污自己的威信，还是会通过放弃对这些邪恶势力的支持来恢复自己的声誉和荣誉。"[109]

第七章

改革与动荡

1976年10月6日，估计有1亿美国电视观众收看了卡特和福特的总统竞选辩论直播。卡特一开场就对福特政府的外交政策进行了广泛的批评，其中一个问题是美国的对外军售。卡特指责道："在福特治下，我们现在有可能已经是全世界的军火商，这与我们长期以来的信仰和原则相悖……我们试图从我们的敌人那里买到成功，同时却把我们盟友的正常友谊排除在这一过程之外。"卡特在后面的辩论中又回到了这个主题。他说："当（福特）这届共和党政府上台时，我们向海外运送了价值约10亿美元的武器，而今则达到了100亿到120亿美元，且这些武器多被用于支持各国之间的争斗。"他接着补充说，"在上一届民主党政府任期内，（美国）去向中东的武器中有60%给了以色列。现在，60%的武器流向了阿拉伯国家……而只有20%给了以色列。这偏离了理想主义，偏离了对我们在中东的主要盟友以色列的承诺，在石油问题上屈服于阿拉伯国家的经济压力。"[1]

卡特上任后，在涉及美元石油体系的许多问题上，有意识地延续了福特和尼克松政府的许多政策。在新政府的战略中，与伊朗和沙特阿拉伯的合作帝国体系将继续存在。卡特政府期望继续将石油美元用于保护美国在中东和其他地区的利益；继续欢迎中东国家的石油美元投资于美国、购买美国的出口品；石油美元的三角贸易和援助将继续作为吸引埃及加入美帝国秩序的关键手段。

但在任期前两年，卡特政府将认真改革石油美元经济中的武器出口问题。在这方面，卡特将不仅积极努力减少美国武器进入中东北非地区，还将出于战略和道德上的考虑，减少对中东北非和更广大第三世界国家的全球武器贸易。这一努力构成了迄时为止对石油美元-军工复合体最强有力的挑战，但其最初在减少美国武器出口方面取得的成就却未受到充分重视。事实证明，说服其他主要军火出口国限制其武器销售，或者说服中东北非进口国抑制自身（武器）采购都要更加困难，但是卡特政府在1978年底仍未放弃实现全球改革框架的目标。

不过，就在卡特政府努力改革美国主导的石油美元体系的一个关键方面时，中东地区的其他国家却正在努力实现一场革命，以推翻整个美国合作帝国体系。在伊朗，这些革命者即将取得历史性的胜利。沙阿的石油美元政策产生的紧张局势和混乱激发了广泛的不满，到1978年初演变为大规模的起义，伊朗革命由此拉开帷幕。虽然伊朗的革命者具有不同意识形态，但革命很快就在霍梅尼的指导下开始了，他定期发表煽动性的演讲，谴责美帝国主义，并承诺一旦沙阿下台，伊朗就将建立起新的石油美元秩序。

受其福音派基督教道德观和对美国必须引导国际事务的认知所指引，吉米·卡特寻求超越冷战带来的无效开支，并在南北问题、全球经济增长和人权方面采取更大的行动。[2] 这种愿景促使卡特希望减少中东北非地区昂贵且危险的军备竞赛。作为一位精明的政治家，卡特也意识到遏制全球武器贸易会引起美国相当一部分选民的共鸣，因此在竞选中利用这个问题来攻击福特。在竞选活动中，卡特的副总统竞选搭档、明尼苏达州民主党参议员沃尔特·蒙代尔（Walter Mondale）也批评了福特"出售武器时是来者不拒，无论其政府多么专制或暴虐"，并且认为中东地区的军备竞赛最终夺走了美国纳税人的钱财，因为"如果我们向沙特阿拉伯出售价值5亿美元的武器，那么我们随后就需要向以色列提供更多的经济和军事援助，以确保平衡"。[3]

同尼克松和福特政府一样，卡特政府也认可这样一种观点，即中东作为西方石油的来源地、抵御苏联扩张的堡垒以及全球金融力量的中心，是美国的重要利益所在，华盛顿将继续向该地区的传统盟友销售武器并与之紧密合作。[4] 但卡特也实施了减少美国对中东北非和其他欠发达国家的武器销售的政策。卡特对这个问题的态度得到了他信任的国务卿赛勒斯·万斯（Cyrus Vance）的认同，这位前律师、国防部前副部长在1976年就公开支持立即暂停向第三世界国家销售先进武器的提案，支持苏美谈判将印度洋变成一个非军事化区域，支持美、苏、英、法之间的多边合作，以遏制全球武器出口。[5] 卡特和万斯均没有预期在短期内完全切断美国对中东北非地区的武器销售，但两人均认为，可以通过逐步减少武器销售，在该地区实现更大的稳定（尤其是通过谈判结束阿以冲突），并确保其他主要武器交易国同意减少对该地区的武器销售，进而在两个看似矛盾的努力方向间实现平衡，即壮大中东北非地区盟友，以及限制对它们的武器销售。

依照万斯的设想，新任的卡特政府在上任之初即实施了一个未公之于众的武器暂停销售措施——不向国会提交新的武器销售提案，而且冻结了福特政府批准的价值 60 亿美元的军售项目（包括对中东北非地区的重要军售项目），直到卡特政府官员对其重新评估。经过审查，他们在 1977 年 2 月取消了向以色列出售某些种类的冲击式炸弹，这个决定可能是为了表明卡特政府限制军售的态度是认真的，并向阿拉伯盟友保证，在其亲以色列的竞选言论之后，卡特将公平对待中东各国。[6]

卡特政府还同军售大国展开接触。1977 年 3 月，万斯访问了莫斯科，并与苏联达成了一项协议，成立一个工作组研究双方共同削减军售的问题。[7] 卡特则在欧洲盟国方面发挥了领导作用，他在同年 1 月告诉英国人，他将限制中东的军备，虽然"他并不指望早日见效，也认识到了困难"，但是常规军备控制"对他来说意义重大，他会坚持不懈"。[8] 在 1977 年 5 月 8 日于伦敦与英国首相詹姆斯·卡拉汉、法国总统瓦莱里·吉斯卡尔·德斯坦以及联邦德国总理赫尔穆特·施密特会面时，卡特敦促他们限制全球武器贸易。卡特与他们分享了一份内部备忘录，其中就包括要求美国政府"减小武器销售的推动力度"。他向他们保证，这并不适用于北约盟友，只是将伊朗和以色列列为他减少武器销售的对象国。卡特表示这是"他单方面的决定"，但欢迎欧洲领导人与他共同努力。为了打消欧洲关于减少向欠发达国家军售可能会损害欧洲的国防工业和经济的担忧，卡特提出了一个胡萝卜方案，即美国牺牲美国军火制造商的利益，增加购买欧洲武器用于美国军队。卡特表示在北约武器销售问题上，他"衷心希望有更多的双向交流"，而且他"不对美国的军工复合体负责"。[9]

1977 年 5 月 19 日，卡特发表声明称，作为全球最大的武器供应国，美国对减少全球武器销售负有"特殊责任"。为此，他宣布："美国今后将把武器销售视为特殊的外交政策手段，仅在能够清晰证明这种销售有助于我们的国家安全利益的情况下才使用。我们将继续利用武器销售来促进我们自身以及我们亲密盟友的安全。但今后，对于某项特定武器销售，需要支持者给出有说服力的理由，说服工作不由反对方负责。"卡特同时宣布了几项新政策：美国不会首先向原本不具备这种能力的地区提供先进武器，对先进武器系统的联合生产将实施更严格的限制，禁止仅为对外销售而开发或大幅重新设计武器，任何政府或私人促进对外军售的努力都必须得到国务院的授权。最后，卡特承诺，美国在1978财年的对外军售货值将比1977财年减少。[10]

新武器政策也有重要的例外，卡特豁免了所有北约成员国以及日本、澳大利亚、新西兰。已经批准但尚未交付的军售总价值达320亿美元，将基本上不受影响。[11] 对于总统认为涉及"特殊情况"或依赖武器"维护地区平衡"的友好国家，也可以获得对新规定的豁免。正如《华盛顿邮报》所说："这项新政策在实践中的效果如何，主要取决于卡特行使豁免权的程度。"[12]

虽然存在这些例外，但新政策还是代表了行政部门在武器销售方面态度的重要转变。努力遏制国际武器贸易的美国人可以援引政策的规定，特别是承诺在即将到来的财政年度降低对外军售货值的规定，以监督卡特政府政策的有效性。同样，卡特政府也可以向盟国提及这项政策，为减少武器转让进行辩解。这项新政策，再加上与苏联、法国、英国和联邦德国就联合减少军售进行的谈判努力，构成了（卡特政府）与尼克松和福特时期鼓励美国几乎不设限地向中东北非地区军售截然不同的策略。然而，美国这样的政策转变必将受到中东北非地区国家的质疑。

卡特的新军售政策，再加上他在促进人权方面的言论，让沙阿感到担忧。沙阿仍然决心获取更先进的美国武器，同时防止外国对其统治指指点点。沙阿甚至时不时地担心，卡特的立场是这位新总统想要废除他的证据。在与阿拉姆讨论卡特1977年5月的一次演讲时，沙阿指出，卡特没有提到伊朗是美国将无条件提供武器的国家。沙阿大声问道："［卡特］莫不是认为，从战略意义上讲，伊朗的重要性不及新西兰这样的国家？也许美国已经有了瓜分世界的阴谋。"阿拉姆试图安抚沙阿："美国人永远不会放弃我们。"[13] 卡特政府也试图打消沙阿显而易见的担忧。新政府认为伊朗对于降低油价和保持海湾地区安全至关重要，努力避免与沙阿发生冲突，同时谨慎地制定了逐步调整的步骤。在人权问题上，卡特政府总体上避免公开谴责伊朗，并私下支持沙阿自1976年中期以来实施的温和改革；军售方面，卡特考虑短期内先只是适度减少美国对伊朗的武器出口。[14]

作为同沙阿建立良好关系的第一步，卡特政府选择向伊朗出售7架波音机载警戒与控制系统（AWACS）飞机，同时逐步减少对其武器出口。AWACS飞机是美国舰队中最先进和昂贵的飞机之一，设计目的是利用最先进的雷达和通信设备在大范围区域内进行监视和作战指挥。尽管每架飞机的价格高达1.7亿美元，但卡特政府认为这是一项减少军售的措施，因为伊朗购买7架AWACS飞机将使得伊朗拟议中的、预计耗资320亿美元的地面雷达系统削减60%～70%。卡特政府还希望，预警机提供的侦察和协调能力，将能够缩短准备时间、提升后勤效率以减少伊朗防御所需的战斗机数量。对德黑兰来说，预警机交易是一项节约成本的安排，是获取美国新军事技术的机会，与地面雷达系统相比，它能更快地增强伊朗的侦察能力，同时也表明了

（卡特）新政府对伊朗军备的承诺。[15]

卡特政府于 1977 年 4 月 26 日宣布有意出售预警机，并于 7 月 7 日正式通知国会。这是自其政府宣布新的军售政策以来首次提出的重大武器销售计划。[16] 但令卡特感到烦恼的是，7 名跨党派参议员以卡特政府的政策为由，支持了一项阻止该军售的提案。[17] 来自艾奥瓦州的民主党参议员约翰·卡尔弗（John Culver）表示："该计划与卡特总统自己发布的军售政策相悖，该政策宣称，只有在能够清楚地证明军售有助于我们自己的国家安全利益时才可以破例……总统还规定，美国不会成为首个向某地区销售先进武器提升其作战能力的武器供应国。"[18] 来自密苏里州的民主党参议员托马斯·伊格尔顿（Thomas Eagleton）和参议员卡尔弗提出了这样一种可能性，即仅需伊朗一次叛变就可能导致美国的机密技术落入苏联手中，从而危及美国空军和西欧的防御能力。伊格尔顿还警告参议院的一个小组委员会："伊朗政府的存续围绕着一个凡人*，脆弱且易生剧变。支持这个销售计划是对美国国家安全的轻率冒险。"[19]

1977 年 7 月 21 日，中央情报局局长斯坦斯菲尔德·特纳（Stansfield Turner）在众议院做证时坚称，他坚持自己之前给政府问责办公室（GAO）的信中的观点（该信被反对向伊朗出售预警机的参议员泄露）。他在信中提到，将预警机卖给伊朗可能会导致美国丧失技术机密，损害其军事优势。[20] 次日，来自西弗吉尼亚州的民主党参议员、参议院多数党领袖罗伯特·伯德（Robert Byrd）致信卡特，要求他将销售 AWACS 飞机的请求推迟到下一年，以便参议院能够对可能存在

---

* 即终有一死。——译者注

的安全风险进行适当的评估。[21] 针对伯德的信函，美国驻伊朗大使馆回应称："参议院现在批准［预警机］销售至关重要……因为总统已经写信通知沙阿预警机将到位，如果现在取消销售，总统个人的声誉将在德黑兰受到严重打击……［而且］勃列日涅夫在其即将访问伊朗期间会就此大做文章。"[22] 1977年7月25日，卡特政府通知参议院，他们不会接受伯德提出的推迟销售要求。[23]

尽管白宫表明了立场，但众议院议长、来自马萨诸塞州的民主党众议员小托马斯·"蒂普"·奥尼尔（Thomas "Tip" O'Neill Jr.）随后公开声明，预警机销售"应该暂时搁置"，因为飞机上载有"可能落入苏联手中的高精尖设备"。[24] 现在，是参、众两院的多数党——民主党在公开呼吁推迟销售。1977年7月28日上午，众议院国际关系委员会以19票对17票的投票结果，阻止了该销售计划，众议院因此更倾向于通过反对该协议的决议。卡特政府此时选择了战术性的退让，同意在国会休会后的9月重新提交销售计划，以便进一步让国会研究。[25] 作为回应，7月31日发行的伊朗报纸表示，伊朗政府可能会出于对（美国）国会处理该问题的做法感到愤怒而拒绝购买预警机。[26]

当卡特在1977年9月重新提交预警机销售计划时，他规定销售给伊朗的预警机将不包括某些敏感的加密设备，且获得了伊朗的保证，只将飞机用于防御目的，美方保证美国机组人员不会驾驶预警机为伊朗执行作战任务。这些新的条件赢得了关键立法者的支持，尽管有21名参议员进行了最后的（反对）努力，但预警机交易还是在10月7日国会反对的最后期限前无意外地顺利通过了。[27]

不过，虽然向伊朗出售预警机的交易最终获得了批准，但国会已经展示出了挑战美国与中东北非地区之间石油美元-军工复合体格局的新趋向，并成功地对行政部门提出的原始方案施加了规定。参议员伯德宣称，在预警机协议之后，美国政府应暂停向伊朗出售武器，直到确定伊朗人是否能够在没有美国人员在场的情况下使用先进的美国武器。[28]这一态度反映了美国国会思想的变化。参议员卡尔弗自豪地说，通过将预警机的销售推迟到1978财年，国会使1977财年的军售货值降低了10亿美元以上，这意味着卡特政府在1978财年自我设定的低军售上限也必须进一步相应下调。[29]

然而，尽管卡特政府认为出售预警机是维护美国与伊朗联盟关系所必要的，但它仍然相信可以减少向欠发达国家，特别是中东北非地区的军售，并准备这样做。卡特信任的国家安全顾问兹比格涅夫·布热津斯基（Zbigniew Brzezinski，波兰裔难民，专注于反对苏联并致力于推动技术官僚全球治理以解决经合组织和南北问题的政治学家）向他建议，向沙阿明确解释"政治现实"（正如预警机事件表明的那样）可能有助于促使这位君主"调节并延长其军备请求"，以避免国会的争斗。国会争斗"可能损害政府的可信度并破坏我们［伊朗-美国］持续合作的基础"。[30]卡特政府在维系伊朗-美国联盟的同时，继续逐步减少美国对伊朗的军售。

卡特还继续抵制出于经济利益向伊朗等国军售的诱惑。出于对美元贬值和美国贸易赤字不断扩大的担忧，1977年底，卡特向内阁征询解决这些问题的对策。财政部长迈克尔·布卢门撒尔（Michael Blumenthal）的建议之一是"适度扩大［对外］军售"，每年大约5亿美元，并强调不要公开将其与国际收支挂钩。万斯反对布卢门撒尔的提议，认为"短期影响有限，不值得去违背你［卡特］现行的军售政策"。卡特支持万斯的立场。[31]

正当卡特政府开始实施其新军售政策时,伊朗和沙特阿拉伯在OPEC的石油定价问题上展开了争夺。在1976年12月的OPEC会议意见分裂后,伊朗带领大多数成员国将石油售价提高了10%,而沙特阿拉伯一方仅有阿联酋加入,提价幅度为5%。为了让其他OPEC成员屈服,沙特阿拉伯还增加了石油产量,以打压其他成员的出口。沙阿私下里对阿拉姆抱怨道:"该死的沙特人既背叛了我们,也背叛了他们自己。"他同时哀叹道,"我们破产了……我们计划的许多项目都必须推迟。"伊朗、伊拉克和其他国家均公开谴责沙特的决定,指责沙特是反动派,为了其西方主子背叛了阿拉伯世界和第三世界。不过,沙特阿拉伯还是继续用低价石油充斥市场。沙特的做法蚕食了OPEC大多数成员的市场份额,而伊朗在应对石油美元短缺方面却显得尤为狼狈,因为伊朗的经济规划没有为可能出现的收入减少准备预案。沙阿被迫忍痛且手忙脚乱地削减发展项目;全国范围的经济混乱导致电力、食品和水短缺问题激增,工业生产和建筑业急跌,失业和就业不足人数增加。在1977年6月,沙阿屈服了。为了让沙特缓解对伊朗出口的打压,他同意在可预见的未来放弃继续提高油价的要求,以换取沙特阿拉伯和阿联酋将两国石油价格再提高5%,达到同OPEC其他成员的价格持平的位置。对于这个决定,阿拉姆在日记中写道:"我们向沙特人投降了,这实际上意味着向卡特投降了。"[32]

同前几任政府一样,卡特政府认为沙特阿拉伯,而不是伊朗,是压低油价的关键。[33]当沙特阿拉伯于1977年7月公开宣布赞成将价格冻结期延长至1978年时,美国国务院对"伊朗反常地没有反对这一安排"感到有些惊讶。[34]即便如此,在布卢门撒尔准备于1977年10月访问伊朗并讨论美国对继续冻结油价的支持时,万斯建议他

"提出这个问题，但不要施加压力"。[35] 在布卢门撒尔与沙阿会面时，这位君主一反常态地主动表示，"伊朗决定这个时候不应在 OPEC 中［就提高油价］采取强硬立场"。[36] 当沙阿于次月访问华盛顿会见卡特时，他明确伊朗不会寻求提高油价；他只是含糊地要求在面对伊拉克和利比亚*的批评时"能有一些具体的说法"。[37] 由于伊朗不情愿地加入沙特阿拉伯的行列成为价格鸽派，鹰派被迫在 1977 年 12 月的 OPEC 会议上接受不提高 1978 年的油价。[38]

1977 年到 1978 年，油价趋于稳定，再加上石油出口国（OEC）对外国商品和服务消费的持续增长，使得石油美元的流向相对地自美国金融机构转向出口行业。1977 年 5 月，卡特政府通过了旨在针对阿拉伯国家抵制以色列的立法，这使得美国公司实施对外抵制或以抵制第三国作为开展业务条件的协议均属违法。这项法律导致美国公司在阿拉伯国家，尤其是在沙特阿拉伯，失去了一些新的商业机会，日本等其他国家借机占得了空间。[39] 尽管如此，阿拉伯国家同美国间的贸易所受冲击并不大，美国向富油的中东北非国家的出口货值在 1977 年升至 87 亿美元，1978 年则达到 106 亿美元。中东石油出口国在美国的净投资额在 1977 年增加了 77 亿美元，而 1978 年则转为净流出 14 亿美元，主要是由于（中东石油出口国）从美国国债和商业银行存款中提款。这一趋势同国际范围的整体格局相近，OPEC 新增存款占国际清算银行国际贷款净额的比重，从 1977 年的 16.7% 下降到 1978 年的 3.6%。[40] 这种转变结束了主流资本主义经济学家对石油美元回流全球经济可行性的担忧。

---

* 两国此前为跟随伊朗要求进一步提高油价的一方。——译者注

这几年间，流向贫油欠发达国家的私人贷款在结构上的分化，或者说是私人贷款不足仍继续存在。与其前几任一样，卡特政府对新国际经济秩序（NIEO）的经济和政治平台持谨慎态度，同时也试图以真正优先发展援助作为实现南北更加平等的路径来取代 NIEO。但卡特面临的格局是，国会里的两党多数派坚持认为对外援助无效或对于仍然脆弱的美国经济来说成本过高。面对国会在许多对外（援助）政策问题上的强烈反对，卡特政府最终优先处理了其他有争议的问题，如《巴拿马运河条约》和阿以和平进程。在卡特执政期间，美国对外援助水平在国内生产总值（GDP）中所占比例有所下降。[41]

卡特政府上任后的首要任务是解决失业问题，在其任职之初，美国失业率高达 7.5%。1977 年，卡特政府通过了一项重要的刺激计划，以降低失业率；他们还寄望于较低的海外油价能够释放美国国内消费支出，创造新的就业机会。[42] 与此同时，白宫也在努力防止通货膨胀再次加剧，1977 年 1 月的通货膨胀率为 5.2%，降低油价的目的也在于此。但截至 1978 年 6 月，卡特政府的扩张性财政政策，伴以高位横盘的油价，产生的结果喜忧参半：美国的失业率已经降至 5.9%，但通货膨胀率却上升到 7.4%。

美国的通胀政策导致美元汇率持续下跌，扭转了 20 世纪 70 年代中期美元相对稳定的局面，并再次令石油出口国感到不安。1977 年 12 月，法赫德告诉万斯美元的贬值"令沙特阿拉伯极为关切"。法赫德指出，"反对冻结油价的一方会提出，既然美元在贬值，油价就必须提高"，这使得利雅得更难去游说（别国）降低油价。他担忧"美元汇率下降，还因为这会影响沙特在美国的资产价值"。法赫德强调："美国政府必须认真应对这个问题。"[43] 卡特政府采取了一些措施来解决这个问题，包括当月适度提高联邦储备利率，但美元汇率依然在 1978 年持续下跌。[44]

鉴于伊朗在油价方面表现出新的温和态度，并继续致力于为美国在海湾地区的利益提供安全保障，因此理所当然地，当卡特在 1977 年新年访问德黑兰时，他盛赞沙阿"领导有方"，将伊朗打造成了"世界上最动荡地区之一中的稳定之岛"。[45] 但事实上，沙阿政权正面临着日益严重的危机。由于 OPEC 的价格战，伊朗的石油收入自 1976 年以来一直停滞不前，但现有的石油美元支出导致通货膨胀还在持续。1977 年 8 月，沙阿任命经济学家贾姆希德·阿穆泽加尔（Jamshid Amuzegar）担任首相，以应对日益严峻的财政问题。阿穆泽加尔推行紧缩政策，但沙阿在很大程度上阻止了他减少政府在军事和长期工业项目上的支出。阿穆泽加尔因此削减了其他经济部门特别是城市建设的开支，这使得失业人数迅速增加。尽管面临安全部队的暴力威胁，但工人罢工的频率还是不断增加。政府为抑制通货膨胀而实行的价格控制和对伊朗商人的反暴利拘捕，激怒了集市商人和小实业家。伊朗精英阶层继续奢靡消费，而普通伊朗人则越发担心自己的生计，两者之间明显的经济差距放大了民众的不满情绪。阿穆泽加尔还大幅削减了政府对乌里玛*（ulama）的补贴，这进一步疏远了什叶派领导层及其追随者。尽管采取了这些措施，但政府的持续军购以及诸多的资本密集型工业项目的实施，导致高通货膨胀率在失业率迅速上升的情况下仍然持续。这主要归咎于伊朗在石油美元分配上的选择，

---

* 乌里玛，指伊斯兰国家有名望的教法学家和教义学家。

伊朗时下正经历其本国特色的痛苦的滞胀。[46]

1977年，沙阿已经彻底地疏远了伊朗社会的每个主要阶层：农村农民、城市工人、集市和小工厂主、乌里玛、中产阶级专业人士和大学生。只有军官、高级公务员和皇家宫廷官员仍普遍忠于巴列维王朝。和平抗议和谴责沙阿统治的公开信越发频繁，遍及伊朗各意识形态领域。越来越多的人视霍梅尼为反对沙阿的象征，其宗教学生网络也越来越多地领导着伊朗的反抗活动。

于是，1978年1月7日，为了打击霍梅尼日益见长的人气，伊朗官方报纸《伊特拉特》（Ettelaat）刊登了一篇文章，称霍梅尼是一位受雇于英国的印度裔特工，致力于重新殖民伊朗，他毫无信仰，曾过着写情诗、饮酒的放荡生活。这一拙劣的诋毁霍梅尼的做法适得其反，后果惊人。在接下来的两天里，圣城库姆的什叶派神学院学生在更大的社区组织了抗议和停课活动。伊朗安全部队动用了武力，打死了一批抗议者。库姆大屠杀标志着伊朗革命的开始，引发了长达一年的伊朗民众抗议活动，并确立了霍梅尼及其追随者作为革命领袖的地位。[47]

霍梅尼的演讲以小册子和录音带的方式通过纳杰夫走私到伊朗，指导当地的革命者。在演讲中，霍梅尼经常向其听众灌输，伊朗的问题归根结底是缘于美国控制了伊朗的石油财富。根据什叶派传统，逝者死后第四十天是公共追悼日，霍梅尼在次日发表演讲，将烈士们的牺牲归结为反对美国的反帝国主义斗争的一部分。霍梅尼宣称："美国……把沙阿强加给我们。他把伊朗变成了美国的一个正式殖民地。"霍梅尼在反思伊朗虽然有石油收入却依然贫穷时设问："[伊朗]所有的钱都去哪儿了？"他回答自己的问题时解释说，美国人通过其傀儡沙阿收割（fleeced）了伊朗人民的石油财富。"看看现在有多少美国官员在伊朗！他们拿着多么高的薪水啊！"霍梅尼感叹道，"这是我们的问题——我们国库里的一切都要被美国人掏空进入他们的口袋，如果还剩点零头，那也是进了沙阿和其团伙的口袋。"霍梅尼对比了美国人和沙阿随从的奢侈生活与德黑兰贫民窟以及伊朗农村的艰苦情况。在贫民窟里，穷人甚至连饮用水都没有；而在农村，赤贫的村民甚至试图用尿液治疗其孩子的沙眼。霍梅尼同样谴责美国帮助沙阿用军事手段镇压伊朗人民。他猛烈抨击卡特在竞选时鼓吹人权、就职后却支持沙阿的行径，甚至在沙阿屠杀自己的国民时也是如此。霍梅尼指出，卡特现在又说"我们在伊朗有军事基地，我们不能谈论人权。只有在我们没有军事基地的国家，尊重人权才是可行的"。[48] 通过这种方式，霍梅尼点明了美国主导的石油美元秩序的关键问题，比如美国派来的军事训练员以及迎合精英消费主义，并将这些问题与伊朗人民的民粹主义不满联系起来，从而动员了一场推翻美国主导的石油美元秩序的革命运动。

伊朗抗议者同样通过自己的行动表明他们反对伊朗与美国之间的石油美元相互依存关系。绝大多数抗议者都避免对包括美国人在内的民众使用暴力。但恐怖活动也时有发生。1979 年 1 月就有一名美国承包商在克尔曼被谋杀且抛尸街头，旁边的墙上喷着"回家"字样。抗议者经常捣毁为涉外交易提供服务的银行、迎合西方口味的酒店和播放好莱坞影片的电影院。革命者致信格鲁曼（Grumman）公司驻德黑兰办事处，指控该公司迫使伊朗政府购买不必要的武器，并威胁要破坏其在伊朗的业务。[49] 通过打击美国与伊朗的商业和军事联系，伊朗人象征性也实质性地削弱了美帝国主义及其石油美元秩序。

1978 年间，沙阿的警察和军队在美国武器的武装下，经常无差别地用武力镇压和平抗议和暴力抗议。革命者最终声称，从 1978 年 1 月到 1979 年 2 月，沙阿的军队杀害了 60 000 名伊朗人，学者们给出的数字从 3 000 到 12 000 人不等。[50] 即便按较低的估计数字，这也是现代伊朗历史上国内危机造成的空前伤亡。但伊朗政府的暴力行为非但没有压制异见，反而造就了一批新的烈士，催生了政权的新反对者和更大规模的抗议纪念活动。

随着 1978 年伊朗抗议活动的增加，他们越来越有可能推翻国王政权，进而摧毁美国主导的石油美元秩序的一根支柱。但卡特政府高层官员在这一年的大部分时间里都对此视而不见。部分原因在于，他们认为没有理由不相信美国的情报报告，而这些报告主要依赖于萨瓦克（SAVAK）的乐观评估，后者称沙阿的统治没有面临重大威胁。此外，白宫正忙于几项重大的外交政策安排，包括《巴拿马运河条约》、与中国的关系正常化以及与苏联的限制战略武器谈判。在中东地区，卡特政府将大部分注意力都集中在推动阿以和平进程，以及通过一项对埃及、以色列和沙特阿拉伯的大型军售计划上。[51]

同沙阿一样，沙特王室也对卡特竞选时的军售言论感到担忧。他们的当务之急是要求（卡特政府）明确福特时期向他们出售 F-15 战斗机的承诺，这是沙特国防大臣、苏尔坦（Sultan）王子在卡特政府就职的最初几周就一直强烈要求的。[52] 1977 年 2 月与万斯会晤时，法赫德表示沙特阿拉伯需要先进的战斗机来保卫自己和海湾小国，以对抗"被苏联武装到极致的地区其他国家"，暗指埃塞俄比亚、伊拉克、利比亚和南也门。[53] 在与布热津斯基的另一次会晤中，法赫德表示他需要武器来维持他在军队内部的支持。"除非我们有现代化的装备，否则沙特阿拉伯武装部队将士气低落。"法赫德说,"沙特阿拉伯武装部队的军官们会质疑,为什么他们无法获得他们需要的武器,而邻国却正从苏联获得大量武器。我很难解答军官的疑问,只能说我们正在从美国取得这些武器。"[54] 卡特政府并没有立即同意履行出售 F-15 的协议,但很快就认定该协议对于维护与沙特阿拉伯的牢固关系及后者对美国主导的阿以和平进程的支持非常重要。布热津斯基认为:"法赫德会希望进一步明确美国-沙特安全关系,以作为我们对阿拉伯态度的具体证据。如果有证据表明我们此时要背弃以前的承诺,可能会对他传递给阿萨德和萨达特的信息产生重大影响。"[55] 卡特政府因此再次对其限制军备目标做了例外处理,并在 1977 年 5 月向法赫德明确了其对 F-15 交易的承诺。[56]

与法赫德一样,萨达特也一直想获取更先进的美国武器,而且是想用沙特的石油美元支付。1977 年 2 月,萨达特请求购买 40 架诺斯洛普 F-5E "虎式"喷气战斗机。万斯支持萨达特的请求,称一些埃及军官"反对萨达特转向西方,认为恰恰是这种转向导致了苏联武器供应的减少。如果［与以色列的］谈判在理想时间内没有进展,而同时［埃及］武装部队的作战能力却被进一步削弱,那么萨达特改变政策或被赶下台的压力将是不可承受之重"。这"很可能开始从根本上瓦解自 1973 年 10 月战争结束以来所取得的一切成就"。[57] 卡特政府因此也支持对埃及的军售限制做例外处理。

卡特政府预见到这些军售可能会很难（在国会）通过,因此考虑延迟向国会提交对埃及和沙特的战斗机销售计划,直到完成对伊朗预警机的销售并以色列与阿拉伯邻国间的全面和平协议取得重大进展。但部分由于新任以色列总理梅纳赫姆·贝京（Menachem Begin）的谈判立场，和平进程在 1977 年末陷入泥潭。贝京来自保守的利库德党，坚定地寻求将西岸和加沙永久并入以色列。1977 年 11 月，萨达特访问耶路撒冷，试图重启和谈，但他这样做违反了泛阿拉伯在以色列占有阿拉伯土地期间不直接与以色列就外交事务进行接触的承诺。12 月，阿尔及利亚、利比亚、巴解组织、南也门和叙利亚召开会议，谴责埃及的单边主义，并呼吁对其采取报复行动。作为回应，埃及则断绝了同除巴解组织以外的所有与会国的外交关系。然而，尽管萨达特冒险一赌，但贝京在以色列保留加沙地带和约旦河西岸的问题上依然毫不退让，和平进程在 1978 年初仍陷入僵局。[58]

与此同时，非洲之角事件日益引发沙特人的担忧。1977 年 7 月，索马里入侵埃塞俄比亚，希望吞并欧加登——一个主要由索马里族群居住的埃塞俄比亚地区。虽然当时埃塞俄比亚和索马里均为左翼政权国家，莫斯科希望与两者都保持良好关系，但苏联在调解失败后决定支持埃塞俄比亚，并在 1977 年末前向埃塞俄比亚输送援助，派遣了数以千计的苏联部队，帮助岌岌可危的埃塞俄比亚军队。苏联越来越依赖于亚丁作为空军和海军基地，为其在埃塞俄比亚的部队提供补给，导致其在南也门的驻军和对南也门的援助不断增加。苏联在沙特南翼驻军的增加，以及南也门对阿曼日益好战的言论，均引起沙特的警觉。作为回应，利雅得终止了长达数年的旨在使南也门行为温和化的援助计划，转而在沙特-南也门边境集结军队。[59] 沙特人还以与南也门的敌对行动不断升级为由，说明他们需要美国加快提供武器。"海湾国家均仰望沙特，且将沙特阿拉伯视为保护他们的依靠。"法赫德在 12 月对万斯说："假设南也门攻击某个海湾国家，而伊拉克支援南也门……［伊拉克的］军力比沙特阿拉伯要强大。如果这样的事情发生在美国无法帮助沙特阿拉伯之时，后果不堪设想。"[60]

到 1978 年 1 月，法赫德已经没有耐心等待（卡特政府）将 F-15 销售协议提交（给国会）。当月，美国能源部长詹姆斯·施莱辛格（James Schlesinger）访问沙特时，法赫德向他抱怨说："苏联正在向该地区的沙特对手提供无限援助……比如米格-23 和米格-25 这样的尖端武器"，并表示"沙特阿拉伯现在迫切需要一些高性能飞机来保卫自己"。[61] 作为回应，万斯让大使约翰·韦斯特（John West）请法赫德"考虑推迟［军售］的好处，直到［阿以］缔造和平的努力恢复势头，为国会审议我们的请求提供更有利的氛围"，但法赫德拒绝了。他告诉韦斯特，"F-15 问题是我们两国关系的一个基本、关键的考验……他个人对迄时为止的延迟感到尴尬，且不愿再容忍这种尴尬"。[62] 卡特政府认定，任何进一步的拖延都会严重损害与沙特的关系，进而损害阿以和平进程。卡特政府于 1978 年 2 月初决定向国会提交对沙特阿拉伯销售 F-15 和对埃及销售 F-5 的协议。万斯在内部指出，这些销售既能满足两国的合法防御需求，又能借此增强埃及的信心，使其在美国的支持下同以色列进行谈判。[63]

布热津斯基和万斯相信，鉴于 F-15 被视为可能是世界上最先进的战斗机，且在沙特手中会被认为对以色列构成风险，因此国会很有可能不会批准向沙特出售该机型。为了提高胜算，卡特政府向国会提出了一项打包方案：沙特阿拉伯将以 25 亿美元的价格购买 60 架 F-15；向以色列出售的 15 架 F-15 和 75 架 F-16，货值 19 亿美元；向埃及一方出售的 50 架 F-5，货值 4 亿美元，由沙特支付。国会要么整体接受这个提案，要么全部拒绝，以避免打破政府设想的战略平衡。具有讽刺意味的是，在这种方式下，卡特政府是利用以色列渴望

第七章　改革与动荡　　231

的军购为抓手，帮助确保了由石油美元支付的美国武器销售到阿拉伯世界。[64]

除了把军售做成打包方案外，白宫官员还试图通过强调该交易旨在促进中东和平、维持该地区的军事平衡以及遏制来自利比亚等国的侵略行为，来预先化解亲以色列群体的反对。他们坚称，以色列的安全不会因此次交易受到威胁。[65]但不出所料，军售提案一经公布立即引起了亲以色列群体的强烈抗议。曾领导了反对福特政府1976年重新评估以-美关系运动的全国犹太社区关系咨询委员会（National Jewish Community Relations Advisory Council），发起了反对向沙特阿拉伯销售F-15的公关活动。美国以色列公共事务委员会（American Israel Public Affairs Committee）也游说国会反对这项交易，该委员会的预算在1974年至1980年间增加了两倍，部分原因是人们对阿拉伯国家石油实力不断上升的担忧与日俱增。[66]

紧接着的是美国历史上迄时为止关于石油美元-军工复合体最引人注目和旷日持久的公开辩论，亲以色列人士和普通的反对外军售人士共同反对这项交易。许多评论者明确支持以色列。保守派专栏作家威廉·萨菲尔（William Safire）在《纽约时报》上写道："向阿拉伯国家出售摧毁以色列的工具是美国的道德灾难。只要沙特拒绝直接［同以色列］谈判，只要他们是巴解组织的金主，那么国会议员，无论是谁，向他们出售美国武器都会让人反感。"[67]人们还提出了普遍的对核扩散的关切。《新共和》杂志发文质问谁"敢打赌，沙特一旦被美国武装到极致，不会像阿尔及利亚或利比亚那样，通过一次暗杀或起义成为革命左翼的先锋"？[68]来自马里兰州的民主党众议员克拉伦斯·朗（Clarence Long）认为不应该将武器出售给这三个国家中的任何一个，因为这不会有助于和平进程或他它们的总体福利。朗表示他对该提案"深感厌恶"，并称美国是"屠杀的推销员"。[69] 简而言之，将石油美元购买武器妖魔化的各色言论，均出现在了关于最新的中东军售打包方案的辩论中。而且，这些态度似乎是有效的。在众议院国际关系委员会 1978 年 5 月 2 日的早期表决中，37 名成员中有 22 人反对该项交易。[70]

1978 年 4 月 26 日，已然心力交瘁的法赫德担心（美国）国会不批准出售 F-15，他会见了约翰·韦斯特大使，以让卡特政府了解如果不获批可能带来的后果。其中一些（后果）已经成为石油美元相互依存关系的常规问题。法赫德指出，这样的失败（即国会否决交易）将损害利雅得在国内和阿拉伯国家间事务中的信誉，并认为"如果飞机交易失败，埃及将倒向苏联，那么沙特领导人该如何向其人民交代？埃及、伊拉克、叙利亚和其他国家将会利用各种媒体抨击［沙特政府］"。法赫德还列举了美国的经济和地缘政治损失，称"美国工厂将损失数十亿美元，这些资金本可以增进美国的繁荣"，且"我们唯一的选择是转向英国、法国和苏联购买我们需要的东西"。不过，法赫德也提出了一些远超石油美元相互依存框架内的考虑因素。将苏联列为潜在的武器供应国对沙特而言并不寻常，对美国来说则是警觉信号。而更令人震惊的是，由于缺乏美国的领导，法赫德对地区趋势的评估极为悲观，他就此展开了长达一个多小时的分析：埃塞俄比亚 1978 年 3 月在欧加登战胜了索马里，这表明苏联在非洲的势头正劲；利比亚、伊拉克、叙利亚和南也门已经追随莫斯科，如果埃及民众认定萨达特倒向华盛顿失败，埃及将不得不重新投靠苏联；苏联正在观察伊朗，或许正在鼓励伊朗革命，以让共产党上台，获取沙阿的武器储备。法赫德认为："整个计划就是要包围沙特阿拉伯。一旦被完全包围，沙特阿拉伯将别无选择，只能用玫瑰花瓣欢迎苏联。"法赫德显然在利用这种全局性的沙盘推演来争取美国对 F-15 销售的支持。但鉴于这些担忧与沙特此前和之后的行动一致，因此也很可能是真实存在的，这表明沙特对自身安全的担忧在增加，这是自 1973—1974 年石油禁运以来从未有过的。约翰·韦斯特向法赫德明确，无论如何，卡特对 F-15 交易的"支持是坚定不移的"。[71]

不过，沙特的游说并没有仅局限于白宫。石油美元繁荣增加了沙特人与美国人的联系，使他们更加了解如何游说美国国会和公众，石油美元还提供了大量游说资金。沙特政府聘请美国广告公司指导媒体宣传，为美国出售 F-15 争取公众支持，同时聘请美国律师事务所游说国会议员。其中一位受邀游说者是弗雷德·达顿（Fred Dutton）。在 1975 年接受作为沙特王国首席法律代表这一高薪职位之前，达顿作为律师和民主党政治中的杰出人物已有十五年的职业经历，他利用自己在华盛顿的知识和人脉，将沙特的游说活动做到了极致。[72] 游说活动的一项重要工作是动员美国公司为沙特请愿。例如，柏克德和计算机科学等公司迅速游说国会议员支持销售，这并不是因为它们与 F-15 销售有直接关系，而是因为它们担心军售失败可能会对沙-美关系产生压力，进而危及其当前和未来在沙特阿拉伯的业务活动。[73] 柏克德公司感到紧迫，是因为达顿在沙特工业部任职，负责与柏克德谈判诸如朱拜勒工业城等项目的合同。[74]

无论是游说国会的个别议员还是普通公众，亲沙特的宣传主题都是一样的：阿拉伯世界和美国间的相互依存。在《时代》和《新闻周刊》上发布并随后寄给国会议员的广告中，光鲜亮丽的彩色图片赞颂着利雅得和华盛顿之间的"特殊关系"。[75] 由于意识到美国人对石油资金被用来颠覆美国制度这一想法普遍敏感，亲沙特宣传因此强调软性推广，指出美国人和阿拉伯人彼此需要，他们可以在贸易、国防以及中东北非稳定等问题上积极合作。然而，这种宣传活动也产生了一句更严峻的潜台词，即不合作可能会损害美国的利益，这些利益包括降低石油价格和沙特继续支持美元。[76] 媒体中也有声音支持受雇的游说者，认为相互依存符合阿拉伯和美国的最大利益。《纽约时报》发表社论称，既然沙特很容易购买法国战斗机（法国正在积极推销），那么美国向沙特出售 F-15 战斗机以更方便地控制沙特飞机的使用方式就合情合理了。《纽约时报》注意到，不管是哪个国家做成了这笔飞机交易，都要负责培训飞行员并提供地勤人员，该报得出结论认为："似乎无法想象，美国人或以色列人希望未来的监控权不是由美国人掌握。"[77]

1978 年 5 月初，亲以色列和亲沙特的游说团体争论不休，参议院有可能会投票阻止这项交易，这可能会导致众议院同样跟进进而破坏整个交易。作为对亲以色列力量的妥协，卡特政府于 5 月 9 日提议向以色列再出售 20 架 F-15 战斗机。加上此前的销售计划，打包军售提案的通过将让以色列和沙特各拥有 60 架 F-15 战斗机。卡特政府还给出了书面保证，表示不会向沙特提供 F-15 战斗机的某些导弹能力，且沙特不会把这些飞机部署在以色列附近。[78] 尽管做出了这些让步，卡特政府仍未能说服参议院放弃就这项销售进行议会辩论和投票。[79] 在当时，卡特向每个参议员发送了一封信，为这项打包军售提案辩护。卡特写道："对埃及和沙特阿拉伯的拟议军售有益于以色列的长期利益。支持中东的温和力量并增进他们与美国的密切关系，符合以色列的利益。"卡特指出，参议院面临的问题是，"我们是应该支持和信任中东地区那些致力于温和与和平的人们，还是应该拒绝他们，破坏他们对我们的信任从而助长激进分子的事业？"[80]1978年5月15日，参议院支持卡特，以54票对44票通过了这项打包军售计划。[81]

卡特政府庆祝了它的成功，但也承受着针对它和沙特阿拉伯的最后一波批评。"我们想要对以色列人做什么？"来自纽约州的共和党参议员雅各布·贾维茨（Jacob Javits）在参议院投票前问道："消磨他们的活力？削弱他们的士气？把他们的腿砍断？"提案通过后，来自纽约州的民主党参议员丹尼尔·帕特里克·莫伊尼汉（Daniel Patrick Moynihan）感叹道："［美国和以色列之间的］信任纽带已经断裂。"来自纽约州的一千多名犹太学生在白宫外示威，一些人抬着象征"美国道德之死"的棺材。[82]评论员指出，民主党的重要选民群体——许多犹太裔美国人不再支持卡特，因为他们认为"卡特的中东政策受到美国和世界经济对阿拉伯石油和石油美元依赖的强烈影响"，并反对类似对沙特销售F-15的政策。[83]竞选人卡特曾批评福特过于偏袒阿拉伯人，但总统卡特发现自己也因为试图平衡外交政策而受到同样的攻击。

尽管美国的亲以色列游说团体仍然强大，但打包军售提案也预示着美国政策的转向。由石油美元带来的沙特阿拉伯-美国之间的相互依存关系，使沙特在华盛顿的影响力远超以往。沙特现在可以号召在沙特阿拉伯开展业务的大量（美国）企业为其游说，聘请最灵活且（同华盛顿）关系最好的美国公共关系公司，并提醒美国政府及公众，沙特阿拉伯可以通过石油价格和石油美元投资来帮助或损害美国经济。这些策略最终转化为一项重大的立法胜利，沙特因此获得了世界上最先进的武器之一，这是美国此前在亲以色列游说团体的坚决反对下从未向阿拉伯国家提供过的武器。此外，尽管 F-5 远不如 F-15 或 F-16 先进，但这仍是美国首次向埃及销售战斗机，标志着两国在建立军事关系方面迈出了重要一步，而这些交易均由沙特石油美元支付，扩大了三角石油美元关系中的军火贸易。虽然美国的亲以色列游说团体仍然比任何阿拉伯游说团体都更有影响力，但亲以色列的支持者还是被这次投票结果所震惊。以色列支持者使用的极端形象表明，他们担心，石油美元资助的（美国国内的）阿拉伯支持者会在（美国）政府舆论战中占据重要地位。"国会议员一度并不关心阿拉伯人对他们的看法，"一位亲以色列游说者承认，"现在这种态度已经普遍软化。他们担心阿拉伯人不喜欢我们。"[84] 亲阿拉伯团体能否继续增加其影响力还有待观察，但是以色列的支持者忧心忡忡。

这项军售还在阿拉伯媒体中引发热议。以阿以冲突为背景，伊拉克媒体利用这项军售攻击沙特-美国联盟，抓住的焦点是卡特政府对美国国会的保证，即不会向沙特提供 F-15 战斗机的某些导弹能力，且沙特不会在以色列附近部署这些战斗机。《革命报》上的一系列文章批评该交易向埃及和沙特阿拉伯提供劣质的、纯粹防御性的武器，同时向以色列提供进攻性武器，从而确保埃及人和沙特人无法夺回失去的阿拉伯土地，却使以色列人能够为未来的侵略做好准备。一篇文章宣称，这笔交易"为敌人［以色列］提供进攻性的美国飞机，为埃及和沙特阿拉伯提供落伍的防御性飞机"。[85] 另一篇文章批判性地引用了一位沙特消息人士的话，称"美国卖来的飞机仅能用于防御目的"。[86]

相反，沙特媒体则大肆渲染其即将获得的先进技术的重要性，以此证明其与美国构建石油美元关系的好处。例如，在美国参议院支持向利雅得出售 F-15 战斗机后不久，沙特的《麦地那报》刊登了一篇文章，专门介绍《时代》杂志的封面报道是"关于［沙特阿拉伯］王国的特别报道，这个大沙漠之国正在进入喷气机时代"。《麦地那报》指出，美国顶尖期刊将 F-15 战斗机交易视为沙特近年来在技术和军事方面快速进步的证据，表明这笔交易以及与美国达成的其他交易的价值不仅仅是沙特王室的说辞，而且是被广泛报道的事实。[87] 沙特领导层对这项交易所表现出的兴奋看上去是真实的。根据与沙特高层官员的接触，韦斯特报告称他"确信沙特人深表感激，并认为他们欠了［卡特］一个人情……沙特王室已经全力支持这项销售，而（国会的）赞成票证明了他们的亲西方政策是正确的"。[88]

在总统竞选期间及其 1977 年 5 月发布的军售政策中，卡特曾使用过有关限制美国军售的笼统措辞，而今他发现，传统的军控倡导者和以色列的支持者均对他很失望。其批评者的观点不无道理。卡特曾推动向一些新客户国家出售世界上最昂贵、最先进的武器，特别是向伊朗出售预警机和向沙特阿拉伯出售 F-15 战斗机。卡特政府还在美国和埃及之间建立新的军供关系方面迈出了重要一步。

在内部，卡特政府也有理由对自己遏制全球武器贸易的努力感到失望。美国中央情报局 1978 年 7 月发布的一份机密报告称，1977 年美国军售总额下降了 6%，但全球武器出口总额却增加了 12%，这在很大程度上是由于欧洲和苏联出口的增加。报告指出："尽管西方政府和苏联口头上说要在［武器］销售方面展开合作，但没有哪个国家真的考虑过限制销售。相反，它们继续在传统市场上大力开展军售，并寻找新的市场机会。"报告预期，如果华盛顿继续单方面限制武器销售，跟随美国的欠发达国家将越来越多地从西欧购买武器，而与苏联结盟的欠发达国家将继续从华约国家购买武器。不要指望西欧会减少其武器出口，因为这些出口创造了就业机会，产生了出口收入且降低了单位成本；也不要指望苏联会减少其武器出口，因为这些出口为苏联提供了急需的硬通货，并帮助苏联影响其附属国。[89]

不过卡特政府还是可以称道美国在控制军售方面取得的成功。1978 财年，卡特政府实现了将对"上限国家"（北约成员国、日本、澳大利亚和新西兰以外的国家）的涉军交易（武器和军事设施建设）价值比前一年下降 8% 的目标，扭转了美国军售不断攀升的趋势。[90] 另外，从 1973 财年（当年油价开始飙升）到 1976 财年，美国年均军售总额为 98.1 亿美元，而 1977 财年和 1978 财年为 64.2 亿美元，下降了约 35%。同样在这两个时期，美国与中东北非地区的新军售协议降幅更大，从年均 67.1 亿美元下降到 35.8 亿美元，降幅高达 47%。[91] 卡特政府强调限制军售，得到了对此更加积极的国会的支持，这很大程度上促成了美国对外军售的下降。

在 1978 年 9 月之后，卡特还可以拿出埃及和以色列签署的《戴维营协议》为例，证明他所选择的军售例外情况是明智的。卡特对马上同阿拉伯各方达成协议感到无望，但又担心和平进程会崩溃，于是将贝京和萨达特请到美国，进行了长达十三天的艰苦谈判，最终达成了一项框架协议，即埃及将很快与以色列实现关系正常化，以换取以色列在三年内从西奈半岛撤军，并为以色列、其周边阿拉伯国家和巴勒斯坦之间的未来会谈给出了不具约束力的建议。谈判几度濒临失败，但卡特的斡旋和使用超级大国胡萝卜加大棒的能力，对谈判的继续进行发挥了至关重要的作用。事实上，由于贝京坚持要求以色列保留西奈半岛的部分领土，萨达特一度收拾东西准备离开。卡特恳求萨达特相信他能改变贝京的想法，但同时也警告称，如果萨达特现在离开，埃及和美国之间正在发展的特殊关系将会终结。萨达特肯定在一定程度上考虑到可能会失去他刚刚获得的、多年来为之奋斗的购买美国武器的机会，所以留了下来。[92] 韦斯特大使还认为，美国对沙特的军售对后者支持举办戴维营会议至关重要。"我认为可以这么讲，如果不是在 F-15 交易上采取了明智的行动，就不会有戴维营谈判。"韦斯特报告说，由于卡特亲自参与了交易的获批过程，"萨达特认为他可以信任总统，沙特人觉得他们可以在（戴维营会议的谈判）努力中同时支持萨达特和美国"。[93]

因此，到 1978 年秋季为止，卡特政府在全球军售问题上既有成功，也有失败。得益于普遍支持控制常规军售的国会和美国公众，有时他们的支持力度甚至超过行政部门，卡特政府在就任头两年就实现了美国对中东北非地区及世界其他地区军售的明显削减。而且，卡特政府还是在维持美国的战略联盟的同时实现了这些削减。在卡特政府推动的那些大型打包军售案例中，卡特政府可以用那些旨在实现长期和平的地缘政治成就来证明这些军售方案的合理性，其中最显著的就是《戴维营协议》。但在这段时间里，在通过与苏联或西欧签订双边或多边军备削减协议来实现削减全球军售的努力中，卡特政府失败了。卡特仍然对达成协议抱有希望，但其他主要的军火出口国已经大大弥补了美国单方面削减军售留下的供应缺口，美国的主要目标因此落空。

然而，即使在最乐观的评价中，事实依然是，卡特政府向富油的集权政权如伊朗和沙特阿拉伯、接受石油美元援助的集权政权如埃及，以及在被占领土上不断扩大定居点的以色列销售武器。美国在此过程中继续支持那些经常践踏人权、剥夺数百万人民主自治权利的政府。这是一个道德问题，也是一个战略问题，因为盟国政权部署了美国武器后，美国就失去了当地的民意支持，当地人民可能会采取反对美国的行动或最终（从君主手中）夺取自己的权力。1978 年 10 月 5 日，在众议院关于减少军售的听证会上，来自纽约州的民主党众议员史蒂芬·索拉兹（Stephen Solarz）向负责军控和国际安全事务的副国务卿露西·本斯顿（Lucy Benston）提出了这个可能性，并提到伊朗日益升级的动荡局势。他讽刺地问本斯顿的部门是否已经做好了"如果沙阿觉得有必要流亡，准备让他乘坐我们卖给他的一架预警飞机离开"的安排。本斯顿回答说没有这样的安排，并将伊朗的动荡归因于沙阿的人权改革。[94]

然而，1978 年秋天的另一个问题分散了卡特政府对伊朗动荡严重性的注意力：美元持续贬值。除沙特外，欧洲盟友也越来越多地向卡特施压，要求其降低美国通货膨胀率、提升美元汇率、将美国油价提高到全球水平以减少全球供应压力，改善美国的贸易平衡。美国的石油进口额从 1973 年的 80 亿美元上升到 1977 年的 470 亿美元，这加大了对 OPEC 石油的需求，从而推高了全球油价。石油进口也成为美国贸易逆差不断增长的最重要的单一影响因素，1977 年，石油进口占美国贸易逆差的近一半。不断增长的贸易赤字反过来又导致美元贬值，增加了 OPEC 决定提高（石油）价格的风险。为了扭转这种趋势，卡特在 1978 年 7 月承诺取消美国对国内石油价格的控制，允许石油价格在 1980 年底前上涨到全球市场水平。但这需要时间，此间美元继续走软。8 月，布卢门撒尔担心美元持续贬值可能引发国际金融危机。[95]

因为美元的不断贬值削弱了OPEC的实际收入，OPEC内部关于将石油定价改为一篮子货币而非美元的言论越来越多，卡特政府对此有所警觉。伊朗和沙特此前一直在阻止这一举措，但OPEC其他成员近几个月一直在推动这一想法，并希望能取得成功。[96]美国财政部认为，外汇市场将对这一举动做出激烈反应。OPEC已经对美国的货币政策感到不安，而它采用一篮子货币会被视为美元贬值的补充证据，并引发对美元的挤兑。这种可能性令卡特政府非常担忧，因此卡特政府在1978年9月决定，"美国应尽最大努力说服OPEC不要按一篮子货币的价值定价石油"，而且这一目标甚至比避免OPEC提升油价更为紧迫。[97]

随后的10月，美元急剧贬值。为了避免危机，卡特政府于1978年11月1日宣布了更为紧缩的货币政策，大幅提高联邦储备利率，通过抑制国内通货膨胀和吸引外国投资者来提高美元价值。这与卡特政府之前优先考虑刺激经济的做法大相径庭。新举措成功阻止了美元贬值，但却有可能引发失业率走高。[98]尽管卡特政府出于多种经济原因采取了这一政策，但对油价和石油美元的担忧还是占据了突出位置。一位白宫官员解释说："我们在美元问题上采取痛苦措施的原因之一，是为了在油价问题上给自己更多的筹码。"[99]然而，就在卡特政府对美元危机采取了可行的政策之时，伊朗危机也达到了临界点，最终将引起美国领导层的注意。

第八章

革命与入侵

1979年2月1日，霍梅尼结束了14年的流亡生涯回到伊朗。沙阿已于16天前逃离伊朗。当霍梅尼从德黑兰的梅赫拉巴德机场走下包机时，记者和支持者纷纷向他致意。[1]霍梅尼向聚集的人群发表了简短讲话，感谢"全体国民"为推翻沙阿所做的非凡努力和牺牲。他接着重申了推翻这个"叛徒"的必要性。"他把我们国家的文化变成了殖民文化。"霍梅尼宣称，"他耗光了国库、毁掉了国家，使他的军队和军事依赖于外国军队和顾问……当外国人的手从我们的国家被斩断、所有君主制政权的根基从我们的国土上被根除时，我们的胜利将会到来。"[2]霍梅尼讲话结束后，车队缓慢地穿过德黑兰街道，数百万伊朗人欢呼雀跃，用支持的歌声和喜悦的泪水迎接他。[3]

　　在那天的演讲中，霍梅尼没有点名批评美国，也没必要。伊朗人知道华盛顿是沙阿最主要的外部支持者。为确保革命和随后的政府稳定，霍梅尼经常提及伊朗对美国石油美元经济、美国主导的全球化以及美帝国主义的不满，以激励其政治信众。霍梅尼迅速兑现了其摧毁美帝体系的承诺，实现了伊朗与美国在政治和经济上的决裂，并对美国在中东和北非地区的盟友发起了严峻挑战。伊朗革命以及随后伊朗与美国的紧张关系，还引发了1979年至1981年的第二次石油冲击，最终使油价上涨了两倍，破坏了美国的经济政策，同时也为石油出口国（OEC）带来了新的石油美元暴利。卡特政府目睹了美国主导的石油美元秩序在中东北非地区的重要支柱之一（即伊朗）在反美主义和伊斯兰革命的洪流中被破坏和动摇。事实证明，伊朗革命是对美国石油美元秩序的最大逆转，美国的一个主要盟友变成了美国的一个主要对手。1979年和1980年，中东北非地区发生了更多危机——其中许多都受到了伊朗革命的影响（还有伊朗革命之外一次危机的影响，即苏联武装入侵阿富汗）——进一步挑战了美国的石油美元秩序，使整个结构的可行性受到质疑。

尽管伊朗革命对美国在中东北非地区的石油美元秩序构成了迄时为止最大的挑战，但霍梅尼主义无意中加强和扩大了美国与其他海湾君主国之间的石油美元相互依存关系。尽管担心沙特政权的存续性，但卡特政府还是决定不惜一切代价防止失去盟友沙特阿拉伯，否则美国的重大利益将受到威胁。为了维护沙特和其他阿拉伯联盟，美国进一步加强了与石油美元的相互依存关系，尤其是在军售领域。卡特政府放弃了军售限制目标，转而大举向中东北非地区出售武器，以加强盟国政府的安全性，并向这些军购国政权保证美国对它们的承诺。美国的盟友政权，尤其是沙特王室，担心不断高涨的激进主义浪潮和苏联的行动可能推翻他们的统治，所以支持卡特政府的战略甚至进一步将其推向深入。与此同时，第二次石油危机确保了阿拉伯君主们有大量的石油美元用于消费和投资，以巩固美帝国及这些君主国在其中的地位。

在 1978 年的夏季，沙阿试图通过表面上的改革和内阁重组来平息反对派的不满，同时实施戒严令，并更加残暴地打击公开的反抗活动。这既没有赢得反对派的支持，也没有使其屈服。1978 年 9 月 8 日，沙阿军队在德黑兰对一次大规模和平抗议活动肆意射击，大致估计的死亡人数在 500 到 900 之间。作为回应，伊朗各行各业发起了大规模的持续罢工，包括炼油厂、石化工厂和公务员系统。到 10 月，伊朗经济已经瘫痪，石油产量降至正常水平的 28%。同月，伊朗劝说伊拉克驱逐霍梅尼，显然是为了扼杀后者的影响力，但这位阿亚图拉重新回到巴黎后，反而更容易与伊朗的持不同政见者建立联系，也更容易获得国际媒体的关注。[4]

迟至 1978 年 10 月，卡特和美国大多数高级官员仍然对伊朗局势的严重性一无所知。11 月 2 日，美国大使威廉·沙利文（William Sullivan）发出一份电报，称他估计沙阿可能很快就会因局势恶化而退位，这终于促成美国召开高层会议讨论伊朗问题。在布热津斯基的敦促下，卡特向沙阿表示了无条件支持，但他拒绝主动向沙阿提供后续行动建议。沙利文越发担忧，于 11 月 9 日又发出一份高级别电报，题为"思考不可思议之事"。他提出美国需要立即开始设计和实施应急预案，以应对可能发生的沙阿倒台情况。万斯强烈主张国王需要推行更多的民主改革来扩大其政治基础。而布热津斯基则反驳说，沙阿或美国所选择的其他人需要更多地展示武力，以迫使抗议者屈服。卡特对他迄时为止收到的情报质量之差感到震惊，也没有选择万斯或布热津斯基任何一方的建议，而是下令重新研究局势。[5]1978 年 12 月 2 日，布热津斯基向卡特写了一份备忘录，概述了他的判断，即大中东地区的"危机之弧"正成为美国"最大的脆弱所在"。布热津斯基说：

"伊朗和巴基斯坦的难题同时浮出水面……有理由相信，沙特阿拉伯的政治结构已开始出现问题。"关键国家的"脆弱的社会和政治结构"有可能崩溃，并为亲苏联势力夺取政权创造机会，尤其是"因为该地区普遍认为美国不再能够提供有效的政治和军事保护"。布热津斯基认为，"伊朗/沙特取向的转变"将对西方联盟的凝聚力构成前所未有的威胁，"使我们的一些重要盟友采取更加'中立'的态度。一句话，这将意味着全球权力结构的根本转变"。[6] 布热津斯基的结论是，美国主导的石油美元秩序，乃至全球的美帝国体系都处于危险之中。

与此同时，沙阿的反对派展示了日益强大的力量。1978年12月11日，抗议者在德黑兰组织了一次大规模集会，估计参与人数超过两百万。聚集在一起的伊朗人通过欢呼鼓掌批准成立了由霍梅尼领导的伊斯兰共和国，并呼吁实现社会正义和驱逐帝国主义者。[7] 此间，石油工人的罢工使伊朗的石油工业陷入瘫痪。由此导致的全球石油供应减少和不确定性氛围推高了石油现货价格，在石油输出国组织12月16日至17日的会议上，部长（大臣）们同意在1980年间逐步将基准油价从12.70美元提高到14.54美元，最终涨幅达14.5%。[8]

1978年的大部分时间里，沙阿笃信国家武装镇压再结合些许让步可以维系巴拉维王朝。然而到了年底，面对全面的叛乱，他显得不再确定和犹豫不决。使用更大的力量似乎不现实，因为许多士兵已经拒绝了开枪的命令，甚至公开支持霍梅尼。政治自由化或经济公正的承诺在数十年的空头支票之后已然毫无意义。1979年初，沙阿屈服于反对派的压力，任命了最后一位总理沙普尔·巴赫蒂亚尔（Shapour Bakhtiar），他是一个偏左的自由派，主张将君主制变为名义君主制。巴赫蒂亚尔就君主无限期出国旅行的协议与沙阿取得一致，后者于 1979 年 1 月 16 日启程。巴赫蒂亚尔随后努力确立自己统治的合法性，下令释放所有政治犯，废除萨瓦克，开始审查主要的对外商业合作，终止对以色列和南非的石油销售，并承诺减少军费开支。但反对派中的很多人仍然谴责他是叛徒，哪怕他只是短暂地在沙阿手下工作过。巴赫蒂亚尔有理由担心霍梅尼有意夺取权力，他首先试图阻止后者回到伊朗。[9]当这被证明不可行时，巴赫蒂亚尔宣布，如果霍梅尼宣布建立伊斯兰共和国，他将对其采取"强硬行动"。[10]卡特政府更喜欢相对温和的巴赫蒂亚尔，私下向他表示，如果霍梅尼回到伊朗，他们支持逮捕霍梅尼。[11]1979 年 2 月 1 日，霍梅尼降落在德黑兰，打算与这位总理展开对决。

霍梅尼在穿行首都的途中，在安葬着许多革命烈士的一处德黑兰墓地发表了另一次演讲。他在讲话中对美帝国主义及其在伊朗的石油美元秩序进行了多次攻击，通过引导民粹主义的愤怒来号召伊朗人支持他的运动。霍梅尼再次谴责毁了伊朗经济、同时"扩大了我们的坟墓"的沙阿为"邪恶的叛徒"。他指责沙阿故意削弱伊朗经济，使伊朗依赖于美国，并称沙阿及大臣们已经

> 把我们的石油都送给了外国人——美国和其他国家……作为回报，他们得到了用于为美国建立基地的武器！我们把石油送给了美国，还为它建造了军事基地……美国将武器带入我国，如果没有美国军事顾问和专家在身边，我国的军队根本无法使用这些武器。这才是我们石油的（真正）问题所在，如果这个人继续执政（这天理不容），我们的石油恐怕就枯竭了。如果他继续统治，我们地下的石油就会枯竭，由于我们的农业已经遭到破坏，那么

这个国家就会彻底陷入贫困，不得不给外国人当苦力。因为这个人（沙阿），因为这个原因，我们在哭泣。我们的青年为此流血，因为我们渴望自由。

霍梅尼指责巴赫蒂亚尔只是得到了美国人和英国人的支持，而他则将在伊朗人民的支持下任命一个合法政府。他警告伊朗人民说，美国想让"我们所有人回到同样的境地……让美国吞噬我们的一切。我们不会允许这种情况发生"。霍梅尼将说给伊朗军人的话作为演讲的结尾。他感谢加入革命的伊朗士兵，并向伊朗高级军事官员建议："全国上下都在说，军队应该独立，不应该受美国和外国军事顾问的指挥。来加入我们吧。"[12]

1979年2月5日，霍梅尼宣布成立政府，由自由派学者梅赫迪·巴扎尔甘（Mehdi Bazargan）担任临时总理。经过四天的僵持，仍然效忠于巴赫蒂亚尔的帝国卫队精英部队试图镇压在德黑兰宣布效忠霍梅尼的几支空军学员和技术人员队伍。革命游击队和普通市民迅速加入了支持霍梅尼的士兵队伍，经过两天的战斗、数百人死亡后，帝国卫队被打败，伊朗军队承认了巴扎尔甘政府。霍梅尼控制了伊朗。2月21日，华盛顿不情愿地承认了巴扎尔甘政府，希望挽救伊朗与美国的关系。[13]

自尼克松时代开始，美国政府一直致力于在美国和中东北非之间建立石油美元相互依存的关系，认为这种胡萝卜加大棒的结合，将确保伊朗和沙特阿拉伯等关键国家的友好行为。伊朗革命被证明是这一政策迄时为止最大的失败。尼克松、福特和卡特政府曾期望通过与伊朗和阿拉伯世界在发展项目以及军事和安全建设方面的贸易与合作，增强盟友政权的稳定性，并将它们与美国联系在一起。伊朗打破了这些预期，因为沙阿的石油美元项目和美国在日益高压的安全部队控制下的高调存在感引发了众怒，最终摧毁了沙阿政权。卡特政府采取了一些温和的措施，试图在人权和军售方面改革沙阿的统治，但并没有放弃对其独裁统治的大力支持。许多人后来争论说，卡特和沙阿本可以通过更强硬的武力展示来阻止革命，但1978年一年的国家武装镇压只激起了伊朗反对派的斗志。只有在20世纪70年代中期在伊朗推行一种截然不同的石油美元秩序——一种沙阿所厌恶的秩序——伊朗才有可能避免暴力革命。同样地，除非沙阿的治理方式发生彻底改变，否则美国避免在伊朗人民心目中成为恶棍的唯一办法，就是结束与沙阿的石油美元联盟，转而毫不妥协地反对他的暴政。

对沙特人来说，伊朗革命只是让他们确信敌对势力正在包围沙特阿拉伯的最新、最重大的事件。沙特一直感到失望的是，美国未能阻止苏联和古巴人员涌入埃塞俄比亚和南也门。1978年4月，阿富汗共产党人通过政变成功夺取了喀布尔的政权，这让利雅得进一步确信苏联正在包围海湾地区。6月，北也门和南也门的元首均遭暗杀，这显然是一次更加激进的势力成功夺取亚丁政权的努力的一部分。9月，哈立德和法赫德向韦斯特大使表达了他们对南也门正在积极致力于推翻北也门政府并将也门人团结在其统治之下的担忧，他们告诉韦斯特，北也门局势的紧迫性与阿拉伯-以色列冲突的紧迫性相当，甚至有过之而无不及。哈立德对于计划"包抄我们"的势力发出警告，并认为"埃塞俄比亚、阿富汗发生的事情和伊朗现在发生的事情，应该给我们伟大的美国朋友敲响了警钟，就像给我们敲响了警钟一样。阿拉伯南部的局势如果得不到扭转，对你们和我们都将是灾难性的。"法赫德说："对我们来说，非常、非常重要的是，我们要直接、清楚地知道，在这种情况下，你们将采取什么行动来挽救局势？是会像对待某些朋友那样匆忙赶来营救我们，还是要等到土掩尸首、尘盖焦骸时才出手？"[14] 韦斯特于1978年底向万斯报告称："在沙特人看来，过去一年也门和伊朗发生的事件，已经提供了所有的额外证据（如果还需要证据的话），表明苏联就是冲着他们的石油来的"，并且随着"主要来自北也门的近100万也门人"在沙特阿拉伯工作，沙特人认为："如果北也门是苏联支持的政权，第五纵队通过这里（沙特）的也门劳动力开展活动的可能性就非常大。"[15]

沙阿政权的垮台使得沙特王室认定，他们需要测试并明了美国是否真的愿意且有能力在这个危机时期支持他们自己的君主政体。1975年被任命为外交大臣的沙特·本·费萨尔（Saud bin Faisal）亲王会见了韦斯特，并要求美国对不断扩大的苏联影响力量做出防御承诺，他认为苏联对大中东地区的冒险主义"是由于美国对其行动缺乏回应而受到鼓舞"。韦斯特相信"沙特对防御承诺的要求甚至比它说出来的还要多。拒绝参与应急计划将被解读为美国无能或对沙特阿拉伯并不在意"。[16] 韦斯特在10天后重申了他的看法，即沙特重视美国对沙特安全问题的回应，并表示："尽管与苏联和解的想法让沙特人不快，但我们不相信他们会将此排除在考虑范围之外。如果他们不喜欢他们（对我们）试探和测试的结果，他们可能会不情愿地得出结论：他们别无选择，只能接受他们所看到的现实。"[17] 中央情报局同意韦斯特的判断，其在1979年1月26日的报告中指出："沙特请求美国的防御承诺……（要美国）计划安全应急措施，旨在测试美国的意图……如果沙特认为美国对其安全关切回应不足，他们可能会转向更加不结盟的政治立场，并减少在能源领域满足美国利益的意愿，或者是不支持美国主导的中东和平努力。此前不可想象的——与苏联达成某种和解——也会成为一种可能。"中央情报局指出："沙特高层对美国在伊朗危机中的反应（在前者看来很不尽如人意）感到'非常不满'。现在，沙特人深感忧虑的是，如果沙特遭遇类似规模的危机，美国将如何反应。"[18]

沙特政府对自身的存续充满危机感，因此寻求美国以增加军售和共同计划协调应对该地区潜在威胁的形式，提供切实的保证。韦斯特引用了沙特一位知情官员的话来总结沙特的立场，他说他们正在寻求美国的承诺，"就像你们对以色列人所做的那样……没有条约，但你们总是响应以色列的需求……这就是我们沙特阿拉伯时下想要也需要的理解"。[19] 实际上，为求生存，沙特王室正在加倍依赖美国的石油美元秩序。

伊朗革命加剧了卡特政府对沙特稳定性的担忧。在沙阿逃离伊朗一周后的 1979 年 1 月 23 日，卡特政府许多高官开会讨论了西南亚和沙特阿拉伯的问题。他们普遍担心其他中东北非的盟友爆发同样的革命。布热津斯基认为，西南亚国家"面临着社会变革的累积负担，这对这些国家的社会结构构成了挑战"，因此易受苏联扩张政策的影响。布卢门撒尔感叹道："我们面临一个悖论——更多的经济资源并不一定会改善局势。事实上，它们可能会加速社会结构的解体，从而使情况恶化。例如，在沙特阿拉伯，如果我们敦促过快开采石油，就会造成不稳定。"[20] 在随后的 2 月 1 日的一次会议上，美国国防部长哈罗德·布朗（Harold Brown）承认他不知道沙特君主政体是否比沙阿更

第八章 革命与入侵　　253

接近其各自民众，并认为美国的军事援助不能解决一个盟友国家严重的内部问题。[21]

尽管担心社会动荡，但卡特政府高层官员很少考虑美国是否应该结束石油美元秩序或自该地区撤出其帝国（影响）。他们认为，美国需要解决该地区的社会动荡问题，而不是逃避。此外，他们并不认为美国在该地区的存在或与该地区的联系本质上会破坏稳定，通常情况下恰恰相反。伊朗革命后的大多数讨论都集中在安抚中东忧心忡忡的盟友上。"沙特人和其他［西南亚］国家对我们［向他们作出］的承诺感到不确定。"参谋长联席会议主席大卫·琼斯（David Jones）将军在1979年1月23日的会议上说，"我们需要制定一个清晰而连贯的政策，类似于'卡特主义'。我不清楚这个政策应该包括什么，但我们需要重建信任。也许我们需要在马西拉［阿曼］或其他地方部署少量美军，或者同沙特人联合规划。"[22] 布热津斯基表示同意，并指出"那里［阿拉伯地区］的关键词是'保证'"。布朗补充说，沙特人"需要看到结果，而不仅仅是进行磋商"。[23] 布热津斯基表示赞同。

除了安全问题方面的考虑，卡特政府也强烈希望降低飞涨的油价，且认为沙特阿拉伯是实现这一目标的关键。布卢门撒尔在1979年1月23日的会议上提出，美国几乎没有经济筹码来说服沙特阿拉伯降低油价并提高石油产量；相反，沙特阿拉伯在经济上却对美国有很大的影响力。但沙特阿拉伯指望美国的安全保障，既购买美国武器并需要美国为其军队提供培训，又依靠美国军队遏制外部威胁。因此，美国在安全方面对沙特阿拉伯有很大的影响力。他最后总结说："我们需要面对这样一个格局，就是利用两国之间的安全关系，在经济方面从他们那里得到我们想要的东西。"[24] 卡特政府的核心官员们认为，沙特在石油价格方面的援手将是美国安全援助的交换条件——唯一的焦点就在于应如何向沙特明确说明这层联系。当副国务卿沃伦·克里斯托弗（Warren Christopher）提出，沙特很可能会对美国将安全与沙特降低油价明确挂钩反应冷淡时，布朗反驳说，沙特人"必须知道，我们爱他们只是因为他们的石油"。布热津斯基认为，这种联系不应明说，但可以在共同安全关切的框架内进行讨论。[25]

1979年2月中旬，卡特派布朗前往中东，与包括开罗和利雅得在内的盟友政府进行磋商，以"恢复和加强我们在该地区的朋友对美国的信心"，并"与沙特人开诚布公地具体讨论他们嘴里期望的'特殊'关系"。[26] 访问期间，布朗"试图传达这样一种想法……即对于地区安全和福祉而言，防务合作的形式远比增加军备重要"。但他发现，虽然埃及人和沙特人欢迎"协商、联合规划和情报交流的提议"，但他们认为这些提议本身还不够。相反，他们评判美国的主要标准是"我们（美国）对（他们）武器请求的回应积极程度"。沙特再次要求美国提供克莱斯勒 M1 艾布拉姆斯坦克等先进武器，而埃及则"列出了总价值150亿～200亿美元的武器装备清单，实际上是要实现埃及军队的'美国化'"。[27] 在评估美国对他们的支持力度时，埃及和沙特阿拉伯的主要标准仍然是军售。

1979年2月24日，也门两国沿边境爆发战斗。南也门部队迅速占据上风，并夺取了北也门许多边境城镇。2月28日，沙特·本·费萨尔通知西方，如果北也门的局势继续恶化，沙特将进行军事干预。次日，沙特要求美国在沙特进行干预的情况下提供武器和军事计划援助。[28] 但驻扎在达兰的美国军事训练团对这一请求感到担忧，他们认为"沙特的军事努力几乎肯定会失败，要么是因为沙特的无能，要么

第八章 革命与入侵

是因为苏联-古巴的干预",而这种失败的去合法化影响"可能导致沙特王室领导层的式微,以及半岛的政治解体"。[29] 布朗也对沙特武装力量做出了负面评价。两周前,他曾对卡特说:"沙特人虽然正向专业空军迈进,但在我看来,他们目前在军事上还是个零。"[30] 尽管如此,在1979年3月5日的一次内阁会议上,卡特表示"我们应该尽我们所能协助保卫［北也门］,但美国不会直接进行军事介入",并声称如果沙特进行干预,美国将向其提供武器和方案。但基于现有公开档案信息,尚不清楚卡特当时是鼓励还是阻止沙特采取这一行动,以及如果采取行动的话需要满足何种情况。[31] 卡特还向北也门提供了武器,并在阿拉伯半岛南部海岸部署了一艘美国航母,以显示美国的决心。这场冲突在3月中旬以伊拉克的外交倡议结束,恢复了双方领土状态。[32] 这场战事时间短暂,却为华盛顿提供了一个机会,以表明其对沙特安全问题的承诺,但它也凸显了失去伊朗作为美国军事代理的战略影响,以及沙特军方尽管购买了数十亿美元的美国武器,但目前仍无力填补伊朗此前的角色。

就在卡特政府努力明确沙特阿拉伯在美国合作帝国体系中的角色时,《戴维营协议》却在破坏美国领导的石油美元秩序的另一个方面:对埃及的三角援助和投资。当《戴维营协议》的条款公布时,许多温和和激进的阿拉伯领袖均表示反对,因为该协议在建立了一个结束阿拉伯统一战线的埃-以和平局面的同时,却维持着以色列对巴勒斯坦和叙利亚土地的占领。为了维护该协议,美国寻求沙特阿拉伯的支持以稳固阿拉伯国家的拥护。法赫德在与美国官员的私人谈话中摇摆不定。一方面,他坚持认为他不能强迫其他阿拉伯领袖接受一项在巴勒斯坦自决问题上未获得美国坚实保证的协议；另一方面，他又向美国官员保证，沙特的石油美元援助将继续流向埃及，他的外交努力将平息阿拉伯国家对埃及的批评。[33] 然而，当不包括埃及的阿盟成员在1978年11月2日于巴格达会晤时，沙特同意了联盟的决议，即如果埃及与以色列签署单独的和平条约，阿拉伯国家将断绝与埃及的关系并实施经济制裁。但该联盟也暗示，如果埃及放弃协议，它将获得数十亿石油美元的新援助。[34]

但卡特和萨达特都不打算放弃《戴维营协议》，而沙特王室也越来越不愿意在这个问题上对抗阿拉伯民意。布朗在1979年2月会见沙特·本·费萨尔时，后者"明确表示，美国不应坚持要求沙特支持可能会危及其希望与其他阿拉伯国家保持关系的立场"。[35] 由于担忧伊朗革命后沙特政权的稳定性及其对美国的信任，卡特政府决定不在这个问题上施压。当布热津斯基于1979年3月中旬访问沙特阿拉伯时，他告诉沙特·本·费萨尔，"伤害萨达特的行为只会助长该地区的激进势力"，但他也承认，他理解沙特对埃-以协议的态度，只是要求他们"理解作为我们立场基础的战略思想"。[36] 韦斯特事后报告称，沙特人松了一口气，因为他们没有收到要求他们公开支持该条约否则后果严重的最后通牒，可能的后果有F-15销售的取消或其他表明美国对沙特安全承诺下降的迹象。沙特人私下承诺，将继续努力尽量减少阿盟其他国家对埃及的敌对言论或制裁。[37]

与此同时，卡特政府承诺，如果萨达特履行协议，美国将向其提供大量直接援助和武器。除了确保开罗落实与以色列的协议外，布朗还认为"埃及最有可能"取代伊朗，成为美国在中东利益的主要军事捍卫者。萨达特反过来告诉布朗，埃及可以承担起伊朗此前的角色,"甚至比沙阿统治时期该国所承担的范围更大"。特纳提出一个担忧,即萨达特执着于在中东地区的警察角色,可能导致他忽略埃及的国内问题,从而产生与被推翻的沙阿相同的问题。但布热津斯基认为萨达特需要美国提供的武器来满足埃及军官对装备的需求。1979年3月19日,布朗敲定了向埃及和以色列提供的军事和经济援助细节,在1982财年结束前,前者将获得18亿美元的援助,后者将获得22亿美元。[38]1979年3月26日,贝京和萨达特签署了埃及-以色列和平条约。

次日,阿盟在巴格达重新召开会议。据报道,沙特试图给出一个克制的回应,但被其他代表团的愤怒所淹没。亚西尔·阿拉法特呼吁,不仅对埃及还要对美国采取严厉的制裁措施,包括恢复石油禁运。利比亚和叙利亚公开支持巴解组织对美国的立场,其他阿拉伯国家则表示反对。[39]但在埃及问题上,支持巴解组织立场的要多得多。1979年3月31日,除阿曼和苏丹外的所有阿盟成员宣布支持断绝与埃及的所有外交关系和援助,并将埃及驱逐出所有的阿拉伯组织。[40]

虽然避免了另一次石油禁运让华盛顿松了一口气,但它也备受打击,在可预见的未来,阿拉伯国家对埃及的三角石油美元援助已然无望。卡特政府期间,美国公司曾持续追求三角投资,并最终取得了一些成绩。例如,1978年,美国汽车公司(American Motors)在开罗开设了一家工厂,与阿拉伯工业化组织(Arab Organization for Industrialization)合作并为其生产军用吉普车。这次财团合作利用了埃及的劳动力,并得到了阿拉伯联合酋长国、卡塔尔和沙特共同提供的14亿美元资金。但该合作在1979年5月告终,原因是海湾阿拉伯国家撤回了其石油美元。[41]沙特违背了此前对于支付埃及购买F-5战斗机费用的承诺，导致卡特政府推迟了这笔交易。[42]埃及亲政府媒体对此予以抨击。《金字塔报》的一幅漫画嘲讽了沙特关于F-5战斗机的决定。漫画中一位沙特王室成员解释说，他拒绝这架飞机，不是因为埃及和以色列的和平协议，而是因为飞机上"没有豪华座椅……甚至没有吧台！"[43]亲萨达特政府的埃及人因失去沙特的援助和投资而备受打击，他们将沙特人斥为被宠坏的、堕落的和荒谬的暴发户，以此寻求安慰。

然而，虽然开罗和华盛顿对三角援助和投资的崩溃感到失望，但此前的援助和投资已经实现了核心的政治目的。从1973年到1978年，在萨达特与华盛顿和解并接受美国领导的和平进程的那段最危险时期，数十亿的石油美元援助为萨达特政权提供了物质支持，而美国国会当时正抵制向开罗提供援助，美国企业也普遍认为在埃及投资风险太大。虽然三角投资最终规模很小，但这些石油美元梦想给埃及领导层带来的希望在维持他们转向美国的过程中发挥了重要的心理作用。石油美元最终成为把萨达特从1973年的战争带到戴维营的桥梁，否则在20世纪70年代中期的脆弱时期可能不会有这样的结果。

此外，从三个关键方面来看，埃及与以色列和平的后果并没有使埃及失去中东北非地区的石油美元。其一，通过收回西奈半岛及其油田，埃及可以直接获得适度的石油美元收入。其二，富油的阿拉伯私人投资、贸易和旅游业仍在继续。[44]其三，经埃及政府和东道国政府允许，越来越多的埃及工人仍继续在富油的中东北非国家工作。尽管政治关系破裂，但阿拉伯海湾国家和利比亚无法承受失去大量埃及劳动力的损失，埃及也无法接受失去在富油国家务工的埃及人的汇款。[45]

然而，阿拉伯国家和伊朗的援助一直是埃及政府收入的重要组成部分。如今，美国将通过自己的援助来弥补阿拉伯援助的下降。这笔援助被埃及用于购买美国武器：数百枚导弹、550 辆装甲运兵车和 35 架 F-4 战斗机（比沙特此间拒绝帮助付费的 F-5 战斗机性能更好）。[46] 卡特政府已经实现了将埃及纳入美帝国版图的长期目标。但这一成就因埃及与阿拉伯君主制国家之间关系的破裂而打折，埃及同这些国家作为美国代理的效力因此而集体削弱。萨达特的决定，还激发了阿拉伯民众对其政权和美国的愤怒，而美国官员慢慢才能意识到这一点。

对于美国来说，石油美元相互依存的主要目的是防止油价上涨。然而，美国主导的石油美元秩序无意中促成了导致沙阿垮台的趋势。伊朗革命引发的不确定气氛，导致西方石油公司和汽车用户在全球范围内恐慌性购买石油，即便伊朗石油产量恢复到了相当大量的水平后，（过度购买）仍推高了油价。可以说，石油美元的相互依存促使沙特以远低于实际市场价格的"官方价格"出售石油；但对于其他富油阿拉伯国家来说，石油美元相互依存的影响微乎其微，因为它们是根据消费者的需求稳步提高油价的。事实证明，沙特要么无法，要么不愿为抑制疯狂的全球需求而提高本国产量；而 OPEC 则很快放弃了 1978 年的定价计划，事实上，OPEC 根本无法提供一个可信的价格结构。OPEC 成员国选择通过增加附加费或在无规制的现货市场上出售石油，不断提高其售价。到 1979 年年中，现货市场上的石油价格每桶超过 30 美元，比年初增加了 3 倍。[47]

对于美国来说，像其他进口石油的发达国家一样，第二次石油危机让某些企业大发石油美元之财，但整体经济却受到了冲击。1979

年夏季，美国经历的汽油短缺，再次引发了美国人的愤怒，加油站暴力事件不时爆发。美国的通货膨胀率在很大程度上受油价推动，从1978年9月的8.3%上升到1979年9月的12.2%。进口石油成本的上升加剧了卡特政府逐步解除美国石油价格管制的痛苦，该政策于1979年6月开始实施，定于1981年10月完成，虽然从长远来看有利于规范市场行为并减少消费，但短期内助推了通胀。通货膨胀率急升带来的警报不断，卡特在1979年8月任命保罗·沃尔克为美联储主席。从10月开始，沃尔克通过严格限制货币供应量积极地对抗通货膨胀。沃尔克的计划从长远来看将（对遏制通胀）产生深远影响，但短期内通货膨胀率上升仍未止步。[48]

就在卡特政府努力结束第二次石油危机时，石油美元的激增却使沙特阿拉伯更容易购买美国武器。为了巩固区域联盟，卡特政府彻底放弃了限制军售的政策，转而大肆向沙特阿拉伯出售武器。1979财年，美国批准了价值74亿美元的中东北非军售协议，超过了前两年的总和。在1979财年的军售协议中，沙特阿拉伯所占份额最大，总额达59.7亿美元。这是沙特阿拉伯在一年中支出的最高金额。[49]此外，与20世纪70年代初期和中期的军售协议总支出以建设军事基础设施为主不同，1979财年的协议总支出几乎全部用于购买军备和开展军事训练。[50]其中一个打包协议就包括价值12亿美元的武器和培训，用于实现负责国内安全的沙特国民警卫队的现代化。该军售通知于1979年7月向国会发出，就在沙特宣布每天增产100万桶原油之后不久。[51]

对于沙特阿拉伯人来说，第二次石油美元繁荣既让他们炫耀，又让他们担忧。1979年6月，伦敦一份由沙特人控制的报纸——《中

第八章 革命与入侵

东日报》刊发的一幅漫画，充分体现了一些沙特人对油价屡创新高时阿拉伯力量崛起和西方力量减弱的看法。在这幅漫画中，一对幸福的阿拉伯夫妇带着他们的八个孩子与一对忧郁的英国夫妇和他们的独生子面对面站着，阿拉伯夫妇有一个孩子快要降生。这位阿拉伯丈夫谈到经济生产力问题，告诉其妻子，英国人"有能源问题"。[52]而七个月前刊登在《利雅得报》上的一幅漫画，则捕捉到了关于石油美元如何影响沙特社会的更加温和的反应。在这幅漫画中，两个穿着传统长袍的沙特人正在谈论一个站在劳斯莱斯旁边身着迪斯科装束的男子。其中一个沙特人对另一个说："真的（相信我），他是（沙特）本地人，是一家大型国营企业的 BS 管理专家。"[53]虽然画风幽默，但这一形象捕捉到了沙特人的普遍感受，即外资和他们国家的发展之快正在使其文化西化，许多沙特人对这一进程存在不同程度的疑虑。此外，有关沙阿允许西方腐蚀伊朗文化和制度的说法，在沙阿被推翻和反君主制的霍梅尼上台的过程中发挥了重要作用。沙特阿拉伯与西方，尤其是美国的石油美元联系，加剧了沙特君主国对霍梅尼主义和其他伊斯兰主义者攻击其伊斯兰合法性的敏感性。

尽管认识到在可预见的未来，美国与伊朗的关系将比在沙阿统治时期要弱得多，但卡特政府仍然认为，与伊朗新政府的接触既是可能的，也是可取的。美国外交官员不相信伊朗的神职人员和其支持者能够真正治理国家，而是认为温和派将掌控伊朗国家事务。根据这种逻辑，伊朗的温和派将意识到他们需要美国的武器和零部件补给，以维持他们以美国武器为主的军队的实力，从而应对来自内部的叛乱和来自苏联的威胁。[54]伊朗因此将继续在军售领域与美国保持石油美元的相互依存，虽然规模可能会减少，但这是一种阻止苏联扩大影响的互利安排。

然而，鉴于霍梅尼决心确保自己在伊朗的权力，并使其免受美国的影响。由神职人员主持的法庭处决了数百名旧政权的成员。[55]1979年4月1日正式宣布伊朗伊斯兰共和国成立后，霍梅尼呼吁继续坚决反对"国际盗贼和石油掠夺者的支持者"，并宣称新的伊朗政府将"把基于西方概念设立和西化的国家教育、司法管理及其他部门和机构，转变为具有伊斯兰特性的体系，并向世界展示（伊朗的）社会正义、教育、经济和政治独立"。[56]伊朗迅速取消了价值77亿美元的美国军售协议，包括F-16战斗机、预警机和斯普鲁恩斯级驱逐舰，摧毁了美国与中东北非地区石油美元相互依存的一个核心部分。不过，伊朗保留了大量已经交付的美国武器，包括F-14和F-4战斗机。[57]此外，沙阿此前购买的数亿美元备件仍留在美国而订单没有被取消，巴扎尔甘政府中的一些温和派人士敦促（美国）尽快交付伊朗，以便更有效地暴力镇压全国各地活跃的少数民族动乱及其对自治的要求。美国驻德黑兰大使馆要求（美国国内）尽快交付这些备件，以提高伊朗温和派的地位，但更庞大的美国官僚机构在武器问题上行动缓慢，使伊朗温和派和美国大使馆人员倍感挫败。[58]

1979年秋季，伊朗国内霍梅尼主义者和更有共和思想的伊朗人间不断升级的斗争，集中围绕新宪法起草问题进行：霍梅尼力推建立基于伊斯兰教法的宗教领袖体系，而巴扎尔甘则力争建立一套更类似于法国第五共和国的制度。1979年10月22日，卡特不情愿地允许沙阿前往纽约为其日益恶化的癌症接受治疗时，这场争论的结果尚不明朗。关于美国和伊朗沙阿正在策划反革命的谣言在伊朗愈演愈烈。11月4日，忠于霍梅尼的伊朗学生冲击了美国驻德黑兰大使馆，并扣押了美国工作人员，以防止他们组织政变。霍梅尼利用这次危机支持扣押美国人，并指控美国密谋反对伊朗革命。霍梅尼随后将其偏好的宪法提交全民公决，宣布那些弃权或投反对票的人将是在助长美帝国主义并背叛革命烈士。处于劣势的巴扎尔甘首先辞去了总理职务，然后敦促他的支持者投票支持宪法以避免无政府状态。由此，尽管一些左翼党派抵制这次公投，但宪法于1979年12月2日通过已成定局。[59]

从1979年11月8日到12日，卡特政府持续向伊朗政府施压要求释放（扣押的使馆）人质，施压手段包括阻拦向伊朗交付其已支付但尚未收到的军事备件、驱逐所有违反签证规定的留美伊朗学生，同时宣布禁止进口伊朗石油。11月13日，伊朗代理外交和财政部长阿布·哈桑·巴尼萨德尔（Abol Hassan Bani-Sadr）在新闻发布会上表示，美国正在对伊朗发动经济战争，并威胁说作为回应，德黑兰可能会撤出其在美国金融机构中的投资。长期以来在美国被认为受阿拉伯世界关切的石油美元武器，已被伊朗抢了起来。由于缺乏现成的记录，美国财政部最初估计伊朗在美国金融机构中的投资约为60亿美元，1980年4月核算的最终结果是超过110亿美元。但即便是较小的初步估计（指60亿美元）也立即引发了担忧，人们担心伊朗人突然撤资有可能真实地触发对仍然不稳定的美元汇率的投机性攻击，且如果德黑兰拒绝偿还欠美国索偿人的30亿美元债务，美国也就失去了手中的唯一安全保障。基于这些原因，1979年11月14日上午，卡特援引《国际紧急状态经济权力法案》（IEEPA）授予的权力，发布行政命令，冻结伊朗政府在美国境内的所有资产，以及美国机构和个人在海外持有的所有以美元计价的伊朗政府和伊朗国民资产，一举消除了伊朗的石油美元武器。[60]

作为回应，德黑兰不仅要求归还被冻结的资产，还要求归还其声称是沙阿从伊朗政府窃取并为个人赚钱而投资于西方的资金，估计这些投资价值在170亿至320亿美元之间。[61]在伊朗国内，媒体认为美国实施的资产冻结证明卡特政府把沙阿的不义之财看得比（美国）人质的福祉更重要。在冻结资产的第二天，德黑兰的报纸 Kayhan 刊登了一张漫画，画中卡特拿着天平，一侧是人质，另一侧是沙阿和一袋袋的钱，总统最终决定后者更重要。[62]沙阿在国外的具体投资金额、资金来源和地点都保密不公开，不清楚其中多少属于美国管辖范围，但西方媒体报道的确发现，沙阿从政府资金中刮取了部分用于个人用途，并通过摩根大通银行和花旗银行等银行转移资金。[63]

随着伊朗人质危机的持续，1979年末一系列暴力起义冲击了沙特阿拉伯和美国。1979年11月20日，数百名武装逊尼派激进分子占领了伊斯兰教最神圣的圣地麦加的清真寺。激进分子领袖朱海曼·乌泰比是一名沙特传教士和沙特国民警卫队的老兵，他呼吁发动大规模起义推翻沙特君主制，找一位千年宗教领袖"马赫迪"（mahdi）取而代之。激进分子的动机源于对美国主导的石油美元秩序的愤怒。乌泰比通过主张"现任穆斯林统治者与异教徒合作"以及"王室家族腐败，崇拜金钱，在宫殿而非清真寺上大行花费"来发展追随者。这种言论引起了沙特人和阿拉伯移民的共鸣，他们对美国在阿拉伯和伊斯兰世界的主导地位和政策感到愤怒，对沙特阿拉伯在融入全球资本主义体系中产生的巨大经济不平等感到愤怒，对沙特王室成员到西方奢华旅行并从事伊斯兰教内禁止的活动（如婚外性行为和饮酒）的故事感到愤怒。乌泰比利用清真寺的公共广播宣布，除了推翻君主制外，还将对其亏欠沙特人民的财富进行清算，停止对美国的石油出口，并驱逐所有政府的外国顾问。[64] 激进分子的呼吁并没有在沙特阿拉伯传播开来，但他们确实劫持了许多朝圣者作为人质，并击退了企图将他们赶出清真寺的沙特安全部队，双方陷入了对峙。

次日，在巴基斯坦，成千上万的穆斯林听信谣言，认为麦加清真寺的围攻是由美国人和犹太人发起的，于是袭击了美国驻伊斯兰堡大使馆、拉合尔和拉瓦尔品第的美国文化中心以及美国驻拉合尔领事馆，导致两名美国人和四名巴基斯坦人丧生，巴基斯坦军队最终恢复了秩序。[65] 1979 年 12 月 2 日，在利比亚，大约两千名示威者高呼支持霍梅尼和反对美国的口号，纵火焚烧了美国驻的黎波里大使馆；所有使馆人员都平安无恙地逃脱了。[66] 第二天，沙特军队重新控制了圣寺，并捕获了包括乌泰比在内的剩余武装分子，但王室的伊斯兰合法性遭到了一个国内伊斯兰组织如此大胆的挑战，这一事实动摇了君主制。报道的死亡人数从一百多人到四千多人不等。[67] 12 月 15 日，沙阿离开美国前往巴拿马，但伊朗仍然扣押着美国人质。累积的危机使市场担忧海湾石油供应可能中断，油价由此走高。在 12 月 17 日至 19 日的 OPEC 会议上，海湾产油国的新官方报价为每桶 24～30 美元，大约比一年前翻了一番。[68]

伊斯兰主义在阿富汗也崛起了。喀布尔的新政权迅速监禁了数千名政治犯，另处决了一部分，且有系统地用世俗机构取代了伊斯兰机构。1979 年 3 月，阿富汗的伊斯兰主义者受到了霍梅尼在伊朗夺权的鼓舞，开始叛乱。阿富汗政府在苏联的援助下，发起了军事行动以镇压叛乱，但伊斯兰反对派却不断壮大，许多阿富汗士兵投奔了叛军。中央情报局认为阿富汗提供了一个在该地区对抗苏联扩张的机会。1979 年 7 月，一方面，根据中央情报局的建议，卡特授权向阿富汗叛军秘密提供有限的非军事援助，价值 50 万美元；另一方面，到秋季，莫斯科越来越认为阿富汗总统哈菲佐拉·阿明（Hafizullah Amin）要么无能，要么是美国特工的原因，其政府正接近崩溃的边缘。克里姆林宫曾希望避免苏联的直接军事干预，但到 1979 年 12 月，莫斯科不情愿地认定，通过短暂的军事干预，建立一个更有效的政府，是遏制伊斯兰叛乱的唯一途径。伊斯兰叛乱不仅威胁到阿富汗，也可能威胁到穆斯林占多数的苏联欧亚中部领土。12 月 25 日，苏联军队入侵了阿富汗。两天后，数百名苏联特种部队士兵突袭了阿富汗总统府，杀死了阿明。同时，阿明的对手巴布拉克·卡尔迈勒（Babrak Karmal）被带回了阿富汗，并成为阿富汗的新领袖。[69]

勃列日涅夫希望卡特能够理解并容忍苏联的行动，因为这次行动仅限于阿富汗，且具有防御性质。[70] 然而，苏联的入侵使卡特迅速且深刻地重新评估了他对苏联意图和行动的理解。卡特在 1979 年 12 月 28 日的私人日记中写道，这次入侵是苏联行为的"彻底转变"，他"决心让这次行动在政治上付出尽可能大的代价"。卡特觉得有必要采取这样的立场，因为他认为，正如他在 1980 年 1 月 3 日的日记中所写的那样，"除非苏联意识到［入侵］对他们是不利的，否则我们在未来将面临更多的入侵或（政权）颠覆"。[71]

布热津斯基牵头给出了一个框架，在 1980 年 1 月 3 日给卡特写信说："我们必须慎重地为该地区制定更全面的安全安排，以免苏联的影响从阿富汗迅速蔓延到巴基斯坦和伊朗。我再怎么强调这种事态发展的战略后果也不为过。这将直接危及我们在中东最重要的利益。"[72]

卡特于1980年1月23日向美国国会和全世界声明："任何试图控制波斯湾地区的外部力量，都将被视为对美国重大利益的侵犯。我们将动用包括军事力量在内的一切必要手段进行反击。"[73]该声明反映了美国外交态度的深刻转变。波斯湾的安全不再像"尼克松主义"下那样主要由地区盟友负责；而今，美国承担起了自己的角色，在卡特主义下承诺了美国对该地区的军事保障。为了可信地实施卡特主义政策，华盛顿采取了三个主要策略：①增加美国在该地区的驻军和基地数量；②增加和加强地区联盟，同时提高盟友的军事能力和政治稳定性；③支持并武装该地区受共产主义统治的国家的政变。[74]

卡特主义颠覆了尼克松主义的核心前提，而尼克松主义是美国主导的石油美元体系的关键。但卡特主义并不预示着美国主导的石油美元体系的结束，反而是其演进。首先，在该地区发展出可信的美国军事力量需要时间；在短期内，美国别无选择，只能继续在很大程度上依赖其盟友的军事力量。其次，即便是从长期角度考虑，华盛顿也期望石油美元在卡特主义的三大核心战略中承担重要角色，这一角色与它们迄时为止所发挥的作用类似。卡特政府尤其期望沙特的石油美元对卡特主义的成功落实起到关键作用。特别协调委员会会议1980年1月的讨论文件指出："中东和西南亚是发展中国家中变化最快的地区。不稳定是不可避免的……关键是如何将变革导向建设性的目标，而不是如何阻止变革。"该文件认为，吸引伊斯兰主义和"独立"民族主义情绪，将有助于推进这一目标。文件还主张，美国政府应鼓励沙特阿拉伯与美国合作，在该地区建立和资助军事及经济发展（项目），以加强地区安全。文件还主张卡特政府"继续努力使沙特阿拉伯和其他海湾国家更紧密地被纳入西方经济体系"。[75] 石油美元相互依存将仍然是卡特政府的优先事项。

对于沙特王室而言，他们对国内外安全的担忧有增无减。苏联入侵阿富汗强化了他们对"苏联图谋沙特阿拉伯"的判断。1980年1月9日，沙特阿拉伯在8个不同的城市公开斩首了乌泰比和他的62名追随者，向王国的臣民展示了违抗君主制的代价。[76] 但在23天后，沙特阿拉伯富油的东部省份的什叶派社区发起罢工和示威活动，庆祝霍梅尼返回伊朗一周年，并表达了他们对于被当作二等公民的愤怒，还抗议国家未能平等分配石油美元收入用于他们社区的发展，未能使他们获得当地石油行业更高薪酬的工作机会，或剥夺了他们公开进行某些宗教仪式的权利。国民警卫队暴力镇压了什叶派的示威活动，造成多名抗议者死亡。这促使一些沙特什叶派在伊朗组织起来，通过广播向沙特阿拉伯播放攻击沙特君主制的宣传内容。[77] 在短短三个月内，该王国遭遇了受反美情绪驱动的两个伊斯兰主义运动的严峻挑战——一个来自逊尼派，一个来自什叶派。

为了应对这些挑战，沙特王室和卡特政府一样，认定加倍依赖石油美元是确保国家利益的最佳机会，即使这助长了一些伊斯兰主义者对其统治的反对。利雅得认为，超级大国通过提供武器给予支持，是挫败国内外敌人最可靠的方式。用大使韦斯特的话来说，沙特人继续将"其军火请求视为美［沙］关系的试金石"。[78] 利雅得越来越强烈地要求升级1978年军售中被禁止的F-15战斗机功能，同时要求购买预警机。[79] 卡特和布热津斯基认为，这样的军售在选举年尤其难以在国会通过，但希望（给沙特）提供一个相对积极的答复，所以同意

第八章　革命与入侵　　269

告诉沙特人他们将在 1981 年与国会商讨这个问题。[80] 对这种回应感到失望的沙特政府向西方强调,"鉴于苏联入侵阿富汗",他们认为应该取消对 F-15 战斗机升级的"限制",并"反复暗示其对美国政策的耐心是有限的,现在有强烈迹象表明,其他选项确实正在被积极考虑"。西方担心,如果沙特没有得到更积极的回应,他们可能会将减少石油产量、减少与美国公司的业务往来、寻求建立一个非结盟的伊斯兰国家联盟、改善与莫斯科的关系,以及寻求法国为其主要武器供应国作为回应。韦斯特认为:"采取这样的策略……将对美国的重大利益产生深远且有害的影响。迄今为止,美国和沙特之间的特殊关系在很大程度上是以石油换安全。如果沙特认为其安全现在在其他方面能得到最好的保障,这将剥夺我们最终可以有效发挥作用的唯一一张牌。"[81] 1980 年 6 月底,布朗会见了沙特国防大臣、法赫德的兄弟苏尔坦(Sultan)亲王,并承诺进一步研究沙特的武器请求,但目前不会做出承诺。苏尔坦表示:"沙特阿拉伯时下不会催促交付这些武器,但也坚称不会撤回请求。"[82]

沙特阿拉伯和美国发现,在为阿富汗的"圣战者"提供武器方面进行合作更加容易。苏联入侵(阿富汗)的第二天,布热津斯基向卡特提出,美国应该领导一个国际联盟来武装和训练阿富汗的抵抗力量。布热津斯基在一周后写道,让苏联撤军是"最终目标","即使这无法实现,我们也应该让苏联为其举动付出尽可能高昂的代价"。[83] 1979 年 12 月底,卡特授权中央情报局秘密向"圣战者"提供武器。[84] 1980 年 7 月,沙特阿拉伯秘密同意向"圣战者"提供与美国相当的资金,使石油美元成为阿富汗抵抗运动不可或缺的一部分。[85] 沙特王室长期以来一直担心苏联的侵犯,而援助"圣战者"能够对抗这种感知到的威胁。此外,在伊朗的反君主伊斯兰革命和夺取圣地清真寺事件对统治者的伊斯兰合法性构成挑战之后,沙特君主一直在努力证明其伊斯兰信仰,并在王国内部对抗反君主伊斯兰主义的威胁。王室希望通过鼓励沙特人向"圣战者组织"捐款或加入"圣战者组织"展示自己的虔诚,同时将"激进圣战分子"的目标引向苏联,而不是美国的盟友沙特王室。在利雅得的支持下,沙特宗教当局同样在传播亲"圣战者"的信息,并呼吁通过招募志愿者和捐款支持阿富汗的斗争。沙特非政府慈善机构为"圣战者"捐赠了数百万美元,这些资金得益于石油美元秩序下沙特经济的快速增长。[86]

第二次石油危机后,从沙特阿拉伯和其他阿拉伯君主国流向美国的石油美元大幅增加,再次确认并加强了相互依存关系和美国的实力。虽然美国对伊朗的出口在 1979 年大幅下降,在 1980 年几乎停止,但在那些年里,沙特阿拉伯对美国商品和服务的消费继续增长,总额达 106 亿美元。此外,OPEC 的净投资再次流入美国,扭转了 1978 年的下降趋势。其中主要增量源于沙特购买的美国国债,后者从 1979 年 6 月的 80 亿美元增加到 1980 年 12 月的 191 亿美元,沙特在外国持有的美国国债总额中所占的比重因此从 7% 上升到 15%。这些贷款为卡特政府对抗苏联的军备建设和改善美国经济提供了支持。在全球银行体系中,石油美元的重要性同样在恢复。1979 年,OPEC 的新增存款相当于国际清算银行报告银行所有国际贷款的 30%,1980 年为 26%。石油美元回流仍然主要由自由市场进行,贷款主要发放给几个贫油的欠发达国家和石油出口国(OEC)。1979 年,美国政府取消了商业银行对一个国家的贷款总额不得超过其资本金的 10% 的规定,从而允许私人金融向主权借款人提供更多贷款。[87] 国际金融官员现在大多认为高油价是一种永久而非暂时的现象，并认为（需要贷款的主权国家）应该考虑正常融资（常规条件下的国际货币基金组织贷款或私人贷款）而不是应急贷款。国际货币基金组织没有针对第二次石油危机设立新的石油贷款基金。[88] 大多数欠发达国家在很大程度上仍拒绝私人贷款，而选择继续依赖外国援助或眼见本国经济停滞不前。

对卡特政府来说，与沙特合作关系的改善是暗黑中难得的一线曙光。美国军方官员讨论了应对苏联出兵伊朗的应急计划，就"美国空袭苏联军队……与在苏联尚未到达的某个地点部署美军"这两个选项进行了讨论。[89] 伊朗人质危机拖了几个月仍未解决。1980 年 4 月 7 日，美国与伊朗断交，并对其全面禁运。[90] 华盛顿还争取到让欧洲盟国对伊朗实施有限的禁运。不过这两个禁运都没有对伊朗经济造成实质性伤害，因为美国（对伊朗）贸易早已经几乎停止，欧洲人主要维持了其在危机开始前与伊朗达成的贸易承诺。[91] 17 天后，卡特发动了一次解救人质的军事行动，但很快失败，而且由于飞行事故导致 8 名三角洲特种部队成员丧生。一直反对该计划的万斯在行动开始前就辞职了。在 1980 年 6 月的 OPEC 会议上，沙特石油的官方价格上涨到每桶 28 美元，海湾石油价格每桶为 30 美元，伊朗石油价格每桶为 35 美元。除沙特石油外，其他石油都额外加收附加费。7 月 27 日，当年早些时候离开巴拿马前往埃及的沙阿因癌症去世。尼克松和萨达特出席了他在开罗的葬礼。9 月 12 日，霍梅尼首次公开列出了他释放美国人质的条件：归还被沙阿盗窃的财产，解冻伊朗被冻结的资产，取消美国对伊朗的制裁和金融索赔且承诺不干涉伊朗事务。尽管在放行武器交付以及美国政府定位和查封沙阿财产的问题上存在争议，但卡特认为霍梅尼提出条件令人鼓舞，并授权与伊朗进行直接谈判。但就在这些谈判开始之际，伊拉克于 1980 年 9 月 22 日入侵伊朗。[92]

萨达姆·侯赛因在 1979 年 7 月强迫巴克尔下台后正式就任伊拉克总统。在伊朗革命的冲击下，萨达姆政权面临着伊拉克什叶派越来越多的抗议和反政府攻击。伊朗国家媒体和官员越来越多地表示支持推翻世俗复兴党，代之以伊斯兰国家。萨达姆越来越相信伊朗参与了推翻他的协同战略。与此同时，萨达姆认为霍梅尼在外交上孤立了伊朗，并通过清洗被怀疑的保皇党人削弱了伊朗的军事力量。到 1980 年中期某个时候，萨达姆计算后认为，迅速取得对伊朗的军事胜利是可行的，而且可以恢复伊拉克的领土并提高伊拉克在泛阿拉伯地区的声望，还可以阻止伊斯兰共和国对伊拉克事务的干涉，或者彻底推翻该政府。[93]1980 年 9 月 16 日，在向其革命指挥委员会谈论他的战争计划时，萨达姆因 1975 年《阿尔及尔协议》中伊拉克对阿拉伯河领土主张的让步而产生的愤怒和羞辱感溢于言表。现在，萨达姆认为伊拉克有最好的机会从伊朗手中夺回阿拉伯（河）领土。萨达姆宣布："当我们有能力夺回我们应得的东西时，我们将这样做。没有一个爱国者会放弃属于自己的东西。"不过，虽然萨达姆认为当下的国际形势机会难得，但他还相信，伊拉克需要速战速胜，以确保美国、犹太复国主义和反动的阿拉伯敌人不会借这场战争削弱巴格达。萨达姆坚持认为："[我们] 决不是要通过一场旷日持久的战争来消耗 [伊拉克的] 资源。我们必须把伊朗的脑袋塞进泥里，迫使他们答应，这样我们才能尽快解决这件事。"[94]

战争开始时，伊拉克军队占得上风，夺取了伊朗胡齐斯坦省的领土，并包围了那里的主要城市。伊朗和伊拉克的空军，以及伊朗海军，相互摧毁了对方的石油生产和输送设施，导致 OPEC 的石油总产量骤降 15%，并将中东油价推至历史纪录高位。[95] 用石油美元购自美国和苏联的武器，现在却点燃了它们本应保护的石油。萨达姆在入侵一周后宣布愿意与伊朗进行谈判，但霍梅尼拒绝了他有关沙特阿拉伯河的（领土）要求，战争继续。到 1980 年 11 月 10 日，伊拉克军队继续进攻，夺取了大约 2.6 万平方千米的伊朗领土，包括主要城市霍拉姆沙赫尔。但萨达姆的入侵也激起了伊朗人的爱国热情，这些爱国热情凝聚在霍梅尼政权周围，使其能够采取长期消耗战略。随着时间的推移，面积仅为伊朗三分之一的伊拉克已处于不利地位。[96]

卡特政府试图尽快结束战争，同时在交战双方中保持中立。白宫担心冲突可能会扩大到沙特阿拉伯或其他海湾阿拉伯国家，危及石油供应和美国盟友的稳定，或者战争可能会为苏联创造机会，使其得以讨好伊朗或者占领其领土。任何一种情况都有可能导致超级大国对抗，进而引发战争。然而，华盛顿在巴格达或德黑兰的影响力均很小，无法调停停火。卡特政府继续禁止美国向伊朗或伊拉克出售武器，前者因人质危机于 1979 年 11 月被冻结武器，后者（连同利比亚、南也门和叙利亚）因被美国国务院指定为支持恐怖主义的国家而于 1979 年 12 月被禁售武器。华盛顿还建议其他国家在战争中保持中立。但美国在争取其他国家保持中立或阻止欧洲、以色列、苏联及越南的军火商和政府向伊朗出售美国武器方面收效甚微。[97] 此间，阿拉伯世界因战争而日益分裂，利比亚和叙利亚与伊朗结盟，而诸多阿拉伯君主国则支持伊拉克。

虽然卡特政府努力在两伊战争中保持中立，但巴格达和德黑兰的国家媒体均试图将对方描绘成美国的盟友。《革命报》刊登的漫画经常描绘身着美国国旗的霍梅尼。[98]《革命报》还将其多年来对沙阿用石油美元购买美国武器的攻击，移花接木到霍梅尼身上。漫画描绘霍梅尼骑在山姆大叔的背上无力地向伊拉克投掷导弹，伊朗士兵再次因害怕伊拉克军队而扔掉标有"美国"字样的武器。阿萨德和卡扎菲也同霍梅尼一样被描绘成山姆大叔的学生或跟班。[99]1980 年 11 月，伊拉克政府将缴获的美国武器，如完好无损的克莱斯勒 M60 坦克和击落的 F-4 喷气机的部件，运往伊拉克各城市展览，同时伴以描绘被山姆大叔操纵、狂躁的霍梅尼的海报，以实物表明伊朗人是被华盛顿武装的，从而将伊拉克的战争努力描绘为反美行动。[100] 而在人质危机悬而未决的背景下，霍梅尼政府则认为美国才是伊拉克发起入侵行动的幕后黑手。伊朗总理穆罕默德·阿里·拉贾伊（Mohammad Ali Rajai）在德黑兰的一档广播节目中说，他预计这将是一场漫长的战争，"因为是美国在继续战斗"。[101] 在德黑兰，出现了卡特和萨达姆拥抱的横幅，标题取自霍梅尼的话："他们在密谋毁灭我们。"[102]

卡特时期，美国大众媒体经常将阿拉伯酋长们的石油美元财富描绘成对美国人的威胁。1980 年的喜剧电影《乌龙军校》（Up the Academy）中，描绘了被送到美国的一个酋长十几岁儿子的故事，尽管他在银行的账户中有一百万美元，但他还是强迫性地偷走了像台球和烛台之类的小玩意儿。这个故事强化了这样一种观念，即阿拉伯人会无来由地夺走美国人的财富，即便他们并不需要这些财富。[103]1978 年播出的电视剧《爱丽丝》（Alice）的一集中延续了阿拉伯人利用石油美元买下美国财产和价值观的形象。一个厌恶女人的石油大亨——正如剧中人物所说——是"来这里买下整个国家的阿拉伯人之一"，试图与时髦的女招待弗洛结婚，但弗洛将他给她的价值 10 万美

第八章 革命与入侵　　275

元的戒指扔进了汤碗,这表明美国人拒绝为阿拉伯石油美元出卖自己的价值观。[104] 其他一些作品则继续阿拉伯石油美元颠覆美国主权的叙事。在1979年专辑《慢车来了》(*Slow Train Coming*)中的歌曲《慢车》(*Slow Train*)中,鲍勃·迪伦(Bob Dylan)吟唱道:"所有控制美国土地的外国石油大亨……一定会让你尴尬……酋长们像国王一样走来走去……[正在]决定美国的未来。"[105] 1978年播出的电视剧《女警》(*Police Woman*)的一集中以白人贩奴团伙为主题,这个团伙专门为阿拉伯富豪提供特殊服务。[106] 同年,另一部警匪电视剧《巡警高速路》(*CHIPs*)播出的一集中,讲述了巡警处理驾驶法拉利远超限速的阿拉伯王子的故事。这个王子试图贿赂两名巡警,警官卢韦凌·庞切洛说这种贿赂是非法的。王子反驳道:"我凌驾于你们的法律之上。"庞切洛没有被腐蚀,但阿拉伯人利用财富破坏美国法律和政府机构的可能性和想法已经(在美国人的心中)被确立了。[107]

在阿布斯坎(Abdul Scam,缩写为Abscam)案中,虚构的阿拉伯商人贿赂与真实的美国警务工作交织。1980年2月,新闻爆出联邦调查局的一次诱捕行动,几名美国国会议员接受了扮成阿拉伯富商及其代表的联邦探员的贿赂,被抓了现行。讽刺的是,参议员哈里森·威廉姆斯(Harrison Williams)早先曾因担心阿拉伯财富有可能影响美国政治而立法加强对外国投资的控制,而他也是被控贪污的人之一。这个诱捕行动的创意来自梅尔文·温伯格(Melvin Weinberg),他是一名已被定罪的诈骗犯,当时成了FBI的帮手,喜欢干一些涉及时事的骗局。温伯格和一名联邦调查局特工假装代表一个虚构的阿拉伯财阀——阿卜杜勒企业的负责人坎比尔·阿卜杜勒·拉赫曼。骗局中,两人会向政界人士提供数百万现金或投资,以换取两人所希望的政府行动能够通过，比如阿卜杜勒和他同样虚构的同伙亚西尔·哈比卜的商业许可和永久居留权，理由是他们担心自己的祖国（有时说是阿联酋）可能发生革命动乱。有几次，冒充阿卜杜勒和亚西尔的其他联邦调查局特工也参加了与国会议员的会面。[108]

当阿布斯坎案的消息见诸报端时，引起了美国媒体的广泛关注。该事件成为美国与阿拉伯世界关系中的又一个导火索。阿拉伯联盟谴责这个行动是一场旨在歪曲阿拉伯形象的活动，沙特人私下里向美国大使韦斯特和美国企业高管表达了他们的不满，并反问这种情况下他们是否还要与一个侮辱阿拉伯人的国家继续做生意。以阿拉伯人种族作为诱捕手段引发了阿拉伯裔美国人的愤怒，在南达科他州前民主党参议员詹姆斯·阿布雷兹克（James Abourezk）的领导下，他们成立了美国-阿拉伯反歧视委员会（American-Arab Anti-Discrimination Committee），以打击对阿拉伯人的刻板印象。值得注意的是，此前美国媒体中关于阿拉伯财富的耸人听闻的报道和反阿拉伯的刻板印象，是使这个骗局显得可信的关键部分，甚至在威廉姆斯的案例中是自我应验的。[109] 同样，这次诱捕行动进一步延续了有关阿拉伯人不应得到财富的美国流行说法，尽管实际上并未涉及任何阿拉伯石油美元。曾因从 FBI 特工那里收取 1 万美元"律师费"而被卷入诱捕行动的新泽西州民主党参议员约瑟夫·马雷萨（Joseph Maressa，但他最终未被起诉）为自己的行为辩护称，这是一种石油美元回流方式，他告诉《纽约每日新闻》："这两位特工描绘的'天方夜谭'式场景，让我觉得将 OPEC 的一些石油财富转回美国是一种爱国行为。"[110]

阿布斯坎案导致哈里森·威廉姆斯、一名共和党众议员、五名民主党众议员以及新泽西州卡姆登的民主党市长在政治上身败名裂，他们都被判受贿罪，并与其他12个人一同入狱。[111] 不过，在1980年大选期间，美国人对与石油美元有关的腐败现象的关注并不局限于这些人。例如，得克萨斯州前州长约翰·康纳利（John Connally）1980年竞选共和党总统提名失败，部分原因是媒体攻击他与阿拉伯投资者的私交（他的律师事务所在20世纪70年代中期曾服务于阿拉伯客户，其中包括一家由阿拉伯人拥有的私人投资银行），认为康纳利会为了石油美元而背叛以色列和美国人的利益。当杰克·安德森在《华盛顿邮报》专栏中问道："[康纳利]与阿拉伯石油巨头的利益关系……对愤怒于美国在中东石油强国手中遭受的财政困境和国家耻辱的美国公众来说，是否是一剂难以吞下去的苦药"[112]。安德森找到了攻击康纳利的新角度，并且将这一话题大众化。

在竞选连任期间，卡特同样因被指控涉嫌石油美元渎职而受到攻击。在1980年夏天，当外界披露总统的弟弟比利·卡特（Billy Carter）接受了来自利比亚政府的22万美元贷款，卡特政府曾安排比利作为秘密特使力劝的黎波里敦促德黑兰释放美国人质，以及比利曾被要求延迟登记为利比亚的外国代理人（这个术语仅意味着他为利比亚做说客，但可能会被错误地联想到间谍）时，卡特总统经历了一段糟糕的舆情。虽然没有证据表明比利曾试图影响卡特政府对利比亚的政策，但利比亚人很可能希望通过贷款获得对比利的影响力，并通过他获得与白宫联系的渠道，不过他们的努力似乎没有成功。[113] 不管怎么说，"比利门"事件的曝光为总统的反对者提供了机会。威廉·萨菲尔（William Safire）仅凭间接证据就指控比利·卡特"利用其人质危机时的官方身份，撮合了一笔价值数百万美元的石油交易"，并误导性地指控"总统一定意识到他制造了一个双重间谍"。[114] 在1980年8月参议院的一次调查中，来自印第安纳州的共和党参议员理查德·卢格尔（Richard Lugar）在问询比利·卡特时暗示，吉米·卡特为了支持比利而改变了美国的外交政策，并列举了以下事实作为证据：在比利就美国人质问题与利比亚官员会面后不久，卡扎菲公开声称他已经得到保证，美国很快就会在阿以冲突中采取更有利于阿拉伯世界的政策。卢格尔还特别提到的黎波里对恐怖主义的支持，包括从那年春天开始在欧洲对利比亚异议分子的暗杀行动。尽管比利·卡特和吉米·卡特都否认向利比亚做出过任何政策上的保证，但是无论是否有事实支持，这些指控都放大了这样一种观点，即卡特政府或者太无能，或者太腐败，又或者太软弱，无法应对富油的敌人。[115]

大选的最后阶段，石油美元及用石油美元购买的武器也成为攻击卡特的重点。1980 年 10 月，共和党总统候选人罗纳德·里根的竞选团队担心最后一刻人质被释放会提升卡特的人气，因此在未来的里根政府官员理查德·艾伦（Richard Allen）和威廉·凯西（William Casey）的指导下发动了一场先发制人的媒体行动，将卡特政府与伊朗的谈判说成是政治上的懦弱和对美国国家利益的损害。[116] 这种说法的重点是指控白宫为交换人质正在考虑或已经向德黑兰提供了沙阿曾经购买但在（人质）危机爆发时尚未移交的美国武器。威廉·萨菲尔在《纽约时报》的一篇社论中称，伊朗人的目的是"榨取只有绝望的候选人才会提供的武器和金钱交易"。他表示："我怀疑现在可能有一位伊朗军事官员正在美国滤选一份武器清单，以决定从价值 5.5 亿美元的火箭弹、炸弹和其他'零部件'中选择将哪些空运到德黑兰。"这将使美国人"卷入一场穆斯林战争"并危及自身安全。[117] 两天后，芝加哥大学历史学家丹尼尔·派普斯（Daniel Pipes）在《纽约时报》

的专栏文章中发表了类似看法,即卡特政府正在考虑向伊朗交付价值4亿美元的武器,他还称这代表为了卡特连任的政治利益而放弃了国家安全利益。派普斯总结称:"随着大选日临近,[卡特]似乎准备不惜一切代价让人质回家。在这个过程中,他可能会与勒索者打交道,不计后果地将我们卷入一场遥远的战争,并加强我们在伊朗的敌人的力量。即使是一位称职的总统连任也不值得这么做。"[118]

1980年10月11日,卡特秘密批准了一条给伊朗人的电文,列出了将在人质获释后交付的价值1.5亿美元的军事装备清单,其中包括飞机备件。然而,伊朗人从未对此做出回应。因此,尽管往往被夸大其词,但共和党指责卡特提出了以武器换人质的交易有一定的事实依据。[119]在人质返回后交付这些武器本来是合法的,而且美国实施制裁的目的是确保伊朗境内美国人的自由,但共和党的指责掩盖了这一事实。这一决定的战略和政治智慧值得商榷。卡特认为,美国人质的安全和自由值得(美国)对伊朗做出让步。里根竞选团队试图推动美国民意反对卡特,认为对德黑兰敌对政权的任何军事支持均不利于美国国家安全,是对恐怖主义毫无道理的奖赏,证明卡特愿意为自己的政治利益牺牲美国国家安全利益。

但最终,在第二次石油危机的严重刺激下,高通货膨胀率和高失业率很可能成为卡特连任失败的决定性因素。在选举投票日前,大多数受访选民都认为"高生活成本"是美国面临的最重要的问题,这是对全年平均13.5%的通货膨胀率的反应。[120]同时,失业率在1980年10月达到了7.5%。在卡特和里根间唯一一场总统辩论结束时,后者问美国人:"你们现在过得比四年前更好了吗?现在去商店购物比四年前更轻松了吗?"[121]这一问题引起了共鸣。11月4日,里根以

50.1%的普选票和489张选举人票击败卡特。共和党在参议院同样增加了11个席位，从而成为参议院多数党，并在众议院增加了33个席位，削弱并制约了本已缩减且分裂的民主党多数派。美国主导的石油美元秩序在伊朗的失败以及相应引发的第二次石油危机，严重损害了美国经济，进而大大削弱了此间华盛顿执政党的地位。可以说，中东北非地区的事件从来没有在美国选举中发挥过如此重要的作用。

在卡特政府的最后几个月里，事态发展迅速。1980年12月，OPEC在印度尼西亚举行会议，将沙特油价提高到每桶32美元，其他海湾地区油价提高到每桶36美元，非洲油价提高到每桶41美元。[122]伊朗和美国随后完成了关于释放人质的谈判。伊朗最终同意释放人质，接受必须通过法院进行对沙阿资产的索赔，并同意使用其被冻结的51亿美元资产来偿还欠美国和外国银行的债务，另外还有10亿美元被放入一个托管账户，用于未来可能的仲裁支付。作为回应，美国解冻了约50亿美元的伊朗剩余资产，取消了对伊朗的制裁，并承诺不干涉伊朗内部事务。[123]伊朗选择拒绝接受被冻结的美国武器，显然是出于不想恢复沙阿时期与华盛顿建立的武器供应关系的政治考虑。[124]卡特政府随后规定，今后向伊朗销售任何武器的新许可证都必须获得美国政府的批准，包括已经购买但尚未交付的武器。[125]人质于1981年1月20日在里根宣誓就任总统时被释放。卡特作为总统的最后一项成就，是和平解救了在德黑兰被扣留的美国人质。至此，石油美元经济问题（已历经三任美国政府）将继续困扰第四任美国政府。

第九章

复苏与危机

纳贾·阿布德是一名 29 岁的伊拉克炸豆丸子厨师，后转为坦克驾驶员，他在伊拉克占领的霍拉姆沙赫尔市经历了九个月的部署调动，基本上平安无事。他有时会遵照命令将苏制坦克开到阵地以便开火，但目标总在其视野范围之外，伊朗人也从未还击。后来，在一次返回家乡巴士拉逗留期间，他未婚的秘密恋人阿丽亚私下向他透露，他们刚刚迎来了新生的儿子，安贾德。纳贾承诺与阿丽亚结婚，在给她和安贾德拍了一张宝丽来快照后，立刻返回霍拉姆沙赫尔，并恳求上尉帮助克服双方家庭对他们婚姻的反对。上尉向纳贾保证会让他在十天内同阿丽亚结婚。但就在当晚，伊朗军队发动了一次大规模进攻，试图夺回霍拉姆沙赫尔。纳贾在坦克里恐惧地看着伊朗人驾着美制贝尔眼镜蛇直升机，发射了一波又一波导弹，将伊拉克的车辆和哨所变成了火海。弹药已经用尽，纳贾与指挥部联系的无线电中断，为了更好地观察局势，他下了战车。顷刻间，一次爆炸将他抛向空中，然后坠回地面。纳贾的额头和胸部血流不止，他听到投降的伊拉克士兵求饶，而伊朗士兵则用步枪射击他们。忍着剧痛，纳贾爬进了一个废弃的掩体,然后倒在了几名伊拉克人的尸体旁。

扎赫德·哈夫特朗用伪造的父母许可加入了伊朗志愿民兵组织巴斯基,当时他只有 13 岁。扎赫德的家乡马斯吉德·苏莱曼(Masjed Soleyman)离前线不远。他并不是一名虔诚的穆斯林,但伊拉克的一次空袭激怒了他,那次空袭击中了他的学校,炸死了他的一些同学。他渴望独立、尊重和冒险。扎赫德成为一名医务兵,协助治疗受伤的伊朗士兵。然而,当其指挥官让他和其他未成年士兵在夜间依次穿过一个地雷区,为正规军队开辟一条通往霍拉姆沙赫尔市的道路时,他对战争的浪漫情怀荡然无存。在黑暗中狂奔时,扎赫德目睹了一次又一次的爆炸,接着便是孩子们的尸体、残肢和血雨。扎赫德活了下来,并参加了伊朗攻占霍拉姆沙赫尔市的进攻。战斗仍然激烈,扎赫德奉命搜索掩体,救助受伤的伊朗人,并射杀遇到的伊拉克人。在他进入第二个掩体中时,扎赫德被纳贾的一声呻吟吓了一跳。扎赫德用枪瞄准了这个伊拉克人,而纳贾则伸出他的《古兰经》。扎赫德抓起《古兰经》,看到了阿丽亚和安贾德的照片。扎赫德被这张照片触动,不仅没有杀纳贾,还将他藏起来,且偷偷给他进行了几天医疗护理,直到伊朗领导层宣布霍拉姆沙赫尔解放并命令将受伤的伊拉克人送到伊朗医院治疗。

纳贾和扎赫德都在两伊战争中幸存下来,但这场冲突夺去了大约 50 万伊朗人和 20 万伊拉克人的生命。阿丽亚和安贾德则在伊朗炮火进攻巴士拉时丧生。扎赫德的未婚妻米娜·法达伊也在他们本应结婚的那一天被伊拉克的炸弹炸死。[1] 石油美元使伊朗和伊拉克得以大规模增加军备,石油美元也使得两国全面对抗期间能够各自进一步购置武器。这些武器造成了中东北非地区近代以来最严重的死亡和破坏。

这场战争是 20 世纪 70 年代伊拉克的主要军火商苏联和伊朗的主要军火商美国之间相互竞争的石油美元体系造成的最具破坏性的结果。具有讽刺意味的是，伊朗现在正用美国的武器去挑战美帝国。

1981 年至 1983 年，伊朗逐渐掌握了对伊拉克战争的主动权，伊拉克军队接连惨败，周边阿拉伯君主国倍感震惊。为了确保美国在中东北非地区的帝国地位和安全，里根明确并扩大了与利雅得的石油美元联系。沙特阿拉伯和阿拉伯君主国反过来向伊拉克提供了数十亿石油美元，里根政府慢慢改善了与巴格达的关系，以遏制伊朗。里根政府任期前三年里，成功地将两伊战争基本限于两个交战国之间，并确保了来自海湾地区的石油贸易（稳定），促使油价逐渐回落。这反过来又有助于里根政府决定对利比亚实施经济制裁，因为后者抵制美国在中东北非地区的主导地位。利雅得和华盛顿还协调增加了对世界各地反左翼力量（阿富汗最为活跃）的石油美元援助。最终，里根政府第一个任期内，回流欠发达国家的私人石油美元终止，导致了一场金融危机，让华盛顿得以在这些国家实行更自由的经济政策。

罗纳德·里根做过演员，也曾担任过加利福尼亚州州长，通过对右翼思想和爱国主义例外论的简单、乐观的阐述，他赢得了运动保守派的支持。里根在竞选时曾表示，要通过让市场摆脱政府干预来恢复美国的经济繁荣，并通过向共产主义和恐怖主义发起军事挑战重塑美国的地缘政治霸权。[2] 从一开始，里根政府就敏锐地意识到中东北非地区的石油和石油美元对美国经济和地缘战略利益的重要性，以及对里根政治声望的重要性。

沙特阿拉伯迅速向这个新政府提出其安全关切。1981 年 1 月 28

日，苏尔坦致函卡斯帕·温伯格（Caspar Weinberger），后者已辞去柏克德公司总法律顾问一职，转任里根政府内阁国防部长。苏尔坦在信中谈到了沙特在 1980 年初向卡特政府请求的 F-15 战斗机 "性能增强包"，其中包括用于提高 F-15 战斗机空对地轰炸能力的多弹架、响尾蛇导弹，用于延长 F-15 战斗机航程的附加油箱和空中加油机，以及用于为 F-15 战斗机提供更全面的雷达覆盖范围的预警机。苏尔坦明确表示 "沙特阿拉伯希望得到快速而及时的答复"。[3]

与其几位前任一样，里根认为沙特阿拉伯是美国的重要盟友，军售对于维护沙-美联盟至关重要。国务卿亚历山大·黑格（Alexander Haig）曾是一名将军、基辛格的助手以及尼克松和福特的参谋长，他认为 "如果我们不达成协议，我们同沙特的关系将严重受损"。[4] 出于与诸多前任政府相同的原因，里根政府也非常重视沙特阿拉伯。美国国家安全委员会为里根准备的一份关于沙特请求增强 F-15 战斗机的文件认为，美国做出有利于沙特的决定，需要获得相应的回报，美国 "应准备好要求沙特在多个领域提供更多帮助，以换取这一有利（于它）的决定。具体而言，我们应该询问他们在能源和安全领域的意图，包括是否会恢复对埃及、苏丹、摩洛哥和突尼斯等温和的阿拉伯国家的安全援助"。[5] 简言之，里根政府试图继续维持现有的石油美元相互依存体系，将美国的军售与沙特协助降低油价、在军事上保卫波斯湾免受共同对手的威胁以及在金融上支持美国的其他盟友联系起来。

里根政府的许多官员都关注沙特对巴基斯坦援助的必要性。一个跨部门的研究在 2 月底指出："（我们）一致认为，巴基斯坦是美国在阿富汗及其他地区抵抗苏联以及在西南亚构建可行的安全框架的关键。"美国的目标包括加强巴基斯坦在政治和军事上抵御苏联的能力,以及维持巴基斯坦对阿富汗抵抗苏联军队的支持,从而"使苏联在阿富汗的冒险付出难以承受的代价"。[6] 然而,巴基斯坦经济正处于崩溃边缘,如果没有大量的金融援助,它无法进行军事扩张,也无力秘密支持阿富汗反叛势力。巴基斯坦政府要求美国提供大力支持,以换取其冒险参与一项针对苏联军队的重大秘密行动。但对里根政府来说,鉴于美国对外军售信贷的限制以及国会对巴基斯坦持续的保留态度,它尚不清楚如何为巴基斯坦获取巨额资金。黑格强烈主张,巴基斯坦对美国的安全至关重要,在未来五年内,巴基斯坦理应需要20亿美元来使其军队"恢复状态"。他呼吁向沙特施压,要求沙特为巴基斯坦的一揽子援助计划做出贡献,从而减少巴基斯坦对美国的部分需求。[7] 但沙特的援助可能又取决于里根政府能否为沙特提供沙特所要求的武器。

1981年2月,里根倾向于批准向沙特阿拉伯销售F-15"性能增强包",但他告诉其内阁成员:"我们不想在这个问题上引发国内斗争。我们不希望亲以色列团体为此发起一场运动。"他询问是否可以"敦促以色列阻止其支持者"。黑格和温伯格都表示有信心说服以色列不向国会施压,特别是如果他们向以色列赊销更多的F-15。[8] 里根随后原则上批准了对以色列和沙特阿拉伯的军售,但最终批准取决于以色列接受美国为换取以色列减少对美国向沙特出售武器的反对而提出的一揽子援助计划。[9]

黑格在2月23日与以色列大使埃弗拉伊姆·埃夫隆(Ephraim Evron)讨论了这个提议,后来报告说埃夫隆确认以色列"将对沙特F-15'性能增强包'冷处理"。[10] 1981年2月27日,里根批准了向沙特出售响尾蛇导弹、额外的燃料箱和空中加油机,同时也批准了对以色列的援助方案。里根将向沙特阿拉伯出售 F-15 战斗机的多弹架和预警机一事留待后续研究。[11] 里根政府开始了其在阿以武器平衡方面的首次尝试，希望其做法能安抚双方，并避免前几任政府所经历的与国会的公开争吵。

但由于媒体泄露，甚至在交易正式批准或宣布之前，以色列和国会就公开反对 F-15 "性能增强包"。[12] 里根政府内阁已同意分开发布对以色列和沙特的军售，这样就不会公开将这两笔销售联系起来，从而避免以、沙两国的尴尬，但媒体还是准确地将以色列的销售描述为对沙特销售的补偿。[13] 1981 年 3 月 6 日，白宫公开宣布已批准向沙特阿拉伯出售响尾蛇导弹、附加的燃油箱和空中加油机，决定不出售多弹架，并将继续研究向沙特阿拉伯销售预警机的可能性。美国国会对此次销售表示不满，认为这将推翻卡特政府"不销售能使 F-15 飞抵以色列领土的油箱"的承诺。美国国务院则表示，鉴于阿富汗和伊朗事件后苏联对该地区渗透的危险增加，撤回这一承诺是必要的。[14] 3 月中旬，20 名民主党和共和党参议员在议会演讲，谴责拟议中的军售，尽管政府尚未正式向国会提交该计划。参议员们认为，军售将危及以色列的安全，加剧该地区正在进行的军备竞赛，并奖励沙特，尽管他们反对埃及和戴维营和平协议。[15] 美国媒体也提出了美国是否会重蹈在伊朗问题上的覆辙的担忧，即过度武装中东盟友，导致社会动荡。《纽约时报》发表社论指出："存在这样一种危险，即（美国和沙特）政府将重蹈伊朗的覆辙，并错误地将国防视为国内安全。美国人……再也不应该再次抱着现代武器可以抵御上校（指军队）政变或清真寺革命的错觉了。"[16]

在刺杀未遂的约翰·欣克利开枪击伤里根两天后，即 1981 年 4

月 1 日，美国国家安全委员会在没有总统参加的情况下举行会议，讨论向沙特阿拉伯出售预警机的可能性。温伯格支持预警机交易，并声称从他与沙特阿拉伯的谈话中可以清楚地看出，他们不会接受拒绝销售的决定或容忍更多的延迟。他还表示，他认为国会不会有坚定的反对意见。其他人则更为谨慎。副总统乔治·H.W. 布什（George H. W. Bush）曾是得克萨斯州众议员，同国会打交道的经验丰富，他多次表示，不确定里根是否批准了预警机的销售或是否对该事项有足够的了解。他坚称："我们必须认识到，即便总统能够让这笔交易通过，他也会损失很多政治资本。"国家安全顾问理查德·艾伦（Richard Allen）同意这一看法，并认为"如果这个问题处理不好，可能会导致国会首次否决美国军售协议"。[17]

会议结束时，国家安全委员会同意继续出售预警机。尽管里根政府许多官员心存顾虑，但他们无法冒沙-美关系进一步恶化的风险。次日，白宫宣布初步决定向沙特阿拉伯出售五架预警机。[18] 约 100 名民主党和共和党众议员在众议院对可能成交的交易提出抗议，以示回应。[19] 特拉华州的民主党参议员乔·拜登（他在 2021 年 1 月就任美国总统）在《纽约时报》上发表社论，认为该交易不仅威胁以色列利益，也威胁美国利益，因为它将"使对欧洲防空至关重要的美国敏感技术面临间谍、叛变、战争和政权突变的风险。我们应该从沙阿的垮台中吸取教训，我们的尖端军事装备不应托付给不稳定的政权……如果卖出（给沙阿）的预警机早前真的交付了，那我们今天还安全吗？"[20] 白宫并未气馁，于 1981 年 4 月 21 日宣布定要向沙特阿拉伯出售预警机和其他 F-15 "性能增强包"，部分原因是为了在以色列对该"装备包"日益增长的批评面前安抚沙特。[21] 白宫将等到 10 月再

第九章 复苏与危机　　291

正式向国会提出销售计划，但其获得通过的决心已定，政治战线也已划定。面对以色列的反对，里根政府要想保持与沙特阿拉伯的石油美元关系，出售预警机将是第一个重大考验。

（以色利）总理贝京力图阻止这笔交易。1981年9月6日，他在前往美国进行为期10天的访问时告诉记者："我们要见里根，并向他阐述我们反对预警机的立场。这个问题严重危及以色列的安全。"[22] 11天后，50名参议员联名签署阻止拟议中的预警机销售计划的决议，其他参议员声称尚未做出决定，但倾向于反对该销售。[23] 9月20日，贝京和以色列内阁一致申明他们"毫不保留"地反对（美国向沙特）出售预警机。[24]

但沙特政府的游说不输以色列。沙特花费47万美元聘请了一名公关顾问来牵头出售预警机的游说活动，并以20万美元年费续聘弗雷德里克·达顿以提供政治新闻和策略。为预警机建造机身和计算机的波音公司和西屋公司游说国会批准该交易。约翰·韦斯特也游说支持出售计划。里根政府在3月免去了韦斯特的大使职务，但后者与沙特阿拉伯保持着良好的关系。韦斯特退休时，法赫德让沙特政府向非营利组织约翰·C.韦斯特基金会捐赠了50万美元。韦斯特将这笔钱用于在南卡罗来纳州的军校和温思罗普学院资助从事中东研究的教授和研讨会，以及在亚特兰大的南方国际研究中心的项目。[25]

1981年10月1日，里根政府正式通知国会其打算向沙特阿拉伯出售总价值85亿美元的F-15"性能增强包"，其中包括5架预警机，国会可以在30天内否决该交易。[26] 这是美国历史上总价值最高的拟议军售计划。为推动销售计划，白宫将宣传方向放在参议院，因为参议院的反对声音似乎比众议院要少。

但即使在参议院，成功也显得不确定。路易斯安那州的民主党参议员拉塞尔·朗（Russell Long）是销售计划的支持者，他私下向国家安全委员会发出警告："那些来自没有大量犹太人的州［的参议员］主要担心的是沙特政权的稳定性以及伊朗局势重演的可能性。"[27] 国家安全委员会认为鉴于参议院的反对声非常大，"现在有必要'来个出其不意'"，因此建议获得沙特的公开承诺，即预警机将在沙特和美国的联合军事指挥下运行。[28] 但沙特政府拒绝此类公开协议，因为这对沙特主权来说是不可接受的羞辱。[29] 伊朗革命的阴影因此萦绕在美国政府内部的辩论中。在正式通知国会（军售计划）时，里根为了避免批评，宣称"我们不会允许沙特阿拉伯成为伊朗"。[30] 当月晚些时候，里根进一步阐述了这一说法，他说："如果美国早前明确表示我们将支持沙阿政府，我不相信沙阿会倒台。"他随后暗示，支持沙特就意味着出售预警机，而不这样做可能会导致沙特发生革命。[31] 参议员罗伯特·伯德（Robert Byrd）持相反观点，他在参议院演讲中表示，销售计划将给沙特王室披上"附庸国的外衣"，从而使得沙特面临激怒阿拉伯激进分子的威胁。[32]

1981年10月14日，众议院以301票对111票的两党投票结果不同意出售预警机，从而将这一问题提交给了参议院。[33] 里根亲自接见了多名参议员，指出该销售计划的好处，并表示这关系到他在外国领导人心目中的信誉。据传，里根政府还承诺向投赞成票的参议员所在州提供猪肉项目，并威胁要终止未投赞成票的参议员所在州的联邦合同。[34] 柏克德、美孚和联合技术公司（United Technologies，预警机引擎制造商）也在游说参议院。[35] 10月28日，即参议院投票当天，里根政府仍然不确定结果，国家安全委员会工作人员起草了一份应急方案，以备销售计划被否决。[36] 但经过最后一天的辩论，参议院以 52 票对 48 票的微弱多数通过了该销售计划。[37]

投票表决结果确定后，里根立即致电哈立德表达其对军售计划获批的喜悦之情，并重申"个人希望继续与您和贵国政府合作，加强沙特王国的防御能力，使你们的武装力量现代化，并开始加强我们之间的安全合作"。里根还就沙特阿拉伯对巴基斯坦和苏丹的附增援助承诺向哈立德表示感谢。[38] 虽然耗费的政治资本不菲，但里根政府还是克服了以色列的游说和对伊朗式革命可能发生的担忧，通过了出售预警机的计划，维护了美国与沙特的石油美元回流体系。

这笔交易有助于确保沙特向巴基斯坦和"圣战者组织"提供越来越多的援助，从而促进了对苏军占领阿富汗的抵抗力量。到 1981 年底，"圣战者组织"在阿富汗大部分地区自由活动，并给苏军造成了巨大损失。据中央情报局估计，到 1983 年，沙特-美国联盟每向"圣战者组织"提供 1 美元的援助，苏联就会损失 4～5 美元的装备和人员。由于成功打击了苏联，华盛顿对由沙特和美国的美元支持的阿富汗主要伊斯兰派别的强烈反美态度基本视而不见，至少是忽略不计。[39]

20 世纪 80 年代初，沙特继续大量购买美国国债。从 1980 年 12 月到 1982 年 12 月，沙特持有的（美国）国债数额从 191 亿美元上升到 394 亿美元，占所有外国持有量的 26% 以上（如图 9–1 所示）。[40] 沙特这超过 200 亿美元的石油美元存量资金，为美国 1981 财年和 1982 财年 2 070 亿美元的联邦赤字做出了相当重要的融资贡献。因此，利雅得支持了美国自卡特开始为对抗苏联入侵阿富汗而开展的军备建设，以及里根在经济衰退和失业率上升时期为刺激美国经济增长而实施的减税政策。然而，尽管里根政府看重沙特的石油美元，但美国媒体甚至影视作品仍然将阿拉伯财富视为对美国利益的威胁。在1981年的电影《地球界限》(Earthbound*)中,一位酋长试图收购当地旅店并用一座"20层高的怪兽建筑"取而代之,这威胁到了一位美国小企业主和他所在的山区社区的自然美景。1983年电视剧《警花拍档》(Cagney and Lacey)的一集中则描述了一名阿拉伯人驾驶他的劳斯莱斯,车牌上写着"OILBUX",碾过一名犹太裔美国人。[41]

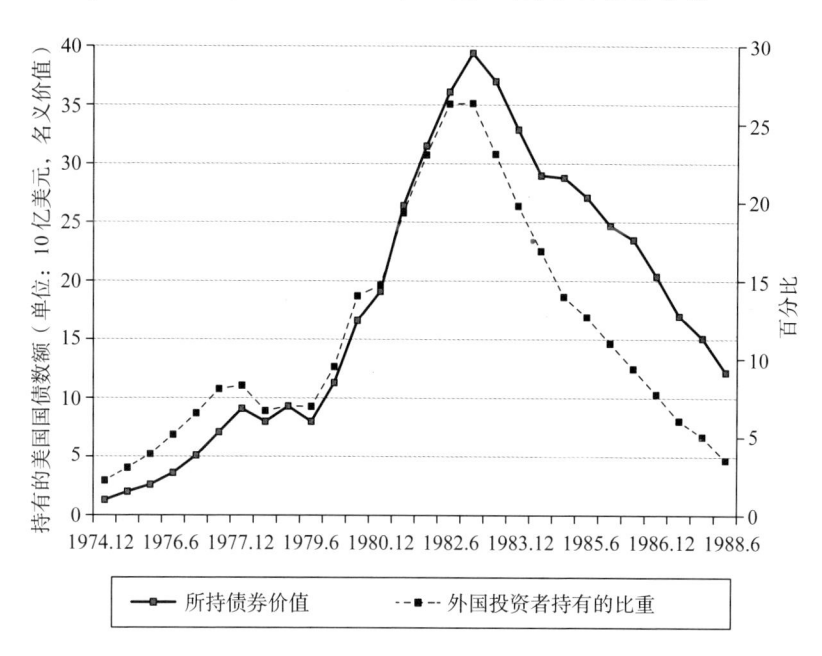

图9-1 1974—1988年沙特持有的美国国债数额及百分比

数据来源:美国财政部。

里根上任时,两伊战争正处于僵局。伊拉克军队没有能力向伊朗领土继续推进,而伊朗人试图解放自己土地的努力却屡屡被固若

---

* 美国有多部同名电影。——译者注

第九章 复苏与危机　　295

金汤的伊拉克部队击退。[42] 面对一场未曾准备的旷日持久的战争，巴格达寻求美国新政府的支持。1981年2月6日，萨达姆私人翻译马赞·扎哈维（Mazen Zahawi）与美国驻巴格达办事处负责人威廉·伊格尔顿（William Eagleton）共进私人晚餐。虽然扎哈维坚称他只是希望"交换印象"，并且"不希望被视为"萨达姆的"正式渠道"，但他随后概括了伊拉克领导层的愿望。扎哈维表示，只要与美国对巴勒斯坦政策的改善相一致，并且不会被看作是伊拉克软弱的表现，巴格达希望与华盛顿恢复关系。他说："伊拉克领导层希望里根总统对美国国家利益的重视，将促使其发展与阿拉伯世界的良好关系。"他继续说道，由于苏联未能满足对伊拉克的武器补给，巴格达对苏联感到不满，伊拉克希望武器供应商多元化。但令伊拉克领导层感到沮丧的是，美国近一年来一直拒绝发放批准向伊拉克出售波音民用飞机（包括727和747）的出口许可证。由于美国将伊拉克列为支持恐怖活动的国家，因此（这类销售）必须获得美国的出口许可证。扎哈维含蓄地表示，伊拉克有意转向华盛顿，但需要里根政府提供物质支持。尽管最终希望获得武器，但伊拉克人认为（美对伊）出售波音民用飞机将是加强伊拉克与美国关系的重要开端。伊格尔顿将这些信息报告给了黑格。[43]

黑格支持出售波音飞机。他在给里根的信中转达了萨达姆的观点，"美伊关系的未来走向，将受到我们（对出售波音飞机的）最终决定的强烈影响"。此外，由于美国在过去一年中未能为此类交易颁发许可证，科威特和黎巴嫩决定转向欧洲的空客公司，沙特阿拉伯也可能效仿。黑格认为，美国在全球飞机市场的地位岌岌可危，"美国飞机公司可能会被视为不可靠的供应商"。[44] 为进一步加强石油美元与伊拉克乃至更广泛的阿拉伯世界的联系，黑格推动批准出口许可证。艾伦赞同这一做法，里根批准了这一计划。[45]1981年4月1日，伊格尔顿通知伊拉克人美国已批准销售，同时指出"伊拉克［在恐怖主义］立场上的一些改善，帮助我们推进了许可证的批准"。[46]

6月7日，以色列出动16架美制战机飞越沙特领土，进入伊拉克，轰炸并摧毁了奥希拉克（Osiraq）核反应堆。以色列随后公开为这次袭击辩解，称这是防止伊拉克获得核武器所必需的。伊拉克外长萨敦·哈马迪（Sadun Hammadi）向伊格尔顿坚称："如果美国想限制以色列……它本可以这样做……以色列不会在没有与美国协商的情况下采取这样的行动。"[47]里根政府公开和私下里谴责了以色列的袭击，并坚称对以色列袭击奥希拉克的计划毫不知情，但其回应仅限于暂停向以色列转让四架F-16战斗机两个月。[48]里根私下向（以色列驻美国大使）埃夫隆保证："我们所为是美国法律要求的最低限度……你应该理解，我们没有重新评估我们与以色列的关系。"[49]

尽管伊拉克对以色列的袭击感到愤怒，且美国仍在持续援助以色列，但巴格达还是不断寻求与美国建立更好的关系。哈马迪继续向伊格尔顿提到"伊拉克愿意改善关系"。[50]伊拉克对以色列袭击的缄默反映出其对伊朗的日益恐惧。伊拉克军队陷入了一种血腥的僵局，命运似乎站在伊朗一边，因为伊朗动员了更多的人力和财力进行一场消耗战。这场战争显然改变了伊拉克的战略算盘。巴格达不再牵头反对美国主导的石油美元秩序，而是寻求融入美国体系，以增强对抗伊朗的能力。

与伊拉克不同，伊朗没有主动与即将上任的里根政府改善关系。相反，伊朗试图在没有超级大国帮助的情况下战胜伊拉克。里根政府

第九章　复苏与危机　　297

对伊朗的最初行动同样不友好。(1981年)1月底,黑格明确美国不会为伊朗已购买的武器颁发出口许可证,伊朗因此无法获得其急需的约2亿美元的美国武器和零部件。[51] 4月,里根政府成立了一个跨部门小组来研究美国未来对伊朗的战略。美国的目标集中在维持波斯湾石油源源不断地流向世界市场,在不改变伊拉克脱离苏联趋势的情况下防止苏联控制伊朗,维持阿拉伯国家与伊朗间的力量平衡,以及阻止伊朗革命向其他国家输出。与前任政府一样,里根政府尤其担心伊斯兰政权将伊朗引向内战或彻底的无政府状态,从而为得到苏联支持的左翼夺权创造条件。然而,里根政府也抱有希望,认为伊斯兰政权可能稳定下来,并逐渐减少对美国的敌意。[52]

到了1981年7月,高级跨部门小组就伊朗问题达成了广泛共识。小组建议美国支持尽快结束两伊战争,因为战争威胁到西方获得波斯湾的石油,且伊朗进一步挫败可能导致其政权垮台,并被左翼所取代。为阻止苏联插手伊朗事务,美国应严厉警告苏联不要采取此类行动,并增加美国在该地区的驻军。除非伊朗流亡团体能够证明其在伊朗国内拥有可信的支持力量来挑战现政权,否则不应该支持这些团体。为鼓励伊朗政府内部温和派的崛起,美国应针对伊朗激进分子的声誉开展公开和秘密的宣传活动,同时通过增加商业联系来奖励伊朗的温和派。如果出现了一个更稳定且寻求同美国关系正常化的伊朗政府,政府应该接受其请求,并在两伊战争停止后提出恢复美国对伊朗的军售,从而促使地区冲突结束,并进一步阻断苏联的影响。但在两伊战争结束之前,美国的武器不应出口到伊朗,无论是由美国直接出口还是第三方转移。有待进一步研究的问题是其他国家的武器销售问题。美国国务院倾向于不反对(第三国)向伊朗出口(非美国)武器,因为武器不平衡状态正有利于伊拉克，第三国的军售可以最大限度地减少伊朗对苏联直接军售的依赖，而中央情报局和国防部则认为应积极阻止所有向伊朗的军售，以促使伊朗接受调停，结束战争。[53]

可以看出里根政府从一开始就对两伊战争心存忧虑，担心其可能导致全球石油供应再次下降或促使左翼分子掌权伊朗。里根政府因此寻求尽早结束冲突。作为该目标的一部分，也为了更广泛地增加美国在该地区的影响力，里根政府寻求与巴格达建立更好的关系，并致力于培养德黑兰的温和派。美国讨好伊朗和伊拉克的战略在很大程度上依赖于加强两国同美国的石油美元联系。1981 年的头几个月，伊拉克出于对自身军事地位的担忧，也在努力加强与美国的联系；而对自身长期前景更有信心的伊朗则没有这样做。

虽然里根政府在伊朗问题上谨慎行事，并暂时改善了与伊拉克的关系，但它很快就对利比亚采取了强硬姿态。国家安全委员会 1981 年 5 月的一份文件概括了里根政府对利比亚的看法，宣布该国"对美国在整个中东/非洲地区的利益构成重大威胁，从最广泛的意义上说，也是对我们的国际秩序理念构成重大威胁"，原因是卡扎菲支持国际恐怖主义，在乍得实施扩张主义，僭取在国外谋杀利比亚持不同政见者的权利，与以色列和阿拉伯温和派对立，且涉嫌发展核武器。[54] 随着时间的推移，卡扎菲被证实及被指控的行为，对包括里根本人在内的里根政府中的许多人来说都具有重要的个人意义。对这些里根政府官员来说，利比亚相对弱小，因此更有必要表明美国不会容忍卡扎菲挑战美国的权力，以免显得里根政府缺乏决心。

1981 年 5 月 6 日，里根政府首次对利比亚采取公开行动，下令关闭位于华盛顿的利比亚大使馆，理由是"利比亚的一系列挑衅和不当行为，包括支持国际恐怖主义"。[55]艾伦私下认为，"需要制定一项政策，促使利比亚从根本上调整那些有损于我们利益的政策和态度……〔我们的这一政策将〕让卡扎菲上校注意到美国政府现在正在采取一种新的、更有力的方法"。[56]5月28日，国家安全委员会开会讨论进一步对利比亚采取的行动。艾伦的开场白即定调了方向："可以说，在我们今天面临的所有问题中，没有比利比亚卡扎菲对我们和我们的盟友采取的不可接受的行为更令人头疼的了。"会议重点讨论了卡扎菲再次宣称苏尔特湾（又名锡德拉湾）国际水域为利比亚领土的问题。为了实现其主张，卡扎菲越来越多地针对进入争议水域的外国军舰和飞机进行武力威胁或部署武力。黑格和温伯格提出，美国舰队应该在8月进入争议区域进行一次军事演习，以示美国不会接受卡扎菲单方面推翻国际法的做法。黑格宣称"我们不应该被这个疯子吓得离开地中海"。[57]里根批准了军事演习，同时启动了一场"让世界的注意力集中在利比亚的恶行上"的媒体宣传，这是一个说服其他国家消除或减少对利比亚军售的外交宣传，且同步增加对受利比亚威胁的国家的援助，并研究如何阻止利比亚发展核武器。[58]1981年8月19日，一个利比亚战斗机中队拦截了穿越苏尔特湾的美国第六舰队，美军战斗机做出回应，击落两架利比亚飞机，利比亚其余战斗机逃离。[59]

此役过后，里根政府越发确信卡扎菲正在计划针对美国公民和利益的恐怖袭击。到9月，美国情报机构相信有可靠的报告称卡扎菲甚至打算刺杀里根总统，导致里根在日记中写道："发现有一份针对自己的'合同'，这种感觉很奇怪。"[60]10月，黑格向利比亚发出了一份抗议书，声称美国收到报告称利比亚政府正计划对"美国在欧洲和其他地方的人员、机构和利益"采取行动，并警告说如果利比亚实施这些计划，它将面临非常严重的后果。[61] 利比亚政府愤怒地否认了这些指控，并要求美国提供证据。

随后，1981年10月6日，萨达特在检阅庆祝1973年战争期间埃及渡过苏伊士运河八周年的阅兵式时被四名枪手暗杀。杀手来自一个叫作"伊斯兰圣战"的激进组织，他们憎恶萨达特的世俗独裁统治及其与以色列的和平协议。他们曾希望通过此番刺杀在埃及引发一场伊斯兰革命，但未能如愿，萨达特的继任者胡斯尼·穆巴拉克（Hosni Mubarak）继续同美国保持一致且与以色列和平共处。虽然没有证据表明卡扎菲与暗杀有关，但就在袭击发生几小时后，他便在利比亚电台上庆祝对手的死亡，宣称："今天上午，在萨达特脸上响亮而勇敢地回响的子弹声实际上在说，这是对背叛阿拉伯民族者的惩罚。"里根在他当天的日记中写道，卡扎菲"荒谬可鄙。在萨达特的死讯被证实之前，他就通过电台（秘密）开始广播宣传，号召'圣战'等。这些材料肯定是早已准备好的。换句话说，他知道这一切将会发生"。里根是否坚持认为卡扎菲是萨达特谋杀案的幕后黑手尚不清楚，但他对卡扎菲的持续敌意显而易见。11月，又有美国情报部门报告称利比亚密谋暗杀里根或其他政府高官。安全措施得到加强，因担心利比亚刺杀小组的可能袭击，里根甚至错过了利顿工业创始人特克斯·桑顿（Tex Thornton）的葬礼。12月4日，《纽约时报》爆料，据称一支准备刺杀总统的利比亚杀手小分队已经潜入美国。12月6日，卡扎菲接受美国广播公司的现场采访，坚决否认了这一说法。后来的情报报告对利比亚是否真的有针对总统或其他高级官员的行动提出了质疑，但里根政府中的许多人在接下来的几个月中继续提到这个

第九章 复苏与危机　301

威胁，里根似乎也没有否认最初的情报。[62]

1981年12月8日，国家安全委员会开会讨论利比亚问题。黑格认为，"无论利比亚是否发生新的恐怖事件，一切照旧不可接受"，并力主实施经济制裁。国家安全委员会决定就此进一步研究行动方案，作为初步步骤，要求美国政府呼吁在利比亚的美国公民和公司自愿离开该国，并宣布前往利比亚的美国护照无效，从而将卡扎菲可以轻易报复的美国人数量降到最低。里根政府还私下向的黎波里提出新的警告，明确表示将把利比亚的恐怖袭击视为战争行为，利比亚再次予以否认。国家安全委员会还讨论了一旦利比亚劫持了美国人质或发动了恐怖袭击，采取军事打击和夺取利比亚的油田作为反制筹码的可能性。[63]

到1982年1月中旬，（上一年）12月还居住在利比亚的1 500名美国人只剩下了700人，预计有300人将在月底前离开。中央情报局局长威廉·凯西（William Casey）、国务卿黑格和国防部长温伯格都不断向里根表达对卡扎菲进行恐怖主义活动的能力的担忧。[64] 美国政府各部均认为，鉴于石油市场的可替代性，美国单方面对利比亚实施的石油禁运在经济上影响甚微，但它（指禁运）可以向世界各国领导人发出强烈的政治信号。美国国务院认为，政府应该根据《国际紧急状态经济权力法案》（IEEPA），对来自利比亚的进口和对利比亚的出口实施美国禁令，以"消除美国对利比亚的政治和经济政策之间的不一致。实施……石油［进口］禁运、对利比亚的出口禁运并禁止美国公司在利比亚境内进行商业交易，将防止当前这种美国石油收入转化为利比亚收入的循环继续下去"。[65]

不过，财政部担心美国对利比亚的禁运以及IEEPA的实施可能会对阿拉伯和其他国家在美国的投资产生潜在影响。财政部长唐纳德·里甘（Donald Regan）在1981年12月表示担忧："沙特人可能会误解美国对利比亚采取的经济行动。"[66] 里甘认为，执行国务院的方案可能会引发利比亚的回应，包括要求开具备用信用证和没收美国在利比亚的资产。在这种情况下，美国唯一的办法就是阻止向利比亚付款，并根据IEEPA的规定冻结利比亚在美国的资产。里甘坚称："IEEPA的实施将唤起对伊朗制裁和冻结其资产的记忆，并向世界金融市场发出非常令人不安的信号。我们仍然在为那些措施付出沉重的代价——过去两年，顺差国在美国的存款增长已经显著放缓。如果我们再次出于政治目的干预资金流动，我们可能会经历金融资源更长时间地流出美国机构。与其他国家，尤其是OPEC盈余国的资金流出可能给美国利益造成的总成本相比，利比亚受到的影响微不足道。"美国市场的不确定性将减缓对美证券投资和直接投资，并因高利率增加美国的借贷成本，这"将明显增加美国债务的负担。考虑到增加投资对我们经济政策的成功至关重要，这尤其令人担忧"。为避免这种危险，里甘建议根据美国《贸易扩张法》而不是IEEPA，先对利比亚实施石油禁运。里甘提出，后续可以采取其他经济措施，但"目前……由于严重的经济损失……我强烈建议我们推迟对利比亚实施单方面的美国出口禁令的行动"。[67]

里根在国务院和财政部的立场之间达成了妥协。1982年3月9日，他签署了第27号国家安全决策指令（NSDD）。该指令满足了国务院禁止从利比亚进口石油的期望，并实施了一项通用政策，拒绝颁发与石油和天然气相关且在美国之外不容易获得的，以及出于国家安全目的而受控的货物和技术对利比亚的出口许可证。不过，该指令接受了财政部的意见，没有对美国对利比亚的出口实施全面禁运，而且政府援引了 1962 年《贸易扩张法》而非 IEEPA 作为其法律依据。[68] 第 27 号国家安全决策指令的瞻前顾后表明，美国政府仍然担心其行动可能会吓跑国际社会投资者——尤其是沙特——在美国的投资，被财政部视为对美国经济和政府融资至关重要。另一方面，该指令进一步扩大了美国政府减少中东北非地区某国石油收入和限制其石油美元购买活动的努力，这在很大程度上又是以遏制国家支持的恐怖主义为由。

里根之所以能入主白宫，很大程度上是因为美国人对通胀猖獗、失业率飙升和油价屡创新高感到不满。但里根政府最初的石油政策与其几届前任类似。1981 年 1 月底，里根通过行政命令取消了对国内油价和油气分配的管制，比卡特政府考虑的时间提前了 8 个月，但与卡特政府的基本策略一致。[69] 里根政府同时延续了卡特政府的总体反通胀政策，留任沃尔克，并允许他不受限制地收紧货币供应。沃尔克加大力度，使目标货币供应量在 1981 年 5 月下降了 11%，导致当月短期利率跃升至平均 16.3%。[70] 1981 年间，货币紧缩政策帮助美国实现通货膨胀率从 11.8% 降至 8.9%，美元汇率走强，但同时也造成了经济放缓，导致美国的失业率从 7.5% 上升至 8.5%。

通货膨胀率走低得益于油价下降。1981 年，基准原油的实际平均价格比前一年的历史高点下降了 12%。35.93 美元／桶的原油均价，无论是名义价格还是实际价格，仍远高于 20 世纪 70 年代中期。但其价格下跌表明全球石油市场发生了重要变化。由于能源效率显著提高、替代能源崛起和全球经济萎缩，世界对石油的需求继续下降。

全球经济萎缩,部分缘于高油价,部分缘于美国和其他西方国家严厉的反通货膨胀措施。与此同时,阿拉斯加、墨西哥和北海等地的主要非 OPEC 石油新供应商正在加大生产力度,沙特阿拉伯继续以接近饱和的产能生产石油。尽管伊朗与伊拉克的战争仍在继续,但伊朗的产量也开始恢复。分析师们现在谈论的是石油供过于求的问题,石油公司认为被切断充足石油供应的风险很低,而囤积石油的成本已然超过了未来销售可能获得的利润。这些因素综合作用,触发油价新的下降趋势。[71]

对 OPEC 来说,为应对 1973 年石油冲击而开发的非 OPEC 石油资源陆续投产导致市场份额下降,使得油价下跌的问题变得更加复杂。1973 年,OPEC 产油量占全球总产量的一半以上,迟至 1979 年占全球总产量的比重为 46%。但到 1981 年,OPEC 的产量(占比)已经下降到 37%,被非左翼阵营、非 OPEC 生产国的总产量超过。1981 年 10 月,沙特阿拉伯和其他 OPEC 成员达成了妥协并重新统一定价,沙特阿拉伯将其油价上调 2 美元,其他成员将其油价下调 2 美元至每桶 34 美元。作为协议的一部分,沙特阿拉伯承诺减产至每天最多 850 万桶。但其他产油国的报价继续低于 OPEC 成员,导致 OPEC 的市场份额不断下降。OPEC 担心难以维持其定价结构,因此决定牺牲产量捍卫价格。1982 年 3 月,OPEC 成员国同意将其总产量限制在 1 800 万桶 / 天以下。OPEC 最终认识到它们无法随自身意愿持续维持高油价。[72]

即便是油价轻微下降,伊拉克也敏感地感受到其冲击。再加上伊朗轰炸了伊拉克的设施,导致伊拉克石油收入从 1980 年的 260 亿美元跌到 1981 年的 100 亿美元。阿拉伯君主国填补了这一（资金）空缺：1980 年 9 月至 1981 年底，伊拉克从沙特阿拉伯获得了 100 亿美元的贷款，从科威特获得了 60 亿美元，从卡塔尔和阿联酋各获得了 10 亿美元。[73] 尽管得到了这些援助，但从 1981 年 9 月伊朗解放阿巴丹开始，伊拉克军队遭遇了一系列挫折，并接连放弃了更多的伊朗领土。

1982 年初，哈马迪多次向伊格尔顿施压，要求阻止美国向伊朗提供军火，特别是来自以色列的军火。伊格尔顿向哈马迪保证，华盛顿仍致力于禁止向伊朗或伊拉克提供美国武器，包括来自第三国的武器。[74] 1982 年 2 月 26 日，里根政府将伊拉克从 1979 年《出口管理法》正式认定为支持国际恐怖主义的国家名单中删除，取消了对伊拉克接受美国政府资助的出口信贷的禁令和对技术出口的限制性管制，其中一些技术可能具有军民双重用途。里根政府坚称这一决定是基于伊拉克对待恐怖主义的行事方面的改善，且希望鼓励这种趋势，但许多观察家认为其目的是在对伊朗的战争中协助伊拉克。[75] 不过，伊拉克军队仍然是败仗不断。1982 年 5 月 23 日，伊朗解放了霍拉姆沙赫尔，并俘虏了超过 12 000 名伊拉克士兵。从 3 月至 6 月，伊拉克军队从 21 万人减员到 15 万人，战斗机数量从 335 架下降到约 100 架。[76] 在伊拉克溃败于霍拉姆沙赫尔几天后，伊拉克副总理塔里克·阿齐兹（Tariq Aziz）竭力向华盛顿表示，巴格达希望与美国就两伊战争进程和任何国际和平倡议进行明确和定期的磋商。[77]

与此同时，以色列的行动正在使得沙-美关系趋于紧张。1981 年 12 月，以色列政府正式占领了 1967 年战争中从叙利亚武力夺取的戈兰高地领土。法赫德王储原计划于 1982 年 1 月访问华盛顿，但亚马尼（Yamani）告诉里根说："戈兰事件之后……［法赫德］觉得此时他必须留在王国。他还担心，如果他过来［美国］却没有取得任何成果，那可能还不如推迟。"亚马尼重申了沙特阿拉伯与美国保持良好关系的愿望，但坚持认为"以色列需要来自其朋友的压力"。[78] 当温伯格在 1982 年 2 月访问利雅得时，法赫德告诉他："美-以友谊不必与阿拉伯国家竞争。"法赫德继续说，"沙特阿拉伯不寻求摧毁以色列，只是寻求它回到 1967 年的边界……即使是那些（与以色列）对抗的阿拉伯国家也接受［这一点］。"但法赫德警告说："以色列的行动正在驱使更多的阿拉伯国家寻求苏联的帮助。"[79]

1982 年 6 月 6 日，以色列入侵仍处于内战旋涡中的黎巴嫩，企图将巴解组织赶出黎巴嫩，并协助建立一个友好的黎巴嫩政府，这加剧了沙特的担忧。巴解组织撤退到贝鲁特西部，到 6 月中旬，以色列军队已经围困了该市并开始炮击巴解组织在那里的阵地。里根政府最初支持以色列在以色列边境四十公里范围内清除巴解组织导弹的既定目标，但它反对以色列围困一个阿拉伯国家的首都的做法，因为它了解以色列对阿拉伯民众舆论的煽动性影响。[80] 此番危机期间，6 月 12 日，哈立德国王去世，法赫德继任，他向华盛顿强调以色列必须停止对黎巴嫩的干涉。

1982 年 6 月 21 日，里根私下里直接读了一段预先准备好的演讲内容给正在华盛顿访问的贝京并告诉后者："你们在黎巴嫩的行动已经严重破坏了我们与那些阿拉伯政府的关系，而这些国家政府的合作对于保护中东地区免受外部威胁、打击目前该地区日益增长的激进主义和伊斯兰激进组织势力至关重要……我决心维持我们与这些阿拉伯朋友的关系，特别是沙特阿拉伯、约旦和阿曼，如果可能的话，还要改善这种关系。"里根表示，他希望以这场危机为契机，重启阿以和平进程,并要求贝京放宽以色列对约旦河西岸的占领政策,以鼓励巴勒斯坦人参与谈判。里根还坚称,他将向沙特阿拉伯和约旦提供军事装备,因为他"认为这会增强阿拉伯对我们的信心,改善我们的战略地位,并鼓励他们为和平冒险。我不指望你们站出来赞成这个决定,但看在上帝的分上,不要反对我们。我想再次强调我维护以色列[军事]战力优势的承诺。我们的最终目的是创造'更多的埃及',愿意同以色列和平共处"。温伯格补充说,"如果中东的油田落入敌手,西方将难以生存",(美国)政府一直在努力发展与阿拉伯国家的关系,以保卫这一重要资源,部分做法是向它们提供武器。温伯格暗示,以色列对此类军售的抵制使得美国看起来是个不可靠的武器供应国,从而削弱了美国与阿拉伯盟友的联系。里根补充说,由于霍梅尼的激进主义,伊朗在波斯湾的胜利"会使对以色列的威胁增加十倍"。[81]

贝京并不为里根和温伯格的言辞所动。他为以色列的军事行动辩护称,这是一场防御战役,是为了抵御以黎巴嫩南部为基地的巴解组织网络发动的袭击。他指出,以色列被伊拉克、约旦、利比亚、沙特阿拉伯和叙利亚这些敌对国家"所拥有的前所未有的武器库包围"。约旦与伊拉克日益紧密的关系尤其令人担忧。贝京坚称:"美国不应该武装阿拉伯人。[以色列军备]质和量的优势都在下降。阿拉伯人拥有前所未有的财富,而犹太人并不富有。以色列要是想着比肩阿拉伯世界,那就会破产。"也许是为了反驳霍梅尼是独一无二的威胁这一说辞,贝京指责说:"沙特阿拉伯是世界上最狂热的宗教激进主义国家之一,它正在努力摧毁以色列……尽管它口口声声说反苏,但他们的钱还是流向了莫斯科,用来为阿拉伯世界购买武器。"[82]里根政府认为,美国对阿拉伯国家的军售将建立起推进阿以和平进程所需的信任，而贝京则将阿拉伯石油美元和阿拉伯军购（无论是来自苏联还是美国）视为对以色列生存的威胁。

在以色列军队围攻贝鲁特时，伊拉克军队撤出了伊朗。1982年6月9日，巴格达发表声明称，准备停火并撤回到国际边界，但霍梅尼坚持要推翻萨达姆政权。巴格达随后下令单方面从伊朗撤军。莫斯科和华盛顿试图阻止伊朗入侵伊拉克，于7月12日获得联合国安理会通过一项决议，呼吁停火。次日，伊朗开始进攻伊拉克领土，重点是人口众多的巴士拉市。在巴士拉周围的沼泽地带，13万士兵展开了自二战以来最大规模的步兵战斗。经过两周的战斗，伊拉克军队成功击退了伊朗的进攻，但并没有将其全部逐出边界。[83]

里根政府密切关注着伊朗对伊拉克的进攻。美国继续在两伊战争中保持中立。此外，里根政府还向其阿拉伯盟国施压，要求它们不要为伊拉克参战，以免冲突扩大，危及阿拉伯半岛其他王国和波斯湾的石油运输。里根政府之所以采取中立立场，是因为其希望避免苏联扩大在伊朗或伊拉克的影响。阿拉伯诸王国则更加重视平衡伊朗和伊拉克的力量，以确保任何一方都无法主宰它们。随着伊朗军队威胁巴士拉，阿拉伯诸王国越来越担心伊朗可能会在伊拉克建立一个霍梅尼主义联盟国家，从而使它们面临旨在推翻这些阿拉伯王国的两伊联盟联合力量的威胁。出于同样的担忧，里根政府成立了一个高级别跨部门小组，研究美国是否应直接或以通过第三国向其提供美国武器的方式开始在冲突中支持伊拉克。该小组认为，基于来自其他国家的武器，伊拉克实际上"装备精良"，不需要新的武器供应，更需要的反而是军事训练和领导。里根政府得出的结论是："虽然伊朗战胜伊拉克不符合美国的利益，但是任何外部力量都无法弥补伊拉克军事训练和领导方面的弱点……美国应该维持既定的中立立场。"里根政府似乎已经认定，如果向伊拉克出售美国武器对军力的影响不大，那就不值得为此冒险损害将来与伊朗温和派建立外交关系的可能性。华盛顿清楚阿拉伯诸王国不会对这一立场感到满意，但希望能够说服它们，美国在该地区的军事存在在促进两伊战争结束的同时，足以阻止伊朗威胁到它们。[84]

在黎巴嫩，美国致力于为战争找到一个外交解决方案。乔治·舒尔茨于1982年7月16日接替黑格出任国务卿，试图实现以色列、巴解组织和叙利亚部队从黎巴嫩撤军；维护和加强黎巴嫩政府，使其能够维持境内秩序；恢复阿以和平进程，目的是让巴勒斯坦人在约旦河西岸作为约旦的一部分获得自治权。8月下旬，美国成功将巴解组织的军队从贝鲁特撤至突尼斯。但在9月，得到以色列支持的基督教民兵领导人、黎巴嫩当选总统巴希尔·杰马耶勒（Bashir Gemayel）被暗杀。以色列声称需要恢复秩序，于是派军队占领了贝鲁特。然后，在1982年9月16日，以色列军队协助杰马耶勒的民兵在萨布拉和夏蒂拉难民营屠杀了至少800名巴勒斯坦平民。以色列军队允许民兵士兵进入难民营，没有采取任何行动制止杀戮，并在夜空中发射照明弹，屠杀持续了两天。[85]

一周后，应亚西尔·阿拉法特的要求，阿拉伯联盟召开了一次紧急会议，处理这场悲剧。巴解组织将大屠杀的最终责任推给华盛顿，呼吁阿拉伯国家削减石油产量，撤回在美国的投资并冻结所有美国经济协议。尽管其他阿拉伯的部长（大臣）们宣称美国对这场屠杀负有"道义责任"，但他们并不赞同对美国实施任何制裁。[86] 与1973年的战争和禁运形成鲜明对比的是，对于以色列入侵黎巴嫩和袭击巴勒斯坦人，阿拉伯国家此番没有对美国做出一致反应。与石油美元挂钩的美帝国转型为 1982 年阿拉伯国家做出与 1973 年不同的反应创造了条件。正如尼克松政府所希望的那样，**石油美元联系已经将沙特阿拉伯的经济和军事福祉深深地嵌入美国经济和政治体系中，极大地提高了公开决裂的代价。**石油美元支持了埃及与以色列的单独和平，并将埃及纳入了美帝国，削弱了埃及和苏联向美国对以色列政策的挑战。最重要的是，伊朗伊斯兰共和国的军队和意识形态是美国石油美元同沙阿政权关系的讽刺性结果，时刻威胁着伊拉克和阿拉伯君主国的政权，使其不愿意冒失去迫切需要的美国援助的风险真的去挑战华盛顿。

作为对贝鲁特大屠杀（Sabra and Shatila massacres）的回应，里根政府成功地迫使以色列从贝鲁特撤军，并将美国海军陆战队作为国际维和部队的一部分部署在贝鲁特。这一安排稳定了眼前的局势，但美国为确保以色列或叙利亚军队进一步撤出黎巴嫩或解决黎巴嫩内战所做的外交努力却陷入僵局。

1982 年夏季，随着许多欠发达国家积累的债务达到临界点，第三世界的许多国家爆发了经济危机。大多数欠发达国家借入的均为美元贷款，其贷款利率部分或全部跟随美国利率浮动。沃尔克推行的高利率政策极大地增加了欠发达国家的利息负担。与此同时，在沃尔克和其他西方国家政策的推动下，全球通货膨胀率下降，这意味着欠发达国家贷款的实际利率更高。全球经济衰退抑制了对欠发达国家出口产品的需求，减少了这些国家偿还债务利息所需的收入和硬通货。西方银行最终决定不再冒险对许多欠发达国家增加贷款。波兰在此前一年已经发生了债务危机。墨西哥随后于 1982 年 8 月向美国政府承认其已无力偿还其贷款，该国在 1981 年曾跃升为全球第九大经济体。这随即在银行界引发恐慌,对欠发达国家的新贷款迅速减少。1982年年底,阿根廷、巴西和墨西哥正在重新谈判它们合计近2 000亿美元的商业债务计划,这些债务主要是欠美国银行的。面临违约风险的贷款规模对美国整个银行系统构成了威胁。到1981年,仅花旗银行在巴西的美元敞口就相当于其全部资本的83%。从1981年到1985年,超过40个欠发达国家重新谈判了其债务计划。这些国家大多位于非洲和拉丁美洲,还包括菲律宾以及当时的波兰、罗马尼亚和南斯拉夫三个社会主义国家。OPEC成员国厄瓜多尔、尼日利亚和委内瑞拉也进行了重新谈判。中东北非的富油国没有重新谈判,但贫油的中东北非国家如毛里塔尼亚、摩洛哥、索马里和苏丹则重新谈判了债务计划。[87]

里根政府、国际货币基金组织和商业银行认识到大规模违约对美国和国际银行系统构成的威胁,因此主张合作向负债累累的欠发达国家提供新的贷款和援助,使其能够继续偿还以前的贷款,恢复经济增长,从而最终独立偿还贷款。国际货币基金组织向这些欠发达国家提供新的公共和商业贷款的条件是,后者必须实施紧缩计划和废除贸易保护主义法律。深陷债务泥潭的欠发达国家急需资金,勉强承诺执行这些政策。[88]

OPEC的成员国不再是回流至欠发达国家的西方商业银行新存款或援助的主要(资金)来源。1982年,OPEC在国际清算银行报告银行的净存款下降了182亿美元,第二年又进一步下降了130亿美元(如图9-2所示)。[89]沙特持有的美国国债数量也下降了(尽管美国政府继续从其他受美国高利率吸引的外国(资金)来源为其债务融资,特别是20世纪80年代的日本和联邦德国,以及几十年后的中国。因此,尽管石油美元在美国政府融资中的作用越来越小,但

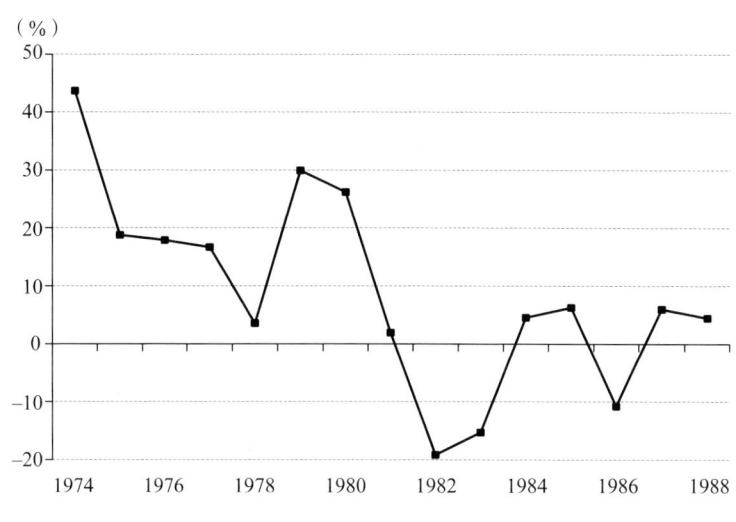

图 9–2　1974—1988 年国际清算银行（BIS）报告银行的
新国际贷款中 OPEC 新存款占比

数据来源：BIS，年度报告，不同年份。

其开启的模式却延续了下来）。[90] 这是世界油价持续下跌（1982 年下跌 14%，1983 年下跌 13%）以及 OPEC 产量和市场份额下降的结果。非 OPEC 国家产量的上升和全球消费量的下降继续削弱 OPEC 的实力。1980 年到 1983 年，OPEC 的收入从 2 750 亿美元下降到 1 540 亿美元。此间，维持新兴产业、扩大的官僚机构和总体消费水平以及某些情况下对外偿债和战争等支出也在继续增长。阿尔及利亚和伊拉克为弥补石油美元短缺而举债越来越多。沙特阿拉伯开始动用其资本储备，以支付前十年不断膨胀的支出。1983 年 3 月，OPEC 不情愿地将其官方油价从 34 美元 / 桶降至 29 美元 / 桶。沙特阿拉伯正式同意担任产量调节者（swing producer），根据需要提高或降低其石油出口以维持 OPEC 的价格。然而，其他 OPEC 成员国由于迫切需要收入，经常以低于约定价格和超出配额的数量出售石油（如图9-3所示）。[91] 随着石油收入的下降，新国际经济秩序（NIEO）的希望更为渺茫，甚至在这十年的剩余时间里，通过西方银行向欠发达国家提供的石油美元回流也少得多。

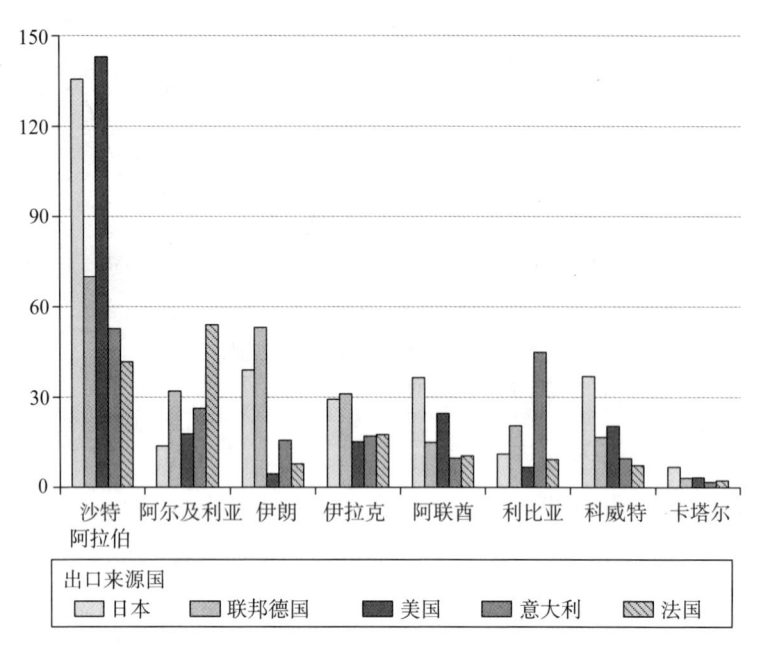

图9-3　1979—1988年对OPEC中的中东北非（MENA）成员国的出口（单位：10亿美元，按2018年实际价值）

数据来源：IMF, Direction of Trade Statistics。

到1982年底，美国和其他OECD经济体的状况喜忧参半。沃尔克的政策阻碍了经济增长，推高美国的失业率至10.8%，但其政策也帮助将美国的通货膨胀率降至3.8%并重新确立了强势美元。鉴于通胀看上去已被遏制，里根政府当时希望转向解决经济增长和失业问题。但美国国家安全委员会担心中东冲突升级可能仍会导致全球石油供应显著下降，削弱华盛顿的反通胀和促进经济增长的努力，因此国家安全委员会在 1983 年 3 月发布了 87 号国安会报告，列出了防止出现这种结果的措施。这些措施一定程度上是对尼克松政府以来追求石油美元相互依存战略的总结："与主要产油国发展和保持积极的政治、经济和安全关系，以表明石油供应中断不符合这些国家的利益；发展经济关系，加强石油、制成品和金融资产的生产和交换。"这些措施也是对基辛格的和平进程外交和卡特主义的肯定，呼吁美国"推进以色列与阿拉伯国家之间的和平进程"，并"阻止苏联、苏联代理人或其他激进势力对波斯湾的干涉"。[92] 里根政府在面对黎巴嫩境内和两伊边境持续不断的冲突时，试图同时做到这两点。

1983 年，随着伊拉克战争处境持续恶化，里根政府开始放弃其在这场战争中的中立立场。1982 年下半年和整个 1983 年，伊朗发起了一系列残酷的地面反攻。虽然伊拉克军队成功地将伊朗军队挡在了伊拉克边境，但这些进攻消耗了伊拉克急需的人力和资源。为了反制伊朗的地面攻击并利用伊拉克的空军优势，萨达姆于 1982 年 8 月宣布波斯湾北端为"海上禁区"，开始对伊朗港口和所有商船进行空袭。11 月 10 日（苏联的）勃列日涅夫去世后，萨达姆获得了更多的支持。勃列日涅夫的继任者尤里·安德罗波夫放弃了给伊朗施加影响的徒劳努力，将苏联的支持坚定地转向伊拉克，终止了华约组织向伊朗提供武器，转而向伊拉克交付了大量武器，包括 140 架米格–23 和苏–22 战斗机以及数百辆 T-72 坦克。但即便苏联增加了援助，1983 年伊拉克也只是袭击了 8 艘驶往伊朗的商船，对伊朗港口造成的破坏有限，部分原因是伊朗的 F-14 战斗机成功压制了伊拉克的进攻。[93]

第九章　复苏与危机

尽管伊拉克的袭击效果有限，但里根政府越来越担心这些攻击会招致伊朗的报复行动，方式是用军事手段关闭霍尔木兹海峡，阻止国际航运和出口的阿拉伯石油运出波斯湾。这种举动将大幅削减全球石油供应，并使油价在稳步下降三年后再度反弹，还可能将美国卷入两伊战争。1983年9月3日，舒尔茨在回应伊拉克关于其将增加在波斯湾的袭击的警告时，私下要求科威特、卡塔尔、沙特阿拉伯和阿联酋增加对伊拉克的援助，以此缓解巴格达的担忧，使其不再感到是被迫发动此类袭击。舒尔茨同样向巴格达强调："如果它引发伊朗采取措施关闭海湾，（伊拉克）就有可能失去国际社会的支持。"[94]

当月晚些时候，舒尔茨向里根提交了一份备忘录。他写道，"到目前为止，我们在两伊战争中主要关切的是避免将伊朗推向苏联阵营"，但伊拉克人日益绝望的情绪、该地区石油因战争扩大而断流的威胁，以及苏联在伊朗问题上的失败，都意味着"也许是时候……改变我们在这场战争中严守中立的立场了"。舒尔茨没有详细说明具体的可能措施，但表示"我们可能可以采取政治或经济方面的其他措施，在伊拉克与伊朗对抗期间壮大前者"。[95]随着伊拉克的军事处境日趋被动，里根政府内支持向伊拉克倾斜的声音增强了。

接着，1983年10月23日，一名自杀式炸弹袭击者在贝鲁特的美国兵营引爆了一辆装满炸药的卡车，造成241名海军陆战队员死亡，这是自越战以来美军死亡人数最多的一天。美国未能在前一年解决黎巴嫩冲突，由于美国支持贝鲁特基督教主导的政府，许多黎巴嫩民兵组织（其中一些得到伊朗和叙利亚的支持）认为美国偏袒黎巴嫩基督教右翼，且牺牲了他们的利益。在黎巴嫩的美国人越来越多地受到这些民兵组织的袭击，里根政府怀疑这是伊朗所为。里根及其政府内阁认为兵营爆炸事件也是伊朗策划的，美国情报部门的报告也证实了这一判断。[96]但里根政府并没有选择对伊朗进行直接打击，而是在接下来的几个月对黎巴嫩民兵组织实施了零星的军事打击。这些行动导致（美军）与叙利亚空军发生冲突，造成两架美国海军喷气式战斗机被击落。美军随后于1984年2月全部撤出黎巴嫩，美国结束黎巴嫩内战的希望也随之破灭。[97]在里根总统任期的余下时间里，解决阿以冲突这一与美国干预有关的更大目标同样被搁置了。尽管伊斯兰什叶派民兵真主党（Hezbollah）在黎巴嫩的势力不断壮大（该组织公开对抗以色列并被指控袭击美国人，其言论明显带有霍梅尼主义色彩，而且与伊朗隐约有实质性联系），但华盛顿和阿拉伯君主国都认为中东北非地区最紧迫的问题是伊朗日益增长的威胁，并将在该地区根深蒂固的以色列和黎巴嫩的持续战争视为不可取但可接受的代价。[98]但对贝鲁特兵营爆炸事件的愤怒，促使里根政府内部支持伊拉克打击伊朗的愿望日益强烈。

在里根政府的头三年中，它重申了美国与沙特阿拉伯的石油美元联系，并适度改善了与伊拉克的关系。与此同时，全球经济的转向——部分是由于里根政府的决策，但主要是源于里根政府上任前的政策或其他国家的政策——导致油价下跌和石油美元经济的关键部分减少，尤其是石油出口国（OEC）作为国际银行存款主要提供者作用的下降，以及向欠发达国家提供的无条件商业贷款的消失。里根政府还采取了新措施，减少利比亚与美国及其盟友之间的石油美元联系。不过，两伊战争继续威胁着全球石油市场，里根政府对伊朗的敌意与日俱增，指责在黎巴嫩发生的袭击美国人事件是伊朗煽动的。1983年底，里根政府开始采取更直接的行动，支持伊拉克对伊朗的战争。

第十章

一个时代的终结

阿卜杜勒拉赫曼·穆尼夫（Abdelrahman Munif）1933年出生于安曼，母亲是伊拉克人，父亲是沙特人。穆尼夫在沙特度过了部分少年时光，聆听着贝都因人、石油交易商和埃米尔的故事。受阿拉伯民族主义理念的鼓舞，穆尼夫对西方大国及其当地附属政权的压迫感到愤怒，在20世纪50年代初即加入了伊拉克复兴党，并于1961年在南斯拉夫获得了石油经济学博士学位。由于反对英国对伊拉克的影响，穆尼夫在1955年被哈希姆王朝驱逐出伊拉克；1963年他又因批评利雅得政权而被沙特王室剥夺了国籍。不过，穆尼夫希望，在共和派的手中，石油美元能改善阿拉伯社会。1961年至1973年，他在叙利亚石油业担任经济学家，后移居黎巴嫩，开始了多产的石油工业记者和阿拉伯社会小说家生涯。随着黎巴嫩陷入内战，穆尼夫回到伊拉克，并担任《石油与发展》杂志的主编。但穆尼夫逐渐看清了萨达姆·侯赛因的暴政，于1981年辞去了复兴党的职务，并前往法国，在那里他创作了《荒原》(al-Tih)，它是《盐城》(Cities of Salt) 五部曲中的第一部小说。[1]

《荒原》于 1984 年出版，尽管在沙特阿拉伯和其他几个阿拉伯国家被禁，但立即被誉为阿拉伯文学的经典。小说的事件发生在一个虚构的阿拉伯酋长国，探讨了当美国石油商首次抵达并开始开采石油时，当地前工业社会发生的剧变。伊甸园般的绿乌尤恩谷地（Wadi al-Uyoun）是"不毛沙漠中的一片绿色"，但在美国人建立石油钻井基地时，这里被前所未见的机器彻底改变，当地的贝都因人流离失所。沉睡的海滨村庄哈兰同样被摧毁，以建造一个现代化的港口和石油管道。阿拉伯劳工发现自己越来越受美国人的控制和虐待。小说中详细探讨了美国人是如何通过下属埃米尔和其他阿拉伯官员控制当地居民的，他们用石油收入分成及收音机、汽车等新技术产品来收买这些人。酋长国的统治者们不关注其人民关切，甚至越来越多地使用武力来维护新秩序。当一名当地医生公开谴责酋长国的领导层时，这种趋势达到了顶峰。这名医生警告哈兰人民说："在你们之前，金钱已经腐蚀了许多人。它腐蚀了民族和王国。金钱使人被奴役，使人屈服，却永远不会带来幸福。"作为回应，该酋长国的领导层下令逮捕、拷打和杀害了这名医生。在小说的结尾，穆尼夫通过另一个角色——一位宗教领袖——的话语提醒读者：酋长国的统治者们并不是导致医生死亡和近期所有其他不公正事件的根本原因。"我之前告诉过你们，"这位宗教领袖宣称，"美国人才是病源和问题的根源。"[2]

小说中的事件让人想起 20 世纪 30 年代和 40 年代阿拉伯半岛的经历，而穆尼夫对石油美元财富影响的态度则无疑是基于 20 世纪 80 年代的视角。对于世俗的阿拉伯民族主义者、伊朗伊斯兰主义者和阿拉伯君主主义者来说，80 年代被证明是苦涩而令人失望的十年，因为石油美元收入被浪费在毁灭性战争中，随后又因为全球油价触底而严重缩水。到 80 年代中期石油美元时代结束时，阿拉伯世界和伊朗在 70 年代初的乐观情绪在很大程度上已转化为焦虑或绝望。

相反，对于美国来说，80 年代基本上是一个胜利的十年，因为 70 年代遭遇的许多困境，包括高油价、阿拉伯石油禁运和伊朗革命的威胁，很大程度上被遏制了，而美国对阿拉伯世界的政治和经济主导地位也达到了新高度。苏联遭遇全球性挫折，随后开始解体。但也是在这个时刻，美帝国种下了怨恨和未来悲剧的种子，包括在阿富汗，这是十年间伊斯兰主义取得明显胜利的所在，当地一些"圣战者"开始谋划如何在阿拉伯世界击退美帝国主义。最终，尽管美国主导的石油美元秩序稳定了美帝国的某些方面，但也扩大了威胁到美国的全球不稳定领域。

1983 年末，里根政府开始越来越倾向于支持伊拉克对抗伊朗的战争。在贝鲁特兵营爆炸事件之后，里根政府对伊朗的愤怒与日俱增，同时也越发担心伊拉克可能因失去大量军队和领土而绝望地升级对海湾地区航运的攻击，从而导致出口中断，并因而引发全球油价再次飙升。1983 年 11 月，美国国家安全委员会准备的一份报告估计，波斯湾完全封锁油轮通行将会导致美国国内生产总值下降 10%，失业率上升 4%，并对美国盟友的经济产生更加有害的影响。[3]1983 年 12 月，白宫任命西尔列制药公司（G. D. Searle）时任首席执行官唐纳德·拉姆斯菲尔德（Donald Rumsfeld）为特使前往巴格达，就双边关切进行商讨。1984 年 1 月 23 日，美国政府将伊朗列入"支持国际恐怖主义"的国家名单，对其实施武器和军民两用物资的出口制裁。

1984 年 2 月末，伊朗军队占领了马吉努岛上的伊拉克南部油

第十章 一个时代的终结

田，该区域石油储量占伊拉克石油储量的六分之一。伊拉克进行反击，但到了3月中旬，它们承认自己输了，一个新的僵局开始。随着战事的激烈进行，美国国家安全委员会发布了一份文件，决定为了"阻止可能威胁美国在不受阻碍地获取海湾石油方面的利益以及升级海湾产油国的安全局势"，美国将"采取措施帮助伊拉克避免失败……[通过]采取各种手段帮助伊拉克恢复战略平衡"。这些措施包括向伊拉克出口可能具有军事用途的非军事物资，以及通过美国进出口银行的贷款和支持新建通往伊拉克的国际管道的方式加强伊拉克的经济。[4] 因国会抵制巴格达激烈反对以色列政权，里根政府拒绝向伊拉克提供大量美国武器，但华盛顿还是向伊拉克提供了数亿美元的资金，并出售了易于军事化的民用飞机，包括6架洛克希德L-100大力神运输机（1985年交付）和86架休斯直升机（1986年开始交付）。美国还威胁对向伊朗出售武器的国家进行经济报复，这显著提高了伊朗的代价。伊拉克可以依靠苏联、法国等国以常规价格供应其85%的军需，且依赖阿拉伯君主国支付其账单。而伊朗只能从叙利亚、利比亚和朝鲜等国稳定地进行军购，这些国家仅提供了伊朗三分之一的军需。由于美国制裁的威胁，伊朗不得不在黑市上购买大部分武器，这增加了成本，而伊朗缺乏主要外国贷款人又使其雪上加霜。[5]

里根政府没有考虑美国向伊拉克进行大规模军售，因为那可能招致国会反对，削弱美国防止向伊朗出售武器的国际努力，并使保护非涉战船运和实现与后霍梅尼时代伊朗关系正常化的努力复杂化。[6] 但里根政府在1984年5月还是谨慎地鼓励埃及和法国"加强对伊拉克军队的培训和作战建议"，这是美国政府认定伊拉克最需要加强的领域。[7] 甚至在美国提出这一要求之前，法国就已经派出了大量军事顾问和教官帮助伊拉克人使用法国的先进武器，特别是军旗喷气式战斗机（Étendard jet）。[8] 同样，到 1983 年中，已经有大约 15 000 名埃及"志愿者"在伊拉克军队中服役，还有更多的军事教官在训练伊拉克士兵。从 1981 年到 1983 年，埃及还向伊拉克出售了价值 27 亿美元的武器。[9]

与此同时，在陆上受困的情况下，萨达姆继续采用里根政府希望阻止的策略：利用伊拉克空军袭击在波斯湾运输伊朗石油的船只，试图切断伊朗的石油美元收入。1984 年 4 月，伊拉克战斗机袭击了 3 艘油轮，5 月又袭击了 6 艘油轮。5 月初，伊朗报复，但不是针对伊拉克的航运——因为伊拉克的航运早已经停止——而是针对科威特和沙特的油轮，目的是迫使阿拉伯君主向伊拉克施压，迫使伊拉克放弃对伊朗运输船只的攻击。利雅得则宣布在海湾大部分水域设立禁飞区，这增加了伊朗和沙特阿拉伯之间发生空中冲突的可能性。[10]

早在 1984 年 3 月，里根政府就宣布了向约旦和沙特阿拉伯出售雷神公司生产的"毒刺"肩扛式防空导弹的计划，但国会强烈反对，担心这些武器有可能落入恐怖组织之手，而这也正是以色列政府关注的重点，里根政府因此于当月取消了这一计划。5 月 23 日，里根政府急于在与伊朗空军的对峙中支持沙特，从而保护阿拉伯石油在海湾区域的运输，于是通知国会称，应法赫德国王的紧急请求，政府有意再向利雅得出售 1 200 枚"毒刺"导弹。白宫还提出，它有可能利用一项特殊法律条款，允许总统授权紧急销售被认为事关国家利益的武器，而无须国会对此表决。里根政府一周后宣布，已根据这种紧急授权向沙特阿拉伯发运了 400 枚"毒刺"导弹，并在一份声明中表示

"深度关切海湾局势的日益升级……［这］可能威胁到沙特阿拉伯和非共产主义世界赖以生存的石油供应"。[11]

但许多国会议员并不接受里根政府紧急军售的理由,并表达了愤怒。威斯康星州共和党参议员鲍勃·卡斯滕(Bob Kasten)认为这项交易是对国会监督角色的嘲弄,两党几位参议员则再次提出"毒刺"导弹落入恐怖分子手中的可能性。[12] 1984年6月5日,沙特两架麦道F-15战机拦截了伊朗两架正准备攻击沙特两艘油轮的麦道F-4战机。沙特F-15战机发射雷神麻雀空对空导弹,摧毁伊朗一架F-4战机并击坏另一架,迫使其撤退。作为回应,伊朗人又向阿拉伯半岛派出12架F-4和6架格鲁曼F-14,而沙特则增派12架F-15和10架诺斯罗普F-5战机迎击。在一个小时的时间里,这40架全部由美国制造的战斗机在没有开火的情况下空中对峙,直到伊朗飞机燃料耗尽返回基地。[13]不过,美国许多国会议员非但没有庆祝沙特的胜利,反而对石油美元-军工复合体进行了抨击。加利福尼亚州民主党众议员梅尔·莱文(Mel Levine)说:"双方空战中使用的都是纯美制武器,这引发了(美国)推动该地区军备竞赛的问题。"南达科他州共和党参议员拉里·普雷斯勒(Larry Pressler)感叹说:"这是一个水面不断上升的武器湖。"他呼吁冻结对中东所有的武器供应。[14]

但沙特已经证明他们能够用购自美国的战斗机成功地反击伊朗的空袭,这让支持美国对沙特王国军售的人感到欣慰。沙特的胜利,加上伊朗的战斗机数量有限,迫使伊朗空军采取谨慎的策略。结果是,在1984年4月之后的一年中,伊朗只袭击了25艘船只,而伊拉克则袭击了65艘。[15]尽管有商船损失,但由于油轮继续在波斯湾往来贸易,石油市场仍然相信世界石油供应将继续超过需求,油价因此继续走跌。

1984年9月24日，塔里克·阿齐兹向舒尔茨提出恢复伊拉克-美国关系。舒尔茨赞成这一提议，认为这将反驳美国在中东的影响力受到苏联新入侵威胁的说法；证明以、美合作并非美国改善与阿拉伯强硬派国家关系的障碍；向伊朗和叙利亚表明，暴力反对美国利益会刺激美国与它们的对手合作；改善约旦可能与以色列谈判的气氛。[16] 10月3日，舒尔茨通知阿齐兹，里根已经接受了这一提议，并将在美国总统大选后同他会面。阿齐兹高兴地表示："伊拉克非常感谢美国自去年以来为遏制武器流向伊朗所做的'极具建设性'的努力。"[17] 11月6日，里根成功击败沃尔特·蒙代尔（Walter Mondale），轻松赢得连任，这得益于当月失业率稳步下降至7.2%，同时通货膨胀率保持在4.1%的低水平，而这两项成绩的取得部分得益于油价的下降。20天后，伊拉克和美国宣布恢复两国关系。

1985年，伊拉克南部的残酷僵局还在继续。伊拉克（对伊朗）的经济消耗战也在继续。伊拉克对伊朗在建的布什尔核电站定期的空袭，拖延了该电站本已缓慢的进度，到战争结束时（给伊朗）造成了超过40亿美元的损失。[18] 伊拉克还继续空袭开往伊朗的油轮以及伊朗在哈尔克（Kharg）的主要石油码头，但对伊朗的出口影响甚微。伊朗对油轮的袭击数量更少，且避开了沙特的战斗机。石油出口受到的冲击相对较小，这意味着这场战争对全球油价来说影响不大，油价不改跌势。

1985年，里根政府与国会在军售问题上同样日陷僵局。1983年，最高法院裁定"允许国会通过两院简单多数否决军售的规定"违宪；国会必须通过（新）立法来阻止一项军售，该立法又可以被行政部门否决，而两院只有通过三分之二多数才能再次推翻行政部门的否决结果，"三分之二多数"是一个明显高得多的门槛。然而，尽管有这一裁决，里根政府在1985年1月还是被迫推迟向沙特阿拉伯新出售一批F-15战斗机，而是将这一事项转向就军售与地区和平之间的联系进行全面审查，因为政府无法确定是否有三分之一的国会议员愿意支持该军售计划。国会议员们大声疾呼，他们担心这些战斗机可能会被用来对付以色列，且对沙特阿拉伯拒绝在以色列回到1967年以前的边界之前承认以色列表示不满。[19] 由于美国在那个夏季迟迟未给出要约，且利雅得不想与亲以色列的游说团体"拳脚相见"，沙特阿拉伯决定购买48架英国"龙卷风"战斗机，这是自20世纪60年代以来沙特首次大批量采购非美国武器。[20] 自1981年以来，沙特在华盛顿的影响力随着前者收入的减少而下降。

美国国会日益公开敌视利雅得，而白宫同沙特王室在资助共同盟友方面的合作却增加了。两伊战争期间，沙特阿拉伯向巴格达提供了超过600亿美元的贷款，这对伊拉克能够抵御伊朗军队至关重要。[21] 同样，沙特阿拉伯继续向北也门提供大量援助和外籍劳工岗位，以此对抗南也门；向苏丹提供大量援助和外籍劳工岗位，助其对抗埃塞俄比亚和利比亚。[22] 除了盟国的援助，里根政府还向利雅得寻求前所未有的秘密支持，帮助尼加拉瓜和阿富汗的军事政变。

1979年，左翼桑地诺主义者（Sandinistas）以民主、国家主权和援助穷人为纲领，推翻了尼加拉瓜安纳斯塔西奥·索摩查（Anastasio Somoza）的右翼独裁统治。被称为"反对派"的右翼激进分子组织起来抵抗新的桑地诺政府，并在里根政府任内开始接受华盛顿的援助。"反对派"成为美国的热门议题，保守派将其视为挑战苏联在西半球影响力的自由战士，而自由派则越来越公开地谴责"反对派"广泛而系统地使用强奸、酷刑、绑架和数千起任意处决平民的手段来恐吓桑地诺主义者的尼加拉瓜支持者。[23]1983 年 12 月，美国国会强行规定对"反对派"的资助上限为 2 400 万美元，远远低于里根政府的要求。为弥补缺口，白宫秘密向其他国家寻求资金，首先是以色列。以色列人拒绝了，尽管他们后来提供了从巴解组织缴获的武器。但在 1984 年 5 月，美国国家安全顾问罗伯特·麦克法兰（Robert McFarlane）从沙特大使班达尔·本·苏尔坦（Bandar bin Sultan）那里获得承诺，利雅得每月为"反对派"提供 100 万美元的资助。班达尔告诉麦克法兰："这笔捐助表示法赫德国王感谢里根政府过去对沙特政府的支持。"[24]

但在 1984 年 10 月，里根签署了国会通过的一项综合预算拨款决议，其中包括《博兰第二修正案》（Boland Amendment）。该修正案规定，1985 财年（1984 年 10 月至 1985 年 9 月）内，任何"参与情报活动的美国机构或实体"不得使用资金直接或间接支持"任何国家、团体、组织、运动或个人在尼加拉瓜进行的军事或准军事行动"。尽管有新法律，但国家安全委员会助理奥利弗·诺斯（Oliver North）中校还是在麦克法兰的指导下，继续为"反对派"提供武器。诺斯秘密地与由美国前空军将军理查德·西科德（Richard Secord）和伊朗裔商人阿尔伯特·哈基姆（Albert Hakim）控制的名为"奋进"的一家公司（该公司最初名为斯坦福技术贸易集团国际公司）协调向"反对派"出售武器。"奋进"通过一家瑞士信托公司设立了许多虚假公司和银行账户，以此掩盖资金来源和收款人。军购资金主要来自沙特阿拉伯。在《博兰第二修正案》生效期间，里根政府为"反对派"筹集的4 000万美元中，有3 200万美元来自利雅得。实际上，虽然后来的发展导致了一系列被普遍称为"伊朗-反对派"*的丑闻，但就非法资助尼加拉瓜叛军而言，这一丑闻被称为"沙特-反对派"更为准确。[25]

里根知道沙特对"反对派"的贡献，并明确告诉麦克法兰，无论美国法律如何规定，他都希望"反对派"保持"身心合一"。[26] 通过秘密协调对"反对派"的武器销售，麦克法兰和诺斯违反了国会的明确意愿，并在法律之外推行外交政策，而沙特的石油美元是使这种规避成为可能的主要资金来源。其结果是冲突旷日持久，导致3万尼加拉瓜平民死亡，其中绝大多数是由"反对派"造成的，直到1990年冷战结束后尼加拉瓜各方才通过谈判确定解决办法。[27]

与对"反对派"的态度形成鲜明对比的是，美国国会普遍支持资助阿富汗"圣战者组织"。中央情报局估计，到1983年底，苏联已经伤亡1.7万人，损失350~400架飞机、2 750辆坦克和装甲车。截至当时，利雅得和华盛顿已在战争中各自花费了2亿美元，而苏联则高达120亿美元。[28] 然而，尽管采取了日益强烈的打击策略，包括不断升级的地毯式轰炸，蓄意清除其控制区以外的人口，并埋设了数十万颗地雷，但苏联人还是未能守住阿富汗农村，当然也没有赢得阿富汗人的支持。苏联在提升阿富汗政府效率方面的努力也是乏善可陈。喀布尔政权仍然极不受欢迎，到20世纪80年代中期，由于逃兵太多，其效率低下，军队已经从9万人减少到3万人。[29]

---

* 也被称作"伊朗门"。——译者注

部分是得益于得克萨斯州民主党众议员查理·威尔逊（Charlie Wilson）的游说推动，美国国会于 1984 年将 1985 财年对"圣战者组织"的资助提高到了 2.5 亿美元，利雅得紧随给予等额支持。部分由于资金的增加，部分是由于凯西（Casey）的建议，1985 年 3 月 27 日，里根发布了 166 号国家安全决策指令（NSDD 166），首次明确将迫使苏联撤出阿富汗作为美国政府的政策。米哈伊尔·戈尔巴乔夫在 18 天前就任苏联领导人，他最初加强了苏联在阿富汗的军事行动，但很快他就决定让苏联军队也撤出阿富汗。当年 10 月，戈尔巴乔夫告诉巴布拉克·卡尔迈勒，苏联将很快从阿富汗撤军，如果后者希望自己的政府存续下去，就需要扩大其政权基础，吸纳一些"圣战者"领袖。而沙特阿拉伯和美国一方则继续施压，将对阿富汗"圣战者"的援助提高到 1986 财年各 4.7 亿美元、1987 财年各 6.3 亿美元。美国还开始向"圣战者组织"提供"毒刺"导弹，后者于 1986 年 9 月开始使用这些导弹对付苏联直升机，效果惊人。但美国政府当时不知情的是，戈尔巴乔夫在 1986 年 11 月向政治局宣布，苏联军队应在两年内彻底撤出阿富汗。同月，莫斯科用另一位共产党官员穆罕默德·纳吉布拉（Muhammad Najibullah）取代卡尔迈勒担任阿富汗领导人，希望他能更好地实现国家稳定。12 月，戈尔巴乔夫提醒纳吉布拉为苏军两年内撤出阿富汗做准备。[30]

此间，阿富汗的阿拉伯"圣战者组织"正在扩张壮大。1984 年，沙特激进分子奥萨马·本·拉登（Osama bin Laden）开始同阿卜杜拉·阿扎姆（Abdullah Azzam）合作。本·拉登因其家族建筑企业承接的利雅得项目收入大量石油美元而极其富有；阿扎姆则是巴勒斯坦伊斯兰神学家和主张在伊斯兰领土上对非穆斯林统治进行暴力"圣战"的领军人物。虽然阿扎姆认为从以色列和美国的统治下解放巴勒斯坦是伊斯兰世界最重要的目标，但他认为对苏联的战争最有希望在短期内取得成功，并发展出日后可以部署到其他地方的"圣战"力量。本·拉登利用其石油美元财富招募阿拉伯志愿者加入"圣战者组织"，并利用其建筑业务帮助阿富汗的抵抗战争建设基础设施。中央情报局认为本·拉登是阿富汗战争中一个有效且有价值的盟友，尽管没有明确的证据表明他们有工作关系或直接联系。阿富汗战争使本·拉登和其他阿拉伯"圣战者组织"亲身了解了非对称战争，使其成员的政治观点激进化，使他们更倾向于对外国人和协助非穆斯林控制或影响伊斯兰世界的当地合作者使用暴力，并且建立了新的联系点和组织网络。1986年，埃及激进分子艾曼·扎瓦希里（Ayman al-Zawahiri）在巴基斯坦定居，旨在组织一场全球"圣战"，希望结束开罗与西方结盟的独裁统治。次年，扎瓦希里和本·拉登在巴基斯坦会面并开始合作。[31]

鉴于沙特石油收入自1981年的1 132亿美元下跌至1984年的437亿美元，其在全世界大手笔地撒钱援助就显得尤为扎眼。沙特收入下降，部分是由于油价逐渐走低，但主要是由于沙特的石油出口急剧下降。到1985年中，沙特的石油产量只有五年前的五分之一多一点。沙特产油量的下降是导致OPEC当年全球产油量市场份额下降至28%以下的关键因素。作为OPEC支撑油价努力的一部分，沙特一直在稳步减少石油产量。然而，尽管不断受到警告，OPEC其他成员仍在违背承诺，以低于OPEC的价格超出OPEC配额售油，以扩大本国市场份额。通过单方面压低本国石油产量，沙特阿拉伯以自身代价支撑着OPEC其他成员国和非OPEC成员的石油出口国（OEC）

的售油价值。到 1985 年夏，沙特王国决定需要在 OPEC 内部重新确立其权威。沙特阿拉伯放弃了维护 OPEC 的价格，转而通过增加产量和以打击竞争对手的低价出口（石油）去抢占市场份额。面对沙特的行动，世界其他石油生产国迅速效仿，以维持自己的市场份额。[32]

这导致了一个逆向的石油危机：从 1985 年末到 1986 年初，基准油价下跌了 70%，一些海湾地区的石油售价低至每桶 7 美元以下。1986 年，OPEC 的石油出口额较上一年下降了 42%，即使不考虑通货膨胀因素，也低于 1974 年的水平，而且在这十年的剩余时间里，石油出口额一直保持低位。[33] 石油美元的减少意味着 OPEC 向国际银行体系的新存款仍然微不足道，富油的阿拉伯国家同美国及其他国家的贸易大幅下降。1982 年，美国向富油的中东北非国家的出口额达到 136 亿美元；到 1986 年下降到 60 亿美元，并在随后的几年中保持相对低位。[34] **石油美元时代已然结束。**

虽然一些与石油美元或石油紧密相关的公司可能会受到损害，但美国经济整体上受益于油价下降，这有助于将 1986 年的通货膨胀率降至 1.9%，并将更多资金用于其他类型的消费。伴随美国高利率、债务驱动的军事支出和减税政策，美国经济在 20 世纪 80 年代中期也经历了高速的 GDP 增长和失业率逐渐下降。虽然许多美国人对去工业化、贫困社区和工资停滞表示担忧，但高油价不再是他们的一个抱怨。大多数其他经合组织国家也跟随美国的高利率和债务驱动的经济刺激模式，并取得了类似的成果。虽然发达国家的部分人群担忧不断上升的政府赤字或停滞不前的社会服务，但几乎没有人会放弃 80 年代中期的经济乐观形势，退回到 70 年代的衰退氛围。相比之下，苏联则深受油价下跌之苦。苏联越来越依赖石油收入来支撑其效率低下、技术落后的经济。全球油价的自由落体般下跌，导致苏联的硬通货收入减少了近一半，严重制约了戈尔巴乔夫获取实现苏联经济现代化所需的外国技术，同样限制了苏联维系其军事和对外援助计划的能力。[35]

1985年春，凯西和麦克法兰越来越专注于恢复美国在伊朗的影响力。5月初，麦克法兰派遣了国家安全委员会顾问迈克尔·莱丁（Michael Ledeen）赴以色列，探听总理西蒙·佩雷斯（Shimon Peres）与温和派伊朗官员建立联系的可能性，希望建立与这些派别的工作关系，促进更亲美的领导层在霍梅尼去世后能够上台。同月，凯西要求准备的一份情报评估重申了美国面临的关于苏联可能会加强其在伊朗影响力的威胁，并提出应对这一威胁的措施，包括取消美国的军售限制。凯西力主将这些结论纳入麦克法兰在6月起草的国家安全决策指令（NSDD），但舒尔茨和温伯格反对这份指令草案。不过到了7月，以色列官员告知莱丁和麦克法兰，他们有一个联系人，伊朗商人曼努切尔·戈班尼法尔，他与伊朗政府内部寻求与美国重新开启政治对话的温和派有联系。这些伊朗人建议利用他们对绑架了包括中情局特工威廉·巴克利（William Buckley）在内的七名美国人的黎巴嫩组织的影响力，以释放人质作为一个初步的善意表示。作为回报，这些伊朗人希望美国在向伊朗出售休斯"陶"式反坦克导弹时能表现出对等的诚意。以色列人提出充当中间人：以色列将向伊朗出售一些"陶"式导弹，而美国则将补充以色列的导弹库存。[36]

这项提议对以色列和美国政府中的不同派别均有吸引力。许多以色列战略家认为，伊拉克对以色列的安全威胁比伊朗更大，因此考虑在两伊战争中支持伊朗以削弱伊拉克。支持伊朗同样符合以色列的总体战略，即在阿拉伯世界周边的非阿拉伯国家之间建立联盟，以抗衡阿拉伯势力。凯西和麦克法兰对恢复伊朗友好政府并确保美国人质获释的可能性很感兴趣，莱丁和戈班尼法尔在 1984 年 7 月的一次会晤中进一步强化了这些向好信号，后者声称伊朗政府内部的温和派正在寻求改善与美国的关系。里根对这项提议的兴趣集中在释放人质上。相反，舒尔茨和温伯格则强烈反对这个计划。他们质疑伊朗政府内是否真的存在大量温和派，认为该计划与美国在"坚定行动"中通过阻止伊朗获得武器来削弱其军事攻势的努力背道而驰；该计划反而可能会激发针对美国人的新劫持行动；而且交易一旦曝光，将损害美国在世界范围内特别是在伊拉克的信誉。但里根在 8 月授权麦克法兰告诉以色列政府继续行动。8 月 20 日，以色列向伊朗交付了 96 枚"陶"式导弹。里根政府没有向国会报告这次军售。里根政府这样做两次违反了《武器出口控制法》，该法规定，如果美国本身不能合法地向第三方转让武器（伊朗就是这种情况），则禁止拥有美国武器的国家向第三方转让武器，而且在任何情况下（军售）都要求通知国会。[37]

在接下来的几个月里，国家安全委员会向伊朗转让美国武器的计划不断扩大，并在 1985 年 12 月约翰·波因德克斯特（John Poindexter）上将接替麦克法兰担任国家安全顾问后继续进行。从 1985 年 8 月到 1986 年 10 月，里根政府授权了 8 次对伊朗的军售，有通过以色列充当中间人的，也有直接通过中央情报局进行的。所有这 8 次交易，里根政府均没有向国会报告，所以是反复违反了《武器出口控制法》和《国家安全法》。里根直接参与了对伊朗的军售活动：他批准了军售，听取了关于交易完成情况的简报，签署了关于最初军售的追溯性总统调查结果，在他的日记中写下了有关活动的内容，并明确告诉其政府不要向国会报告军售情况，尽管舒尔茨和温伯格警告说这样做会违反美国法律。从1985年8月到1986年10月，里根政府共直接或间接向伊朗转让了2 004枚"陶"式导弹、18枚"鹰"式导弹和多托盘"鹰"式导弹备件。[38] "陶"式导弹在1986年2月伊朗攻占伊拉克南部法奥半岛的战役中发挥了特别重要的作用，这对巴格达来说是一次代价高昂的挫败。为眼镜蛇武装直升机提供的备件和导弹使伊朗能够在7月部署30架该型直升机，这在从伊拉克军队手中夺回伊朗城市迈赫兰方面发挥了关键作用。[39]

这些行动标志着自1979年伊朗人质危机以来，伊朗和美国石油美元-军工复合体的首次恢复。尽管规模要小得多，但美国向伊斯兰共和国的军售同向君主国军售的逻辑类似：改善与伊朗的关系，确保一个对美国利益友好的政府统治伊朗。里根和其许多幕僚希望军售将确保在黎巴嫩的美国人质获释，且获得伊朗的承诺，即伊朗和其海外盟友今后不再劫持美国人质。此外，中央情报局和国家安全委员会的一些成员认为，军售可以增强伊斯兰共和国政府和军队内部温和派的势力，他们可能在某个时候夺取权力，恢复伊朗同美国的外交关系并建立实质性合作关系。简言之，里根政府内的一些人试图通过向伊朗军售来消除伊朗革命的影响。

美国向伊朗军售最终在人质问题和改善关系两方面都失败了。在非法军售期间，有三名美国人质获释，但同时，黎巴嫩的亲伊朗民兵劫持了另外两名美国人质，并宣布威廉·巴克利已经死亡（美国后来确认巴克利于1985年6月被折磨致死）。里根政府一再派遣特使会见所谓的伊朗高层温和派，包括1986年5月由麦克法兰和诺斯率领的秘密代表团前往德黑兰，但他们从未受到高层官员的接见。即使与低层官员会面，也没有达成武器换人质循环之外的合作框架。包括霍梅尼在内的伊朗最高领导层很可能知道美国的秘密武器交易，并在幕后操控。[40]但每次遭遇挫折后，里根政府都会再启动一轮军售，部分是出于希望新的交付能改善局势，部分是出于担心停止交付会导致愤怒的伊朗人下令杀害美国人质。里根政府的努力适得其反。美国非但没有为伊朗和美国的和解以及伊朗代理人不再劫持美国人质奠定基础，反而加强了霍梅尼的军事力量，并证明在里根的眼皮底下劫持美国人质收益不菲。

不过，美国对伊朗的军售在另一个操作上赚到了。当中央情报局选择直接向伊朗转移武器而不是借以色列为中介时，它选择了前文提及的"奋进"这个早已被用来向尼加拉瓜"反对派"提供武器的公司幌子，作为向伊朗交付武器的通路。此时，诺斯已经负责管理"反对派"援助计划和伊朗军售计划的具体操作。诺斯在1986年1月会见戈班尼法尔时得知，伊朗人愿意为每枚"陶"式导弹支付10 000美元，而诺斯从美国购买一枚只需要3 700美元。诺斯意识到"奋进"可以秘密地将导弹卖给伊朗并从中获利，然后将所得收入用于武装"反对派"，他就这么操作了。最终，向伊朗出售武器所得的大约400万美元被用于资助"反对派"。加上沙特阿拉伯捐赠的3 200万美元，里根政府为非法武装"反对派"而筹集的约4 000万美元中，90%来自中东北非地区的两个主要石油美元国家。[41]

1986年，里根政府在继续对桑地诺主义者采取秘密行动的同时，也对卡扎菲展开了新的公开行动。在1982年3月对利比亚实施制裁之后，里根政府孤立的黎波里的努力渐渐失去了影响力。欧洲盟友未能加入制裁行列，这使美国重创利比亚经济的努力陷入困境，也使美国政府内部在后续操作问题上产生了分歧。美国国防部、国家安全委员会和国务院考虑对利比亚实施更多的单边出口管制，以表达对卡扎菲政策的不满。美国商务部、贸易代表办公室和财政部则认为这种政策对利比亚的经济和政策没有任何影响，只会损害美国企业、让欧洲竞争对手得利，并坚持美国应将重点放在争取欧洲参与制裁上，而国务院则认为这种情况成功的可能性不大。[42]里根政府内阁在这个问题上陷入僵局，而欧洲伙伴又不愿限制同利比亚的贸易，所以里根四年任期中都没有对利比亚实施新的制裁。

但里根政府，特别是舒尔茨，继续关注着利比亚。例如，在1984年3月30日的一次会议上，舒尔茨告诉里根，美国要对支持恐怖主义的政府采取强硬措施，以便向阿拉伯君主国等美国盟友保证，在美国从黎巴嫩撤退后，华盛顿有意愿捍卫自己的利益。舒尔茨认为，政府"应该主动寻找机会打击恐怖主义。我们需要发出信号，表明我们可以对此有所作为。我们需要寻找机会，特别是针对利比亚的机会"。[43]

随后，1985年12月27日，极端的巴勒斯坦分裂组织阿布·尼达尔（Abu Nidal）的七名成员在罗马和维也纳机场的以色列航空售票柜台同时发动恐怖袭击，用机枪和手榴弹无差别地袭击周围的人，造成16名平民死亡，其中包括5名美国人。里根政府怀疑利比亚政府支持了这次袭击，部分是因为阿布·尼达尔在利比亚享受安全庇护。卡扎菲不承认介入了这次袭击，但他公开赞扬了阿布·尼达尔的行动，并继续允许该组织在利比亚活动。[44]1986年1月8日，里根以机场袭击为由宣布："利比亚政府支持恐怖主义的政策和行动对美国的国家安全和外交政策构成了不寻常且巨大的威胁。"里根下令全面禁止美国与利比亚的贸易（人道主义援助除外），严格禁止美国人前往利比亚，且禁止美国向任何利比亚公民或实体提供新贷款。里根政府还加倍努力说服美国的盟友加入对利比亚的制裁行列。[45] 恐怖主义再次导致美国政府寻求削减美国与中东北非石油美元大国之间的石油美元关系。但欧洲盟友仅愿意禁止向利比亚军售，因此美国的制裁对利比亚经济的影响仍微不足道。

里根政府进一步加大对卡扎菲施压的力度，计划于 1986 年 3 月在有争议的苏尔特湾举行另一次海军演习。美国情报部门相当确信利比亚军方会对美军采取敌对行动作为回应。舒尔茨指出，利比亚的敌对行动应引发美国对利比亚境内军事目标、恐怖分子营地和工业基地的打击。舒尔茨坚称："我们应该随时准备采取行动去打击［卡扎菲］，而不仅仅是还击。我们的军队应该轰炸卡扎菲和其军事目标。"温伯格则主张更加克制，认为如果（美军）他们"最终把的黎波里夷为平地，我们将被指责为反应过度"。里根选择了一个中间路线，下令："如果发生敌对行动或敌对行动迫在眉睫，我们将攻击飞机或地对空导弹的空军基地，无论它们是否开火。如果美国遭受损失，［美国舰队］指挥官有权选择非军事目标进行打击。"这是自 1981 年美国海军演习以来接战规则的升级，当时美国军队只攻击参与敌对行动的利比亚军队。3 月 24 日，美国海军部队进入了苏尔特湾，两个小时内就遭到利比亚苏尔特基地导弹的未遂袭击。这引发了美国和利比亚军队之间的一系列小规模冲突。两艘利比亚导弹巡逻艇被摧毁，苏尔特导弹基地被摧毁；美国没有遭受任何损失。[46]

不到两周后的 1986 年 4 月 5 日，一枚炸弹在美国军人经常光顾的西柏林一家迪斯科舞厅爆炸，导致两名美国军人和一名土耳其平民死亡。数小时之内，西方情报机构就将这次炸弹袭击与利比亚驻东德大使馆的利比亚特工联系起来。作为回应，美国空军和海军于 4 月 15 日对的黎波里和班加西及其周边地区的利比亚军事和准军事目标以及卡扎菲本人实施空袭。卡扎菲在袭击中幸存下来，但是近 100 名利比亚人没有这么幸运。美国损失了一架通用动力公司生产的 F-111 "土豚"轰炸机及其两名机组人员。里根总统任期结束时，利比亚与美国没有再发生公开敌对行动，但卡扎菲指挥了 1988 年 12 月的洛克比爆炸（空难）事件，造成 270 人死亡，其中包括 180 名美国人，不过利比亚对这次袭击的参与最初被掩盖了。[47]

利比亚与美国之间不断升级的紧张局势，意外地与里根对沙特阿拉伯的新军售举措交织在一起。1986 年 3 月，白宫向国会提交了价值 3.5 亿美元的导弹出售计划，其中包括"毒刺"导弹，理由是伊朗的军力提升使得这笔交易对沙特王国的安全十分必要。虽然里根曾考虑提供包括 F-15 战斗机和 M1 坦克在内的更大规模的"武器包"，但在参议院超过三分之二的议员非正式表示反对时，他还是砍掉了这些项目。[48] 然而，即便是大幅缩减的方案也遭到以加州民主党参议员艾伦·克兰斯顿（Alan Cranston）为首的国会的强烈反对。克兰斯顿认为，在西柏林爆炸案和美国对利比亚的打击之后，美国正在进行一场"不宣而战的反恐战争"；向沙特阿拉伯出售武器将传递错误的信息，因为沙特资助了巴解组织中的极端派别和叙利亚"反对派"，而这两个组织都支持参与恐怖活动的组织。[49]

1986 年 5 月 6 日，参议院以 73 票对 22 票否决了这项交易；次日，众议院也以 356 票对 62 票否决。这是美国国会历史上第一次否决一项对外军售，而且反对票数足以推翻总统的否决，这对沙特在美国的影响力来说是一个重大挫败。许多国会议员将沙特阿拉伯谴责美国对利比亚的打击及其过去对的黎波里的金融支持作为他们反对军售的原因。[50] 许多立法者还担心，如果投票结果看上去损害了以色列的利益，可能会招致许多美国选民的不满。但"石油不再能制约美国"这一因素，也导致了投票结果的一边倒。威斯康星州民主党众议员莱斯·阿斯彭（Les Aspen）告诉一名记者说，在美国依赖阿拉伯世界提供石油的时候，国会对沙特阿拉伯的敌意可能并不强烈。但现在，"压力消失了……对否决军售的后果的恐惧减少了"。[51]

里根否决了国会的决定，但他希望通过剔除武器包中的"毒刺"导弹来争取一些参议员的支持，以避免他的否决再被（国会）推翻。随着议案重新提交到国会，协议支持者强调，如果伊拉克或沙特的石油美元落入霍梅尼的盟友手中，那将对美国和以色列利益构成威胁。《纽约时报》的一篇专栏警告称："伊朗开始赢得同伊拉克的生死之战。如果阿亚图拉·鲁霍拉·霍梅尼的狂热军团击败伊拉克，通往特拉维夫的道路可能会经过利雅得……如果一个霍梅尼式的政权在利雅得上台，并将沙特阿拉伯巨大的财富集中用于摧毁以色列……以色列的生存将面临严重的威胁。"[52] 里根警告共和党议员们说："这个投票将对我们与阿拉伯世界的关系产生深远影响，不仅仅是沙特阿拉伯。"[53] 1986 年 6 月 5 日，参议院以 66 票对 34 票一票之差未能推翻里根的否决。8 名参议员改变了他们的投票，理由是政府剔除了"毒刺"导弹，并希望支持里根政府作为中东"调停者"的信誉。尽管里根的否决未能被推翻，但该军售方案的反对者仍然可以声称取得了重

第十章　一个时代的终结　　341

大胜利。"他们得到了他们想要的10%",克兰斯顿指出,政府不仅砍掉了"毒刺"导弹,还从武器包中去掉了F-15战斗机和M1坦克。相反,里根的支持者,如参议员理查德·卢格(Richard Lugar),则认为这次投票维护了总统在国际事务中的威望,是一场比军售本身更重要的象征性胜利。[54]4个月后,由于涉及沙特和伊朗石油美元的两笔不同的军火交易被曝光,总统的威望被质疑,其与国会的关系则陷入更大的动荡。

1986年10月5日,尼加拉瓜军方击落了"奋进"公司一架给"反对派"运送武器的飞机。一个名叫尤金·哈森弗斯(Eugene Hasenfus)的美国机组人员幸存,并被桑地诺主义者俘虏。两天后,尼加拉瓜人将哈森弗斯在国际媒体上曝光,原因是后者称"奋进"公司为中央情报局的秘密公司,运送武器给"反对派"。里根政府公开否认了这些指控。但当月晚些时候,极力反对与美国合作的伊朗官员开始披露关于美国与伊朗武器换人质的交易,以及美国官员于当年早些时候秘密访问德黑兰的细节。11月3日,黎巴嫩杂志《船桅》(al-Shiraa)发布了这一爆料,随即成为全球头条新闻。次日,伊朗官员公开证实了新闻的总体真实性,并透露了麦克法兰访问德黑兰的消息。[55]里根起初公开否认美国为人质支付了任何形式的赎金,但新闻界继续深挖,让政府无法自圆其说。司法部长爱德温·米斯(Edwin Meese)发起了调查,但未能阻止诺斯非法销毁数千份与"反对派"和伊朗行动有关的文件。不过,司法部的调查人员在国家安全委员会办公室发现了一份未被销毁的文件,概述了将来自伊朗的(军购)资金转移给(尼加拉瓜)"反对派"的情况。米斯将这一调查发现知会里根，里根于 11 月 25 日公布了转移资金的消息，声称自己也是刚刚得知此事，并接受了波因德克斯特辞去国家安全顾问职务的请求。这一丑闻加深了公众对里根是否说了真话的怀疑，促使国会启动对他的调查，并引发了里根可能被免职的猜测。[56] 丑闻曝光后的一个月内，《纽约时报》和哥伦比亚广播公司的新闻民意调查显示，美国人对里根的总体支持率从 67% 降至 46%。[57]

许多学者理由充分地指出，里根在多年的"反对派"和伊朗计划中的行为是违宪的。里根故意违反国会通过的法律，反而试图暗中让行政部门成为执行美国外交政策的唯一主体，这样做违反了《宪法》的基本制衡制度。这种公然、持续地非法藐视国会和宪法的行为是弹劾和罢免的有力依据。[58] 然而，被低估的是，中东北非的石油美元对于里根政府从一开始就能实施其违宪外交政策至关重要。《博兰第二修正案》之后，沙特的石油财富提供了"反对派"最初资金的绝大部分，而对伊朗的军售既是由石油美元支付的，也是由长达 20 年的石油美元-军工复合体所引发的战争所刺激的。很快，伊朗的资金被洗给了"反对派"，两个石油美元计划合二为一。"伊朗-反对派"事件是白宫利用中东北非的石油美元破坏美国民主的最重要例证之一。

尽管如此，而且民主党自 1987 年 1 月开始控制参、众两院，但里根还是躲过了弹劾。1986 年 12 月，里根任命了由得克萨斯州前共和党参议员约翰·塔尔（John Tower）、缅因州前民主党参议员埃德蒙·马斯基（Edmund Muskie）和布伦特·斯考克罗夫特（Brent Scowcroft）组成的总统特别审查委员会，负责调查"伊朗-反对派"丑闻，希望限制调查范围并提出有利的报告。当总统特别审查委员会在 1987 年 2 月底发布其调查结果时，得出的结论是，里根似乎疏忽

第十章　一个时代的终结　　343

了对国家安全委员会的监督,从而没有意识到其非法活动。里根利用了公众对其"不干预的管理风格"的普遍臆想,使他更容易撇清自己实际上深度参与计划的责任。国会于1986年5月至8月对里根政府官员举行了电视听证会,公开了大量新证据,证明里根实际上指挥了"反对派"和伊朗的计划,即使没有指挥两者之间的资金转移。国会两院的大多数意见是:"秘密向伊朗出售武器并维持'反对派'的'肉体与灵魂'是总统的政策——而不是诺斯或波因德克斯特单独的决定。"[59]尽管有这样的结论,但国会并没有启动弹劾程序,这主要是出于政治私利的考虑。民主党人还是忌惮于直接攻击仍受欢迎的里根,后者受益于强劲的经济,且里根很快将结束其第二任期。同时,许多共和党人,包括国会中的共和党人,将"伊朗-反对派"事件的责任推给了民主党人,因为后者抵制里根的外交政策举措。诺斯在国会听证期间就展示了这种策略,在那里他成功地将自己向电视观众表现为一个以国防的更高价值观和总统权威对抗国会中意志薄弱、自私自利的民主党人的光荣战士。民主党领导人对听证会上民众支持诺斯的呼声措手不及,他们认为试图罢免里根不太可能成功,而且很可能会在政治上对共和党有利。民主党因此放弃了弹劾的想法,转而决定公开谴责里根。这一决定虽然在政治上也许是谨慎的,却将国会相当大的权力让渡给了行政部门。

在国际层面上,白宫两个计划被揭露后,"奋进"公司的行动以及美国与德黑兰就美国人质和军售问题的谈判均宣告结束。但美国在阿拉伯世界的信誉已经受到损害。美国向伊朗军售的消息尤其激怒了萨达姆,而里根的公开解释——这是改善伊朗与美国关系的努力的一部分——同样激怒了萨达姆。萨达姆在1986年11月伊拉克革命委员会的一次会议上说："里根说，我们［美国人］正在通过武器拉近与伊朗的关系。像伊朗这样的国家在战争中更需要武器。那么，里根还需要多少年的战争才能接近实现他所设定的目标和在伊朗获得他想要的影响力？"萨达姆断定，美国和犹太复国主义者将寻求无限期延长伊朗和伊拉克之间的敌对状态，因为这样他们不仅可以增加对伊朗的影响力，还可以增加对其他海湾国家的影响力。萨达姆抱怨说，美国领导人"希望继续以某种程度的灵活性与伊朗人打交道，他们希望伊拉克牺牲自身原则继续以某种程度的灵活性与他们（美国）打交道……他们在吓唬海湾国家，以便获得特权……他们的目的是使［伊朗的］危险更靠近海湾国家，这样他们就能从海湾国家那里得到更多"。[60] 对于萨达姆来说，美国向伊朗出售武器有力地证明他不应该信任华盛顿，而应该将美国视为一个机会主义的对手。尽管如此，萨达姆仍继续寻求里根政府的援助，因为他知道，要对抗不断推进的伊朗军队，自己的政权无法拒绝任何外来援助。

这些事件的曝光也对阿拉伯君主制国家产生了类似的影响。它们对里根政府的行动感到失望，但又无奈地决定，面对伊朗的持久威胁，它们别无选择，只能继续向华盛顿施压，寻求新的支持。1987年2月12日，中央情报局副局长罗伯特·盖茨（Robert Gates）在国家安全委员会会议上表示："美国的形势比看起来好得多……［阿拉伯］温和派由于［对伊朗的］恐惧而更加团结，并且表现得相当不错。虽然对美国向伊朗军售问题有一些质疑，但阿拉伯温和派仍然与我们站在一起。"美国财政部长詹姆斯·贝克（James Baker）表示，他"对［近期的］沙特阿拉伯之行以及与阿卜杜拉王储和其他人的会谈感到高兴。他们接受并赞赏［里根的］保证，并表示作为朋友，他们将支

第十章 一个时代的终结

持美国。基本上，尽管他们对伊朗感到害怕，对我们感到失望，但他们仍然与我们站在一起"。里根本人则试图通过加强美国对伊朗的压力来安抚和保护他在海湾地区的阿拉伯盟友。里根强调，美国需要"帮助伊拉克，以阻止伊朗和激进什叶派的扩张"。他将之前对伊朗的接触合理化为寻求"既不让任何一方获胜"又"和平地结束战争"。但现在，里根重申，"我们需要帮助伊拉克"。[61] 讽刺的是，作为改善与伊朗领导人关系操作的一部分而向伊朗非法军售的最终结果，将最终导致美国增加对伊拉克的支持，这将在未来数年进一步恶化伊朗同美国间的关系。

到1986年底，伊朗和伊拉克都因为战争而疲惫不堪。在这场消耗战中，伊朗依靠数量上占优的军力，日益蚕食伊拉克的兵力，伊拉克的防线面临崩溃。同时，伊拉克对伊朗石油出口油轮的空袭以及全球油价的下跌，已经将伊朗的GDP降到与伊拉克接近的水平，可是伊朗人口是伊拉克的三倍，这让这个伊斯兰共和国的经济面临巨大的危险。[62] 伊朗石油收入也看不到增长的迹象。1986年12月，包括伊朗在内的OPEC大部分成员国均接受了沙特的要求，即执行较小的出口配额且固定油价在18美元/桶左右。只有伊拉克拒绝遵守配额制度。不过，总体而言，在1987年，OPEC成员国对承诺的执行达到了一个新的水平，因为虽然协议意味着相对较低的利润，但他们担心如果继续互相恶性竞价，那收入会更低。[63]

伊朗希望一场决定性的胜利会引发伊拉克什叶派的起义和萨达姆的倒台，于是在1986年12月24日对巴士拉发动了一次大规模攻击。在接下来的4个月中，40 000名伊朗人和10 000名伊拉克人丧生。到 1987 年 4 月中旬，伊朗的攻势戛然而止。在伊拉克北部，库尔德人-伊朗的联合进攻同样被阻止。[64] 双方在地面战中陷入僵局，于是伊朗和伊拉克都升级了对对方阵营油轮的攻击，希望能够削弱对方的财力。伊拉克的空袭继续有效地减少了伊朗的石油出口，但在 5 月 17 日发生了一起明显的身份误认事件，一架伊拉克战斗机攻击了美国"斯塔克"号护卫舰，造成 37 名船员死亡。萨达姆立即对此事进行道歉，并同意赔偿受害者，但美国许多国会议员认为这次事件表明美国在两伊战争中支持伊拉克是不明智的，甚至有人认为萨达姆是蓄意袭击"斯塔克"号，作为对美国提供武器援助伊朗的报复。[65]

"斯塔克"号袭击事件还导致国会反对里根政府于 1987 年 6 月针对沙特阿拉伯提出的军售包计划，其中包括 12 架 F-15 战斗机、1 600 枚"小牛"导弹以及 F-15 和 M60 坦克的电子升级设备。国会对这一提议大为不满，因为许多议员认为沙特的 F-15 战斗机拒绝了美国空中管制员拦截袭击"斯塔克"号的伊拉克战斗机的请求。白宫坚称沙特已经按照协议行事，但仍旧撤回了军售包。里根于同年 9 月重提该军售包计划，但国会很快获得了接近推翻总统否决的签名，反对该交易，理由是沙特阿拉伯不应在继续支持巴解组织以及在中东和海湾冲突问题上缺乏与美国合作的情况下得到奖励。政府坚称沙特在海湾地区的共同防御问题上与美国进行了密切合作，但最终还是撤下了"小牛"导弹，以确保在当年 10 月通过该军售计划。[66] 沙特石油美元供应的减少再次反映了沙特在国会山影响力的下降。

与此同时，伊朗将其油轮袭击的重点放在科威特身上，越来越多地在科威特海域布雷，希望以此诱使科威特埃米尔贾比尔·艾哈迈德·阿尔·萨巴赫（Jaber al-Ahmad al-Sabah）结束对萨达姆的支持。

但贾比尔转而寻求华盛顿的保护。里根政府答应了，1987年5月命令美国海军在波斯湾扫雷，7月开始将科威特油轮改挂美国国旗，并为其提供美国海军护航。里根还将美国在该地区的海军力量增加到50艘战舰，其中包括两艘航空母舰。一系列不断升级的对抗导致美国海军和伊朗军队之间发生了许多冲突，美国人始终占据着优势。冲突的顶点是1988年4月18日的一次大规模海空战，美国海军击沉了多艘伊朗船只，摧毁了伊朗的两个海上平台，而美方只损失了一架直升机。同一天，伊拉克军队得益于武器供应远胜其日益捉襟见肘的对手，用对士气低落的伊朗军队的一次压倒性胜利解放了法奥半岛。

但德黑兰仍然拒绝停火。1988年4月27日，沙特王国采取了下一步行动，断绝了与伊朗的关系，试图进一步孤立阿亚图拉们，迫使他们坐到谈判桌前。两天后，里根进一步加大了对伊朗的压力，宣布美国海军即时起将保护所有中立船只免遭伊朗袭击，而不仅仅是悬挂美国国旗的船只。同时，伊拉克军队利用其在战斗机、坦克、火炮以及化学武器等方面的优势，继续解放伊拉克领土。6月28日，伊拉克解放了马吉努群岛。然后，在7月3日，美国"文森斯"号巡洋舰意外击落了一架伊朗客机，造成机上290人全部遇难。虽然里根对人员伤亡表达了歉意，但一些声音称伊朗高级官员认为这次袭击是故意的，旨在表明美国为结束战争不惜一切代价。7月12日，伊拉克军队开始攻入伊朗领土，占领了代赫洛兰市。随着伊拉克军队向伊朗进发，以及美国在伊朗海岸线上咄咄逼人，霍梅尼终于承认，为了捍卫其革命，他必须推迟实现将萨达姆赶下台的目标。

在1988年7月20日，霍梅尼在国际新闻发布会上发表演讲。他一开始就挑衅地将他的革命伊斯兰与对手的"伪伊斯兰"进行对比。

他谴责沙特统治者是"美国的傀儡",他们在全世界推广瓦哈比主义,宣扬"凌驾于被压迫者和衣不蔽体者之上的……金钱和武力的伊斯兰教,一言以蔽之,就是'美国伊斯兰教'"。与此相反,伊朗则"致力于在世界上铲除犹太复国主义、资本主义的腐朽根源"。霍梅尼随后谈到了接受与伊拉克停火的问题。他断言,如果为了捍卫真正的伊斯兰事业而必须停火,那么即便是牺牲荣誉也在所不惜。霍梅尼宣称:"此时此刻,我认为接受[联合国停火]决议是符合革命利益的举动……接受此事对我来说比喝下毒酒更致命。然而,我为真主的喜悦而高兴,为了真主的喜悦,我喝下了这杯酒。"[67]8月20日,伊朗和伊拉克之间的停火决议生效,双方恢复到战前边界。据估计,两国战时共有约70万人失去生命,180万人受伤,两国共损失了1.1万亿美元。[68]

到1988年,阿拉伯世俗左派在1973年表现出的乐观主义,即他们可以通过石油美元的力量在中东北非地区建立新秩序的乐观主义,在很大程度上已经破灭。在中东北非地区,阿拉伯民族主义、社会主义和新国际经济秩序(NIEO)都遭受了一定程度的挫折。战争加上相关的石油收入减少导致伊拉克的人均GDP自1980年以来下降了30%,巴格达欠西方和苏联阵营国家的债务有400亿～500亿美元,欠阿拉伯君主国的债务有300亿～400亿美元,这些因素削弱了伊拉克对阿拉伯领导地位的主张。[69]油价下跌使阿尔及利亚的社会主义经济陷入困境,削弱了其早前在第三世界的领导地位,并导致伊斯兰主义者和左派在1988年对查德利·本杰迪德(Chadli Bendjedid,布迈丁的继任者)政权的大规模抗议,引发了长达数年的国内暴力

第十章 一个时代的终结

冲突。[70] 现实是苏联已经越来越无力支持中东北非地区的左派，因为油价下跌和阿富汗战争给其本已低迷的经济带来了难以承受的压力，并削弱了其地缘政治影响力。1989 年 2 月苏联从阿富汗最终撤军也只是世俗左派在全球遭遇的一连串失败中的最新一次。沙特的石油美元很大程度上资助了中央情报局支持的阿富汗抵抗运动计划，这是历史上最昂贵的秘密行动。[71]

石油美元贷款、援助和汇款的枯竭对全球贫油欠发达国家产生了相互矛盾的影响。对债务危机的愤怒在民众政治动员中发挥了关键作用，这些政治动员导致拉丁美洲大部分国家在 20 世纪 80 年代中期摆脱右翼独裁统治，以及东欧国家发生政权剧变。[72] 然而，即便这些国家实现了独立，它们也经历了贫富差距的扩大和经济萎缩。在世界其他地区，尤其是中东北非地区，贫油国面临的不仅是贫困加剧，还有威权主义和腐败现象愈演愈烈。在苏丹，80 年代初的经济衰退导致了旷日持久的内战。埃及放弃了阿拉伯民族主义和社会主义，部分原因是为了西奈半岛的石油和石油美元汇款，但在 80 年代中期，这些汇款额急剧下降，1987 年，埃及再次勉强签署了与国际货币基金组织的债务重组计划，条件是削减国家福利。但穆巴拉克政权未能完全履行承诺，导致国际货币基金组织暂停发放贷款，最终不得不求助于华盛顿，这也证明了埃及对美国的依赖程度。穆巴拉克在 20 世纪 80 年代末和 90 年代初实施了经济改革，但这些改革往往进一步促进了腐败和特权寻租，使与埃及政权有关联的少数精英受益，却使高达 95% 的埃及人生活水平越发恶化。[73] 对许多阿尔及利亚人、埃及人、苏丹人和其他人来说，新国际经济秩序（NIEO）的承诺似乎已经成为遥远的记忆。

伊斯兰派在击败许多世俗左派的过程中发挥了重要作用,且在伊朗和利比亚确立了自己的统治意识形态,并于 20 世纪 80 年代在中东北非地区保持着上升态势。然而,渴望终结中东北非地区的美帝国体系的伊斯兰主义者的梦想在很大程度上未能实现。美国及其在该地区的代理人,无论是世俗派还是伊斯兰派,均采取经济和军事手段打击那些挑战他们的伊斯兰主义者。石油美元流动对这些斗争至关重要。从埃及到沙特阿拉伯的政权要么监禁本土反美的伊斯兰主义者,要么将其转移到阿富汗。华盛顿通过禁运和有限的军事打击等方式削弱了利比亚的力量,但油价下跌可能是削弱卡扎菲地缘政治影响力的最重要因素。伊朗伊斯兰共和国是美帝国主义在该地区的最大挑战者。虽然霍梅尼努力稳固了国内政权并在国外赢得了追随者,但阿拉伯石油美元、伊拉克士兵和美国(及其他国家)军备的联合力量限制了霍梅尼主义的扩张领域,并给伊朗人民和经济造成了严重损失。

阿拉伯半岛的君主国经受住了阿拉伯民族主义和霍梅尼主义的双重挑战。经过仅仅 20 年的经济发展,到 20 世纪 80 年代末,阿拉伯国家的国民生活水平已跻身世界前列,沙特阿拉伯也已崛起为地区大国。为了实现这些目标,阿拉伯君主国接受了成为美帝国一部分的代价。然而,由于 OPEC 内部在 80 年代的分歧加剧,阿拉伯君主国深受其害,因为在油价和产量方面的合作失败导致了石油美元收入的暴跌。失去了沙阿这个合作伙伴,加上伊朗和伊拉克敌对军事力量的迅速扩张,使阿拉伯君主国在安全保障上更加依赖美国。20 世纪 80 年代,阿拉伯君主国在阿以冲突或军售等问题上挑战华盛顿的能力远远不如 70 年代中期。最后,像沙特阿拉伯这样的王国发现,越来越难以在与美国结盟的地缘战略需求和安抚可能挑战沙特统治者合法性的反美伊斯兰主义者的国内需求之间取得平衡。

1988年，美国成为石油美元经济的最大赢家。在20世纪70年代中期曾经紧张的美国同西欧和日本的盟友关系得以维系。华盛顿获得了埃及这个伙伴，以及一个更加强大和顺从的沙特阿拉伯。以色列享受着前所未有的安全，并与美国保持密切联系。石油美元不仅在中东北非以及西方国家，而且在更广泛的第三世界，被成功地用于全球资本主义扩张。低油价促进了美国和西方经济的繁荣，同时导致苏联和伊朗的经济衰退。在1988年底，美国的失业率降至5.3%，通货膨胀率保持在4.4%的可控水平。但即使对于美国来说，美国主导的石油美元秩序也产生了不良后果，在整个中东北非地区激发了针对美国的反帝国主义情绪。霍梅尼对伊朗的统治是当时这一现象最显明的例证。由石油美元资助的阿拉伯"圣战者组织"在1988年于阿富汗成立了基地组织（al-Qaeda），该组织很快由奥萨马·本·拉登领导，并在苏联军队撤出阿富汗后越来越专注于将美帝国逐出中东北非地区，然而这一点（在当时）并没有被充分意识到。[74]

结　论

2018年10月2日,沙特记者、《华盛顿邮报》专栏记者贾马尔·卡舒吉（Jamal Khashoggi）走进伊斯坦布尔的沙特领事馆,为即将举行的婚礼获取法律文件。然而,卡舒吉在领事馆离奇失踪,引起了国际社会的关注。10月20日,卡舒吉被证实已经死亡。土耳其情报机构称,已经获得证据证明卡舒吉死于谋杀。美国情报部门称,沙特政府当局涉嫌参与该事件。[1]

尽管有越来越多的证据表明沙特官员牵涉其中,但美国时任总统唐纳德·特朗普还是在11月20日发表了一份充满感叹号的声明,为美国与利雅得的联盟辩护。"美国优先！"特朗普开宗明义,"世界是一个非常危险的所在！"他声称伊朗是这种危险的一个例子,其对叙利亚和也门的血腥战争、杀害"许多美国人"以及无出其右地赞助恐怖主义负有责任。他认为,相比之下,沙特阿拉伯"同意花费数十亿美元领导打击恐怖主义",且"在美国花费和投资4 500亿美元……这是一个创纪录的资金规模。这将为美国创造成千上万个就业机会、巨大的经济发展和更多的财富。在4 500亿美元中,1 100亿美元将用于从波音、洛克希德·马丁、雷神和许多其他伟大的美国国防承包商处购买军事装备"。如果取消这些交易，中国和俄罗斯将获得这些业务。特朗普指出穆罕默德王储否认对卡舒吉被谋杀知情，但认为他是否有罪最终并不重要："我们的关系是（美国）同沙特阿拉伯王国之间的。他们在我们对抗伊朗这一非常重要的战斗中是伟大的盟友……对我保持油价在合理水平上的请求积极响应。"特朗普最后总结道，这一策略被称为"美国优先"，表明他对伊朗和沙特阿拉伯的政策与其前任不同。[2] 实际上，特朗普的言论牢牢根植于20世纪70年代以来美国主导的石油美元秩序的逻辑：伊朗伊斯兰共和国是一个必须予以打击的危险威胁，而与沙特阿拉伯等富油盟友的石油美元联系则为美国实现其地缘政治和经济目标提供了支持，从而使沙特免遭批评。

在特朗普发表正式声明之前，一些评论家就已经开始从事实和道德的角度挑战他一再重复的有关美国向沙特阿拉伯军售的说法。例如，保罗·克鲁格曼（Paul Krugman）认为，军售的数字被夸大了，数十万美国就业岗位不可能仅依赖于沙特的军购。[3] 佛蒙特州独立参议员伯尼·桑德斯（Bernie Sanders）在《纽约时报》专栏发表文章，以卡舒吉事件为切入点，呼吁美国停止对沙特在也门发动战争的军事援助。沙特阿拉伯于2015年3月军事介入也门，以阻止伊朗支持的安萨尔·安拉（Ansar Allah）运动（通常称为胡塞武装）推翻受沙特支持的阿卜杜·拉布·曼苏尔·哈迪（Abdu Rabbu Mansour Hadi）独裁统治。利雅得希望通过迅速轰炸胡塞武装迫使其屈服，但实际上陷入了残酷的僵局。沙特阿拉伯在也门的空袭由美国提供武器和情报，经常袭击平民，导致数千名非参战人员死亡。与此同时，沙特阿拉伯对也门实施的封锁导致大范围的饥饿和霍乱暴发，更多最弱势群体丧生。桑德斯在其专栏文章中感叹，"自战争开始以来，美国武器已经被用于一系列针对平民的致命袭击"，暗示沙特的石油美元正在腐蚀美国的政策，并提到一份报告发现"一名曾为军火制造商雷神公司做过游说工作的前说客，领导着[美国国务卿迈克·]蓬佩奥的立法事务团队，而雷神公司有望从军售中收入数十亿美元"。[4] 许多民主党及一些共和党参议员也公开反对美国支持沙特阿拉伯在也门的战争。肯塔基州共和党参议员兰德·保罗（Rand Paul）指出："我们参与这场可怕的战争会引发更多的恐怖主义。我认为，介入沙特人的事务实际上是对我们国家安全的一种威胁。"[5] 美国国会和媒体从经济、道德和战略几个方面反对特朗普与沙特阿拉伯的军火交易，这与 20 世纪 70 年代关于石油美元关系的争论如出一辙。**虽然第一个石油美元时代已于 20 世纪 80 年代中期结束，但其影响将在未来数年继续塑造国际关系，其结构也将在 2000 年代中期开始的第二个石油美元繁荣时期进一步复制。**

漫长的 20 世纪 70 年代期间的石油美元繁荣，改变了中东北非与美帝国主义之间的关系。在克服 1973 年的石油危机和阿拉伯石油禁运的挑战后，美国和盟国领导人，尤其是伊朗和沙特阿拉伯的领导人，重新规划了美国在中东北非地区的合作帝国体系，从建立在廉价石油基础上的体系转变为在投资、军备发展和援助项目中相互依存地利用石油美元的体系。这个由美国主导的石油美元秩序增强了美国及其中东北非盟友的地缘政治力量，并加速了资本主义的全球化。然而，这个体系所培育的经济差距和专制暴力也促使许多美国人、阿拉伯人和伊朗人寻求改革或终止中东北非与美国之间的相互依存关系，激发了竞争性的文化叙事和政治行动。事实证明，伊朗革命和伊斯兰共和国的成立，是对美国主导的石油美元相互依存关系的最大挑战，它使伊朗成为中东北非地区美帝国秩序最有力的挑战者之一。伊朗革命进一步提高了沙特阿拉伯和美国对彼此的重要性。两国都加倍依赖石油美元的相互依存关系，并对伊朗和苏联采取了更具攻击性的姿态。与此同时，伊拉克虽然不是美国的盟友，但却在长达八年的残酷战争中起到了制衡伊朗的作用，而这场战争的资金支持正来自伊拉克和阿拉伯君主国的石油美元。20世纪80年代中期，油价暴跌，石油美元经济基本崩溃，石油出口国的收入也相应缩水。

然而，在许多方面，20世纪70年代漫长的石油美元时代的结构和后果仍然存在，并塑造了至今的各种关系。石油美元推动的两伊战争结束时，伊斯兰共和国被削弱但并未屈服。这段可怕的经历再次坚定了许多伊朗人反对美帝国主义的立场。霍梅尼于1989年6月3日因病逝世，他在公开遗嘱中严厉批评了美国和沙特阿拉伯，并警告伊朗政府不要对任何一种意识形态形成依赖。霍梅尼告诫说："我要求年轻人……不要为了奢侈、寻欢作乐和其他代理人的恶习而放弃自由、独立和价值观。经验告诉我们，这些除了让青年堕落，让他们对自己和国家的命运漠不关心之外，别无所思。代理人参与掠夺我们的自然资源，扩大人们的消费主义要求。简而言之，他们的工作就是为殖民化铺平道路。"[6] 霍梅尼的亲密伙伴阿里·哈梅内伊（Ali Khamenei）继任最高领袖。德黑兰与美国总统乔治·H.W. 布什新政府之间的关系仍然是相互敌视，尽管双方成功通过谈判达成了一项协议，即在向伊朗归还沙阿的部分资产后，1991年释放了最后一批在黎巴嫩的美国人质。[7] 黎巴嫩内战已在前一年结束，造成约15万黎巴嫩人、数千名巴勒斯坦人和叙利亚人，以及数百名美国人和以色列人丧生。[8]

石油美元

黎巴嫩各派在叙利亚的主持下达成了不稳定的停火，伊朗支持的真主党则在贝鲁特巩固了其新获得的影响力。1992年12月，布什决定赦免温伯格（被判伪证罪）、麦克法兰和其他四名官员，美国独立法律顾问对"伊朗门"事件的调查随之结束。因前总统里根患有阿尔茨海默病，而对布什的诉讼又过了时效，因此两人均未被起诉；诺斯和波因德克斯特在1989年和1990年因妨碍司法公正被定罪，但他们都成功地以其国会证词影响了审判公正为由上诉并获胜。[9]

石油美元的遗产同样给伊拉克带来了沉重的压力。两伊战争给巴格达留下了庞大的军队但却落后的经济，且让其深陷阿拉伯君主国数十亿石油美元贷款的债务泥潭。萨达姆要求阿拉伯海湾国家免除其债务，以承认伊拉克为保卫阿拉伯世界所做的牺牲。沙特阿拉伯表示愿意免除债务，但在战争期间借给伊拉克150亿美元的科威特却反对其要求。[10] 这在很大程度上促成了萨达姆于1990年入侵并吞并科威特的决定，使其能够大幅增加伊拉克在石油市场上的份额、夺取科威特的资产，并抹去伊拉克的很大一部分债务。由于不愿让萨达姆控制如此大量的石油或威胁沙特阿拉伯，布什于1991年领导国际联军将伊拉克军队赶出科威特，并摧毁了伊拉克的军事和基础设施。美国的战争努力在很大程度上依赖于阿拉伯君主国的石油美元安排机制：沙特阿拉伯在过去20年间从美国购买的武器以及美国帮助修建的军事基地，在战争期间和战后被美军使用，此外阿拉伯君主国直接向美国、英国和法国偿还了冲突期间产生的840亿美元军费。[11]

1991年末，苏联解体。在这一对国际关系有划时代意义的事件中，石油美元关系的影响也发挥了作用。阿富汗"圣战组织"的作用，以及沙特、美国对该组织的支持的作用，有时被国际社会夸大为导

结　论　　　359

致苏联解体,让这个超级大国国力受损。苏联在阿富汗战争中的支出占国家预算的比重大约不到2%,损失士兵超过1.3万名——这的确是成本,但并非无法承受。但这场战争动摇了苏联公民对政府能力的信心,这种影响是不可估量的。[12]这场战争使阿富汗遭受毁灭性打击,数十万人丧生,而且在苏联撤军后,"圣战组织"之间的战斗加剧了,导致民间社会四分五裂。

海湾战争后,布什政府继续执行国际制裁,切断了伊拉克与世界其他国家的大部分贸易往来,使伊拉克陷入贫困,导致数万伊拉克人过早死亡,但却未能推翻萨达姆政权。1991年,在确认利比亚参与洛克比爆炸案后,华盛顿还对利比亚实施了更为严格的国际金融和贸易限制。美国克林顿政府实施了一系列政策,几乎禁止了美国与伊朗的所有贸易往来,并以伊朗宣扬恐怖主义和寻求核武器为由,要求其他国家效仿美国的做法。因此,美国自1979年开始对敌对的中东北非地区富油国经济上的态度,在20世纪90年代有加速之势。

与此相反,美国20世纪90年代在军事上遏制伊朗、伊拉克和利比亚的努力在一定程度上依赖于阿拉伯盟友的支出。沙特阿拉伯和其他阿拉伯海湾君主国购买了价值数十亿美元的美国武器。在90年代初,埃及因为反对伊拉克入侵科威特完全修复了与阿拉伯君主国的关系,从而收到了来自阿拉伯君主国的大量新援助,帮助支持了埃及军队。[13]然而,这些富油的阿拉伯国家的资助多是信贷而非石油美元。90年代油价持续下跌,阿拉伯君主国发现自己深陷巨额外债之中。沙特阿拉伯甚至难以支付对美国的军购款。[14]但在美国文化中仍不乏阿拉伯石油美元巨富的叙事,这些年的好莱坞电影如《蝙蝠侠与罗宾》(Batman and Robin)、《火星人玩转地球》(Mars Attacks!)和

《捕鼠记》(Mouse Hunt)，都将酋长们作为奢侈财富的象征。[15]

基地组织的崛起同样源于石油美元的历史。奥萨马·本·拉登认为，伊斯兰世界正在被西方主导的全球化腐蚀，就沙特阿拉伯而言，这与沙特同美国及资本主义的石油美元联系直接相关。1994年，本·拉登公开宣称，沙特王国在其境内合法化"高利贷的做法，高利贷如今是遍布全国，这要归功于高利贷的国家机构和银行，它们的高楼大厦与两个圣地的宣礼塔竞相辉映"，这已经是在"向真主宣战"。两年后，在一份反美"圣战"宣言中，本·拉登宣布沙特政府是非法的，因为自伊拉克入侵科威特以来，沙特政府就允许美军占领沙特，他认为沙特王国的经济困境是美国造成的，并呼吁穆斯林解放沙特。本·拉登对沙特人民喊话称，在美国占领沙特土地并支持以色列的同时，沙特作为"世界上最大的美国武器购买国和美国在该地区最大的贸易伙伴"是毫无道理的。本·拉登呼吁："剥夺这些占领者从与我们［沙特人］的贸易中获得的巨额回报，是支持对抗他们的'圣战'的一个非常重要的方式。"[16] 自20世纪80年代中期油价下跌以来，沙特经济的下滑导致社会失范，这也有助于本·拉登招募一些沙特人加入其事业。[17] 由石油美元支持的阿富汗反苏战争最终导致阿富汗政府于1992年垮台，但不同"圣战者"武装之间的持续战斗也促使了一个新的、暴力清教徒式的伊斯兰组织——塔利班的崛起。该组织于1996年夺取了阿富汗大部分地区的控制权，并允许基地组织在当地活动。他们在80年代作为"圣战者"战士期间，很大程度上受沙特石油美元的资助，这为基地组织高层成员提供了组织一个复杂的恐怖网络所需的经验。最终，这个网络有能力在2001年9月11日发动史无前例的袭击，在美国本土造成近3 000人死亡，并破坏了美国主导的全球化的象征——纽约世贸中心双子塔。

美国总统乔治·W. 布什以全球反恐战争回应"9·11"恐怖袭击。布什第二任期内先是进军阿富汗以驱逐基地组织，然后于2003年攻入伊拉克，希望通过两个途径给整个中东北非地区带来资本主义和新自由主义改革：一是引发该地区国家的恐惧心理，担心美国下一步会对其动武；二是树立一个利用伊拉克石油美元重建的繁荣的、改革后的伊拉克的正面榜样。[18]复兴党政权如被摧枯拉朽，萨达姆被抓获，随后于2006年被处决。但事实证明，重建难度远大于入侵，伊拉克陷入了内战和反美叛乱，导致数千名美国人和数十万伊拉克人丧生。与此同时，由于认定伊朗的核计划不符合《不扩散核武器条约》的规定，并可能很快被武器化，华盛顿与德黑兰的紧张关系不断升级。美国（同其他国家）协商国际制裁（伊朗），限制向后者出口武器和技术且限制同伊朗开展金融活动。作为对美国制裁的回应，伊朗在2008年宣布将不再用美元出售石油，而改用欧元等其他货币进行交易，这是对石油美元虽小但具有象征意义的冲击。[19]

对波斯湾冲突的担忧叠加全球能源需求增长，导致2000年代中期全球油价大幅上涨，基准油价在2008年达到145美元/桶的历史新高，开启了中东北非地区的第二个石油美元时代。[20] 2000—2009年十年间的前后两段，阿拉伯君主国的石油出口额从7 000亿美元增加到1.5万亿美元，伊朗从1 000亿美元增加到3 000亿美元。[21]新的石油美元繁荣复兴了美国主导的同阿拉伯君主国间的石油美元秩序，而伊朗则加大支出对抗这一秩序。不过，尽管沙特阿拉伯仍然在美帝国体系内，但2005年法赫德去世后继位的阿卜杜拉国王（对美国的态度有所变化），对布什政府在伊拉克制造无政府状态且无意中帮助伊朗什叶派掌权的做法越来越不满。

全球经济衰退使得油价短时下跌，但到 2010 年底又反弹回到接近历史高点。2014 年后，油价有所回落。2020 年，在新冠大流行后，油价经历了前所未有的暴跌。但在 2010 年代的大部分时间里，基准油价仍保持在或高于 1973 年石油冲击时经通胀调整后的价格。2010 年代，第二个石油美元时代仍在继续。从 2010 年到 2018 年，阿联酋、科威特、卡塔尔和沙特的石油出口总额超过 3.8 万亿美元，伊朗的石油出口总额为 6 000 亿美元。[22] 在此背景下，奥巴马政府扩大了利用石油美元武装阿拉伯盟国的战略，以加强同它们的联系和对抗伊朗的军力。2010 年，奥巴马政府获得了国会批准的一项针对沙特阿拉伯的史无前例的军售计划：为期十年、总额 600 亿美元，其中包括 84 架新的波音 F-15SA "猎鹰"喷气式战斗机。[23]

然而，美国主导的石油美元秩序的复兴也面临新挑战。经济上，美国面临着来自中国的日益激烈的竞争：2014 年，中国超过美国成为沙特阿拉伯最大的石油进口国。[24] 在政治上，阿拉伯君主国和华盛顿在应对 2011 年 "阿拉伯之春"及其后果的问题上屡屡发生冲突。在盟友国家，奥巴马政府对支持民主运动的政权提供了适度的支持，而沙特王室则强烈支持暴力维护专制主义。奥巴马政府同意推翻埃及的穆巴拉克，这激怒了沙特领导人，因为这是美国又一次不必要地抛弃盟友。当什叶派占多数的巴林人抗议逊尼派君主时，奥巴马施压阿卜杜拉不要进行军事干预，而是支持巴林各派之间的谈判。阿卜杜拉无视这些警告，派遣沙特军队进入巴林，暴力镇压抗议活动。[25] 在埃及，穆斯林兄弟会以民主方式上台，其领导人穆罕默德·穆尔西（Mohamed Morsi）成为总统——这一结果进一步激怒了沙特阿拉伯和阿联酋。自 20 世纪 90 年代以来，它们一直与穆斯林兄弟会存在冲突。因此，阿布扎比和利雅得支持埃及于 2013 年 7 月发动军事政变废黜穆尔西，并在一个月后支持埃及军队在开罗屠杀了约一千名穆尔西的支持者。奥巴马政府和欧盟公开提出可能削减对埃及援助以示不满，但沙特政府宣布，沙特和其阿拉伯盟友将弥补西方削减对埃及援助所造成的缺口。西方大国随即放弃了这一议题。[26]

在 2011 年"阿拉伯之春"引发的系列内战中，阿拉伯君主国也经常发现自己与美国不和。在利比亚起义中，阿拉伯君主国和华盛顿都支持推翻卡扎菲，尽管在的黎波里放弃国际恐怖主义和大规模杀伤性武器计划后，利比亚与美国的关系在 2000 年代中期实现了正常化。得益于北约空军的关键支持，利比亚叛军控制了该国大部分区域，并于 2011 年 10 月杀死了卡扎菲。但在卡扎菲政权倒台后爆发的内战中，奥巴马政府支持联合国承认的的黎波里政府，该政府包括穆斯林兄弟会政治人物，而阿联酋则越来越支持军阀哈利法·哈夫塔尔（Khalifa Haftar）。[27] 在叙利亚，阿拉伯君主国和美国都呼吁推翻巴沙尔·阿萨德（Bashar al-Asad），但事实证明，相比阿拉伯海湾君主国，奥巴马政府更不愿意冒险武装伊斯兰武装分子或挑战伊朗和俄罗斯对阿萨德的支持。[28] 在也门，穆罕默德·本·萨勒曼（Mohammed bin Salman）于 2015 年 3 月领导阿拉伯国家联盟对胡塞武装进行军事干预，当年早些时候，他的父亲（萨勒曼）接任自然死亡的阿卜杜拉出任（沙特）国王。白宫为沙特的战争努力提供了支持，但对沙特在打击行动中造成高平民死亡率提出了越来越多的批评。在任期最后一年，奥巴马政府因这一问题阻止了一些与沙特的武器交易，进一步让利雅得心生芥蒂。[29] 利用石油美元购买的大量军火库存加剧了利比亚、叙利亚和也门内战的破坏性和僵持状态,每场内战都导致数万人死亡。

沙-美关系中最大的争端或许出现在美国参与谈判的伊朗核协议上。为应对伊朗核计划,奥巴马政府最先组织了对伊朗的国际制裁。到 2013 年,伊朗的石油出口减少了一半,但德黑兰和华盛顿于 2015 年 7 月达成协议,(美国)对伊朗核计划进行监督,以换取解除针对伊朗的许多国际制裁。奥巴马认为该协议对于防止因担忧伊朗开发核武器而使当地爆发战争至关重要;沙特领导人则关注伊朗增加收入对两国的代理人战争构成的威胁。[30]

然而尽管存在这些争议,甚至也常常就因为这些争议,奥巴马政府继续努力安抚阿拉伯君主国的恐惧心理,并通过军售维持石油美元的相互依存关系。从 2009 财年到 2016 财年,华盛顿批准了对沙特阿拉伯的 636 亿美元对外军售(FMS),是向其他单一国家军售的三倍以上,占该时期所有美国对外军售的 24%,同期还批准向阿联酋军售 178 亿美元、卡塔尔 91 亿美元和科威特 62 亿美元。在这些年里,超过一半的美国对外军售出口到了中东北非地区,石油美元支持的冲突助长了当地的军购。[31]

特朗普政府是通过切断德黑兰政府的石油收入、美国于 2018 年 5 月退出伊朗核协议及此后努力重新对伊朗实施国际制裁等方式,尝试推翻或至少削弱德黑兰政府。这些行动招致了伊朗的反制措施,包括 2019 年 9 月用无人机打击沙特石油设施,造成该国一半产能短时停产,以及增加对反美伊拉克民兵的支持。2019 年 12 月,一名美国承包商在这类伊拉克民兵的火箭弹袭击中丧生,美方于次月在巴格达机场刺杀了伊朗将军卡西姆·苏莱曼尼(Qasem Soleimani)作为回应。美国给出的刺杀行动的理由存有争议,即苏莱曼尼策划的针对美国人的袭击正迫在眉睫。苏莱曼尼死后敌对行动迅速降级，避免了公开战争的爆发，但德黑兰宣布恢复无限制的铀浓缩和生产作为回应，加剧了伊朗与美国及其中东盟国发生冲突的长期风险。

特朗普还与穆罕默德·本·萨勒曼联手，通过旨在削弱伊朗的石油美元项目来改善沙-美关系。特朗普鼓励美国大规模增加对沙特阿拉伯的军售，后者的总军事支出在2017年已上升至全球第三高。美国增加对其军售既是为了向伊朗施压，也是为了向伊朗支持的也门胡塞武装开战。[32] 但美国国会两党对沙特阿拉伯的专制主义和对也门战争的不满也在增加。2019年4月，美国国会通过立法，终止了美国对在也门作战的沙特军队的军事支持，并于7月投票决定阻止美国向沙特出售价值80亿美元的武器。不过特朗普否决了这些议案，国会也没有足够的票数推翻特朗普的否决。尽管如此，很多美国人仍然支持切断对沙特的军售，这一事实在2019年11月20日的民主党总统辩论舞台上被美国前副总统乔·拜登间接承认，他当时表示"我将终止……向沙特出售物资，因为他们正在那里杀害儿童、杀害无辜的人"。[33] 在也门，围绕纪念沙特使用美国武器进行空袭的死难者的言论此起彼伏。2018年8月的一次空袭就是一例，一架沙特喷气式战斗机使用一枚美制激光制导炸弹击中了也门达赫扬镇（Dahyan）的一辆校车，造成44名儿童和10名成人死亡。这一悲剧在也门引发众怒，也门人在爆炸现场建立了一个神龛，旁边的砖墙上用阿拉伯语和英语大写着"美国杀害也门儿童"的字样。[34]

自20世纪70年代以来，美国在中东北非（MENA）地区的帝国往往基于石油美元的相互依存关系。美国与富油的中东北非国家之间的国际合作帝国之所以自 20 世纪 70 年代以来持久存在，是因为美国能够满足美国在当地的伙伴国不断上升的期望，并为后者提供更强大的经济和军事力量，同时将这种更强大的力量用于服务美国。然而，尽管帝国是美国和阿拉伯（及 1979 年前的伊朗）精英之间的合作努力，但在与美国结盟的政府领导之下，普通阿拉伯人和伊朗人在很大程度上无法对本国与美国关系的性质发表看法。随着美国主导的全球化迅速改变这些社会，带来了前所未有的财富不平等、文化变革和国家权力，这些普通人却缺乏民主渠道来辩论和协商他们的国家应该如何应对。与美国结盟的中东北非富油政权则利用美国的武器和军事训练来镇压本国的政见不同者，并利用其石油美元或武器来干涉其他国家的事务。

中东北非地区那些反对美国帝国的富油国家，则采用类似方式利用石油美元，但目的相反：在该地区实施自己的暴力和压迫。其中许多国家为抵制美国主导的石油美元秩序付出了高昂的代价。卡扎菲的利比亚、萨达姆的伊拉克和霍梅尼的伊朗都经历了美国支持的制裁和战争，严重拖累了这些国家的经济和社会发展。

美国人虽然境况稍好，但也未能幸免于美帝国及其石油美元秩序下的不民主和暴力潮流。伊朗和沙特的石油美元使里根政府得以无视国会的意愿和法治，在尼加拉瓜发动战争。沙特的石油美元帮助武装、训练和激进化了阿富汗的阿拉伯"圣战者"，后者发动了"9·11"恐怖袭击。

是否存在可能超越石油美元经济的不自由和破坏性倾向？中东北非地区及美国的一些人认为，美国主导的制裁、有限的军事打击或旨在推翻中东对华盛顿敌对的独裁政权的全面打击，可以为该地区带来变革。但到目前为止，尝试的结果令人沮丧。迄今为止，制裁未能推翻任何一个中东北非政权，却经常给无辜民众带来苦难甚至死亡。"解放战争"在伊拉克和利比亚引发了残酷且破坏地区稳定的内战，而不是建立模范社会。

还有一些人主张停止大规模消耗石油，以此作为解决方案：减少石油美元的数量，就可以减少其有害影响。这一想法有其可取之处，而且人类还有其他充分的理由放弃使用石油——全球变暖的威胁即为之一。但目前还不清楚人类需要多长时间才能实现这一根本性的能源转变。此外，仅仅为遏制而遏制石油美元，就可能忽略中东北非地区居民的物质、文化和政治需求，这些需求对于太多人来说仍未得到满足，他们仍有可能从石油美元的投资中受益。

历史上产生的宏大体系和对安全的持续追求，甚至对石油美元经济的善意改革者来说都是巨大的障碍。然而，以美国为首的独裁式的石油美元秩序在中东北非地区的代价高昂，该地区与之对立的（反美的）专制石油美元体系的代价同样高昂：经济不平等日益加剧、虐待外籍劳工、文化问题得不到解决、公民权利和人权受到限制、军备竞赛造成浪费、对持不同政见者实施酷刑和谋杀、缺乏政府问责制引发暴力反抗行为和潜在的革命，以及战争带来的伤痛和死亡。过去几十年来，石油美元经济的结构证明了其强大，但有时也显示了其易受影响的特性。美国人、阿拉伯人和伊朗人仍可能推动石油美元经济的另一次转型，从而实现中东北非地区与美国相互依存的更加积极的愿景。

附录

沙特阿拉伯-美国合作联合声明 *

美国华盛顿特区

1974 年 6 月 8 日

　　1974 年 4 月 5 日，沙特阿拉伯和美国发表联合声明，双方愿扩大在经济、技术和工业领域以及在满足沙特王国防御需求方面的合作。随后，沙特第二副首相兼内政大臣法赫德·本·阿卜杜勒-阿齐兹王子殿下接受美方邀请，于 6 月 5 日至 8 日访问美国，与尼克松总统和国务卿基辛格就相关事项做了进一步沟通。

　　陪同法赫德王子殿下访问的有沙特多位高级官员。6 月 6 日，法赫德王子会见了尼克松总统，并同随行人员一道会见了国务卿基辛格、财政部长西蒙、国防部长施莱辛格、商务部长登特以及美国其他政府高官。

　　此次访问为双方就加强各领域关系的具体步骤达成共识提供了机会。双方主要关注沙特阿拉伯的经济和社会发展计划、防御需求以及美国在实现沙特愿景方面所能提供的帮助。双方广泛讨论了全球和平

---

* 译自 Middle East Journal 1974 年夏季号收录的美国国务院文本。——译者注

与安全问题，并据此评估了阿拉伯半岛的局势，且共同认为，维护该地区安全和促进有序发展的责任属于半岛内各国；要确保安全，地区国家间需密切合作。美国表示继续支持合作措施。

此次访问还提供了一个机会，评估美国根据联合国原则和决议为实现中东问题的公正和持久解决而正在进行的工作情况。双方对取得的进展表示满意，并表示希望在这方面继续争取新的成果。美方重申为继续寻求中东公正持久和平的决心，并指出在这些努力中得到了沙特阿拉伯的建设性支持。

访问结束时，法赫德殿下和国务卿基辛格达成了以下共识：

一、双方成立一个经济合作联合委员会。该委员会将由美国财政部长与沙特阿拉伯财政和国民经济事务大臣共同主持。该委员会的宗旨是促进（沙特的）工业化、贸易、人力培训、农业和科技发展。该委员会的首次正式会议将于1974年10月在沙特阿拉伯举行。该委员会成员，美国方面将包括国务院、财政部、商务部和国家科学基金会的代表，以及可能需要的其他部门的代表；沙特阿拉伯方面将包括外交部、财政和国民经济部、商业和工业部、中央计划部门以及其他相关政府部门的代表。该委员会将在第一次会议上审查同时开会的各工作组拟定的建议和计划。这些建议和计划包括：

（1）工业化联合工作组将于1974年7月15日开始在沙特阿拉伯举行会议，审议沙特阿拉伯的经济发展计划，特别关注利用油气开采过程中被燃烧掉的天然气扩大化肥生产的问题。

（2）接下来是人力和教育联合工作组马上在沙特阿拉伯举行会议，审议旨在进一步提升沙特技术人力技能、扩充教育和技术机构、转让技术知识、建立以沙特王国国家目标为重点的沙特阿拉伯综合科技计划以及增加姊妹大学关系的项目。

（3）另成立一个有关科学领域的技术、研究与开发联合工作组，研究太阳能和海水淡化等领域的具体合作项目。

（4）此外，成立一个农业联合工作组，审议常规的农业发展建议，尤其是沙漠农业建议。

该委员会将鼓励和促进来自美国政府、大学和私营企业的科学家、工程师和研究专家定期访问沙特阿拉伯，以加强工作组的工作，并评估具体的合作建议。两国政府已同意研究一份拟议的双方技术合作协定。两国政府还将考虑发起一个经济理事会，由美国和沙特私人部门的知名人士组成，共同推进两国间合作安排的目标。此外双方还将考虑成立一个可能包括政府和私营企业代表的美国-沙特工业发展理事会。

美国财政部与沙特阿拉伯财政和国民经济部将在金融领域开展合作。

二、成立一个联合委员会，根据沙特阿拉伯王国的防御需求，特别是与（军事）训练有关的需求，评估已在实施的沙特阿拉伯军力现代化计划。该委员会将由美国负责国际安全事务的助理国防部长与沙特阿拉伯国防和航空副大臣殿下共同主持。该委员会的第一次会议将于1974年秋季在沙特阿拉伯举行。

双方商定，沙特阿拉伯和美国将继续就所有共同关心的问题进行密切磋商。为此，国务卿（基辛格）和法赫德王子殿下将继续保持密切接触，以监督和确保通过这些会谈成立的联合委员会的活动得到充分协调，并符合两国的利益。

双方一致认为，法赫德王子的访问不仅增进了两国之间的友谊和理解，同时预示着日益密切的合作时代的到来。这种友谊并非仅仅出于经济利益，更是源于多年来的相互尊重和密切关系。美国方面希望，这种合作将成为其与阿拉伯世界不断发展的关系的标杆；沙特阿拉伯方面则希望，这一时代的开启，将见证沙特阿拉伯国民和该地区所有人在寻求和平与安全的同时，实现繁荣和福祉的目标取得成功的进展。

   基辛格   法赫德·本·阿卜杜勒-阿齐兹
  美国国务卿 沙特第二副首相兼内政大臣

注释

前言

1. Rumsfeld to Scowcroft, November 5, 1974, folder "'Cheney/Rumsfeldgrams' (1)," box 3, National Security Adviser (hereafter NSA), Kissinger-Scowcroft West Wing Office Files, 1969–1977 (hereafter KSWW), Gerald R. Ford Presidential Library (hereafter FL), Ann Arbor, MI.
2. 同上。
3. 同上。
4. Ian Skeet, *OPEC: Twenty-Five Years of Prices and Politics* (Cambridge: Cambridge University Press, 1988), 240–244.
5. 鉴于本书的范围，我将中东北非地区（MENA）定义为1977年阿拉伯联盟的成员国、伊朗和以色列。
6. 比如，可参见：Andre Simmons, *Arab Foreign Aid* (Rutherford, NJ: Fairleigh Dickinson University Press, 1981); Saad Eddin Ibrahim, *The New Arab Social Order: A Study of the Social Impact of Oil Wealth* (Boulder, CO: Westview Press, 1982); Benjamin J. Cohen, *In Whose Interest? International Banking and American Foreign Policy* (New Haven, CT: Yale University Press, 1986); Ethan B. Kapstein, *Governing the Global Economy: International Finance and the State* (Cambridge, MA: Harvard University Press, 1994); Diane B. Kunz, *Butter and Guns: America's Cold War Economic Diplomacy* (New York: Free Press, 1997); David E. Spiro, *The Hidden Hand of American Hegemony: Petrodollar Recycling and International Markets* (Ithaca, NY: Cornell University Press, 1999); and Gil Feiler, *Economic Relations between Egypt and the Gulf Oil States, 1967–2000* (Brighton: Sussex Academic Press, 2003)。
7. 这包括：Niall Ferguson et al., eds., *Shock of the Global :The 1970s in Perspective* (Cambridge, MA: Harvard University Press, 2010); Judith Stein, *Pivotal Decade: How the United States Traded Factories for Finance in the Seventies* (New Haven, CT: Yale University Press,

2010); Andrew Scott Cooper, *The Oil Kings: How the U.S., Iran, and Saudi Arabia Changed the Balance of Power in the Middle East* (New York: Simon & Schuster, 2011); Roham Alvandi, *Nixon, Kissinger, and the Shah: The United States and Iran in the Cold War* (Oxford: Oxford University Press, 2014); David S. Painter, "Oil and Geopolitics: The Oil Crises of the 1970s and the Cold War," *Historical Social Research 39*, no. 4 (2014): 186–208; Daniel J. Sargent, *A Superpower Transformed: The Remaking of American Foreign Relations in the 1970s* (Oxford: Oxford University Press, 2015); Betsy A. Beasley, "At Your Service: Houston and the Preservation of U.S. Global Power, 1945–2008" (PhD diss., Yale University, 2016); Salim Yaqub, *Imperfect Strangers: Americans, Arabs, and U.S.-Middle East Relations in the 1970s* (Ithaca, NY: Cornell University Press, 2016); Fritz Bartel, "Fugitive Leverage: Commercial Banks, Sovereign Debt, and Cold War Crisis in Poland, 1980–1982," *Enterprise & Society* 18, no. 1 (March 2017): 72–107; Christopher R. W. Dietrich, *Oil Revolution: Anticolonial Elites, Sovereign Rights, and the Economic Culture of Decolonization* (Cambridge: Cambridge University Press, 2017); and Patrick Allan Sharma, *Robert McNamara's Other War: The World Bank and International Development* (Philadelphia: University of Pennsylvania Press, 2017)。

8. Paul A. Kramer, "Power and Connection: Imperial Histories of the United States in the World," *American Historical Review* 116, no. 5 (2011): 1366.
9. Richard N. Cooper, *The Economics of Interdependence: Economic Policy in the Atlantic Community* (New York: McGraw-Hill, 1968), 4.
10. Edward W. Said, *Culture and Imperialism* (New York: Alfred A. Knopf, 1993).
11. 我使用了我自己翻译的阿拉伯语和波斯语资料，以及其他人翻译成英语的资料。有关需要增加对中东–美国关系的研究，应该认真考虑阿拉伯人和伊朗人的观点、一手资料或历史编纂成果，参见：Ussama Makdisi, "The Privilege of Acting Upon Others: The Middle Eastern Exception to Anti-exceptionalist Histories of the US and the World," in *Explaining the History of American Foreign Relations*, 3rd ed., ed. Frank Costigliola and Michael J. Hogan (Cambridge: Cambridge University Press, 2016), 203–216。

第一章　石油、美帝国和中东

1. Abdullah El Hammoud El Tariki, *Nationalization of Arab Petroleum Industry Is a National Necessity* (Cairo: Dar El-Hana Press, 1965), 1, 18–19.
2. Stephen J. Randall, *United States Foreign Oil Policy since World War I: For Profits and Security*, 2nd ed. (Montreal: McGill-Queen's University Press, 2005), 13–25, 33–40.
3. 一个简单的例子，参见 Emily S. Rosenberg, *Financial Missionaries to the World: The*

Politics and Culture of Dollar Diplomacy, 1900–1930 (Cambridge, MA: Harvard University Press, 1999).
4. David S. Painter, *Oil and the American Century: The Political Economy of U.S. Foreign Oil Policy, 1941–1954* (Baltimore: Johns Hopkins University Press, 1986), 34–37, 75–90.
5. Michael J. Hogan, *A Cross of Iron: Harry S. Truman and the Origins of the National Security State, 1945–1954* (Cambridge: Cambridge University Press, 1998); Melvyn P. Leffler, *A Preponderance of Power: National Security, the Truman Administration, and the Cold War* (Stanford, CA: Stanford University Press, 1992); Thomas W. Zeiler, *Free Trade, Free World: The Advent of GATT* (Chapel Hill: University of North Carolina, 1999).
6. Timothy Mitchell, *Carbon Democracy: Political Power in the Age of Oil* (London: Verso, 2011), 111.
7. Painter, *Oil and the American Century*, 96–110, 126.
8. Jeffrey A. Frieden, *Global Capitalism:Its Fall and Rise in the Twentieth Century* (New York: W. W. Norton, 2006), 281; Sargent, *Superpower Transformed*, 131–132.
9. Barry Eichengreen, *Exorbitant Privilege: The Rise and Fall of the Dollar* (Oxford: Oxford University Press, 2011), 2, 39–42; Mitchell, *Carbon Democracy*, 111.
10. William Stivers, *America's Confrontation with Revolutionary Change in the Middle East, 1948–1983* (New York: St. Martin's Press, 1986), 10.
11. Ussama Makdisi, *Faith Misplaced: The Broken Promise of U.S.-Arab Relations: 1820–2001* (New York: Public Affairs, 2010); James A. Bill, *The Eagle and the Lion: The Tragedy of American-Iranian Relations* (New Haven, CT: Yale University Press, 1988), 15–18.
12. Matthew F. Jacobs, *Imagining the Middle East: The Building of an American Foreign Policy, 1918–1967* (Chapel Hill: University of North Carolina Press, 2011), 145–146.
13. Odd Arne Westad, *The Global Cold War: Third World Interventions and the Making of Our Times* (Cambridge: Cambridge University Press, 2005), 154–155.
14. Dietrich, *Oil Revolution*, 26–60; Robert Vitalis, *America's Kingdom: Mythmaking on the Saudi Oil Frontier* (Stanford, CA: Stanford University Press, 2007), 71–74, 105–110.
15. Vitalis, *America's Kingdom*, 54–61, 92–95.
16. Mitchell, *Carbon Democracy*, 103–104.
17. Peter L. Hahn, *Caught in the Middle East: U. S. Policy toward the Arab-Israeli Conflict, 1945–1961* (Chapel Hill: University of North Carolina Press, 2004), 32–51; Painter, *Oil and the American Century*, 116–127.
18. Painter, *Oil and the American Century*, 165–171; Daniel Yergin, *The Prize: The Epic Quest for Oil, Money & Power*, 3rd ed. (New York: Free Press, 2009), 427–430; Peter L. Hahn,

Missions Accomplished? The United States and Iraq since World War I (Oxford: Oxford University Press, 2012), 27.
19. US Agency for International Development, Country Summary, https://explorer.usaid.gov / data (2020 年 2 月 10 日访问).
20. 同上。
21. Mary Ann Heiss, *Empire and Nationhood: The United States, Great Britain, and Iranian Oil, 1950–1954* (New York: Columbia University Press, 1997); Mark J. Gasiorowski and Malcolm Byrne, eds., *Mohammad Mosaddeq and the 1953 Coup in Iran* (Syracuse, NY: Syracuse University Press, 2004); Hugh Wilford, "'Essentially a Work of Fiction': Kermit 'Kim' Roosevelt, Imperial Romance, and the Iran Coup of 1953," *Diplomatic History* 40, no. 5 (November 2016): 922–947.
22. Bill, *Eagle and the Lion*, 94–130; Painter, *Oil and the American Century*, 172–198.
23. Kirk J. Beattie, *Egypt during the Nasser Years: Ideology, Politics, and Civil Society* (Boulder, CO: Westview Press, 1994); Matthew Connelly, *A Diplomatic Revolution: Algeria's Fight for Independence and the Origins of the Post-Cold War Era* (Oxford: Oxford University Press, 2002).
24. Charles Tripp, *A History of Iraq*, 3rd ed. (Cambridge: Cambridge University Press, 2007), 127–139.
25. Fred Halliday, *Arabia without Sultans* (London: Penguin Books, 1974), 66–67; Vitalis, *America's Kingdom*, 145–164.
26. Nathan Citino, *From Arab Nationalism to OPEC: Eisenhower, King Saud, and the Making of U.S.-Saudi Relations* (Bloomington: Indiana University Press, 2002), 39–42; Galia Golan, *Soviet Policies in the Middle East: From World War II to Gorbachev* (Cambridge: Cambridge University Press, 1990), 44.
27. Golan, 140; Peter L. Hahn, *The United States, Great Britain, and Egypt, 1945–1956* (Chapel Hill: University of North Carolina Press, 1991), 180–193.
28. Hahn, *United State, Great Britain, and Egypt*, 193–225.
29. Golan, *Soviet Policies*, 47–54; Hahn, *United States, Great Britain, and Egypt*, 224–241.
30. Salim Yaqub, *Containing Arab Nationalism: The Eisenhower Doctrine and the Middle East* (Chapel Hill: University of North Carolina Press, 2004).
31. Citino, *Arab Nationalism to OPEC*, 145–160; Skeet, *OPEC*, 15–34.
32. Mitchell, *Carbon Democracy*, 144n1.
33. Robert B. Rakove, *Kennedy, Johnson, and the Nonaligned World* (Cambridge: Cambridge University Press, 2013), 62–66.

34. 转引自 Abdel Razzaq Takriti, *Monsoon Revolution: Republicans, Sultans, and Empires in Oman, 1965–1976* (Oxford: Oxford University Press, 2013), 53.
35. Asher Orkaby, *Beyond the Arab Cold War: The International History of the Yemen Civil War, 1962–1968* (Oxford: Oxford University Press, 2017), 30–51; Madawi Al-Rasheed, *A History of Saudi Arabia,* 2nd ed. (Cambridge: Cambridge University Press, 2010), 113.
36. Rachel Bronson, *Thicker Than Oil: America's Uneasy Partnership with Saudi Arabia* (Oxford: Oxford University Press, 2006), 84–85.
37. 同上, 86–92。
38. John P. Miglietta, *American Alliance Policy in the Middle East, 1945–1992: Iran, Israel, and Saudi Arabia* (Lanham, MD: Lexington Books, 2002), 207–210.
39. Takriti, *Monsoon Revolution*, 49–83.
40. Jesse Ferris, *Nasser's Gamble: How Intervention in Yemen Caused the Six-Day War and the Decline of Egyptian Power* (Princeton, NJ: Princeton University Press, 2012), 70–101, 142–214.
41. Halliday, *Arabia without Sultans*, 67.
42. Ronald Bruce St. John, *Libya and the United States: Two Centuries of Strife* (Philadelphia: University of Pennsylvania Press, 2002), 78–85; Dirk Vandewalle, *A History of Modern Libya*, 2nd ed. (Cambridge: Cambridge University Press, 2012), 68–71.
43. Jacobs, *Imagining the Middle East*, 180–184; Michael E. Latham, *The Right Kind of Revolution: Modernization, Development, and U.S. Foreign Policy from the Cold War to the Present* (Ithaca, NY: Cornell University Press, 2011), 147–150.
44. Ruhollah Khomeini, *Sahifeh-Ye Imam: An Anthology of Imam Khomeini's Speeches, Messages, Interviews, Decrees, Religious Permissions, and Letters*, trans. Abdul-Husayn Shirazi (Tehran: Institute for Compilation and Publication of Imam Khomeini's Works, 2008), 1:421.
45. Stephen McGlinchey, "Lyndon B. Johnson and Arms Credit Sales to Iran, 1964–1968," *Middle East Journal* 67, no. 2 (Spring 2013): 235–242.
46. US Department of State, *Foreign Relations of the United States* (hereafter *FRUS*, followed by dates and volume and document numbers), *1964–1968*, 34:191.
47. *FRUS, 1964–1968*, 34:198.
48. Skeet, *OPEC*, 35–44.
49. Abraham Ben-Zvi, *John F. Kennedy and the Politics of Arms Sales to Israel* (London: Frank Cass, 2002); Abraham Ben-Zvi, *Lyndon B. Johnson and the Politics of Arms Sales to Israel: In the Shadow of the Hawk* (London: Frank Cass, 2004).
50. *FRUS, 1964–1968*, 21:278.

51. 关于1967年战争的过程和后果, 参见 Guy Laron, *The Six-Day War: The Breaking of the Middle East* (New Haven, CT: Yale University Press, 2017); Wm. Roger Louis and Avi Shlaim, eds., *The 1967 Arab-Israeli War: Origins and Consequences* (Cambridge: Cambridge University Press, 2012).
52. Dietrich, *Oil Revolution*, 142–146; Yergin, *Prize*, 537–540.

第二章　通往石油危机之路

1. 转引自 Allen J. Matusow, *Nixon's Economy: Booms, Busts, Dollars, & Votes* (Lawrence: University Press of Kansas, 1998), 240.
2. Bernard Gwertzman, "A Mideast Pledge," *New York Times* (hereafter *NYT*), September 6, 1973.
3. Ferris, *Nasser's Gamble*, 246–249.
4. Feiler, *Egypt and the Gulf*, 6–8.
5. Golan, *Soviet Policies*, 69.
6. Paul Thomas Chamberlin, *The Global Offensive:The United States, the Palestine Liberation Organization, and the Making of the Post-Cold War Order* (Oxford: Oxford University Press, 2012), 52; Christopher R. W. Dietrich, "Uncertainty Rising: Oil Money and International Terrorism in the 1970s," in Bevan Sewell and Maria Ryan,eds.*Foreign Policy at the Periphery: The Shifting Margins of US International Relations since World War II* (Lexington: University Press of Kentucky, 2017), 267–271.
7. W. Taylor Fain, *American Ascendance and British Retreat in the Persian Gulf Region* (New York: Palgrave Macmillan, 2008), 141–168; Simon C. Smith, *Ending Empire in the Middle East: Britain, the United States and Post-War Decolonization, 1945–1973* (New York: Routledge, 2012), 117–122.
8. Alvandi, *Nixon, Kissinger, and the Shah*, 29–37.
9. Robert Dallek, *Nixon and Kissinger: Partners in Power* (New York: HarperCollins Publishers, 2007), 60–64; Jeremi Suri, *Power and Protest: Global Revolution and the Rise of Détente* (Cambridge, MA: Harvard University Press, 2003).
10. 关于尼克松和基辛格的外交策略, 参考 Dallek, *Nixon and Kissinger*; Raymond L. Garthoff, *Détente and Confrontation: American-Soviet Relations from Nixon to Reagan*, rev. ed. (Washington, DC: Brookings Institution, 1994); Jussi Hanhimäki, *The Flawed Architect: Henry Kissinger and American Foreign Policy* (New York: Oxford University Press, 2004); Fredrik Logevall and Andrew Preston, eds., *Nixon in the World: American Foreign Relations, 1969–1977* (Oxford: Oxford University Press, 2008); Keith Nelson, *The Making of Détente:*

Soviet-American Relations in the Shadow of Vietnam (Baltimore: Johns Hopkins University Press, 1995); Sargent, *Superpower Transformed*; Barbara Zanchetta, *The Transformation of American International Power in the 1970s* (New York: Cambridge University Press, 2014).

11. National Security Study Memorandum 12, January 30, 1969, Richard M. Nixon Presidential Library (hereafter NL), Yorba Linda, CA.
12. Ben Offiler, *US Foreign Policy and the Modernization of Iran: Kennedy, Johnson, Nixon, and the Shah* (New York: Palgrave Macmillan, 2015), 128–129.
13. Suggestions on Approaching Iranians and Topics of Conversation, folder "Visit of the Shah of Iran, Oct. 21–23, 1969 [2 of 2]," box 920, National Security Council Files (hereafter NSC), NL.
14. 同上；Douglas MacArthur to William Rogers, October 9, 1969, folder "Visit of the Shah of Iran, Oct. 21–23, 1969 [1 of 2]," box 920, NSC, NL.
15. Alvandi, *Nixon, Kissinger, and the Shah*, 33–59.
16. Asadollah Alam, *The Shah and I: The Confidential Diary of Iran's Royal Court, 1969–1977*, trans. Alinaghi Alikhani and Nicholas Vincent (New York: St. Martin's Press, 1992), 38.
17. Background—Iran's Petroleum Industry, folder "Visit of the Shah of Iran, Oct. 21–23, 1969 [2 of 2]," box 920, NSC, NL, 6.
18. Thomas Hughes to Rogers, March 13, 1969, folder "Iran Vol. I, Jan. 20, 1969–May 31, 1970 [2 of 3]," box 601, NSC, NL.
19. Alam, *Shah and I*, 49.
20. Herbert Brownell to Kissinger, March 10, 1969, folder "Iran Vol. I, Jan. 20, 1969–May 31, 1970 [2 of 3]," box 601, NSC, NL.
21. Matusow, *Nixon's Economy*, 243–244.
22. Brownell to Kissinger, March 10, 1969, folder "Iran Vol. I, Jan. 20, 1969–May 31, 1970 [2 of 3]," box 601, NSC, NL.
23. Dallek, *Nixon and Kissinger*, 99.
24. Matusow, *Nixon's Economy*, 245.
25. MacArthur to Rogers, November 24, 1969, folder "Iran Vol. I Jan. 20, 1969–May 31, 1970 [3 of 3]," box 601, NSC, NL.
26. Kissinger to Nixon, October 22, 1969, folder "Visit of the Shah of Iran Oct. 21–23, 1969 [1 of 2]," box 920, NSC, NL.
27. Flanigan to Kissinger, January 10, 1970, folder "Iran Vol. I Jan. 20, 1969–May 31, 1970 [1 of 3]," box 601, NSC, NL.
28. MacArthur to Rogers, November 27, 1969, folder "Iran Vol. I Jan. 20, 1969–May 31, 1970 [3

of 3]," box 601, NSC, NL.
29. Shah to Nixon, December 17, 1969, folder "Iran Pahlavi Shahanshah [1969–1974] [2 of 2]," box 755, NSC, NL.
30. Flanigan to Kissinger, January 10, 1970, folder "Iran Vol. I Jan. 20, 1969–May 31, 1970 [1 of 3]," box 601, NSC, NL; Flanigan to Kissinger, January 21, 1970, folder "Oil 1970 [2 of 2]," box 367, NSC, NL.
31. MacArthur to Rogers, February 17, 1970, folder "Iran Vol. I Jan. 20, 1969–May 31, 1970 [2 of 3]," box 601, NSC, NL; Kissinger and Flanigan to Nixon, February 25, 1970, folder "Oil 1970 [Dec 69–1970] [1 of 2]," box 367, NSC, NL.
32. Nixon to the shah, April 16, 1970, folder "Iran Pahlavi Shahanshah [1969–1974] [2 of 2]," box 755, NSC, NL; Nixon to the shah, July 30, 1970, folder "Iran Pahlavi Shahanshah [1969–1974] [2 of 2]," box 755, NSC, NL.
33. Kissinger to Nixon, October 13, 1969, folder "Prince Fahd Visit [Oct 1969] [1 of 1]," box 937, NSC, NL.
34. William Stoltzfus to Rogers, October 9, 1969, folder "Prince Fahd Visit [Oct 1969] [1 of 1]," box 937, NSC, NL; Rogers to Hermann Eilts, October 15, 1969, folder "Prince Fahd Visit [Oct 1969] [1 of 1]," box 937, NSC, NL.
35. Fred Halliday, *Revolution and Foreign Policy: The Case of South Yemen, 1967–1987* (Cambridge: Cambridge University Press, 1990), 21–24, 178–184; Takriti, *Monsoon Revolution*, 101–106.
36. *FRUS, 1969–1976*, 24:137.
37. St. John, *Libya and the United States*, 87–106.
38. *FRUS, 1969–1976*, 24:130.
39. Halliday, *Arabia without Sultans*, 68.
40. Rogers to Eilts, November 18, 1969, folder "Prince Fahd Visit [Oct 1969] [1 of 1]," box 937, NSC, NL.
41. *FRUS, 1969–1976*, 36:24; "NSC Meeting," December 10, 1969, folder "NSC Minutes Originals 1969 [5 of 5]," box H-109, NSC, NL.
42. Lee Dinsmore to Rogers, December 23, 1969, folder "Libya Jun 69–Jan 70 Vol 1," box 738, NSC, NL.
43. "NSC Meeting," December 10, 1969, folder "NSC Minutes Originals 1969 [5 of 5]," box H-109, NSC, NL.
44. William B. Quandt, *Peace Process: American Diplomacy and the Arab-Israeli Conflict since 1967*, 3rd ed. (Washington, DC: Brookings Institution Press, 2005), 55–83; Yaqub, *Imperfect*

Strangers, 28–42; Golan, *Soviet Policies*, 73.

45. Roger Owen and Şevket Pamuk, *A History of Middle East Economies in the Twentieth Century* (London: I.B. Tauris, 1998), 130–134.
46. Ibrahim, *New Arab*, 68–72.
47. Feiler, *Egypt and the Gulf*, 10–13.
48. Miglietta, *American Alliance*, 135–140, 169–170.
49. Golan, *Soviet Policies*, 76–78.
50. Craig Daigle, *The Limits of Détente: The United States, the Soviet Union, and the Arab-Israeli Conflict, 1969–1973* (New Haven, CT: Yale University Press, 2012), 155–191.
51. Golan, *Soviet Policies*, 78–81; Quandt, *Peace Process*, 86–97.
52. DeGolyer and MacNaughton, *Twentieth Century Petroleum Statistics* (2016).
53. Skeet, *OPEC*, 58–66.
54. *FRUS, 1969–1976*, 36:69, 72–78; Victor R. S. McFarland, "Living in Never-Never Land: The United States, Saudi Arabia, and Oil in the 1970s" (PhD diss., Yale University, 2014), 107–110.
55. C. Fred Bergsten to Kissinger, February 1, 1971, folder "Oil 1971 [1 of 2]," box 367, NSC, NL.
56. Skeet, *OPEC*, 67–69.
57. Edward R. F. Sheehan, "The Algerians Intend to Go It Alone," *NYT*, April 23, 1972; Yergin, *Prize*, 565–567.
58. Matusow, *Nixon's Economy*, 245–247.
59. Throughout the book, US unemployment rates are derived from the US Department of Labor, Bureau of Labor Statistics, "Labor Force Statistics including the National Unemployment Rate," https://www.bls.gov/data/（2020年2月10日访问）.
60. Matusow, *Nixon's Economy*, chapters 3–7.
61. Barry Eichengreen, *Globalizing Capital: A History of the International Monetary System*, 2nd ed. (Princeton, NJ: Princeton University Press, 2008), chap. 4; Francis J. Gavin, *Gold, Dollars, and Power: The Politics of International Monetary Relations, 1958–1971* (Chapel Hill: University of North Carolina Press, 2004); Harold James, *International Monetary Cooperation since Bretton Woods* (Oxford: Oxford University Press, 1996), 209–238; Sargent, *Superpower Transformed*, 100–118.
62. Skeet, *OPEC*, 240–241.
63. Alam, *Shah and I*, 202.
64. 同上, 82, 179.
65. NSDM 92, November 7, 1970, NL.

66. 同上（着重强调）。
67. Latham, *Right Kind of Revolution*, 157–173; Offiler, *US Foreign Policy*, 136–153.
68. NSDM 96, November 7, 1970, NL.
69. Memorandum of conversation (hereafter Memcon), Nixon, MacArthur, and Alexander Haig, April 8, 1971, folder "Iran Vol. III 1 Jan–31 Aug 71 [1 of 2]," box 602, NSC, NL.
70. Fain, *American Ascendance*, 180–191.
71. Alvandi, *Nixon, Kissinger, and the Shah*, 59–62.
72. Brandon Wolfe-Hunnicutt, "Oil Sovereignty, American Foreign Policy, and the 1968 Coups in Iraq," *Diplomacy & Statecraft* 28, no. 2 (2017): 235–253.
73. Golan, *Soviet Policies*, 167.
74. *FRUS, 1969–1976*, E-4:200, 201.
75. Alam, *Shah and I*, 225.
76. *FRUS, 1969–1976*, E-4:214.
77. James F. Goode, "Assisting Our Brothers, Defending Ourselves: The Iranian Intervention in Oman, 1972–75," *Iranian Studies* 47, no. 3 (May 2014): 448; Takriti, *Monsoon Revolution*, 293; *FRUS, 1969–1976*, 24:119.
78. Saunders to Kissinger, July 18, 1972, folder "Iran IV 1 Sep 71–Apr 73 [1 of 3]," box 602, NSC, NL.
79. Juan de Onis, "Roger Terms U.S. Arms Sales to Persian Gulf 'Stabilizing,'" *NYT*, June 12, 1973; Drew Middleton, "Shah of Iran Due in U.S. to Seek Weapons," *NYT*, July 22, 1973.
80. Miglietta, *American Alliance*, 212.
81. Nixon to Rogers, Presidential Determination No. 71-76, undated, folder "Presidential Determinations Thru 71-10 [Feb 1969–Mar 1971] [2 of 3]," box 370, NSC, NL.
82. NSDM 186, August 18, 1972, NL.
83. Kissinger to Nixon, May 26, 1971, folder "Saudi Arabia May 71 King Faisal Visit [1 of 2]," box 937, NSC, NL.
84. *FRUS, 1969–1976*, 24:151.
85. Matusow, *Nixon's Economy*, chap. 7.
86. 同上, 220, 238.
87. DeGolyer and MacNaughton, *Twentieth Century Petroleum Statistics*.
88. Matusow, *Nixon's Economy*, 251–255; Yergin, *Prize*, 568–574.
89. Clyde H. Farnsworth, "Force on Monetary Scene: Oil Money from Mideast," *NYT*, March 16, 1973; Sargent, *Superpower Transformed*, 118–130.
90. Edwin L. Dale Jr., "That Arab Oil Wealth," *NYT*, June 10, 1973.

91. *FRUS, 1969–1976*, 36:180, 193; "Summary of Views on Longer-Term Economic Problems," September 18, 1973, folder "Departmental Correspondence: Council of Economic Advisors 1973 (2 of 2)," box 47, Executive Secretariat Files, 1966–1975, General Records of the Department of the Treasury, Record Group (hereafter RG) 56, National Archives and Records Administration (hereafter NARA), College Park, MD; Juan de Onis, "Mastery of World Oil Supply Shifts to Producing Countries," *NYT*, April 16, 1973.
92. 转引自 *FRUS, 1969–1976*, 36:193; William D. Smith, "Advice Is Offered," *NYT*, June 29, 1973.
93. Rogers to Nixon, November 4, 1972, folder "Saudi Arabia King Faisal ibn Abd al-Aziz Al Saud [1972]," box 761, NSC, NL.
94. *FRUS, 1969–1976*, 36:176.
95. Quandt, *Peace Process*, 98–105; Yaqub, *Imperfect Strangers*, 112–115.
96. Kirk J. Beattie, *Egypt during the Sadat Years* (New York: Palgrave, 2000), 127–133; Golan, *Soviet Policies*, 83, 147.
97. 转引自 Yaqub, *Imperfect Strangers*, 122–124; Yergin, *Prize*, 576–579; *FRUS, 1969–1976*, 36: 191.
98. Saunders to Kissinger, June 1, 1973, folder "Kuwait Vol. 1 Jan 20, 1969–Jun 30, 1974 [1 of 2]," box 620, NSC, NL.
99. Nixon to Faisal, August 31, 1973, folder "Saudi Arabia King Faisal ibn Abd al-Aziz Al Saud [1972]," box 761, NSC, NL.
100. Clyde H. Farnsworth, "Oil Nations Will Ask Rise in Prices at Oct. 8 Parley," *NYT*, September 17, 1973.
101. Quandt, *Peace Process*, 104–115.
102. Yergin, *Prize*, 581–584.
103. 转引自 *FRUS, 1969–1976*, 36:212, see also 214, 215, 219; Quant, *Peace Process*, 111–115.
104. Yergin, *Prize*, 587–588.
105. Yaqub, *Imperfect Strangers*, 133–135; Yergin, *Prize*, 588–591.
106. Dallek, *Nixon and Kissinger*, 525–533; Yaqub, *Imperfect Strangers*, 141–143.
107. *FRUS, 1969–1976*, 36:224, 229.

第三章　追求石油美元的相互依存

1. *FRUS, 1969–1976*, 36:298; *FRUS, 1969–1976*, 36:300.
2. *FRUS, 1969–1976*, 36:303.
3. *FRUS, 1969–1976*, 36:228.

4. 全书中美国通货膨胀率是以美国劳工部劳工统计局计算的消费者价格指数的 12 个月百分比变化来衡量的。
5. Richard Halloran, "Cost Crisis in Oil Developing in Japan," *NYT*, January 23, 1974; Frank Costigliola, *France and the United States: The Cold Alliance since World War II* (New York: Twayne Publishers, 1992), 178.
6. Rüdiger Graf, "Making Use of the 'Oil Weapon': Western Industrialized Countries and Arab Petropolitics in 1973–1974," *Diplomatic History* 36, no. 1 (2012): 202–204; Ethan B. Kapstein, *The Insecure Alliance: Energy Crises and Western Politics since 1944* (Oxford: Oxford University Press, 1990), 165–166; Sargent, *Superpower Transformed*, 155–157; Yaqub, *Imperfect Strangers*, 148.
7. *FRUS, 1969–1976*, 36:254.
8. *FRUS, 1969–1976*, 36:238, 248, 251, 254.
9. *FRUS, 1969–1976*, 36:238.
10. *FRUS, 1969–1976*, 36:239.
11. *FRUS, 1969–1976*, 36:241.
12. Johnson, "Trip Report to the Middle East," November 12, 1973, folder "Oil—Nov. & Dec. 1973 GLP," box 1, Records of Executive Assistant to the Deputy Secretary Gerald L. Parsky, 1973–1974, RG56, NARA.
13. *FRUS, 1969–1976*, 36:258.
14. Memcon, Yamani, Shultz et al., December 10, 1973, folder "Dec 73 Vol 1 Action-Briefing Memos & Memcons," box 1, Office of the Assistant Secretary for International Affairs AB Memos 1973–1975 (hereafter OASIA), RG56, NARA.
15. Bernard Weinraub, "Oil Price Doubled by Big Producers on Persian Gulf," *NYT*, December 24, 1973.
16. 同上。
17. *FRUS, 1969–1976*, 36:271.
18. *FRUS, 1969–1976*, 27:49.
19. *FRUS, 1969–1976*, 36:273.
20. *FRUS, 1969–1976*, 36:274.
21. *FRUS, 1969–1976*, 36:276.
22. *FRUS, 1969–1976*, 36:277.
23. OASIA Research, "Financial Consequences of OPEC Investment Funds," January 17, 1974, folder "Investment in the U.S. by Oil Producing Nations (3)," box 113, NSC Institutional Files (hereafter NSC IF), FL.

24. "Updating Fiscal Year 1974 Objectives,"January 2,1974,folder"Jan 74 Vol 1 Action-Briefing Memos & Memcons," box 1, OASIA, RG56, NARA.
25. Sidney Jones to Jack Bennett, "Technology Transfer Program," January 18, 1974, folder "Investment in the US by Oil Producing Nations (5)," box 113, NSC IF, FL.
26. Memcon, Hisham Nazir, Kissinger et al., December 15, 1973, folder "Memcons December 1973 HAK+Presidential [1 of 2]," box 1027, NSC, NL.
27. American Consul in Zurich to Department of State, February 7, 1974, folder "Investment in the US by Oil Producing Nations (5)," box 113, NSC IF, FL.
28. 这种恐惧周期性地出现在媒体上，一个例子参见：Clyde H. Farnsworth, "Arabs Cut Funds at Banks of U.S.," *NYT*, December 7, 1973.
29. *FRUS, 1969–1976*, 36:298.
30. *FRUS, 1969–1976*, 36:309.
31. Matusow, *Nixon's Economy*, 267; Sargent, *Superpower Transformed*, 155–160; Spiro, *Hidden Hand*, 80–88.
32. *FRUS, 1969–1976*, 36:327, 332.
33. Telephone conversation, Kissinger, Clements, March 7, 1974, 2:45 p.m., US Department of State Virtual Reading Room (hereafter DSVRR), http://foia.state.gov/Search/Search.aspx.
34. Telephone conversation, Nixon, Kissinger, March 11, 1974, 5:50 p.m., DSVRR.
35. Juan de Onis, "Most Arab Lands End Ban on Oil Shipments for U.S.," *NYT*, March 20, 1974.
36. Akins to Kissinger, March 21, 1974, DSVRR.
37. David Binder, "U.S. Will Supply Arms and Factories to Saudis," *NYT*, April 6, 1974.
38. Kissinger to Nixon, June 6, 1974, folder "Saudi Arabia June 6–7, 1974 Visit of Prince Fahd [1 of 3]," box 937, NSC, NL.
39. Bernard Gwertzman, "'Milestone' Pact Is Signed by U.S. and Saudi Arabia," *NYT*, June 9, 1974.
40. *FRUS, 1969–1976*, E-9 part 2: 109.
41. *FRUS, 1969–1976*, E-9 part 2: 113.
42. 转引自 Cooper, *Oil Kings*, 156.
43. Memcon, Harold Lever, the shah, December 3, 1974, Prime Minister's Office Files (hereafter PREM) 16–49, National Archives (hereafter NA), Kew, United Kingdom.
44. Skeet, *OPEC*, 111–112.
45. Memcon, Nixon, Simon, Scowcroft, July 9, 1974, folder "Memcons 1 June 1974– [Aug 8, 1974] HAK+Presidential [2 of 3]," box 1029, NSC, NL.
46. "Simon Quoted: Iran 'Shah's a Nut,'" *Los Angeles Times*, July 16, 1974.

47. Bank for International Settlements, *Forty-Fifth Annual Report* (Basel, 1975), 130–132.
48. Spiro, *Hidden Hand*, 32–37.
49. Edwin L. Dale Jr., "Prudence by Bankers Foreseen for Financings Related to Oil," *NYT*, June 19, 1974.
50. Memcon, Nixon, Simon, Scowcroft, July 9, 1974, folder "Memcons 1 June 1974–[Aug 8, 1974] HAK+Presidential [2 of 3]," box 1029, NSC, NL.
51. 同上。
52. Spiro, *Hidden Hand*, 110.
53. "Simon's Tough Tour," *Time*, July 29, 1974.
54. Simon to Nixon, "Necessary Follow-Through on My Mid-East and European Discussions," undated, ca. July 30, 1974, folder "Memos for the White House 1974 (2 of 2)," box 61, Executive Secretary 1966–1975 (hereafter ES), RG56, NARA.
55. "Saudi Arabia," date illegible, ca. July 1974, folder "Saudi Arabia 1974–1976 (2)," box 26, William E. Simon Papers (hereafter SP), Special Collections and College Archives, Lafayette College, Easton, PA.
56. *FRUS, 1969–1976*, 36:361.
57. Simon to Nixon, "Necessary Follow-Through on My Mid-East and European Discussions."
58. 同上。
59. 同上（着重强调）。
60. Skeet, *OPEC*, 119–122.
61. *FRUS, 1969–1976*, 36:361.
62. Memcon, Kissinger, Simon et al., August 3, 1974, folder "Memcons 1 June 1974–[Aug 8, 1974] HAK+Presidential [1 of 3]," box 1029, NSC, NL.
63. *FRUS, 1969–1976*, 37:2.
64. Memcon, Kissinger, Simon et al., August 3, 1974, folder "Memcons 1 June 1974–[Aug 8, 1974] HAK+Presidential [1 of 3]," box 1029, NSC, NL.
65. 关于福特政府的背景，参见 Yanek Mieczkowski, *Gerald Ford and the Challenges of the 1970s* (Lexington: University Press of Kentucky, 2005); Garthoff, *Détente and Confrontation*; Hanhimäki, *Flawed Architect*; and Sargent, *Superpower Transformed*.
66. *FRUS, 1969–1976*, 37:1.
67. *FRUS, 1969–1976*, 37:2.
68. *FRUS, 1969–1976*, 37:1.
69. 同上。
70. Wreatham Gathright, "NSDM 278: Draft Report on Joint Commissions in the Near East and

South Asia," January 28, 1975, folder "Joint Cooperation Commissions (3)," box 8, NSA, International Economic Affairs Staff: Files (hereafter IEASF), FL.
71. Skeet, *OPEC*, 112–116.
72. US Bureau of the Census, *Statistical Abstract of the United States* (Washington, D.C., various years).
73. Skeet, *OPEC*, 240–244.
74. Arthur Lowrie to Kissinger, August 2, 1974, folder "Iraq," box 603, NSC, NL.
75. Vandewalle, *Modern Libya*, 110.
76. Michael C. Jensen, "Petrodollar Outlook," *NYT*, February 13, 1975.
77. "Volcker's Successor Takes Tough Job," *NYT*, July 10, 1974; Clyde H. Farnsworth, "Middle East Lenders Bypassing Banks," *NYT*, March 3, 1975.
78. "Summary of Panel Discussion on Outlook for Current Account Financing via Private Capital Markets," William Hurst et al., 1975, folder "International Economic Policy 1975–1976," box 23, SP.
79. "Kissinger on Oil, Food, and Trade," January 13, 1975, *Business Week*.
80. James Akins to Kissinger, January 5, 1975, folder "Saudi Arabia-State Department Telegrams to SECSTATE-EXDIS (1)," box 29, NSA, Presidential Country Files for Middle East and South Asia (hereafter NSA PCF MESA), FL.
81. Akins to Kissinger, January 18, 1975, folder "Saudi Arabia-State Department Telegrams to SECSTATE-NODIS (3)," box 29, NSA PCF MESA, FL.
82. Kissinger to Akins, January 11, 1975, folder "Saudi Arabia-State Department Telegrams from SECSTATE-NODIS (2)," box 28, NSA PCF MESA, FL.
83. *FRUS, 1969–1976*, 37:32.
84. *FRUS, 1969–1976*, 37:39.

第四章　尼罗河三方

1. Simon to Nixon, "Necessary Follow-Through on My Mid-East and European Discussions," undated.
2. Jeffry A. Frieden, *Banking on the World: The Politics of American International Finance* (New York: Harper & Row, 1987), 121–129.
3. Andrew Crockett, "Extended Fund Facility," March 6, 1974, folder "Chron. Jan–Mar 1974," box 1, Witteveen-Chronological Files (hereafter WCF), Office of the Managing Director Records (hereafter OMD), International Monetary Fund Archive (hereafter IMFA), Washington, DC.

4. Crockett, "Financing the Oil Facility," March 22, 1974, folder "Chron. Jan–Mar 1974," box 1, WCF, OMD, IMFA.
5. David Ekbladh, *The Great American Mission: Modernization and the Construction of an American World Order* (Princeton, NJ: Princeton University Press, 2011), 251–254; Sharma, *Robert McNamara's Other War*, 54–77.
6. "Meeting on Energy," January 22, 1974, Memoranda for the Record-Memoranda 08, folder "ID: 1771495 ISAD(G), Reference Code: WB IBRD/IDA 03 EXC-10-4543S," Series: Memoranda for the Record, Sub-Fonds: Records of President Robert S. McNamara (hereafter RPM), Fonds: Records of the Office of the President (hereafter ROP), World Bank Group Archives (hereafter WBGA), Washington, DC.
7. "U.S. Economic and Financial Assistance to Soften Impact of Recent Oil Price Increases," January 29, 1974, folder "Jan '74 Volume II Action-Briefing Memos & Memcons," box 1, OASIA, RG56, NARA.
8. Lever to Wilson, "The Oil Money Problem," December 13, 1974, PREM 16–49, NA.
9. Crockett, "New Oil Facility," February 14, 1974, folder "Chron. Jan–Mar 1974," box 1, WCF, OMD, IMFA.
10. Charles Cooper to Simon, "Guidance to McNamara on Borrowing from Oil Exporters and Related Issues," August 3, 1974, folder "Aug 74 Vol 1 Action-Briefing Memos & Memcons," box 2, OASIA, RG56, NARA.
11. Volcker to Shultz, "Letter from Witteveen re Oil Facility," March 26, 1974, folder "Mar 74 Vol 1 Action-Briefing Memos & Memcons," box 1, OASIA, RG56, NARA.
12. Cooper to Simon, "Guidance to McNamara on Borrowing from Oil Exporters and Related Issues," August 3, 1974.
13. Crockett, "New Oil Facility"; Witteveen to Shultz, March 21, 1974, folder "Chron. Jan–Mar 1974," box 1, WCF, OMD, IMFA.
14. Spiro, *Hidden Hand*, 99.
15. Crockett, "Saudi Arabia: Conversations with Authorities," April 19, 1974, folder "Chron Apr–Jun 1974," box 1, WCF, OMD, IMFA.
16. Crockett, "Kuwait: Conversation with Authorities," April 24, 1974, folder "Chron Apr–Jun 1974," box 1, WCF, OMD, IMFA.
17. Kunz, *Butter and Guns*, 263–264; Kapstein, *Governing the Global Economy*, 63.
18. Sharma, *Robert McNamara's Other War*, 81–91.
19. McNamara et al., January 28, 1976, Memoranda for the Record-Memoranda 12, folder "ID: 1771499, ISAD(G), Reference Code: WB IBRD/IDA 03 EXC-10-4543S," Series:

Memoranda for the record, RPM, ROP, WBGA.

20. James Martin Center for Nonproliferation Studies, Middlebury Institute of International Studies at Monterey, *Documents of the Fourth Conference of Heads of State or Government of Non-aligned Countries*, 58–59, http://cns.miis.edu/nam/documents/Official_Document/4th_Summit_FD_Algiers_Declaration_1973_Whole.pdf（2020 年 2 月 10 日访问）; Dietrich, *Oil Revolution*, 272–273; Robert Malley, *The Call from Algeria: Third Worldism, Revolution, and the Turn to Islam* (Berkeley: University of California Press, 1996), 141–145; Robert K. Olson, *U.S. Foreign Policy and the New International Economic Order: Negotiating Global Problems, 1974–1981* (Boulder, CO: Westview Press, 1981), 13–14.

21. Kathleen Teltsch, "Poor Lands Urged to Control Goods," *NYT*, April 11, 1974.

22. Dietrich, *Oil Revolution*, 264–266; Olson, *U.S. Foreign Policy*, 14–19, *FRUS, 1969–1976*, 37:55. See also Paul Adler "'The Basis of a New Internationalism': The Institute for Policy Studies and North-South Politics from the NIEO to Neoliberalism," *Diplomatic History* 41, no. 4 (September 2017): 665–693.

23. 转引自 *FRUS, 1969–1976*, 37: 41, see also 47, 65; Dietrich, *Oil Revolution*, 282–304; Daniel J. Sargent, "North/South: The United States Responds to the New International Economic Order," *Humanity: An International Journal of Human Rights, Humanitarianism, and Development* 6, no. 1 (Spring 2015): 207–211.

24. Daigle, *Limits of Détente*, 332–335; Yaqub, *Imperfect Strangers*, 147–152.

25. Simon to Nixon, "Necessary Follow-Through on My Mid-East and European Discussions," undated.

26. Beattie, *Sadat Years*, 134–146.

27. 同上。

28. Marvin G. Weinbaum, *Egypt and the Politics of U.S. Economic Aid* (Boulder, CO: Westview Press, 1986), 32.

29. *FRUS, 1969–1976*, 36:332.

30. Eilts to Kissinger, April 1, 1974, folder "Arab Republic of Egypt Mar–Jun 30, 1974 [2 of 4]," box 639, NSC, NL.

31. Eilts to Kissinger, April 4, 1974, folder "Arab Republic of Egypt Mar–Jun 30, 1974 [2 of 4]," box 639, NSC, NL.

32. Eilts to Kissinger, April 20, 1974, folder "Arab Republic of Egypt Mar–Jun 30, 1974 [2 of 4]," box 639, NSC, NL.

33. Cooper to Kissinger, "Economic Assistance for the UAR," January 10, 1974, folder "Arab Republic of Egypt 1 Jan 1974–Feb 24 [1 of 2]," box 639, NSC, NL.

34. 转引自 Eilts to Kissinger, January 29, 1974, folder "Arab Republic of Egypt 1 Jan 1974–Feb 24 [1 of 2]," box 639, NSC, NL; see also Eilts to Kissinger, February 6, 1974, folder "Arab Republic of Egypt 1 Jan 1974–Feb 24 [1 of 2]," box 639, NSC, NL; Eilts to Kissinger, February 7, 1974, folder "Arab Republic of Egypt 1 Jan 1974–Feb 24 [1 of 2]," box 639, NSC, NL.
35. Henry Tanner, "Bechtel Withdraws from Egypt Oil Role," *NYT*, April 13, 1974; Henry Tanner, "Egypt Counts on Canal and Oil to Bolster Self-Sufficiency," *NYT*, January 25, 1976.
36. Memcon, Kissinger, Sadat et al., May 1, 1974, folder "Memcons: Secretary-Sadat 1974," box 44, Records of Joseph Sisco, 1951–1976, General Records of the Department of State, RG59, NARA.
37. Saunders to Kissinger, March 26, 1974, folder "Arab Republic of Egypt Mar–Jun 30, 1974 [1 of 4]," box 639, NSC, NL.
38. "Egypt," undated, ca. June 1974, folder "Egypt," box 21, SP.
39. 同上。
40. Beattie, *Sadat Years*, 138–143.
41. Henry Tanner, "Egypt Will End Total Reliance on Soviet Arms," *NYT*, April 19, 1974.
42. "Egypt-U.S. Cooperation Group OKd," *Los Angeles Times*, June 1, 1974.
43. "Egypt Liberalizes Laws on Foreign Investment," *Washington Post*, June 11, 1974; Beattie, *Sadat Years*, 138–139.
44. Henry Tanner, "Nixon and Sadat Sign Sweeping Accord on Cooperation," *NYT*, June 15, 1974.
45. Eilts to Kissinger, July 16, 1974, folder "Arab Republic of Egypt July 1, 1974—," box 639, NSC, NL.
46. Gerald Parsky to Simon, "Additional Points to Be Raised with Hegazi," July 14, 1974, folder "Egypt—1974 File 1," box 2, Records of Assistant Secretary of International Affairs 1973–76 (hereafter RASIA), RG56, NARA.
47. "Simon's Tough Tour," *Time*, July 29, 1974.
48. Henry Tanner, "Egypt to Admit 4 Big U.S. Banks," *NYT*, July 17, 1974.
49. "Subject: Report of August 15, 1974 Meeting of the Joint U.S.-Egyptian Commission, Sub-Committee on Foreign Trade," undated, folder "Egypt: Visit to U.S. by Ismail Fahmy, Minister of Foreign Affairs August 1974," box 2, RASIA, RG56, NARA.
50. Memcon, Ford, Kissinger, Scowcroft, August 12, 1974, box 4, NSA Memoranda of Conversation (hereafter NSA MC), FL.
51. Memcon, Fahmy, Kissinger, Peter Rodman, August 12, 1974, folder "Memcon: Secretary-

Fahmy, 1974," box 45, Records of Joseph Sisco, 1951–76, RG59, NARA.
52. Memcon, Ford, Kissinger, Scowcroft, August 13, 1974, box 4, NSA MC, FL.
53. "Bilateral Briefing Book: IBRD/IMF Annual Meeting—1974, Volume 1, Major Countries," September 24, 1974, folder "IBRD & IMF Annual Meeting—Egypt," box 31, SP.
54. Parsky to Kissinger, "Status of Economic Aspects of Joint U.S.-Egyptian Commission on Economic Cooperation," November 5, 1974, folder "Egypt–1974 File 1," box 2, RASIA, RG56, NARA.
55. Parsky to Shultz, "Your Visit to Egypt," November 5, 1974, folder "Egypt-Parsky Visit, Nov. 1974," box 2, RASIA, RG56, NARA.
56. "Issues/Talking Points: Emergency Assistance for Egypt," October 1975, folder "10/26–29/75-Egypt President Sadat (20)," box 15, NSA Presidential Briefing Material for VIP Visits (hereafter NSA PBM), FL.
57. Akins to Eilts, May 22, 1975, folder "Saudi Arabia-State Dept Telegrams to SECSTAT EEXDIS (2)," box 29, NSA PCF MESA, FL.
58. Richard Helms to Kissinger, May 29, 1975, folder "Iran-State Dept Telegrams to SECSTATE-NODIS (2)," box 14, NSA PCF MESA, FL.
59. Kissinger to Eilts, September 15, 1975, folder "Egypt-State Dept Telegrams from SECSTATE-EXDIS (2)," box 4, NSA PCF MESA, FL.
60. Owen, *Middle East Economies*, 181–184; "Arabs Agree on Vast Aid to Main Foes of Israel," *NYT*, October 30, 1974.
61. Memcon and Allon et al., August 1, 1974, folder "August '74 Volume I Action Briefing Memos & Memcons," box 2, OASIA, 1973–1975, RG56, NARA.
62. Memcon, Dinitz, Kissinger et al., February 5, 1974, box 9, NSA MC, FL.
63. Quandt, *Peace Process*, 130–173.
64. Miglietta, *American Alliance*, 168–173.
65. Akins to Kissinger, December 18, 1974, folder "Saudi Arabia-State Dept Telegrams to SECSTATE-NODIS (2)," box 29, NSA PCF MESA, FL.
66. 同上。
67. Kissinger to Aikens, December 27, 1974, folder "Saudi Arabia-State Dept Telegrams from SECSTATE-NODIS (1)," box 28, NSA PCF MESA, FL.
68. Houghton to Scowcroft, "CIA Analysis of Egyptian Military Intentions and Contingency Planning," March 14, 1975, folder "Outside the System Chronological File 3/11/75–3/20/75," box 2, NSA Outside the System Chronological Files, FL.
69. Quandt, *Peace Process*, 159–170.

70. Memcon, NSC Meeting, March 28, 1975, box 9, NSA MC, FL.
71. 同上。
72. J. J. Goldberg, *Jewish Power: Inside the American Jewish Establishment* (New York: Perseus Books, 1996), 202–205.
73. Quandt, *Peace Process*, 165.
74. 同上，163–170.

第五章　石油美元经济

1. Andrus to Ford, March 2, 1976, folder "Andrus, Cecil D.," box 1, NSA Presidential Name File (hereafter NSA PNF), FL.
2. John Marsh to Andrus, March 26, 1976, folder "Andrus, Cecil D.," box 1, NSA PNF, FL.
3. Andrus to Ford, March 31, 1976, folder "Andrus, Cecil D.," box 1, NSA PNF, FL.
4. Scowcroft to Helms, April 20, 1976, folder "NSA Backchannel Messages Box 4 (6) Mideast-Africa," box 18, Remote Archives Capture (hereafter RAC), FL.
5. Helms to Scowcroft, April 24, 1976, folder "NSA Backchannel Messages Box 4 (6) Mideast-Africa," box 18, RAC, FL; Scowcroft to Helms, April 25, 1976, folder "NSA Backchannel Messages Box 4 (6) Mideast-Africa," box 18, RAC, FL.
6. Scowcroft to Helms, May 3, 1976, folder "NSA Backchannel Messages Box 4 (6) Mideast-Africa," box 18, RAC, FL.
7. Skeet, *OPEC*, 129–134.
8. 同上，240–244.
9. *FRUS, 1969–1976*, 37:55, 65, 80, 82.
10. 转引自 *FRUS, 1969–1976*, 37:106, see also 109, 111–113; Cooper, *Oil Kings*, 326–363; Giuliano Garavini, *The Rise and Fall of OPEC in the Twentieth Century* (Oxford: Oxford University Press, 2019), 261–266; Skeet, *OPEC*, 135.
11. United Nations, National Accounts Main Aggregates Database, https://unstats.un.org/unsd/snaama/Index（2020年2月10日访问）.
12. Kunz, *Butter and Guns*, 264.
13. James, *International Monetary Cooperation*, 277–285.
14. Frieden, *Global Capitalism*, 365–366.
15. Painter, "Oil and Geopolitics," 194–195.
16. Stephen Kotkin, "The Kiss of Debt: The East Bloc Goes Borrowing," in Ferguson et al., *Shock of the Global*, 80–86.
17. Cooper, *Oil Kings*, 205; Dietrich, *Oil Revolution*, 282–301; Frieden, *Banking on the World*,

123–142; Spiro, *Hidden Hand*, 60–79.
18. Given the difficulties of data collection, different agencies' estimates of OPEC assets differ by as much as 10 percent. Spiro, *Hidden Hand*, 57–58.
19. Bank for International Settlements, *Annual Report* (Basel, various years).
20. Cohen, *Whose Interest?*, 124–125; US Department of Treasury, "Securities (B): Portfolio Holdings of U.S. and Foreign Securities," https://www.treasury.gov/resource-center/data-chart-center/tic/Pages/ticsec2.aspx（2020年2月10日访问）.
21. Anthony Sampson, *The Money Lenders: Bankers and a World in Turmoil* (New York: Viking Press, 1981), 125–140; Phillip L. Zweig, *Wriston: Walter Wriston, Citibank and the Rise and Fall of American Financial Supremacy* (New York: Crown Publishers, 1995), 384–439.
22. For a general treatment of West's life, see Philip G. Grose, *Looking for Utopia: The Life and Times of John C. West* (Columbia: University of South Carolina Press, 2011).
23. "Investors, West, Tour Kiawah," unattributed newspaper article clipping, ca. April 1974, folder "West, Clippings, 1974 Apr–May," box 41, John Carl West Papers (hereafter JWP), South Carolina Political Collections, University of South Carolina, Columbia, SC.
24. Priscilla S. Meyer, "Kuwaitis' Resort Project off Coast of Carolina Proceeds amid Wild Rumors, Stiff Opposition," *Wall Street Journal*, February 26, 1975.
25. "Dear Governor West, I feel very sorry ..." October 1974, folder "Kuwait, Kuwait Investment Company-Kiawah Island South Carolina (1 of 2)," box 8, JWP.
26. Henry Eason, "Kiawah Island Conflict Unfolds," June 2, 1974, *Greensville News*, folder "Clippings, 1974 June–Dec.," box 41, JWP.
27. Charleston Natural History Society to West, December 8, 1974, folder "Kuwait, Kuwait Investment Company-Kiawah Island South Carolina (2 of 2)," box 8, JWP; West to Sabah, December 10, 1974, folder "Kuwait, Kuwait Investment Company-Kiawah Island South Carolina (2 of 2)," box 8, JWP; West to the Charleston Natural History Society, December 10, 1974, folder "Kuwait, Kuwait Investment Company-Kiawah Island South Carolina (2 of 2)," box 8, JWP.
28. "Welcome to the State of Kuwait," ca. December 1974, folder "Kuwait, Kuwait Investment Company-Kiawah Island South Carolina (2 of 2)," box 8, JWP; West to Bader Al-Dawood, December 30, 1974, folder "Kuwait, Kuwait Investment Company-Kiawah Island South Carolina (2 of 2)," box 8, JWP.
29. Meyer, "Kuwaitis' Resort Project."
30. Jan Sticker, "West's Firm Seeks to Tie Economic Knot with Arabs," unattributed newspaper article clipping, May 17, 1976, folder "Clippings, 1976," box 41, JWP.

31. 同上。
32. Helms to West, September 8, 1976, folder "Middle East, South Carolina State Development Board, South Carolina Trade Mission, General, 1976 Apr. and c. Apr.," box 27, JWP.
33. West to Cyrus Vance, January 20, 1977, folder "Ambassador to Saudi Arabia, 1977–1981, Appointment, 1977, General," box 11, JWP.
34. International Monetary Fund, Direction of Trade Statistics, https://data.imf.org/?sk=9D60 28D4-F14A-464C-A2F2-59B2CD424B85（2020 年 2 月 10 日访问）.
35. Dietrich, "Uncertainty Rising," 275–276; David Styan, *France and Iraq: Oil, Arms and French Policy Making in the Middle East* (London: I.B. Tauris, 2006), 109–128.
36. Alvandi, *Nixon, Kissinger, and the Shah*, chap. 3.
37. Takriti, *Monsoon Revolution*, 293–295, 304–307.
38. Ann Markusen et al., *The Rise of the Gunbelt: The Military Remapping of Industrial America* (Oxford: Oxford University Press, 1991), 10.
39. "Armaments: The Arms Dealers: Guns for All," *Time*, March 3, 1975.
40. Jonathan Nitzan and Shimshon Bichler, *The Global Political Economy of Israel* (London: Pluto Press, 2002), 206–219.
41. US Department of Defense, Defense Security Cooperation Agency, *Fiscal Year Series: Foreign Military Sales, Foreign Military Construction Sales and Other Security Cooperation Historical Facts as of September 30, 2012* (Washington, D.C., 2012); Miglietta, *American Alliance*, 64–69, 209–217.
42. "The Executive Mercenaries," *Time*, February 24, 1975.
43. Eric Pace, "U.S. Influence on Iran: Gigantic and Diverse," *NYT*, August 30, 1976.
44. Miglietta, *American Alliance*, 64–69; "Armaments"; Brendan Jones, "'Made-in-U.S.A.' Label Helps Americans to Garner Large Share of Mideast Market," *NYT*, June 30, 1975; "Aladdin's Troubled Dream," *Forbes*, February 15, 1976, 28–40.
45. Jones, "'Made-in-U.S.A.'"; Walter McQuade, "The Arabian Building Boom Is Making Construction History," *Fortune*, September 1976, 112–115, 186–190; Steven Rattner, "Trade with U.S. Is Enormous; 28,000 Americans Work in Saudi Arabia," *NYT*, May 29, 1977; "Policy: Saudi Arabia's Growing Petropower," *Time*, July 11, 1977; "Jubail: The Biggest Is Getting Bigger," *Construction Week*, April 11, 2009.
46. Pascal Menoret, *Joyriding in Riyadh: Oil, Urbanism, and Road Revolt* (Cambridge: Cambridge University Press, 2014), 105–114.
47. Thomas C. Hayes, "Bechtel: A Reclusive Giant," *NYT*, July 8, 1982.
48. Alvandi, *Nixon, Kissinger, and the Shah*, 126–171; Jacob Darwin Hamblin, "The Nucleariza-

tion of Iran in the Seventies," *Diplomatic History* 38, no. 5 (November 2014): 1114–1135.
49. Shai Feldman, "The Bombing of Osiraq-Revisited," *International Security* 7, no. 2 (Fall 1982): 115–118.
50. Beasley, "At Your Service," 263–271.
51. Mieczkowski, *Gerald Ford*, 148–152.
52. 同上。
53. Parsky to Simon, September 24, 1974, folder "Memos from Staff: Parsky 1974," box 54, ES, RG56, NARA.
54. Simon to Kent Frizzell, September 30, 1975, folder "Department Correspondence: Interior 1975," box 65, ES, RG56, NARA.
55. Waller to Ford, November 3, 1975, folder "Waller, William L.," box 2, NSA PNF, FL.
56. Bob Wyrick, "Nixon Aides Who Pushed Private Atomic Fuel Industry Now Have Top Jobs in It," *Los Angeles Times*, November 16, 1975; "Shultz Is Joining Bechtel; Bennett in Volcker Post," *NYT*, May 10, 1974; "Shultz Named Bechtel Corp. President," *Washington Post*, May 25, 1975.
57. Steven Rattner, "Trade with U.S. Is Enormous; 28,000 Americans Work in Saudi Arabia," *NYT*, May 29, 1977; "Policy: Saudi Arabia's Growing Petropower," *Time*, July 11, 1977; Pace, "U.S. Influence on Iran."
58. William P. Brown, "An Employee Orientation Program for Saudi Arabia Prepared for Fluor Corporation," August 28, 1975, folder 10, box 7, William E. Mulligan Papers, Special Collections, Georgetown University, Washington, DC.
59. Pace, "U.S. Influence on Iran."
60. Matthew K. Shannon, *Losing Hearts and Minds: American-Iranian Relations and International Education during the Cold War* (Ithaca, NY: Cornell University Press, 2017), 3, 15, chaps. 4–5; Yaqub, *Imperfect Strangers*, 285–289.
61. Simmons, *Arab Foreign Aid*, 25, 58–63, 174.
62. Richard P. Mattione, *OPEC's Investments and the International Financial System* (Washington, DC: Brookings Institution, 1985), 148; Golan, *Soviet Policies*, 148; Lars Hasvoll Bakke and Hilde Henriksen Waage, "Facing Assad: American Diplomacy toward Syria, 1973–1977," *International History Review* 40, no. 3 (June 2018): 565.
63. Ibrahim, *New Arab*, 32–37.
64. 同上，45.
65. 同上，71–73.
66. Owen and Pamuk, *Middle East Economies*, 100–101.

67. Ibrahim, *New Arab*, 25.
68. US Bureau of the Census, *Statistical Abstract of the United States*, various years.
69. Ibrahim, *New Arab*, 67–69, 113–115; F. Gregory Gause, III, *Oil Monarchies: Domestic and Security Challenges in the Arab Gulf States* (New York: Council on Foreign Relations Press, 1994), 70–75.
70. David M. Wight, "Kissinger's Levantine Dilemma: The Ford Administration and the Syrian Occupation of Lebanon," *Diplomatic History* 37, no. 1 (January 2013): 144–177.
71. Memcon, NSC Meeting, April 7, 1976, box 2, NSC Meetings File, FL.
72. Itamar Rabinovich, *The War for Lebanon, 1970–1985*, rev. ed. (Ithaca, NY: Cornell University Press, 1985), 55–56.
73. Eilts to Kissinger, April 19, 1975, folder "Egypt (6)," box 4, NSA PCF MESA, FL.
74. Kissinger to Ford, "Strategy for the Sadat Visit," October 24, 1975, folder "10/26–29/75-Egypt-President Sadat (10)," box 15, NSA PBM, FL.
75. Bernard Gwertzman, "Administration Decision to End Arms Embargo on Egypt by Sale of C-130's," *NYT*, March 20, 1976; Bernard Gwertzman, "Kissinger and 3 Senators Meet on Egypt Arms Issue," *NYT*, March 26, 1976; "Congress Is Silent; Cairo Arms Deal On," *NYT*, April 15, 1976.
76. Henry Tanner, "Simon Commends Sadat on Economy," *NYT*, March 8, 1976.
77. "U.S. Businessmen's Study Tells Egypt Why Foreign Investment Lags," *NYT*, November 26, 1976.
78. Beattie, *Sadat Years*, 207; Owen, *Middle East Economies*, 135–137.
79. William J. Burns, *Economic Aid & American Foreign Policy toward Egypt, 1955–1981* (Albany: State University of New York Press, 1985), 220.
80. "Issues/Talking Points: Emergency Assistance for Egypt," October 1975, folder "10/26–29/75-Egypt President Sadat (20)," box 15, NSA PBM, FL.
81. Adi Davar, "Egypt—Mr. McNamara's Meeting with Some Cabinet Ministers," April 10, 1974, folder "Contacts with member countries: Egypt-Correspondence 02," Series: Contacts— Member Country files, RPM, ROP, WBGA; John Gunter to Witteveen, March 7, 1974, folder "C-Egypt-810 Mission Gunter, John Feb. 1974," box 6, Country Files-Egypt (hereafter CFE), Central Files Collection (hereafter CFC), IMFA.
82. Gunter to Witteveen, November 25, 1975, folder "C-Egypt-810 Mission Gunter and Staff Oct.–Nov. 1975," box 6, CFE, CFC, IMFA.
83. Martijn Paijmans to McNamara, April 19, 1976, folder "Contacts with member countries; Egypt-Correspondence 03," Series: Contacts—Member Country files, RPM, ROP, WBGA.

84. Henry Tanner, "Cairo Reaps a Wind," *NYT*, January 21, 1977.
85. "Saudi Arabian Aid to Egypt," ca. August 1976, folder "Saudi Arabia (15)," box 28, NSA PCF MESA, FL.
86. Gunter to Witteveen, September 23, 1976, folder "C-Saudi Arabia-810 Mission Gunter, John W. Sept. 1976," box 3, Country Files-Saudi Arabia, CFC, IMFA.
87. Scowcroft to Ford, "Letter from President Sadat on Egyptian Economy—Proposed Reply," November 29, 1976, folder "Egypt-President Sadat (2)," box 1, NSA PCFL, FL.
88. Ford to Sadat, November 30, 1976, folder" Egypt-President Sadat(2)," box1, NSAPCFL,FL.
89. Gunter to Witteveen, "Egypt—Discussions concerning Use of the Fund's Resources," December 23, 1976, folder "C-Egypt-810 Mission Gunter and Staff Dec. 1976," box 6, CFE, CFC, IMFA.
90. Tanner, "Cairo Reaps a Wind."
91. Beattie, *Sadat Years*, 207, 311n315.
92. 同上，206–212.
93. Feiler, *Egypt and the Gulf*, 24.

第六章　石油美元的前景和风险

1. "Tacoma Due for Dubious Honor," *Tri-City Herald* (Kennewick, WA), November 15, 1974; "Arab Manure Buy Off," *Ellensburg* (WA) *Daily Record*, March 29, 1975; "No Pots of Gold in Piles of Muck," *Ottawa Citizen*, March 31, 1975; Herbert G. Lawson and Ray Vicker, "An Idea That Failed: Spreading Manure to Spread Wealth," *Wall Street Journal*, March 31, 1977.
2. Lawson and Vicker, "Idea That Failed."
3. Natasha Zaretsky, *No Direction Home: The American Family and the Fear of National Decline, 1968–1980* (Chapel Hill: University of North Carolina Press, 2007), 71–96; Meg Jacobs, *Panic at the Pump: The Energy Crisis and the Transformation of American Politics in the 1970s* (New York: Hill and Wang, 2016), chaps. 3 and 4.
4. Yaqub, *Imperfect Strangers*, 196–206, 285–289.
5. Benjamin Smith, *Market Orientalism: Cultural Economy and the Arab Gulf States* (Syracuse, NY: Syracuse University Press, 2015), 130–149.
6. L. Edward Shuck Jr., "10 Million vs. 600 Million," *NYT*, December 8, 1973.
7. Anthony Ripley, "Labor Chiefs Urge a Curb on Arab Oil; Support Rationing," *NYT*, January 24, 1975.
8. Miles Ignotus, "Seizing Arab Oil," *Harper's Magazine*, March 1, 1975, 62; Andrew Higgins, "Power and Peril: America's Supremacy and Its Limits," *Wall Street Journal*, February 4,

2004.
9. Jack G. Shaheen, *Reel Bad Arabs: How Hollywood Vilifies a People*, updated ed. (Northampton, MA: Olive Branch Press, 2015), 25–28.
10. Melani McAlister, *Epic Encounters: Culture, Media, and U.S. Interests in the Middle East since 1945*, 2nd ed. (Berkeley: University of California Press, 2005), 136.
11. Spencer L. Davidson, "The U.S. Should Soak Up That Shower of Gold," *Time*, December 16, 1974.
12. "Faisal and Oil: Driving toward a New World Order," *Time*, January 6, 1975, 32.
13. Rattner, "Trade with U.S. Is Enormous."
14. "Policy: Saudi Arabia's Growing Petropower."
15. McQuade, "Arabian Building Boom," 112–115, 186–190.
16. Leonard Silk, "Odyssey: Redefining the Strength of Nations," *NYT*, November 20, 1977.
17. Jones, "'Made-in-U.S.A.'"
18. US Bureau of the Census, *Statistical Abstract of the United States*, 1978.
19. "Faisal and Oil," 8–9.
20. Jack G. Shaheen, *The TV Arab* (Bowling Green, OH: Bowling Green State University Popular Press, 1984), 57–58.
21. Bill Hinds and Jeff Millar, *Tank McNamara*, *Washington Post*, January 20–24, 1975.
22. Edward A. Pollitz Jr., *The Forty-First Thief* (New York: Delacorte Press, 1975), 54–58.
23. *Network*, directed by Sidney Lumet (1976).
24. 同上。
25. Davidson, "U.S. Should Soak Up That Shower of Gold."
26. "Petrodollars Are Dollars," *National Review*, April 11, 1975, 384.
27. Thomas Borstelmann, *The 1970s: A New Global History from Civil Rights to Economic Inequality* (Princeton, NJ: Princeton University Press, 2011).
28. Peter Tanous and Paul Rubinstein, *The Petrodollar Takeover* (New York: G. P. Putnam's Sons, 1975), 58.
29. 转引自 "A Local Arab Banker?," *Time*, February 3, 1975, 20; "Breaking a Bank Barrier," *Time*, February 17, 1975.
30. Jack Bennett to Simon, January 8, 1975, folder "Middle East 1975–1976," box 23, SP.
31. James Ganon, "US Ripe for Sheikhs," *Guardian*, January 28, 1974.
32. "Williams Sees Take-Over Threat," *NYT*, February 27, 1975.
33. Pranay Gupte, "Move to Study Foreign Investing in U.S. Reflects Concern on Rising Trend and Lack of Fresh Data," *NYT*, August 29, 1974; Brendan Jones, "Ford Aides Fight Senate

Bill with Plan to Control Foreign Investment in U.S.," *NYT*, March 5, 1975.
34. Cohen, *Whose Interest?*, 128.
35. Jones,"Ford Aides Fight Senate Bill with Plan to Control Foreign Investmentin U.S."; "Business Outlook Panel," April 23, 1975, folder "International Economic Policy 1975–1976," box 23, SP.
36. Kunz, *Butter and Guns*, 257.
37. Cohen, *Whose Interest?*, 125.
38. Edward Cowan, "List Is Extensive for Arab Boycott," *NYT*, February 26, 1975; see also Janice J. Terry, *U.S. Foreign Policy in the Middle East: The Role of Lobbies and Special Interest Groups* (London: Pluto Press, 2005), 93–109.
39. Seymour Topping, "Arab Oil Wealth Puts Pressure on Israel," *NYT*, January 4, 1975.
40. Juan de Onis, "Kuwait Quits 2 Deals Here with Boycotted Financiers," *NYT*, February 13, 1975.
41. Michael C. Jensen, "2 Senators Assail Arabs' Blacklist," *NYT*, February 15, 1975.
42. Edward Cowan, "Arabs' Blacklist Deplored by Ford," *NYT*, February 27, 1975; Brendan Jones, "Curb on Arab Investors Who Use Boycotts Urged," *NYT*, March 7, 1975.
43. Cowan, "Arabs' Blacklist."
44. Thomas P. Ronan, "Holtman Bill Designed to Defuse Arab Boycott," *NYT*, July 12, 1975.
45. Scowcroft and Ed Schmults to Ford, ca. November 20, 1975, folder "Country File-Saudi Arabia (1)," box 2, NSA IEASF, FL.
46. Philip Shabecoff, "Ford Takes Steps to Protect Jews in Arab Boycott," *NYT*, November 21, 1975.
47. "The Arab Boycott," *NYT*, September 14, 1976; "Ford Signs Tax Revision Measure; Calls It 'Positive and Long Overdue,'" *NYT*, October 5, 1976.
48. William Porter to Kissinger and Cyrus Vance, December 28, 1976, folder "Saudi Arabia-State Dept Telegrams to SECSTATE-NODIS (15)," box 30, NSA PCF MESA, FL.
49. "Armaments," 44.
50. "Mindless Arms Sales," *NYT*, August 11, 1976.
51. Joseph Kraft, "Letter from Riyadh," *New Yorker*, June 26, 1978.
52. Paul E. Erdman, *The Crash of '79* (New York: Simon & Schuster, 1976), 317.
53. 同上。
54. James McCartney, "U.S. Does Booming Business Peddling Arms to All Comers," *Detroit Free Press*, September 22, 1974.
55. "U.S. Arms Sales in Persian Gulf Called 'Beyond Control,'" *ChicagoTribune*, January 3, 1976.

56. "Cutting Arms Sales," *NYT*, February 24, 1976.
57. Kenneth H. Bacon, "Foreign Military Sales Program Strains Pentagon Resources, Causes Problems," *Wall Street Journal*, February 17, 1976.
58. Mark Philip Bradley, *The World Reimagined: Americans and Human Rights in the Twentieth Century* (Cambridge: Cambridge University Press, 2016); Barbara J. Keys, *Reclaiming American Virtue: The Human Rights Revolution of the 1970s* (Cambridge, MA: Harvard University Press, 2014); Joe Renouard, *Human Rights in American Foreign Policy: From the 1960s to the Soviet Collapse* (Philadelphia: University of Pennsylvania Press, 2015).
59. "Iran Accused at Meeting Here of Torture and Repression," *NYT*, February 29, 1976.
60. "U.S. Is Warned by the Shah against Cutting Arms Flow," *NYT*, March 15, 1976.
61. Bernard Gwertzman, "President Vetoes Aid Bill, Charging It Restricts Him," *NYT*, May 8, 1976.
62. "Bowing to Critics, U.S. Cuts Request on Saudi Missiles," *NYT*, September 2, 1976.
63. John W. Finney, "Effort Collapses in Congress to Block Sale of Missiles to Saudi Arabia," *NYT*, September 29, 1976; Oberdorfer, "Saudi Missile Dispute."
64. Charles Mohr, "Carter Scores Ford on Missile Sale," *NYT*, October 1, 1976.
65. Edward Cowan, "U.S. Issues Reports about Arab Boycott," *NYT*, October 19, 1976.
66. Frank Lynn, "Ford, Campaigning in New York, Seeks Support of Jewish Voters," *NYT*, October 13, 1976.
67. Saddam Hussein, *On Oil Nationalisation in Iraq* (Baghdad: Ath-Thawra House, 1973), 30.
68. "Rafad al-Wisayya al-Amirkiyya 'ala Muqadarat al-'Alam wa Aqama 'Alaqat 'Adila wa Mutakalafi'a bayna al-Duwal al-Muntaja wa al-Mustahalaka," *al-Thawra* (Baghdad), January 27, 1974.
69. "Munhaj al-Istirad al-Jadid," *al-Thawra*, February 14, 1974; 'Ali al-Shaykh, Husayn al-Sa'adi, "al-Naft. . [*sic*] wa al-Tanmiyya al-Iqtisadiyya wa Tahsin Mustawa Ma'aisha al-Jamahir," *al-Thawra*, February 22, 1974.
70. Amer Rashad al-Jalili, untitled cartoon, *al-Thawra*, February 12, 1974; see also Amer Rashad al-Jalili, untitled cartoon, *al-Thawra*, February 24, 1974.
71. Untitled cartoon, *al-Riyadh*, October 21, 1973.
72. Ali al-Kharji, untitled cartoon, *al-Riyadh*, November 3, 1973.
73. "Amal Washintun Dhahala fi Mu'tamaraha hawl Izma al-Taqa," *al-Riyadh*, February 2, 1974.
74. Nasr al-Sihan al-'Amari, "Al-'Adl Athman min al-Naft," *al-Riyadh*, February 26, 1974.
75. Salah Jahin, untitled cartoon, *al-Ahram* (Cairo), March 14, 1974.
76. Salah Jahin, untitled cartoon, *al-Ahram*, March 16, 1974.
77. Samir 'Atallah, "'al-Thawra al-Naftiyya' Qalabat Nathra al-Gharb ila al-'Alam al-'Arabi,"

al-Nahar (Beirut), January 31, 1974; "Washintun wa Bun Taghriyan al-Amwal al-'Arabiyya," *al-Nahar al-Inma'i* (Beirut), February 3, 1974.

78. "Ghazu al-Sadarat al-Amirkiyya lil-Mintaqa al-'Arabiyya," *al-Thawra*, October 26, 1974.
79. Amer Rashad al-Jalili, "1 Adthar—'Eid al-Intisar," *al-Thawra*, March 1, 1977; see also "Bi Taqa 'Eid," *al-Thawra*, December 9, 1975.
80. Saddam Hussein, *On Current Affairs in Iraq*, ed. Naji al-Hadithi, trans. Khalid Kishtainy (Baghdad: Translation & Foreign Languages House, 1981), 89–91, 95.
81. 同上, 92–93.
82. Untitled cartoon, *al-Thawra*, December 20, 1974.
83. Ahmad al-Najar, "al-Masarif al-Islamiyya," *al-Da'wa* (Cairo), July 1976; al-Hamza Da'abas, "Dhalik bi-Anhum Qalu Inama al-Bay' mithl al-Riba," *al-Da'wa*, October 1976; Mahmud Abu al-Sa'ud, "Fi Midan al-Iqtisad al-Islami," *al-Da'wa*, December 1976.
84. Charles Tripp, *Islam and the Moral Economy: The Challenge of Capitalism* (Cambridge: Cambridge University Press, 2006), 137–140.
85. Cohen, *Whose Interest?*, 133–140.
86. Saad Eddin Ibrahim, "Anatomy of Egypt's Militant Islamic Groups: Methodological Note and Preliminary Findings," *International Journal of Middle East Studies* 12, no. 4 (1980): 433.
87. "Tawsi'a wa Taqwiyya 'Awamal al-Ta'aawun bayna al-Mamlika wa Amrika," *al-Riyadh*, April 6, 1974.
88. "1,000 Miliyyun Riyyal li-Tatwir Shabka al-Swarikh fil-Mamlika," *al-Riyadh*, April 9, 1974.
89. Saddam Hussein, *Iraqi Revolution in the Service of Humanity: Saddam Hussein Speaks*, ed. Z. L. Kaul (New Delhi: New Wave Printing Press, 1978), 9, 13.
90. "Karmaykil: Istafdina Kathiran min Nidal al-Ba'ath dida al-Imbiryyaliyya," *al-Thawra*, February 24, 1974.
91. "Karmaykil: al-'Alam al-Taqdumi Yatab'a Tajraba al-'Iraq wa Intisaratihu al-Mustamira," *al-Thawra*, February 26, 1974.
92. 参见 "Ma'auna Faniyya wa Qard Dun Fawa'id li-Afriqiyya min al-Duwal al-'Arabiyya al-Musadara lil-Bitrul fi Zil Ta'awanihuma," *al-Riyadh*, January 27, 1974.
93. Ali al-Kharji, untitled cartoon, *al-Riyadh*, April 7, 1974.
94. Feiler, *Egypt and the Gulf*, 163.
95. "1,000 Milliyun Dular Hadiyya min al-Malik Faisal ila Sh'ab Misr al-Maqatil," *al-Ahram*, August 3, 1974.
96. "Ta'awan Iqtisadi wa Thaqafi Wasi'a m'a al-Sa'uddiyya," *al-Ahram*, August 7, 1974; "Faysil:

Tadhhayat Misr Rafaʿat Ras al-ʿArab wa Aʿadat li-Hum Karamtihum," *al-Ahram*, August 9, 1974.

97. Salah Jahin, untitled cartoon, *al-Ahram*, January 15, 1975.
98. Feiler, *Egypt and the Gulf*, 163–167.
99. Mahmoud, *Marxism and Islam*, 48–49.
100. 同上，64.
101. Mohammad Reza Pahlavi, *Toward the Great Civilization: A Dream Revisited* (London: Satrap Publishing, 1994), 99, 121.
102. 同上，105–106.
103. Bill, *Eagle and the Lion*, 214.
104. Nikki L. Keddie, *Modern Iran: Roots and Results of Revolution*, 2nd ed. (New Haven, CT: Yale University Press, 2006), 200–208.
105. Ali Shariʿati, *What Is to Be Done: The Enlightened Thinkers and an Islamic Renaissance* (Houston: Institute for Research and Islamic Studies, 1986), 29–30.
106. 同上，100.
107. Khomeini, *Sahifeh-Ye Imam*, 3:6, 72–73.
108. 同上，3:114.
109. 同上，3:210–211.

第七章 改革与动荡

1. "Transcript of Foreign Affairs Debate between Ford and Carter," *NYT*, October 7, 1976.
2. 关于卡特及其行政系统的对外关系战略，参见 Garthoff, *Détente and Confrontation*; Betty Glad, *An Outsider in the White House: Jimmy Carter, His Advisors, and the Making of American Foreign Policy* (Ithaca, NY: Cornell University Press, 2009); Sargent, *Superpower Transformed*; Justin Vaïsse, *Zbigniew Brzezinski: America's Grand Strategist*, trans. Catherine Porter (Cambridge, MA: Harvard University Press, 2018); Zanchetta, *Transformation of American International Power*.
3. Linda Charlton, "Mondale Scores Ford Arms Sales," *NYT*, August 31, 1976.
4. "Presidential Directive/NSC-18," August 24, 1977, folder "Presidential Directive 1–20," box 100, Vertical File, Jimmy Carter Presidential Library (hereafter CL), Atlanta, GA.
5. Jonathan Steele, "Carter's Invitation to a New Kind of Club," *Guardian*, January 27, 1977.
6. Lee Leseaze and George C. Wilson, "Arms Sales of $6 Billion Are Held Up," *Washington Post*, March 27, 1977; Bernard Gwertzman, "U.S. Reviews Missile Sales to Saudis," *NYT*, March 3, 1977; "Military Sales of $2 Billion Are Confirmed," *Washington Post*,

March 30, 1977.

7. James Callaghan, Carter et al., March 11, 1977, PREM 16/1486, NA; Callaghan, Vance et al., March 31, 1977, PREM 16/1488, NA.
8. Peter Ramsbotham to United Kingdom Foreign & Commonwealth Office, January 26, 1977, PREM 16/1909, NA.
9. Callaghan, Giscard, Carter, Schmidt, May 9, 1977, PREM 16/1267, NA; "Quadripartite Summit, 9 May 1977: Arms Transfer Restraints," ca. May 1977, PREM 12/1267, NA.
10. Edward Walsh, "Arms Sales Curbs Set by Carter," *Washington Post*, May 20, 1977.
11. "Carter Sets Rules to Curb Sales of Arms Abroad," *Wall Street Journal*, May 20, 1977.
12. Walsh, "Arms Sales Curbs."
13. Alan, *Shah and I*, 543.
14. Bill, *Eagle and the Lion*, 227–231; Javier Gil Guerrero, *The Carter Administration and the Fall of Iran's Pahlavi Dynasty: US-Iran Relations on the Brink of the 1979 Revolution* (New York: Palgrave Macmillan, 2016), 28–38.
15. William Branigan, "Iran Said to Plan Cutbacks in Ambitious Radar Program," *Washington Post*, March 26, 1977; "Carter OKs Plane Sale to Iranians," *Los Angeles Times*, April 26, 1977; Norman Kempster, "U.S. to Sell 5 Radar Planes to Iran in Half-Billion-Dollar Deal," *Los Angeles Times*, April 27, 1977. See also Stephen McGlinchey and Robert W. Murray, "Jimmy Carter and the Sale of the AWACS to Iran in 1977," *Diplomacy & Statecraft* 28, no. 2 (2017): 254–276.
16. "Carter OKs Plane Sale to Iranians"; "Battle Expected on Radar Sale to Iran," *Washington Post*, June 23, 1977; "Clash Expected over Plan to Sell Iran Radar Planes," *NYT*, July 8, 1977.
17. Bernard Weinraub, "Controversy Grows over Carter's Move to Sell Iran Planes," *NYT*, July 12, 1977.
18. Bernard Weinraub, "Congressional Agency Denounces Plan to Sell Radar System to Iran," *NYT*, July 16, 1977.
19. Bernard Weinraub, "Two Senators Oppose Sale of Radar Planes to Iran," *NYT*, July 19, 1977.
20. Harold J. Logan, "Turner Stands by Warning on Radar-Jet Sale to Iran," *Washington Post*, July 22, 1977.
21. Harold J. Logan, "Senate Leader Would Delay Sale of Airborne Radar to Iran," *Washington Post*, July 24, 1977.
22. Executive Secretariat: Bureau of Intelligence and Research, "Current Reports," July 25, 1977, NLC-SAFE 17 B-3-14-1-5, RAC, CL (emphasis added).

23. "Administration Bars Delay Asked by Byrd in Radar-Plane Sale," *NYT*, July 26, 1977.
24. Harold J. Logan, "Carter Plans Radar Sale to Iran Despite Opposition," *Washington Post*, July 26, 1977.
25. NSC Middle East Staff to Zbigniew Brzezinski, "Evening Report," July 26, 1977, NLC-10-4-3-9-4, RAC, CL; Graham Hovey, "Carter Delays Iran Plane Sale after House Panel Opposes Deal," *NYT*, July 29, 1977.
26. "Iranians Are Canceling Purchase of U.S. Airborne Radar System," *NYT*, August 1, 1977.
27. Harold J. Logan, "Senators Introduce Resolution to Block Plane Sale to Iran," *Washington Post*, October 2, 1977.
28. Adam Clymer, "Senate Majority Leader Proposes Moratorium on Arms Sales to Iran," *NYT*, October 8, 1977.
29. Seymour M. Hersh, "Proposed Sale of Fighters to Iran Challenged within Administration," *NYT*, October 9, 1977.
30. Brzezinski to Carter, "Relations with the Shah," ca. November 1977, NLC-6-28-7-32-3, RAC, CL.
31. Stu Eizenstat and Kitty Schirmer to Carter, December 19, 1977, NLC-126-10-14-1-4, RAC, CL.
32. Alam, *Shah and I*, 535, 556; Cooper, *Oil Kings*, 366–387; Skeet, *OPEC*, 134–137.
33. *FRUS, 1969–1976*, 37:119; *FRUS, 1969–1976*, 37:126.
34. *FRUS, 1969–1976*, 37:130.
35. *FRUS, 1969–1976*, 37:132.
36. *FRUS, 1969–1976*, 37:134.
37. *FRUS, 1969–1976*, 37:139.
38. Skeet, *OPEC*, 137.
39. Terry, *U.S. Foreign Policy*, 106–108.
40. Cohen, *Whose Interest?*, 124–125; IMF, Direction of Trade Statistics; BIS, *Annual Report*, various years.
41. Sargent, "North/South," 211–213; Michael Franczak, "Human Rights and Basic Needs: Jimmy Carter's North-South Dialogue, 1977–1981," *Cold War History* 18, no. 4 (2018): 447–464.
42. W. Carl Biven, *Jimmy Carter's Economy: Policy in an Age of Limits* (Chapel Hill: University of North Carolina Press, 2002), 85.
43. *FRUS, 1977–1980*, 18:161.
44. Biven, *Carter's Economy*, 120.

45. Bill, *Eagle and the Lion*, 233.
46. Keddie, *Modern Iran*, 164, 217, 223; Robert E. Looney, *Economic Origins of the Iranian Revolution* (New York: Pergamon Press, 1982), 262.
47. Ervand Abrahamian, *A History of Modern Iran* (Cambridge: Cambridge University Press, 2008), 158–162; Keddie, *Modern Iran*, 225–229; Mohammad Ayatollahi Tabaar, *Religious Statecraft: The Politics of Islam in Iran* (New York: Columbia University Press, 2018), 60–88.
48. Khomeini, *Sahifeh-Ye Imam*, 3:347–358.
49. Abrahamian, *History of Modern Iran*, 155–159; Keddie, *Modern Iran*, 226–227; Gil Guerrero, *Carter Administration and the Fall*, 72, 169.
50. Abrahamian, *History of Modern Iran*, 161; Bill, *Eagle and the Lion*, 235–236.
51. Christian Emery, *US Foreign Policy and the Iranian Revolution: The Cold War Dynamics of Engagement and Strategic Alliance* (New York: Palgrave Macmillan, 2013), 39–42.
52. *FRUS, 1977–1980*, 18:145; *FRUS, 1977–1980*, 38:147. See also Daniel Strieff, "Arms Wrestle: Capitol Hill Fight over Carter's 1978 Middle East 'Package' Airplane Sale," *Diplomatic History* 40, no. 3 (June 2016): 475–499.
53. *FRUS, 1977–1980*, 18:148.
54. *FRUS, 1977–1980*, 18:151.
55. *FRUS, 1977–1980*, 18:149.
56. *FRUS, 1977–1980*, 18:151.
57. Jason Brownlee, *Democracy Prevention: The Politics of the U.S.-Egyptian Alliance* (Cambridge: Cambridge University Press, 2012), 25–30.
58. Quandt, *Peace Process*, 183–196; "Egypt Cuts Relations with 5 Arab Nations Opposed to Peace Bid," *NYT*, December 6, 1977.
59. *FRUS, 1977–1980*, 18:237.
60. *FRUS, 1977–1980*, 18:161.
61. Vance to Carter, January 20, 1978, NLC-16-42-5-40-9, RAC, CL.
62. *FRUS, 1977–1980*, 18:167.
63. *FRUS, 1977–1980*, 18:162, 169.
64. Graham Hovey, "U.S. Plans First Jet Sale to Cairo, Reduces Israeli Order for Craft," *NYT*, February 15, 1978; Bernard Gwertzman, "Vance Asserts Arabs Must Get Warplanes Along with Israelis," *NYT*, February 25, 1978.
65. Gwertzman, "Vance Asserts Arabs Must Get Airplanes Along with Israelis."
66. Goldberg, *Jewish Power*, 202–205.
67. William Safire, "Word of Dishonor," *NYT*, May 1, 1978.

68. "No Eagles for Arabia," *New Republic*, March 4, 1978, 8–9.
69. "Vance Asserts Arabs Must Get Warplanes."
70. Bernard Weinraub, "'Package' Plane Sale to Mideast Opposed by House Committee," *NYT*, May 3, 1978.
71. *FRUS, 1977–1980*, 18:171.
72. Steven V. Roberts, "The Saudi Connection, Fred Dutton," *NYT*, April 2, 1978.
73. Richard Harwood and Ward Sinclair, "Lobbying for Warplane Brings Saudis out of Isolation," *Washington Post*, May 7, 1978.
74. Roberts, "Saudi Connection, Fred Dutton."
75. Steven V. Roberts, "Saudis Are Learning Public Relations Ways in U.S.," *NYT*, May 12, 1978.
76. Steven V. Roberts, "Arab Lobby's Specialty: Soft Sell, Tough Message," *NYT*, April 30, 1978.
77. "A Troubled Package for the Middle East," *NYT*, April 27, 1978.
78. Bernard Weinraub, "Vance Offering to Sell Israel 20 More F–15's," *NYT*, May 10, 1978; Bernard Weinraub, "Brown Says Saudis Will Accept Curbs on the Use of F–15's," *NYT*, May 11, 1978.
79. Bernard Weinraub, "Senate Panel in Tie on Vote to Thwart Mideast Jet Sales," *NYT*, May 12, 1978.
80. Bernard Weinraub, "Carter Letter to Senators Pleads for Plane Package," *NYT*, May 13, 1978.
81. Bernard Weinraub, "Debate Is Intense," *NYT*, May 16, 1978.
82. "Nation: F–15 Fight: Who Won What," *Time*, May 29, 1978.
83. Robert Shogan, "Carter's Mideast Policies Erode His Jewish Support," *Los Angeles Times*, July 23, 1978; Miglietta, *American Alliance*, 232–237.
84. Roberts, "Saudis Are Learning Public Relations Ways in U.S."
85. "Ta'rat Amirikiyya Hujumiyya lil-'Aduw wa Dafa'aiyya wa Mutakhalifa li-Misr wa al-Sa'udiyya!," *al-Thawra*, May 17, 1978.
86. "Kartir Yad'aw al-Sadat wa Beghin li-Isti'naf Mufawadat al-Taswiyya," *al-Thawra*, May 15, 1978.
87. "Muwdu'a al-Ghilaf fi Majala 'Taim' al-Amrikiyya Khas bil-Mamlika Dawla al-Sahra' al-'Izaami Tadkhul 'Asr al-Nafathat," *al-Medina*, May 25, 1978.
88. *FRUS, 1977–1980*, 18:173.
89. National Foreign Assessment Center, "Impact of US Arms Sales Restraint Policy," July 1978, NLC-28-6-5-4-6, RAC, CL.
90. George C. Wilson, "Carter's Arms Sales Policy Is Assailed," *Washington Post*, October 6, 1978.
91. US Department of Defense, *Fiscal Year Series*.

92. Brownlee, *Democracy Prevention*, 33; Jørgen Jensehaugen, *Arab-Israeli Diplomacy under Carter: The US, Israel and the Palestinians* (London: I.B. Tauris, 2018), 139–141.
93. *FRUS, 1977–1980*, 18:176.
94. Wilson, "Carter's Arms Sales Policy Is Assailed."
95. Biven, *Carter's Economy*, 113, 147, 162–169.
96. *FRUS, 1969–1976*, 37:160.
97. *FRUS, 1969–1976*, 37:161.
98. Biven, *Carter's Economy*, 169–171.
99. *FRUS, 1969–1976*, 37:168.

第八章　革命与入侵

1. R. W. Apple Jr., "Khomeini Arrives in Iran, Urges Ouster of Foreigners," *NYT*, February 1, 1979.
2. Khomeini, *Sahifeh-Ye Imam*, 6:8–9.
3. James M. Markham, "Joy Explodes in Tehran Streets as Millions Welcome Ayatollah," *NYT*, February 2, 1979.
4. Keddie, *Modern Iran*, 230–233.
5. Glad, *Outsider*, 168–171.
6. *FRUS, 1977–1980*, 1:100.
7. Abrahamian, *Modern Iran*, 161; Keddie, *Modern Iran*, 234.
8. Skeet, *OPEC*, 158.
9. Keddie, *Modern Iran*, 234–238.
10. "Khomeini Arrives in Iran."
11. Glad, *Outsider*, 172.
12. Khomeini, *Sahifeh-Ye Imam*, 6:13–17; see also Ruhollah Khomeini, *Islam and Revolution: Writings and Declarations of Imam Khomeini*, ed. and trans. Hamid Algar (Berkeley, CA: Mizan Press, 1981), 259–262.
13. Keddie, *Modern Iran*, 238–239; Glad, *Outsider*, 172–173.
14. *FRUS, 1977–1980*, 18:255.
15. *FRUS, 1977–1980*, 18:176.
16. *FRUS, 1977–1980*, 18:177.
17. *FRUS, 1977–1980*, 18:179.
18. *FRUS, 1977–1980*, 18:181.
19. Untitled and unaddressed White House memorandum, February 6, 1979, NLC-1-9-5-10-5,

RAC, CL.
20. Memcon, Presidential Review Committee Meeting (hereafter PRCM), January 23, 1979, NLC-15-3-6-8-8, RAC, CL.
21. Memcon, Policy Review Committee Meeting, February 1, 1979, NLC-15-32-4-7-9, RAC, CL.
22. Memcon, PRCM, January 23, 1979, NLC-15-3-6-8-8, RAC, CL.
23. 同上。
24. 同上。
25. Memcon, Policy Review Committee Meeting, February 1, 1979, NLC-15-32-4-7-9, RAC, CL.
26. *FRUS, 1977–1980*, 18:19.
27. *FRUS, 1977–1980*, 18:20.
28. *FRUS, 1977–1980*, 18:264, 266.
29. *FRUS, 1977–1980*, 18:269.
30. *FRUS, 1977–1980*, 18:20.
31. *FRUS, 1977–1980*, 18:271.
32. Paul Dresch, *A History of Modern Yemen* (Cambridge: Cambridge University Press, 2000), 150.
33. *FRUS, 1977–1980*, 9:59, 100.
34. Feiler, *Egypt and the Gulf*, 146.
35. *FRUS, 1977–1980*, 18:186.
36. *FRUS, 1977–1980*, 18:188.
37. West to Vance, March 19, 1979, NLC-128-11-22-11-1, RAC, CL.
38. Brownlee, *Democracy Prevention*, 35–36.
39. Marvine Howe, "Arabs, Deeply Split, Bar Stronger Steps against U.S., Egypt," *NYT*, March 29, 1979.
40. Marvine Howe, "Arabs Agree to Cut All Ties with Egypt Because of Treaty," *NYT*, April 1, 1979.
41. Christopher S. Wren, "Saudis Scuttle a Billion-Dollar Arms Consortium with Factories in Egypt," *NYT*, May 15, 1979.
42. Graham Hovey, "U.S. Puts Off Jet Sale to Egypt after Saudis Delay on Paying Costs," *NYT*, July 7, 1979.
43. Salah Jahin, untitled cartoon, *al-Ahram*, May 14, 1979.
44. Feiler, *Egypt and the Gulf*, 149.
45. Ibrahim, *New Arab*, 154–159.

46. Brownlee, *Democracy Prevention*, 36–37.
47. Skeet, *OPEC*, 158–167.
48. Biven, *Carter's Economy*, 177, 237–246.
49. 1976 财年，美国国会同意向沙特军售 71.1 亿美元，但财政年度开始的定义发生了变化，1976 财年的长度为 1.25 年，参考：US Department of Defense, *Fiscal Year Series*.
50. 同上。
51. Bernard Gwertzman, "U.S. to Sell Saudis $1.2 Billion in Arms," *NYT*, July 14, 1979; "Pentagon Plans to Sell $1.23 Billion of Arms to Saudi Security Unit," *Wall Street Journal*, July 30, 1979.
52. Untitled cartoon, *al-Sharq al-Awsat*, June 20, 1979.
53. Ali al-Kharji, untitled cartoon, *al-Riyadh*, December 25, 1978.
54. Emery, *US Foreign Policy*, 46–89.
55. Keddie, *Modern Iran*, 245–246.
56. Khomeini, *Sahifeh-Ye Imam*, 6:401–402.
57. Bernard Gwertzman, "Iran Is Asking U.S. to Buy Back Its Jets," *NYT*, March 29, 1979; Philip Taubman, "Pentagon Is Called Lax on Arms Sales," *NYT*, July 29, 1979.
58. Emery, *US Foreign Policy*, 115–118.
59. Abrahamian, *Modern Iran*, 162–169.
60. Cohen, *Whose Interest?*, 147–159.
61. "Iran Tries to Prove Allegations about Shah," *NYT*, November 27, 1979; Ann Crittenden, "Shah's Assets Abroad Are Hard to Find," *NYT*, September 13, 1980.
62. Untitled cartoon, *Kayhan* (Tehran), November 15, 1979.
63. Sampson, *Money Lenders*, 236.
64. 转引自 James Buchan, "Secular and Religious Opposition in Saudi Arabia," in *State, Society and Economy in Saudi Arabia*, ed. Tim Niblock (New York: St. Martin's Press, 1982), 120–123; see also Al-Rasheed, *History of Saudi Arabia*, 138–143; Nazih Ayubi, *Political Islam: Religion and Politics in the Arab World* (London: Routledge, 1991), 100–103; Lawrence Wright, *The Looming Tower: Al-Qaeda and the Road to 9/11* (New York: Alfred A. Knopf, 2006), 88–92.
65. Graham Hovey, "Troops Rescue 100 in Islamabad; U.S. Offices Are Burned in 2 Cities," *NYT*, November 22, 1979; Michael T. Kaufman, "Body of 2d American Is Found in Islamabad Embassy," *NYT*, November 23, 1979.
66. "Embassy of the U.S. in Libya Is Stormed by a Crowd of 2,000," *NYT*, December 3, 1979.
67. Wright, *Looming Tower*, 94.

68. Skeet, *OPEC*, 168–169.
69. Steve Coll, *Ghost Wars: The Secret History of the CIA, Afghanistan, and bin Laden, from the Soviet Invasion to September 10, 2001* (New York: Penguin Press, 2004), 39–50; Melvyn P. Leffler, *For the Soul of Mankind: The United States, the Soviet Union, and the Cold War* (New York: Hill & Wang, 2007), 303–311, 328–337.
70. *FRUS, 1977–1980*, 6:248.
71. Jimmy Carter, *White House Diary* (New York: Farrar, Straus and Giroux, 2010), 382, 387–388.
72. *FRUS, 1977–1980*, 1:135.
73. *FRUS, 1977–1980*, 1:138.
74. 关于卡特主义的长期后果和美国在中东北非地区政策的军事化，参考：Andrew J. Bacevich, *America's War for the Greater Middle East: A Military History* (New York: Random House, 2016).
75. "Elements of a U.S. Strategy for Security and Orderly Development in the Near East and Southwestern Asia," ca. January 14, 1980, NLC-17-18-28-4-0, RAC, CL.
76. Wright, *Looming Tower*, 94.
77. Al-Rasheed, *Saudi Arabia*, 141–142; Toby Craig Jones, *Desert Kingdom: How Oil and Water Forged Modern Saudi Arabia* (Cambridge, MA: Harvard University Press, 2011), 179–216.
78. *FRUS, 1977–1980*, 18:216.
79. *FRUS, 1977–1980*, 18:211.
80. *FRUS, 1977–1980*, 18:212.
81. *FRUS, 1977–1980*, 18:216.
82. *FRUS, 1977–1980*, 18:216.
83. Coll, *Ghost Wars*, 51.
84. 同上，58.
85. 同上，81–82.
86. Madawi Al-Rasheed, *Contesting the Saudi State: Islamic Voices from a New Generation* (Cambridge: Cambridge University Press, 2006), 104–106; Coll, *Ghost War*, 83.
87. Kapstein, *Governing the Global Economy*, 77.
88. Cohen, *Whose Interest?*, 124–125; Kunz, *Butter and Guns*, 264; IMF, Direction of Trade Statistics; BIS, *Annual Report*, various years.
89. Jasper Welch to Brzezinski, February 19, 1980, NLC-31-206-5-5-9, RAC, CL.
90. Cohen, *Whose Interest?*, 165.
91. Emery, *US Foreign Policy*, 167–169.
92. Skeet, *OPEC*, 169; Gary Sick, *All Fall Down: America's Tragic Encounter with Iran* (New

York: Random House, 1985), 308–313.
93. Phebe Marr and Ibrahim al-Marashi, *The Modern History of Iraq*, 4th ed. (Boulder, CO: Westview Press, 2017), 142–145; Williamson Murray and Kevin M. Woods, *The Iran-Iraq War: A Military and Strategic History* (Cambridge: Cambridge University Press, 2014), 85–98; Chad E. Nelson, "Revolution and War: Saddam's Decision to Invade Iran," *Middle East Journal* 72, no. 2 (Spring 2018): 246–266.
94. Saddam et al., September 16, 1980, SH-SHTP-A-000-835, Saddam Hussein Regime Collection (hereafter SHRC), Conflict Records Research Center (hereafter CRRC), National Defense University, Washington, DC.
95. Yergin, *Prize*, 693.
96. Dilip Hiro, *The Longest War: The Iran-Iraq Military Conflict* (New York: Routledge, 1991), 40–49.
97. Special Coordination Committee Meeting, September 27, 1980, NLC-25-45-9-9-8, RAC, CL; Carter, *White House Diary*; Emery, *US Foreign Policy*, 184.
98. "Karikatir," *al-Thawra al-Usbu'ai*, September 20, 1980.
99. Ali al-Karkhi, "Karikatir," *al-Thawra al-Usbu'ai*, October 11, 1980; Ali al-Karkhi, "Karikatir," *al-Thawra al-Usbu'ai*, November 1, 1980.
100. "Captured American Arms Are Displayed in Iraq's Cities," *NYT*, November 10, 1980.
101. 转引自 Henry Tanner, "Iran Vows to Press War Despite Losses," *NYT*, September 30, 1980.
102. Pranay B. Gupte, "Iranians Rally Behind Bani-Sadr," *NYT*, October 8, 1980.
103. Shaheen, *Reel Bad Arabs*, 551–552.
104. Shaheen, *TV Arab*, 65–66.
105. "Slow Train," Bob Dylan Official Website, http://www.bobdylan.com/songs/slow-train/（2020年2月10日访问）.
106. Shaheen, *TV Arab*, 51.
107. Yaqub, *Imperfect Strangers*, 283.
108. 同上，294–299.
109. 同上。
110. Ward Morehouse III, "'Abscam' Fallout: Atlantic City Casinos," *Christian Science Monitor*, February 6, 1980.
111. Bruce Weber, "Angelo J. Errichetti, 84, Camden Mayor Convicted of Bribery, Dies," *NYT*, May 28, 2013.
112. Yaqub, *Imperfect Strangers*, 293.
113. 同上，315–321, 328.

114. William Safire, "The Hostage Profiteer," *NYT*, July 24, 1980.
115. David E. Rosenbaum, "Senators Assail Billy Carter," *NYT*, August 23, 1980.
116. Glad, *Outsider*, 272.
117. William Safire, "The Ayatollah Votes," *NYT*, October 27, 1980.
118. Daniel Pipes, "Beware, a Hostage Deal Might Hurt the U.S.," *NYT*, October 29, 1980.
119. Carter, *White House Diary*, 472; Sick, *All Fall Down*, 311–314.
120. Biven, *Carter's Economy*, 2–3.
121. "Transcript of the Presidential Debate Between Carter and Reagan in Cleveland," *NYT*, October 29, 1980.
122. Skeet, *OPEC*, 177.
123. Cohen, *Whose Interest?*, 166.
124. Warren Christopher et al., *American Hostages in Iran:The Conduct of a Crisis* (New Haven, CT: Yale University Press, 1985), 166–167.
125. Bernard Gwertzman, "How Hostage Pact Was Forged," *NYT*, January 28, 1981.

第九章 复苏与危机

1. Zahed Haftlang, Najah Aboud, and Meredith May, *I,Who Did Not Die* (New York: Regan Arts, 2017).
2. 关于里根政府的背景，参见 Doug Rossinow, *The Reagan Era: A History of the 1980s* (New York: Columbia University Press, 2015); James M. Scott, *Deciding to Intervene: The Reagan Doctrine and American Foreign Policy* (Durham, NC: Duke University Press, 1996); and Sean Wilentz, *The Age of Reagan: A History, 1974–2008* (New York: HarperCollins, 2008).
3. "Background on Saudi Arabia's F–15 Request," undated, folder "NSC 0003 18 Feb 1981 [2/2]," box 91282, Executive Secretariat, NSC: Meeting Files (hereafter NSC MF), Ronald W. Reagan Presidential Library (hereafter RL), Simi Valley, CA.
4. "NSC Meeting," February 18, 1981, folder "NSC 3 18 Feb 1981 [1/2]," box 91282, NSC MF, RL.
5. "NSC Meeting," February 25, 1981, folder "NSC 4 27 Feb 1981 (Poland, Caribbean Basin, F–15, El Salvador) [2/4]," box 91282, NSC MF, RL.
6. "Pakistan IG," February 28, 1981, folder "16 on Pakistan March 2, 1981 (1 of 2)," box 91134, Near East and South Asia Affairs Directorate, NSC (hereafter NESA NSC), RL.
7. "NSC Meeting," March 19, 1981, folder "NSC 5 19 Mar 1981 (4/4)," box 91282, NSC MF, RL.
8. "NSC Meeting," February 18, 1981, folder "NSC 3 18 Feb 1981 (1/2)," box 91282, NSC

MF, RL.
9. 同上。On the F–15 enhancement sale to Saudi Arabia generally, see also Nicholas Laham, *Selling AWACS to Saudi Arabia: The Reagan Administration and the Balancing of America's Competing Interests in the Middle East* (Westport, CT: Praeger Publishers, 2002).
10. Haig to Reagan, February 23, 1981, folder "NSC 4 27 Feb 1981 (Poland, Caribbean Basin, F–15, El Salvador) (2/4)," box 91282, NSC MF, RL.
11. "NSC Meeting," February 27, 1981, folder "NSC 4 27 Feb 1981 (Poland, Caribbean Basin, F–15, El Salvador) (3/4)," box 91282, NSC MF, RL.
12. Judith Miller, "U.S. to Offer Israel Jets on Easy Terms," *NYT*, February 28, 1981.
13. 同上; "NSC Meeting," February 27, 1981, folder "NSC 4 27 Feb 1981 (Poland, Caribbean Basin, F–15, El Salvador) (3/4)," box 91282, NSC MF, RL.
14. Bernard Gwertzman, "U.S. Decides to Sell Equipment to Saudis to Bolster F–15 Jets," *NYT*, March 7, 1981.
15. "20 Senators Criticize Providing Equipment for F–15 to the Saudis," *NYT*, March 25, 1981.
16. "To Saudi Arabia, with Extended Arms," *NYT*, March 8, 1981.
17. "NSC Meeting," April 1, 1981, folder "NSC 7, 1 Apr 1981 (1/2)," box 91282, NSC MF, RL.
18. 同上; Bernard Gwertzman, "Israel Asks U.S. for Gift of Jets, Citing Saudi Sale," *NYT*, April 4, 1981.
19. "100 Members of the House Back Protest on Arms Sales to Saudis," *NYT*, April 8, 1981.
20. Joseph R. Biden Jr., "Stop Arms for Saudis," *NYT*, April 15, 1981.
21. Bernard Gwertzman, "U.S. Will Go Ahead on Deal with Saudis for 5 Radar Planes," *NYT*, April 22, 1981.
22. "Begin Arrives, Decries AWACS," *Washington Post*, September 7, 1981.
23. John M. Goshko, "50 Senators Back Resolution against AWACS Sale to Saudis," *Washington Post*, September 18, 1981.
24. William Claiborne, "Israel Reaffirms AWACS Opposition," *Washington Post*, September 21, 1981.
25. Phil Gailey, "The Great Divide, 1981," *NYT*, October 1, 1981; Ghazi Algosaibi to West, April 20, 1981, folder "West, Personal, Topical, Middle East Correspondence, Saudi Arabia Correspondence, 1981 Apr–Oct," box 28, JWP; West to Fahd, September 10, 1981, 同上。
26. John M. Goshko, "Reagan Sends AWACS Package to Congress," *Washington Post*, October 2, 1981.
27. Norman A. Bailey to Allen, "Meeting with Senator Russell Long," September 21, 1981, folder "AWACS (3)," box 1, Executive Secretariat, NSC: Subject File (hereafter NSC SF), RL.

28. "Revised AWACS Strategy #1," September 24, 1981, folder "AWACS (2)," box 1, NSC SF, RL.
29. Edward Cody, "Saudis Reject 'Sharing' on AWACS," *Washington Post*, October 4, 1981.
30. Goshko, "Reagan Sends AWACS Package to Congress."
31. Bernard Gwertzman, "President Says U.S. Should Not Waver in Backing Saudis," *NYT*, October 18, 1981.
32. Charles Mohr, "Democratic Chief in Senate Opposes Saudi AWACS Sale," *NYT*, October 22, 1981.
33. "Roll-Call Vote in House on Resolution against the Awacs Sale," *NYT*, October 15, 1981.
34. Steven V. Roberts, "Recipe for a White House Victory," *NYT*, October 29, 1981.
35. Jack Anderson, "Big Business Backing Saudis on AWACS Sale," *Washington Post*, October 26, 1981.
36. "AWACS Talking Points and Background Analysis," October 28, 1981, folder "AWACS (4)," box 1, NSC SF.
37. Charles Mohr, "Senate, 52-48, Supports Reagan on AWACS Jet Sale to Saudis," *NYT*, October 29, 1981.
38. Haig to Richard Murphey, October 29, 1981, folder "8106360," box 2, National Security Affairs, Assistant to the President for: Chronological File, RL.
39. Coll, *Ghost Wars*, 58–68.
40. US Department of Treasury,"Securities(B):Portfolio Holdings of U.S. and Foreign Securities."
41. Shaheen, *Reel Bad Arabs*, 198; Shaheen, *TV Arab*, 51.
42. Hiro, *Longest War*, 49–50.
43. Eagleton to Haig, February 7, 1981, folder "Iraq 1/20/81–12/31/83 (3 of 4)," box 37, Executive Secretariat NSC Country File (hereafter NSC CF), RL.
44. "Civil Aircraft Sales to Iraq," January 30, 1981, folder "Iraq 1/20/81–12/31/83 (4 of 4)," box 37, NSC CF, RL.
45. "Secretary Haig's Memo on Civil Aircraft Sales to Iraq," February 13, 1981, folder "Iraq 1/20/81–12/31/83 (4 of 4)," box 37, NSC CF, RL.
46. Eagleton to Haig, April 1, 1981, folder "Iraq 1/20/81–12/31/83 (3 of 4)," box 37, NSC CF, RL.
47. Eagleton to Haig, June 8, 1981, folder "Iraq 1/20/81–12/31/83 (2 of 4)," box 37, NSC CF, RL.
48. David Schoenbaum, *The United States and the State of Israel* (New York: Oxford University Press, 1993), 278.
49. Memcon, June 11, 1981, folder "President's Meeting with Israeli Ambassador Evron Re Israeli Raid, June 11, 1981," box 91141, NESA NSC, RL.

50. Eagleton to Haig, June 8, 1981, folder "Iraq 1/20/81–12/31/83 (2 of 4)," box 37, NSC CF, RL.
51. Bernard Gwertzman, "Haig Says Tehran Will Not Get Arms; Asks Trade Caution," *NYT*, January 29, 1981.
52. "Interagency Group Meeting on Iran," April 1, 1981, folder "IG (Interagency Group) on Iran 4/16/1981," box 91705, NESA NSC, RL.
53. "Senior Interdepartmental Group Memorandum—Iran," folder "SIF (Senior Interagency Group) on Iran 7/21/1981," box 91144, NESA NSC, RL.
54. "U.S. Policy toward Libya," folder "NSC Meeting on Libya/Caribbean May 15, 1981, Cancelled," box 91144, NESA NSC, RL.
55. Bernard Gwertzman, "U.S. Expels Libyans and Closes Mission, Charging Terrorism," *NYT*, May 7, 1981.
56. "NSC Meeting," folder "NSC Meeting on Libya/Caribbean, May 15, 1981, Cancelled," box 91144, NESA NSC, RL.
57. "US Policy toward Libya Minutes," folder "NSC Meeting on Libya, May 28, 1981," box 91144, NESA NSC, RL.
58. "U.S. Policy toward Libya," folder "NSPG Meeting on Libya, June 3, 1981," box 91144, NESA NSC, RL.
59. Douglas Little, "To the Shores of Tripoli: America, Qaddafi, and Libyan Revolution, 1969–1989," *International History Review* 35, no. 1 (2013): 84–85.
60. Ronald Reagan, *The Reagan Diaries*, ed. Douglas Brinkley (New York: Harper-Collins, 2007), 36.
61. Haig to American embassy in Brussels, October 2, 1981, folder "Terrorism (9/11/1981–10/2/1981)," box 11, NSC SF, RL.
62. Reagan, *Diaries*, 42, 50–52; Joseph T. Stanik, *El Dorado Canyon: Reagan's Undeclared War with Qaddafi* (Annapolis, MD: Naval Institute Press, 2003), 64–72.
63. Memcon, December 8, 1981, folder "NSC 29, 8 Dec. 1981 (3)," box 2, NSC MF, RL; National Security Decision Directive (hereafter NSDD) 16, December 10, 1981, RL; L. Paul Bremer III to James Nance, "Preliminary Libyan Response to Protest," December 11, 1981, folder "NSC Meeting—Libya, Monday, Dec. 7, 1981 (2/2)," box 91144, NESA NSC, RL; Steven R. Weisman, "Acts on Passports," *NYT*, December 11, 1981.
64. Memcon, January 21, 1982, folder "NSC 38, 21 Jan. 1982 (2)," box 3, NSC MF, RL.
65. "NSC Staff Summary of State Paper," February 3, 1982, folder "NSC 39, 4 Feb 1982 (Poland, Libya, Export Controls, Oil, Gas) (2/7)," box 91283, NSC MF, RL.
66. Memcon, December 8, 1981, folder "NSC 29, 8 Dec. 1981 (3)," box 2, NSC MF, RL;

NSDD 16, December 10, 1981, RL; Bremer to Nance, "Preliminary Libyan Response to Protest."
67. Regan to William Clark Jr., "Economic Sanctions against Libya," February 3, 1982, folder "NSC 39, 4 Feb 1982 (Poland, Libya, Export Controls, Oil, Gas) (2/7)," box 91283, NSC MF, RL.
68. NSDD 27, March 9, 1982, RL.
69. Robert D. Hershey Jr., "President Abolishes Last Price Controls on U.S.-Produced Oil," *NYT*, January 29, 1981.
70. Rossinow, *Reagan Era*, 90.
71. British Petroleum, "Data Workbook—Statistical Review 2015," https://www.bp.com/en/global/corporate/energy-economics/statistical-review-of-world-energy/downloads.html（2020年2月10日访问）; Yergin, *Prize*, 693–701.
72. British Petroleum, "Data Workbook—Statistical Review 2015."
73. Hiro, *Longest War*, 76–77.
74. Eagleton to Haig, January 21, 1982, folder "Iraq 1/20/81–12/31/83 (1 of 4)," box 37, NSC CF, RL; Eagleton to Haig, February 23, 1982, folder "Iraq 1/20/81–12/31/83 (1 of 4)," box 37, NSC CF, RL.
75. Bruce W. Jentleson, *With Friends Like These: Reagan, Bush, and Saddam, 1982–1990* (New York: W. W. Norton, 1994) 33, 42.
76. Hiro, *Longest War*, 53–60.
77. Eagleton to Haig, May 27, 1982, folder "Iraq 1/20/81–12/31/83 (1 of 4)," box 37, NSC CF, RL; Eagleton to Haig, May 30, 1982, folder "Iraq 1/20/81–12/31/83 (1 of 4)," box 37, NSC CF, RL.
78. Memcon, December 18, 1981, folder "Memcons—President Reagan Dec. 1981 (2 of 2)," box 49, NSC SF, RL.
79. James Ealum to Haig, February 8, 1982, folder "Sec Def Trip to the M.E. (Middle East) Feb. 4–13, 1982," box 91987, NESA NSC, RL.
80. Rabinovich, *War for Lebanon*, 121–141.
81. Memcon, June 21, 1981, 11:05–11:50 a.m. and Memcon, June 21, 1981, 12:40–1:40 p.m., folder "Begin's Meeting with President, June 21, 1982 (1 of 4)," box 91987, NESA NSC, RL.
82. Memcon, June 21, 1981, 11:05–11:50 a.m. and Memcon, June 21, 1981, 12:40–1:40 p.m.
83. Hiro, *Longest War*, 63–64, 86–87.
84. Bremer, "Notification of OG Meeting," July 20, 1982, folder "IG Meeting 7/21/1982 Iran/Iraq," box 91147, NESA NSC, RL; Bremer, "SIG Meeting Summary of Conclusions,"

July 28, 1982, folder "SIG 7/26/1982," box 91146, NESA NSC, RL.
85. Seth Anziska, *Preventing Palestine: A Political History from Camp David to Oslo* (Princeton, NJ: Princeton University Press, 2018), 205–226.
86. "Arabs Blame U.S. in Beirut Deaths," *NYT*, September 22, 1982.
87. Jeffrey Sachs, "Managing the LDC Debt Crisis," *Brookings Papers on Economic Activity* 17, no. 2 (1986): 397n1; Zweig, *Wriston*, 742, 768.
88. Frieden, *Banking on the World*, 142–161; Kunz, *Butter and Guns*, 274–283; NSDD 96, June 9, 1983, RL.
89. BIS, *Annual Report*, various years.
90. Spiro, *Hidden Hand*, 156.
91. Yergin, *Prize*, 701–703; British Petroleum, "Data Workbook—Statistical Review 2015," bp.com/en/global/corporate/energy-economics/statistical-review-of-world-energy/downloads.html（2020年2月10日访问）.
92. NSDD 87, March 30, 1983, RL.
93. Pierre Razoux, *The Iran-Iraq War*, trans. Nicholas Elliott (Cambridge, MA: Harvard University Press, 2015), 227–241.
94. Shultz to multiple US embassies, "Iran-Iraq War: Next Steps with Gulf States on Deterring Escalation in the Gulf," September 3, 1983, folder "Iran-Iraq 1983 (1 of 2)," box 90583, NESA NSC, RL.
95. Shultz to Reagan, "Our Strategy in Lebanon and the Middle East," October 13, 1983, folder "NSDD 103 (Strategy for Lebanon) (1)," box 91291, Executive Secretariat, NSC: National Security Decision Directives (hereafter NSC NSDD), RL.
96. Reagan, *Diaries*, 190; NSDD 109, October 23, 1983, RL; David Crist, *The Twilight War: The Secret History of America's Thirty-Year Conflict with Iran* (New York: Penguin Press, 2012), 121–151.
97. Bacevich, *America's War*, 67–77.
98. Dominique Avon and Anaïs-Trissa Khatchadourian, *Hezbollah: A History of the "Party of God,"* trans. Jane Marie Todd (Cambridge, MA: Harvard University Press, 2012), 23–30.

第十章　一个时代的终结

1. Abdul-Hadi Jiad, "Abdul-Rahman Mounif," *Guardian*, February 4, 2004; Tariq Ali, "Abdelrahman Munif," *Independent*, January 29, 2004; Peter Theroux, "Abdelrahman Munif and the Uses of Oil," *Words without Borders*, October 2012, https://www.wordswithoutborders.org/article/abdelrahman-munif-and-the-uses-of-oil.

2. Abdelrahman Munif, *Cities of Salt*, trans. Peter Theroux (London: Vintage, 1994), 1, 553, 626.
3. William Martin to Robert McFarlane, "Energy Issues for Iran-Iraq Meeting," November 17, 1983, folder "Iran-Iraq 1983 (1 of 2)," box 90583, NESA NSC, RL.
4. Charles Hill to McFarlane, "Iran-Iraq: Crisis Pre-planning Guidance-Diplomatic Strategy," March 7, 1984, folder "NSDD 114 (U.S. Policy towards Iran-Iraq War) (3 of 3)," NSC NSDD, RL.
5. Hiro, *Longest War*, 159–161; Razoux, *Iran-Iraq War*, 280, 290–291, 549.
6. Hill to McFarlane, "Iran-Iraq: Crisis Pre-Planning Guidance-Diplomatic Strategy," March 7, 1984.
7. McFarlane, "Iraqi Military Needs," undated, folder "Iraq 1984 (5/2/1984–7/24/1984)," box 91689, NESA NSC, RL.
8. Styan, *France and Iraq*, 154–156.
9. Hiro, *Longest War*, 116.
10. Razoux, *Iran-Iraq War*, 304–307.
11. Bernard Gwertzman, "Reagan Formally Announces Sale of 400 Missiles to Saudis," *NYT*, May 30, 1984; see also NSDD 141, May 25, 1984, RL; Bernard Gwertzman, "Move Begins in Congress to Block Arms Sale to Jordan and Saudis," *NYT*, March 10, 1984; "Reagan to Revive Offer of Missiles to Saudi Arabians," *NYT*, May 24, 1984.
12. Bernard Gwertzman, "Senators Assail Arms Sale to Saudis," *NYT*, June 6, 1984.
13. Razoux, *Iran-Iraq War*, 307–308.
14. Wayne Biddle, "Use of U.S. Arms in Mideast Raises Concerns in Congress," *NYT*, June 7, 1984.
15. Hero, *Longest War*, 143.
16. Geoffrey Kemp to McFarlane, "Iraqi Minister's Request to Call on the President to Announce Resumption of Relations," September 26, 1984, folder "Iraq 1984 (9/19/1984–11/20/1984)," box 91689, NESA NSC, RL.
17. "Secretary's Meeting with Iraqi FonMin: Bilateral Relations," October 3, 1984, folder "Iraq 1984 (9/19/1984–11/20/1984)," box 91689, NESA NSC, RL.
18. Razoux, *Iran-Iraq War*, 305.
19. Bernard Gwertzman, "New Arms Sales to Mideast Ended for a Few Months," *NYT*, January 31, 1985.
20. Bernard Gwertzman, "Saudis Say Reagan Cleared Purchase of British Planes," *NYT*, September 16, 1985.
21. Razoux, *Iran-Iraq War*, 562.

22. Bronson, *Thicker Than Oil*, 180–182.
23. Greg Grandin, *Empire's Workshop: Latin America, the United States, and the Rise of the New Imperialism* (New York: Henry Holt, 2010), 64–86, 110–134.
24. Lawrence E. Walsh, *Final Report of the Independent Counsel for Iran/Contra Matters*, vol. 1, (Washington, D.C.: U.S. Court of Appeals for the District of Columbia Circuit, 1993), part IV chapter 1.
25. 同上，part I, part IV chapter 1, part V chapter 8, and part IX chapter 27.
26. 同上，part IV chapter 1, part IX chapter 27.
27. Grandin, *Empire's Workshop*, 116; Stephen G. Rabe, *The Killing Zone: The United States Wages Cold War in Latin America*, 2nd ed. (Oxford: Oxford University Press, 2016), xxxix, 166–170.
28. Coll, *Ghost Wars*, 89.
29. Seth G. Jones, *In the Graveyard of Empires: America's War in Afghanistan* (New York: W. W. Norton, 2009), 25–29.
30. Coll, *Ghost Wars*, 158–160.
31. Thomas Hegghammer, *Jihad in Saudi Arabia: Violence and Pan-Islamism since 1979* (Cambridge: Cambridge University Press, 2010), 38–48; Coll, *Ghost Wars*, 154–164. 关于沙特和美国在阿富汗战争和国际恐怖主义崛起问题上的政策之间的联系，参考 Mahmood Mandani, *Good Muslim, Bad Muslim: America, the Cold War, and the Roots of Terror* (New York: Pantheon Books, 2004), 119–177.
32. Skeet, *OPEC*, 241–244; Yergin, *Prize*, 727–732; British Petroleum, "Data Workbook."
33. Skeet, *OPEC*, 241–244; Yergin, *Prize*, 727–732; British Petroleum, "Data Workbook."
34. IMF, Direction of Trade Statistics; BIS, *Annual Report*.
35. Alfred E. Eckes Jr. and Thomas W. Zeiler, *Globalization and the American Century* (Cambridge: Cambridge University Press, 2003), 202.
36. Walsh, *Final Report*, part I, part IV chapter 1.
37. 同上；MalcolmByrne, *Iran-Contra: Reagan's Scandal and the Unchecked Abuse of Presidential Power* (Lawrence: University Press of Kansas, 2017), 59–76, 106.
38. Walsh, *Final Report*, part IV chapter 1, part IX chapter 27; Reagan, *Diaries*, 350, 374–375, 381.
39. Razoux, *Iran-Iraq War*, 356, 366.
40. Walsh, *Final Report*, part I; Byrne, *Iran-Contra*, 186–207.
41. 除了沙特的捐款和对伊朗的军售利润，美国非营利组织"国家保护自由基金会"募集的私人捐款为"反对派"提供了170万美元。Walsh, *Final Report*, part IX chapter 27.
42. Memcon, NSC Meeting Minutes, December 2, 1983, file "NSC 97, 12/2/1983 (Oil and Gas

Export Controls, Libya, USSR)," box 5, NSC MF, RL.
43. Memcon, "NSPG Minutes," March 30, 1984, folder "NSPG 87, 30 Mar 1984," box 91307, Executive Secretariat, NSC: National Security Planning Group (hereafter NSC NSPG), RL.
44. Stanik, *El Dorado Canyon*, 104–107.
45. NSDD 205, January 8, 1986, RL.
46. Memcon, "NSPG on Libya," March 14, 1986, folder "NSPG 129, 14 Mar 1986 (Libya, Oil Strategy)," box 91308, NSC NSPG, RL; Stanik, *El Dorado Canyon*, 127–140.
47. Little, "To the Shores of Tripoli," 89–91.
48. Bernard Gwertzman, "Reagan Approves Arms for Saudis but Faces Hard Fight in Congress," *NYT*, March 1, 1986.
49. Bernard Gwertzman, "Big Missile Sale to Saudi Arabia Opposed by Key Congress Panel," *NYT*, April 24, 1986.
50. Steven V. Roberts, "House Turns Back Saudi Arms Sales," *NYT*, May 8, 1986.
51. Steven V. Roberts, "Blending a Chorus of No's to Saudis on Arms," *NYT*, May 19, 1986.
52. Mark N. Katz, "Yes—and Israel Gains," *NYT*, May 12, 1986.
53. Bernard Weinraub, "Reagan Asks Vote for Saudi Missiles," *NYT*, June 4, 1986.
54. Steven V. Roberts, "Senate Upholds Arms for Saudis," *NYT*, June 6, 1986.
55. Byrne, *Iran-Contra*, 1, 252.
56. 同上，256–279.
57. Richard J. Meislin, "46% Approve Reagan's Work," *NYT*, December 2, 1986.
58. Wilentz, *Age of Reagan*, chap. 8.
59. Byrne, *Iran-Contra*, 306.
60. "Meeting between Saddam and the Revolutionary," November 15, 1986, SH-SHTP-A-000-555, SHRC, CRRC.
61. Memcon, NSPG Meeting, February 12, 1987, folder "NSPG 144, 12 Feb 1987," box 91306, NSC NSPG, RL.
62. Razoux, *Iran-Iraq War*, 366–367, 377.
63. Yergin, *Prize*, 745.
64. Razoux, *Iran-Iraq War*, 400.
65. 同上，407.
66. David K. Shipler, "Saudi Arms Retreat," *NYT*, June 13, 1987; Elaine Sciolino, "64 Senators Urge Reagan to Drop $1 Billion Sale of Arms to Saudis," *NYT*, September 29, 1987; "House Acts to Oppose Sale of Arms to Saudis," *NYT*, October 1, 1987; "Saudi Deal Is Sent to Congress," *NYT*, October 30, 1987.

67. Khomeini, *Sahifeh-Ye Imam*, 21:75–78, 87–89.
68. Razoux, *Iran-Iraq War*, 569, 573–574.
69. Marr and al-Marashi, *Modern History of Iraq*, 160–161; Owen and Pamuk, *Middle East Econ*omies, 171.
70. John Ruedy, *Modern Algeria: The Origins and Development of a Nation*, 2nd ed. (Bloomington: Indiana University Press, 2005), 244–249.
71. Guinness World Records,"Most Expensive Covert Action," https://www.guinnessworldrecords.com/world-records/613906-most-expensive-covert-action（2020 年 2 月 10 日访问）.
72. Bartel, "Fugitive Leverage"; Frieden, *Global Capitalism*, 374–378; Kotkin, "Kiss of Debt."
73. Galal Amin, *Egypt in the Age of Hosni Mubarak, 1981–2011* (Cairo: American University in Cairo Press, 2011); Timothy Mitchell, *Rule of Experts: Egypt, Techno-Politics, and Modernity* (Berkeley: University of California Press, 2002), 221–229.
74. Fawaz A. Gerges, *The Far Enemy: Why Jihad Went Global*, new ed. (Cambridge: Cambridge University Press, 2009), 119–150.

结论

1. Julian E. Barnes and Eric Schmitt, "C.I.A., Citing Intercepts, Says Crown Prince Ordered Journalist's Killing," *NYT*, December 3, 2018.
2. US White House, "Statement from President Donald J. Trump on Standing with Saudi Arabia," November 20, 2018, https://www.whitehouse.gov/briefings-statements/statement-president-donald-j-trump-standing-saudi-arabia/（2020 年 2 月 10 日访问）.
3. Paul Krugman, "Arms and Very Bad Men," *NYT*, October 23, 2018.
4. Bernie Sanders, "We Must Stop Helping the Saudis in Yemen," *NYT*, October 25, 2018.
5. Natalie Andrews, "Senate to Vote on Withdrawing U.S. Support to Saudis in Yemen War," *Wall Street Journal*, December 9, 2018.
6. Khomeini, *Sahifeh-Ye Imam*, 21:421.
7. Razoux, *Iran-Iraq War*, 387.
8. Edgar O'Ballance, *Civil War in Lebanon, 1975–1992* (London: Palgrave Macmillan, 1998), x.
9. Byrne, *Iran-Contra*, 307–326.
10. Marr, *History of Modern Iraq*, 170–171; Razoux, *Iran-Iraq War*, 562.
11. Youssef M. Ibrahim, "Gulf War's Cost to Arabs Estimated at $620 Billion," *NYT*, September 8, 1992.
12. Westad, *Global Cold War*, 401–403; Artemy M. Kalinovsky, *A Long Goodbye: The Soviet Withdrawal from Afghanistan* (Cambridge, MA: Harvard University Press, 2011), 42–43.

13. Feiler, *Egypt and the Gulf*, 230–252.
14. Bronson, *Thicker Than Oil*, 207–209.
15. Shaheen, *Reel Bad Arabs*, 96, 349, 357.
16. Osama bin Laden, *Messages to the World: The Statements of Osama bin Laden*, ed. Bruce Lawrence, trans. James Howarth (London: Verso, 2005), 6–7, 29.
17. Mark LeVine, *Why They Don't Hate Us: Lifting the Veil on the Axis of Evil* (Oxford: Oneworld Publications, 2005), 143.
18. Bacevich, *America's War*, 239–250.
19. Mahmoud A. El-Gamal and Amy Myers Jaffe, *Oil, Dollars, Debt, and Crisis: The Global Curse of Black Gold* (Cambridge: Cambridge University Press, 2010), 124.
20. Yergin, *Prize*, 769.
21. Organization of the Petroleum Exporting Countries, *Annual Statistical Bulletin* (Vienna), various years.
22. 同上。
23. Mark Landler and Steven Lee Myers, "Healing a Rift, U.S. Agrees to $30 Billion Fighter Jet Sale to Saudi Arabia," *NYT*, December 30, 2011.
24. World Bank, World Integrated Trade Solution, https://wits.worldbank.org/（2020年2月10日访问）.
25. Helene Cooper and Mark Landler, "Interests of Saudi Arabia and Iran Collide, with the U.S. in the Middle," *NYT*, March 18, 2011.
26. Rod Nordland, "Saudi Arabia Promises to Aid Egypt's Regime," *NYT*, August 20, 2013.
27. Jon Lee Anderson, "The Unraveling," *New Yorker*, February 23, 2015.
28. Anne Gearan, "Kerry's Saudi Visit Underlines Differences on Syria," *Washington Post*, March 5, 2013.
29. Helene Cooper, "U.S., Concerned about Casualties in Yemen, Blocks Arms Sale to Saudi Arabia," *NYT*, December 14, 2016.
30. Joby Warrick, "Accord Follows 35 Years of Turbulent U.S.-Iran Relations," *Washington Post*, July 15, 2015; Loveday Morris and Hugh Naylor, "Arab States Fear a Bigger Regional Role for Iran," *Washington Post*, July 15, 2015.
31. US Department of Defense, Defense Security Cooperation Agency, *Foreign Military Sales, Foreign Military Construction Sales and Other Security Cooperation Historical Facts as of September 30, 2016* (Washington, D.C., 2016).
32. Stockholm International Peace Research Institute, Military Expenditure Database, https://www.sipri.org/databases/milex（2020年2月10日访问）.

33. "Transcript: The November Democratic Debate," *Washington Post* website, November 21, 2019, https://www.washingtonpost.com/politics/2019/11/21/transcript-november-democratic-debate/（2020 年 2 月 10 日访问）.
34. Robert F. Worth, "How the War in Yemen Became a Bloody Stalemate," *NYT*, October 31, 2018.

参考文献

官方档案

英国

The National Archives (NA), Kew.
    Prime Minister's Office Files (PREM).

美国

Gerald R. Ford Presidential Library (FL), Ann Arbor, MI.
    National Security Adviser, International Economic Affairs Staff: Files (NSA IEASF).
    National Security Adviser, Kissinger-Scowcroft West Wing Office Files (NSA KSWW).
    National Security Adviser, Memoranda of Conversation (NSA MC).
    National Security Adviser, Outside the System Chronological Files.
    National Security Adviser, Presidential Briefing Material for VIP Visits (NSA PBM).
    National Security Adviser, Presidential Correspondence with Foreign Leaders (PCFL).
    National Security Adviser, Presidential Country Files for Middle East and South Asia (NSA PCF MESA).
    National Security Adviser, Presidential Name File (NSA PNF).
    National Security Council Institutional Files (NSC IF).
    National Security Council Meetings File.
    Remote Archives Capture (RAC).
International Monetary Fund Archive (IMFA), Washington, DC.
    Central Files Collection (CFC).
    Office of the Managing Director Records (OMD).

Jimmy Carter Presidential Library (CL), Atlanta, GA.
  Remote Archives Capture (RAC).
  Vertical File.
National Archives and Records Administration (NARA), College Park, MD.
  General Records of the Department of State, Record Group (RG) 59.
  General Records of the Department of the Treasury, Record Group (RG) 56.
Richard M. Nixon Presidential Library (NL), Yorba Linda, CA.
  National Security Council Files (NSC).
Ronald W. Reagan Presidential Library (RL), Simi Valley, CA.
  Executive Secretariat, National Security Council: Country File (NSC CF).
  Executive Secretariat, National Security Council: Meeting Files (NSC MF).
  Executive Secretariat, National Security Council: National Security Decision Directives (NSC NSDD).
  Executive Secretariat, National Security Council: National Security Planning Group (NSC NSPG).
  Executive Secretariat, National Security Council: Subject File (NSC SF).
  National Security Affairs, Assistant to the President for: Chronological File.
  Near East and South Asia Affairs Directorate, NSC (NESA NSC).
World Bank Group Archives (WBGA), Washington, DC.
  Records of the Office of the President (ROP).

个人和机构收藏资料

Mulligan, William E., Papers. Special Collections, Georgetown University, Washington, DC.
Saddam Hussein Regime Collection (SHRC). Conflict Records Research Center (CRRC), National Defense University, Washington, DC.
Simon, William E., Papers (SP). Special Collections and College Archives, Lafayette College, Easton, PA.
West, John Carl, Papers (JWP). South Carolina Political Collections, University of South Carolina, Columbia, SC.

出版物

Bank for International Settlements. *Annual Report*. Basel, various years.

Bin Laden, Osama. *Messages to the World:The Statements of Osama bin Laden*. Edited by Bruce Lawrence. Translated by James Howarth. London: Verso, 2005.

DeGolyer and MacNaughton. *Twentieth Century Petroleum Statistics. 2016.*

El Tariki, Abdullah El Hammoud. *Nationalization of Arab Petroleum Industry Is a National Necessity.* Cairo: Dar El-Hana Press, 1965.

Hussein, Saddam. *Iraqi Revolution in the Service of Humanity: Saddam Hussein Speaks*. Edited by Z. L. Kaul. New Delhi: New Wave Printing Press, 1978.

——. *On Current Affairs in Iraq*. Edited by Naji Al-Hadithi. Translated by Khalid Kishtainy. Baghdad: Translation & Foreign Languages House, 1981.

——. *On Oil Nationalisation in Iraq*. Baghdad: Ath-Thawra House, 1973.

Khomeini, Ruhollah. *Islam and Revolution:Writings and Declarations of Imam Khomeini*. Edited and translated by Hamid Algar. Berkeley, CA: Mizan Press, 1981.

——. *Sahifeh-Ye Imam:An Anthology of Imam Khomeini's Speeches, Messages, Interviews, Decrees, Religious Permissions, and Letters*. Vols. 1, 3, 6, 21. Translated by 'Abdul-Husayn Shirazi. Tehran: Institute for Compilation and Publication of Imam Khomeini's Works, 2008.

Organization of the Petroleum Exporting Countries. *Annual Statistical Bulletin.* Vienna, various years.

Shari'ati, Ali. *What Is to Be Done:The Enlightened Thinkers and an Islamic Renaissance.* Houston: Institute for Research and Islamic Studies, 1986.

US Bureau of the Census. *Statistical Abstract of the United States*. Washington, D.C., various years.

US Department of Defense, Defense Security Cooperation Agency. *Fiscal Year Series: Foreign Military Sales, Foreign Military Construction Sales and Other Security Cooperation Historical Facts as of September 30, 2012*. Washington, D.C., 2012.

——. *Historical Facts Book: Foreign Military Sales, Foreign Military Construction Sales and Other Security Cooperation Historical Facts as of September 30, 2016.* Washington, D.C., 2016.

US Department of State. *Foreign Relations of the United States [FRUS], 1964–1968*. Vols. 21, 34.

——. *Foreign Relations of the United States [FRUS], 1969–1976*. Vols. 24, 36, 37, E-4, E-9 part 2.

——. *Foreign Relations of the United States [FRUS], 1977–1980*. Vols. 1, 6, 9, 18, 38.

Walsh, Lawrence E. *Final Report of the Independent Counsel for Iran/Contra Matters.* Vol. 1. Washington, D.C.: U.S. Court of Appeals for the District of Columbia Circuit, 1993.

报纸和期刊

al-Ahram (Cairo)
Business Week
Chicago Tribune
Christian Science Monitor
Construction Week
al-Da'wa (Cairo)
Detroit Free Press
Ellensburg (WA) *Daily Record*
Forbes
Fortune
Guardian
Harper's Magazine
Independent
Kayhan (Tehran)
Los Angeles Times
al-Medina (Medina)
al-Nahar (Beirut)
al-Nahar al-Inma'i (Beirut)
National Review
New Republic
NewYork Times (*NYT*)
New Yorker
Ottawa Citizen
al-Riyadh (Riyadh)
al-Sharq al-Awsat (London)
al-Thawra (Baghdad)
al-Thawra al-Usbu'ai (Baghdad)
Time
Tri-City Herald (Kennewick, WA)
Wall Street Journal
Washington Post

图书、文章和论文

Abrahamian, Ervand. *A History of Modern Iran*. Cambridge: Cambridge University Press, 2008.

Adler, Paul. "'The Basis of a New Internationalism': The Institute for Policy Studies and North-South Politics from the NIEO to Neoliberalism." *Diplomatic History* 41, no. 4 (September 2017): 665–693.

Alam, Asadollah. *The Shah and I:The Confidential Diary of Iran's Royal Court, 1969–1977*. Translated by Alinaghi Alikhani and Nicholas Vincent. New York: St. Martin's Press, 1992.

Al-Rasheed, Madawi. *Contesting the Saudi State: Islamic Voices from a New Generation*. Cambridge: Cambridge University Press, 2006.

———. *A History of Saudi Arabia*. 2nd ed. Cambridge: Cambridge University Press, 2010.

Alvandi, Roham. *Nixon, Kissinger, and the Shah:The United States and Iran in the Cold War*. Oxford: Oxford University Press, 2014.

Amin, Galal. *Egypt in the Age of Hosni Mubarak, 1981–2011*. Cairo: American University in Cairo Press, 2011.

Anziska, Seth. *Preventing Palestine:A Political History from Camp David to Oslo*. Princeton, NJ: Princeton University Press, 2018.

Avon, Dominique, and Anaïs-Trissa Khatchadourian. *Hezbollah:A History of the "Party of God."* Translated by Jane Marie Todd. Cambridge, MA: Harvard University Press, 2012.

Ayubi, Nazih. *Political Islam: Religion and Politics in the Arab World*. London: Routledge, 1991.

Bacevich, Andrew J. *America's War for the Greater Middle East:A Military History*. New York: Random House, 2016.

Bakke, Lars Hasvoll, and Hilde Henriksen Waage. "Facing Assad: American Diplomacy toward Syria, 1973–1977." *International History Review* 40, no. 3 (June 2018): 546–572.

Bartel, Fritz. "Fugitive Leverage: Commercial Banks, Sovereign Debt, and Cold War Crisis in Poland, 1980–1982." *Enterprise & Society* 18, no. 1 (March 2017): 72–107.

Beasley, Betsy A. "At Your Service: Houston and the Preservation of U.S. Global Power, 1945–2008." PhD diss., Yale University, 2016.

Beattie, Kirk J. *Egypt during the Nasser Years: Ideology, Politics, and Civil Society*. Boulder, CO: Westview Press, 1994.

———. *Egypt during the Sadat Years*. New York: Palgrave, 2000.

Ben-Zvi, Abraham. *John F. Kennedy and the Politics of Arms Sales to Israel*. London: Frank Cass, 2002.

———. *Lyndon B. Johnson and the Politics of Arms Sales to Israel: In the Shadow of the Hawk*.

London: Frank Cass, 2004.

Bill, James A. *The Eagle and the Lion:The Tragedy of American-Iranian Relations*. New Haven, CT: Yale University Press, 1988.

Biven, W. Carl. *Jimmy Carter's Economy: Policy in an Age of Limits*. Chapel Hill: University of North Carolina Press, 2002.

Borstelmann, Thomas. *The 1970s:A New Global History from Civil Rights to Economic Inequality*. Princeton, NJ: Princeton University Press, 2011.

Bradley, Mark Philip. *The World Reimagined: Americans and Human Rights in the Twentieth Century*. Cambridge: Cambridge University Press, 2016.

Bronson, Rachel. *Thicker Than Oil:America's Uneasy Partnership with Saudi Arabia*. Oxford: Oxford University Press, 2006.

Brownlee, Jason. *Democracy Prevention:The Politics of the U.S.-Egyptian Alliance*. Cambridge: Cambridge University Press, 2012.

Burns, William J. *Economic Aid & American Foreign Policy toward Egypt, 1955–1981*. Albany: State University of New York Press, 1985.

Byrne, Malcolm. *Iran-Contra: Reagan's Scandal and the Unchecked Abuse of Presidential Power*. Lawrence: University Press of Kansas, 2017.

Carter, Jimmy. *White House Diary*. New York: Farrar, Straus and Giroux, 2010.

Chamberlin, Paul Thomas. *The Global Offensive:The United States, the Palestine Liberation Organization, and the Making of the Post-Cold War Order*. Oxford: Oxford University Press, 2012.

Christopher, Warren, Oscar Schachter, Paul H. Kreisberg, and Abraham Alexander Ribicoff. *American Hostages in Iran:The Conduct of a Crisis*. New Haven, CT: Yale University Press, 1985.

Citino, Nathan. *From Arab Nationalism to OPEC: Eisenhower, King Sa'ud, and the Making of U.S.-Saudi Relations*. Bloomington: Indiana University Press, 2002.

Cohen, Benjamin J. *In Whose Interest? International Banking and American Foreign Policy*. New Haven, CT: Yale University Press, 1986.

Coll, Steve. *Ghost Wars: The Secret History of the CIA, Afghanistan, and bin Laden, from the Soviet Invasion to September 10, 2001*. New York: Penguin Press, 2004.

Connelly, Matthew. *A Diplomatic Revolution:Algeria's Fight for Independence and the Origins of the Post-Cold War Era*. Oxford: Oxford University Press, 2002.

Cooper, Andrew Scott. *The Oil Kings: How the U.S., Iran, and Saudi Arabia Changed the Balance of Power in the Middle East*. New York: Simon & Schuster, 2011.

Cooper, Richard N. *The Economics of Interdependence: Economic Policy in the Atlantic Community*. New York: McGraw-Hill, 1968.

Costigliola, Frank. *France and the United States:The Cold Alliance since World War II*. New York: Twayne Publishers, 1992.

Costigliola, Frank, and Michael J. Hogan, eds. *Explaining the History of American Foreign Relations*. 3rd ed. Cambridge: Cambridge University Press, 2016.

Crist, David. *The Twilight War:The Secret History of America's Thirty-Year Conflict with Iran*. New York: Penguin Press, 2012.

Daigle, Craig. *The Limits of Détente:The United States, the Soviet Union, and the Arab-Israeli Conflict, 1969–1973*. New Haven, CT: Yale University Press, 2012.

Dallek, Robert. *Nixon and Kissinger: Partners in Power*. New York: HarperCollins Publishers, 2007.

Dietrich, Christopher R. W. *Oil Revolution:Anticolonial Elites, Sovereign Rights, and the Economic Culture of Decolonization*. Cambridge: Cambridge University Press, 2017.

Dresch, Paul. *A History of Modern Yemen*. Cambridge: Cambridge University Press, 2000.

Eckes, Alfred E., Jr., and Thomas W. Zeiler. *Globalization and the American Century*. Cambridge: Cambridge University Press, 2003.

Eichengreen, Barry. *Exorbitant Privilege:The Rise and Fall of the Dollar*. Oxford: Oxford University Press, 2011.

——. *Globalizing Capital:A History of the International Monetary System*. 2nd ed. Princeton, NJ: Princeton University Press, 2008.

Ekbladh, David. *The Great American Mission: Modernization and the Construction of an American World Order*. Princeton, NJ: Princeton University Press, 2011.

El-Gamal, Mahmoud A., and Amy Myers Jaffe. *Oil, Dollars, Debt, and Crisis:The Global Curse of Black Gold*. Cambridge: Cambridge University Press, 2010.

Emery, Christian. *US Foreign Policy and the Iranian Revolution:The Cold War Dynamics of Engagement and Strategic Alliance*. New York: Palgrave Macmillan, 2013.

Erdman, Paul E. *The Crash of '79*. New York: Simon & Schuster, 1976.

Fain, W. Taylor. *American Ascendance and British Retreat in the Persian Gulf Region*. New York: Palgrave Macmillan, 2008.

Feiler, Gil. *Economic Relations between Egypt and the Gulf Oil States, 1967–2000*. Brighton: Sussex Academic Press, 2003.

Feldman, Shai. "The Bombing of Osiraq-Revisited." *International Security* 7, no. 2 (Fall 1982): 114–142.

Ferguson, Niall, Charles S. Maier, Erez Manela, and Daniel J. Sargent, eds. *Shock of the Global: The 1970s in Perspective*. Cambridge, MA: Harvard University Press, 2010.

Ferris, Jesse. *Nasser's Gamble: How Intervention in Yemen Caused the Six-Day War and the Decline of Egyptian Power*. Princeton, NJ: Princeton University Press, 2012.

Franczak, Michael. "Human Rights and Basic Needs: Jimmy Carter's North-South Dialogue, 1977–1981." *Cold War History* 18, no. 4 (November 2018): 447–464.

Frieden, Jeffry A. *Banking on the World: The Politics of American International Finance*. New York: Harper & Row, 1987.

——. *Global Capitalism: Its Fall and Rise in the Twentieth Century*. New York: W.W. Norton, 2006.

Garavini, Giuliano. *The Rise and Fall of OPEC in the Twentieth Century*. Oxford: Oxford University Press, 2019.

Garthoff, Raymond L. *Détente and Confrontation: American-Soviet Relations from Nixon to Reagan*. Rev. ed. Washington, DC: Brookings Institution, 1994.

Gasiorowski, Mark J., and Malcolm Byrne, eds. *Mohammad Mosaddeq and the 1953 Coup in Iran*. Syracuse, NY: Syracuse University Press, 2004.

Gause, F. Gregory, III. *Oil Monarchies: Domestic and Security Challenges in the Arab Gulf States*. New York: Council on Foreign Relations Press, 1994.

Gavin, Francis J. *Gold, Dollars, and Power: The Politics of International Monetary Relations, 1958–1971*. Chapel Hill: University of North Carolina Press, 2004.

Gerges, Fawaz A. *The Far Enemy: Why Jihad Went Global*. New ed. Cambridge: Cambridge University Press, 2009.

Gil Guerrero, Javier. *The Carter Administration and the Fall of Iran's Pahlavi Dynasty: US-Iran Relations on the Brink of the 1979 Revolution*. New York: Palgrave Macmillan, 2016.

Glad, Betty. *An Outsider in the White House: Jimmy Carter, His Advisors, and the Making of American Foreign Policy*. Ithaca, NY: Cornell University Press, 2009.

Golan, Galia. *Soviet Policies in the Middle East: From World War II to Gorbachev*. Cambridge: Cambridge University Press, 1990.

Goldberg, J. J. *Jewish Power: Inside the American Jewish Establishment*. New York: Perseus Books, 1996.

Goode, James F. "Assisting Our Brothers, Defending Ourselves: The Iranian Intervention in Oman, 1972–1975." *Iranian Studies* 47, no. 3 (May 2014): 441–462.

Graf, Rüdiger. "Making Use of the 'Oil Weapon': Western Industrialized Countries and Arab Petropolitics in 1973–1974." *Diplomatic History* 36, no. 1 (January 2012): 185–208.

Grandin, Greg. *Empire's Workshop: Latin America, the United States, and the Rise of the New*

Imperialism. New York: Henry Holt, 2010.

Grose, Philip G. *Looking for Utopia: The Life and Times of John C. West*. Columbia: University of South Carolina Press, 2011.

Haftlang, Zahed, Najah Aboud, and Meredith May. *I, Who Did Not Die*. New York: Regan Arts, 2017.

Hahn, Peter L. *Caught in the Middle East: U.S. Policy toward the Arab-Israeli Conflict, 1945–1961*. Chapel Hill: University of North Carolina Press, 2004.

———. *Missions Accomplished? The United States and Iraq since World War I*. Oxford: Oxford University Press, 2012.

———. *The United States, Great Britain, and Egypt, 1945–1956*. Chapel Hill: University of North Carolina Press, 1991.

Halliday, Fred. *Arabia without Sultans*. London: Penguin Books, 1974.

———. *Revolution and Foreign Policy: The Case of South Yemen, 1967–1987*. Cambridge: Cambridge University Press, 1990.

Hamblin, Jacob Darwin. "The Nuclearization of Iran in the Seventies." *Diplomatic History* 38, no. 5 (November 2014): 1114–1135.

Hanhimäki, Jussi. *The Flawed Architect: Henry Kissinger and American Foreign Policy*. New York: Oxford University Press, 2004.

Hegghammer, Thomas. *Jihad in Saudi Arabia: Violence and Pan-Islamism since 1979*. Cambridge: Cambridge University Press, 2010.

Heiss, Mary Ann. *Empire and Nationhood: The United States, Great Britain, and Iranian Oil, 1950–1954*. New York: Columbia University Press, 1997.

Hiro, Dilip. *The Longest War: The Iran-Iraq Military Conflict*. New York: Routledge, 1991.

Hogan, Michael J. *A Cross of Iron: Harry S. Truman and the Origins of the National Security State, 1945–1954*. Cambridge: Cambridge University Press, 1998.

Ibrahim, Saad Eddin. "Anatomy of Egypt's Militant Islamic Groups: Methodological Note and Preliminary Findings." *International Journal of Middle East Studies* 12, no. 4 (December 1980): 423–453.

———. *The New Arab Social Order: A Study of the Social Impact of Oil Wealth*. Boulder, CO: Westview Press, 1982.

Jacobs, Matthew F. *Imagining the Middle East: The Building of an American Foreign Policy, 1918–1967*. Chapel Hill: University of North Carolina Press, 2011.

Jacobs, Meg. *Panic at the Pump: The Energy Crisis and the Transformation of American Politics in the 1970s*. New York: Hill and Wang, 2016.

James, Harold. *International Monetary Cooperation since Bretton Woods*. Oxford: Oxford University Press, 1996.

Jensehaugen, Jørgen. *Arab-Israeli Diplomacy under Carter:The US, Israel and the Palestinians*. London: I.B. Tauris, 2018.

Jentleson, Bruce W. *With Friends Like These: Reagan, Bush, and Saddam, 1982–1990*. New York: W. W. Norton, 1994.

Jones, Seth G. *In the Graveyard of Empires: America's War in Afghanistan*. New York: W. W. Norton, 2009.

Jones, Toby Craig. *Desert Kingdom: How Oil and Water Forged Modern Saudi Arabia*. Cambridge, MA: Harvard University Press, 2011.

Kalinovsky, Artemy M. *A Long Goodbye:The Soviet Withdrawal from Afghanistan*. Cambridge, MA: Harvard University Press, 2011.

Kapstein, Ethan B. *Governing the Global Economy: International Finance and the State*. Cambridge, MA: Harvard University Press, 1994.

——. *The Insecure Alliance: Energy Crises and Western Politics since 1944*. Oxford: Oxford University Press, 1990.

Keddie, Nikki L. *Modern Iran: Roots and Results of Revolution*. 2nd ed. New Haven, CT: Yale University Press, 2006.

Keys, Barbara J. *Reclaiming American Virtue:The Human Rights Revolution of the 1970s*. Cambridge, MA: Harvard University Press, 2014.

Kramer, Paul A. "Power and Connection: Imperial Histories of the United States in the World." *American Historical Review* 116, no. 5 (December 2011): 1348–1391.

Kunz, Diane B. *Butter and Guns:America's Cold War Economic Diplomacy*. New York: Free Press, 1997.

Laham, Nicholas. *Selling AWACS to Saudi Arabia:The Reagan Administration and the Balancing of America's Competing Interests in the Middle East*. Westport, CT: Praeger Publishers, 2002.

Laron, Guy. *The Six-Day War:The Breaking of the Middle East*. New Haven, CT: Yale University Press, 2017.

Latham, Michael E. *The Right Kind of Revolution: Modernization, Development, and U.S. Foreign Policy from the Cold War to the Present*. Ithaca, NY: Cornell University Press, 2011.

Leffler, Melvyn P. *For the Soul of Mankind:The United States, the Soviet Union, and the Cold War*. New York: Hill & Wang, 2007.

——. *A Preponderance of Power: National Security, the Truman Administration, and the Cold War*. Stanford, CA: Stanford University Press, 1992.

LeVine, Mark. *Why They Don't Hate Us: Lifting the Veil on the Axis of Evil*. Oxford: Oneworld Publications, 2005.

Little, Douglas. "To the Shores of Tripoli: America, Qaddafi, and Libyan Revolution, 1969–1989." *International History Review* 35, no. 1 (February 2013): 70–99.

Logevall, Fredrik, and Andrew Preston, eds. *Nixon in the World:American Foreign Relations, 1969–1977*. Oxford: Oxford University Press, 2008.

Looney, Robert E. *Economic Origins of the Iranian Revolution*. New York: Pergamon Press, 1982.

Louis, Wm. Roger, and Avi Shlaim, eds. *The 1967 Arab-Israeli War: Origins and Consequences*. Cambridge: Cambridge University Press, 2012.

Mahmoud, Mustafa. *Marxism and Islam*. 2nd ed. Translated by M. M. Enani. Jeddah: Tihama Publication, 1985.

Makdisi, Ussama. *Faith Misplaced:The Broken Promise of U.S.-Arab Relations: 1820–2001*. New York: Public Affairs, 2010.

Mandani, Mahmood. *Good Muslim, Bad Muslim: America, the Cold War, and the Roots of Terror*. New York: Pantheon Books, 2004.

Malley, Robert. *The Call from Algeria:Third Worldism, Revolution, and the Turn to Islam*. Berkeley: University of California Press, 1996.

Markusen, Ann, Peter Hall, Scott Campbell, and Sabina Deitrick. *The Rise of the Gunbelt: The Military Remapping of Industrial America*. Oxford: Oxford University Press, 1991.

Marr, Phebe, and Ibrahim Al-Marashi. *The Modern History of Iraq*. 4th ed. Boulder, CO: Westview Press, 2017.

Mattione, Richard P. *OPEC's Investments and the International Financial System*. Washington, DC: Brookings Institution, 1985.

Matusow, Allen J. *Nixon's Economy: Booms, Busts, Dollars, & Votes*. Lawrence: University Press of Kansas, 1998.

McAlister, Melani. *Epic Encounters: Culture, Media, and U.S. Interests in the Middle East since 1945*. 2nd ed. Berkeley: University of California Press, 2005.

McFarland, Victor R. S. "Living in Never-Never Land: The United States, Saudi Arabia, and Oil in the 1970s." PhD diss., Yale University, 2014.

McGlinchey, Stephen. "Lyndon B. Johnson and Arms Credit Sales to Iran, 1964–1968." *Middle East Journal* 67, no. 2 (Spring 2013): 229–247.

McGlinchey, Stephen, and Robert W. Murray. "Jimmy Carter and the Sale of the AWACS to Iran in 1977." *Diplomacy & Statecraft* 28, no. 2 (June 2017): 254–276.

Menoret, Pascal. *Joyriding in Riyadh: Oil, Urbanism, and Road Revolt*. Cambridge: Cambridge

University Press, 2014.

Mieczkowski, Yanek. *Gerald Ford and the Challenges of the 1970s*. Lexington: University Press of Kentucky, 2005.

Miglietta, John P. *American Alliance Policy in the Middle East, 1945–1992: Iran, Israel, and Saudi Arabia*. Lanham, MD: Lexington Books, 2002.

Mitchell, Timothy. *Carbon Democracy: Political Power in the Age of Oil*. London: Verso, 2011.

——. *Rule of Experts: Egypt,Techno-Politics, and Modernity*. Berkeley: University of California Press, 2002.

Munif, Abdelrahman. *Cities of Salt*. Translated by Peter Theroux. London: Vintage, 1994. Murray, Williamson, and Kevin M. Woods. *The Iran-Iraq War:A Military and Strategic History*. Cambridge: Cambridge University Press, 2014.

Nelson, Chad E. "Revolution and War: Saddam's Decision to Invade Iran." *Middle East Journal* 72, no. 2 (Spring 2018): 246–266.

Nelson, Keith. *The Making of Détente: Soviet-American Relations in the Shadow of Vietnam*. Baltimore: Johns Hopkins University Press, 1995.

Niblock, Tim, ed. *State, Society and Economy in Saudi Arabia*. New York: St. Martin's Press, 1982.

Nitzan, Jonathan, and Shimshon Bichler. *The Global Political Economy of Israel*. London: Pluto Press, 2002.

O'Ballance, Edgar. *Civil War in Lebanon, 1975–1992*. London: Palgrave Macmillan, 1998.

Offiler, Ben. *US Foreign Policy and the Modernization of Iran: Kennedy, Johnson, Nixon, and the Shah*. New York: Palgrave Macmillan, 2015.

Olson, Robert K. *U.S. Foreign Policy and the New International Economic Order: Negotiating Global Problems, 1974–1981*. Boulder, CO: Westview Press, 1981.

Orkaby, Asher. *Beyond the Arab Cold War:The International History of the Yemen Civil War, 1962–1968*. Oxford: Oxford University Press, 2017.

Owen, Roger, and Şevket Pamuk. *A History of Middle East Economies in the Twentieth Century*. London: I.B. Tauris, 1998.

Pahlavi, Mohammad Reza. *Toward the Great Civilization:A Dream Revisited*. London: Satrap Publishing, 1994.

Painter, David S. "Oil and Geopolitics: The Oil Crises of the 1970s and the Cold War." *Historical Social Research* 39, no. 4 (2014): 186–208.

——. *Oil and the American Century:The Political Economy of U.S. Foreign Oil Policy, 1941–1954*. Baltimore: Johns Hopkins University Press, 1986.

Pollitz, Edward A., Jr. *The Forty-First Thief*. New York: Delacorte Press, 1975.

Quandt, William B. *Peace Process:American Diplomacy and the Arab-Israeli Conflict since 1967*. 3rd ed. Washington, DC: Brookings Institution Press, 2005.

Rabe, Stephen G. *The Killing Zone:The United States Wages Cold War in Latin America*. 2nd ed. Oxford: Oxford University Press, 2016.

Rabinovich, Itamar. *The War for Lebanon,1970–1985*. Rev. ed. Ithaca, NY: Cornell University Press, 1985.

Rakove, Robert B. *Kennedy, Johnson, and the Nonaligned World*. Cambridge: Cambridge University Press, 2013.

Randall, Stephen J. *United States Foreign Oil Policy since World War I: For Profits and Security*. 2nd ed. Montreal: McGill-Queen's University Press, 2005.

Razoux, Pierre. *The Iran-Iraq War*. Translated by Nicholas Elliott. Cambridge, MA: Harvard University Press, 2015.

Reagan, Ronald. *The Reagan Diaries*. Edited by Douglas Brinkley. New York: HarperCollins, 2007.

Renouard, Joe. *Human Rights in American Foreign Policy: From the 1960s to the Soviet Disintegrate*. Philadelphia: University of Pennsylvania Press, 2015.

Rosenberg, Emily S. *Financial Missionaries to the World:The Politics and Culture of Dollar Diplomacy, 1900–1930*. Cambridge, MA: Harvard University Press, 1999.

Rossinow, Doug. *The Reagan Era:A History of the 1980s*. New York: Columbia University Press, 2015.

Ruedy, John. *Modern Algeria:The Origins and Development of a Nation*. 2nd ed. Bloomington: Indiana University Press, 2005.

Sachs, Jeffrey. "Managing the LDC Debt Crisis." *Brookings Papers on Economic Activity* 17, no. 2 (Fall 1986): 397–431.

Said, Edward W. *Culture and Imperialism*. New York: Alfred A. Knopf, 1993.

Sampson, Anthony. *The Money Lenders: Bankers and a World in Turmoil*. New York: Viking Press, 1981.

Sargent, Daniel J. "North/South: The United States Responds to the New International Economic Order." *Humanity: An International Journal of Human Rights, Humanitarianism, and Development* 6, no. 1 (Spring 2015): 201–216.

——. *A Superpower Transformed:The Remaking of American Foreign Relations in the 1970s*. Oxford: Oxford University Press, 2015.

Schoenbaum, David. *The United States and the State of Israel*. New York: Oxford University

Press, 1993.

Scott, James M. *Deciding to Intervene:The Reagan Doctrine and American Foreign Policy*. Durham, NC: Duke University Press, 1996.

Sewell, Bevan, and Maria Ryan, eds. *Foreign Policy at the Periphery:The Shifting Margins of US International Relations since World War II*. Lexington: University Press of Kentucky, 2017.

Shaheen, Jack G. *Reel Bad Arabs: How Hollywood Vilifies a People*. Updated ed. Northampton, MA: Olive Branch Press, 2015.

———. *The TV Arab*. Bowling Green, OH: Bowling Green State University Popular Press, 1984.

Shannon, Matthew K. *Losing Hearts and Minds:American-Iranian Relations and International Education during the Cold War*. Ithaca, NY: Cornell University Press, 2017.

Sharma, Patrick Allan. *Robert McNamara's Other War:The World Bank and International Development*. Philadelphia: University of Pennsylvania Press, 2017.

Shultz, George P. *Turmoil and Triumph:My Years as Secretary of State*. New York: Charles Scribner's Sons, 1993.

Sick, Gary. *All Fall Down:America's Tragic Encounter with Iran*. New York: Random House, 1985.

Simmons, Andre. *Arab Foreign Aid*. Rutherford, NJ: Fairleigh Dickinson University Press, 1981.

Skeet, Ian. *OPEC: Twenty-Five Years of Prices and Politics*. Cambridge: Cambridge University Press, 1988.

Smith, Benjamin. *Market Orientalism: Cultural Economy and the Arab Gulf States*. Syracuse, NY: Syracuse University Press, 2015.

Smith, Simon C. *Ending Empire in the Middle East: Britain, the United States and Post-War Decolonization, 1945–1973*. New York: Routledge, 2012.

Spiro, David E. *The Hidden Hand of American Hegemony: Petrodollar Recycling and International Markets*. Ithaca, NY: Cornell University Press, 1999.

St. John, Ronald Bruce. *Libya and the United States:Two Centuries of Strife*. Philadelphia: University of Pennsylvania Press, 2002.

Stanik, Joseph T. *El Dorado Canyon: Reagan's Undeclared War with Qaddafi*. Annapolis, MD: Naval Institute Press, 2003.

Stein, Judith. *Pivotal Decade: How the United States Traded Factories for Finance in the Seventies*. New Haven, CT: Yale University Press, 2010.

Stivers, William. *America's Confrontation with Revolutionary Change in the Middle East, 1948–83*. New York: St. Martin's Press, 1986.

Strieff, Daniel. "Arms Wrestle: Capitol Hill Fight over Carter's 1978 Middle East 'Package'

Airplane Sale." *Diplomatic History* 40, no. 3 (June 2016): 475–499.

Styan, David. *France and Iraq: Oil, Arms and French Policy Making in the Middle East*. London: I.B. Tauris, 2006.

Suri, Jeremi. *Power and Protest: Global Revolution and the Rise of Détente*. Cambridge, MA: Harvard University Press, 2003.

Tabaar, Mohammad Ayatollahi. *Religious Statecraft:The Politics of Islam in Iran*. New York: Columbia University Press, 2018.

Takriti, Abdel Razzaq. *Monsoon Revolution: Republicans, Sultans, and Empires in Oman, 1965–1976*. Oxford: Oxford University Press, 2013.

Tanous, Peter, and Paul Rubinstein. *The Petrodollar Takeover*. New York: G. P. Putnam's Sons, 1975.

Terry, Janice J. *U.S. Foreign Policy in the Middle East:The Role of Lobbies and Special Interest Groups*. London: Pluto Press, 2005.

Tripp, Charles. *A History of Iraq*. 3rd ed. Cambridge: Cambridge University Press, 2007.

——. *Islam and the Moral Economy: The Challenge of Capitalism*. Cambridge: Cambridge University Press, 2006.

Vaïsse, Justin. *Zbigniew Brzezinski:America's Grand Strategist*. Translated by Catherine Porter. Cambridge, MA: Harvard University Press, 2018.

Vandewalle, Dirk. *A History of Modern Libya*. 2nd ed. Cambridge: Cambridge University Press, 2012.

Vitalis, Robert. *America's Kingdom: Mythmaking on the Saudi Oil Frontier*. Stanford, CA: Stanford University Press, 2007.

Weinbaum, Marvin G. *Egypt and the Politics of U.S. Economic Aid*. Boulder, CO: Westview Press, 1986.

Westad, Odd Arne. *The Global Cold War:Third World Interventions and the Making of Our Times*. Cambridge: Cambridge University Press, 2005.

Wight, David M. "Kissinger's Levantine Dilemma: The Ford Administration and the Syrian Occupation of Lebanon." *Diplomatic History* 37, no. 1 (January 2013): 144–177.

Wilentz, Sean. *The Age of Reagan: A History, 1974–2008*. New York: Harper Collins, 2008.

Wilford, Hugh. "'Essentially a Work of Fiction': Kermit 'Kim' Roosevelt, Imperial Romance, and the Iran Coup of 1953." *Diplomatic History* 40, no. 5 (November 2016): 922–947.

Wolfe-Hunnicutt, Brandon. "Oil Sovereignty, American Foreign Policy, and the 1968 Coups in Iraq." *Diplomacy & Statecraft* 28, no. 2 (June 2017): 235–253.

Wright, Lawrence. *The Looming Tower: Al-Qaeda and the Road to 9/11*. New York: Alfred A.

Knopf, 2006.

Yaqub, Salim. *Containing Arab Nationalism:The Eisenhower Doctrine and the Middle East*. Chapel Hill: University of North Carolina Press, 2004.

——. *Imperfect Strangers: Americans, Arabs, and U.S.-Middle East Relations in the 1970s*. Ithaca, NY: Cornell University Press, 2016.

Yergin, Daniel. *The Prize: The Epic Quest for Oil, Money & Power*. 3rd ed. New York: Free Press, 2009.

Zanchetta, Barbara. *The Transformation of American International Power in the 1970s*. New York: Cambridge University Press, 2014.

Zaretsky, Natasha. *No Direction Home:The American Family and the Fear of National Decline, 1968–1980*. Chapel Hill: University of North Carolina Press, 2007.

Zeiler, Thomas W. *Free Trade, Free World: The Advent of GATT*. Chapel Hill: University of North Carolina, 1999.

Zweig, Phillip L. *Wriston: Walter Wriston, Citibank and the Rise and Fall of American Financial Supremacy*. New York: Crown Publishers, 1995.

致谢

如果没有诸多朋友和机构的支持，我无法完成这本书。在此感谢大家。

这个项目开始于加州大学欧文分校历史系，接着在哈佛大学约翰·肯尼迪政府学院贝尔弗科学与国际事务中心（Belfer Center for Science and International Affairs at the John F. Kennedy School of Government）和达特茅斯学院迪基国际交流中心（Dickey Center for International Understanding）的博士后项目中继续，并在北卡罗来纳大学格林斯伯勒分校历史系完成。最终成果不仅要感谢这些机构在资金上的支持，还要感谢其教员和学生提供的智力支持。此外，这项研究还得到了杰拉尔德·R. 福特基金会研究旅行津贴、公民和平建设中心库格尔曼研究奖学金（Kugelman Research Fellowship）以及美国外交史学会 Samuel Flagg Bemis 博士论文奖学金和论文完成奖学金的支持。

必须特别感谢埃米莉·罗森堡，她对这项研究的启发和指导无出其右。康奈尔大学出版社的迈克尔·麦克甘迪和马克·布拉德利对这本书的影响始终抱有信心，并持续给予了很多建议，支撑了我多年的写作。我在研究期间同众多无法在此一一列出的学者交换想法并得到反馈，这些反馈极大地改进了我最终的研究成果。特别感谢诺埃尔·安德森、玛丽·巴顿、托马斯·博斯特尔曼、苏帕纳·乔杜里、肖恩·费尔、乌迪·格林伯格、埃里克·洪德曼、萨布里纳·卡里姆、马克·莱文、沙浓·菲茨帕特里克、弗雷德里克·洛奇沃、埃雷兹·马内拉、爱德华·米勒、珍妮弗·米勒、埃米·奥夫纳、安妮·帕森斯、罗伯特·拉科夫、丹尼尔·萨金特、克里斯蒂娜·沙尔、托马斯·西斯格力克、珍妮弗·格雷厄姆·斯塔韦尔、托马斯·斯托尔斯、安内萨·斯塔格纳、斯塔尔普、斯蒂芬·瓦尔特、奥德·阿恩、韦斯塔、威廉·沃尔福思、萨利姆·雅各布、阿米纳·亚辛、托马斯·蔡勒及一位匿名审读者。

非常感谢为我的研究提供了宝贵帮助的众多档案管理员。对研究期间那些热情款待我或与我友好交流的人，我深表谢意。向我的家人和朋友们致谢，感谢你们的支持以及让我在研究和写作过程中有充分的休息时间；特别感谢我的黎巴嫩家人和在埃及的美国研究中心，对于他们的盛情款待，感激之情难以言表；感谢父母给予我无尽的爱、教育、支持和机会；感谢 Layla 和 Clara，你们的微笑和好奇心为我写作的最后几年带来了光明。

尤其要感谢我的妻子、伙伴和最好的朋友 Michelle，你在这项研究中比任何人都投入和奉献了更多。你的爱和支持使本书成为可能，我将永远感激不尽。

译后记

2024年3月30日，当我把石油美元三部曲的最后一本《石油英镑》译文发给中信出版集团的编辑后，我的大女儿如释重负——"你这两年可算是折腾完了"。我算了一下时间，对她说："不到两年，但一年半多的时间，也确实超出我的预期了。"

2022年下半年，我着手翻译这三本书时，不时收到朋友转发过来"人民币对美元未来两三年升破'5'甚至更高"的言论；当年年底至2023年5月，全世界又风行"去美元化""布雷顿森林体系3.0"的言论。到我完成三本译稿时，这些言论大多销声匿迹。2023年年中至2024年年中，美元的走势与这些预期截然相反，其强势给大部分经济体（货币）都带来了巨大的压力。当然，可以说这是短期趋势，美元只是强弩之末，但我相信读完石油美元三部曲，你会对美元的地位有新的认知。

时下，各界、学术领域、各个群体中不乏对美元同石油的关系以及"美元霸权"的误解，并产生了深远的影响。2024年4月，我就看到一位资深金融学者在一个学术会议直播现场谈及"美国通过战争打压欧元、美元绑定石油"等话题，这样的认知难免失之偏颇。

阴谋论强势货币地位，配合以故事，很容易被人接受。这样的思维基础是钱、货币及货币的全球地位是可以被单方面设计和决定的。《石油英镑》里英国政府和英镑的经历说明事实并非如此，即便是曾经的全球帝国——英国；《石油央行》则从国际货币的接受者角度，展示了一个乙方的立场和选择及其影响力；《石油美元》记录了落后经济体（不分信仰）对钱的渴求，以及美元对重塑战后中东格局所发挥的作用，尤其是时下的中东乱势，美元在其中的角色，即为"霸权"所在——影响力。自然，当美元某一天走下坡时，美国单方面努力也是徒劳的。但在可见的未来，这一天仍遥不可及。

我对"石油美元"问题的关注，始于2008年全球金融危机（见《时运变迁：世界货币、美国地位与人民币的未来》译后记），其间一直在寻找能够全面阐述这一问题的出版物。美国国会早期的相关讨论虽然翔实，但难免是一面之词。这三本书的组合，从不同参与者（英国、沙特和美国）的角度，给出了一段货币切换（英镑、美元和中东货币）的简史；几位作者的国别、身份和参考资料，使得叙事更显客观。

《时运变迁：世界货币、美国地位与人民币的未来》被国内大学列为延伸读物，据说也被相关部门研读。石油美元三部曲是"时运变迁"系列的重要构成，解释了一系列事件的背景，是真实世界的普及性读物，胜过各种臆想。

认知错误，于个人是损失钱财、错失机会；于企业，则不乏存亡；于国家，则至少是误判、折腾。在这一领域，要避免在现实中被教育，须多寻历史、杜绝盲从。

感谢中信出版集团的黄静副总编辑和李婕婷编辑，时下的当口，出版这类图书需要勇气，多谢你们帮我联系到两本书的作者；感谢中信出版图书发行集团的沈家乐总经理，尤其是中信出版集团的潘岳副总经理。你们的帮助，使我得以将大约十年前酝酿的"时运变迁"系列图书（《时运变迁：世界货币、美国地位与人民币的未来》《管理美元：广场协议和人民币的天命》《通胀螺旋——中国货币经济全面崩溃的十年：1939—1949》《石油英镑》《石油央行》《石油美元》）的出版变成现实。在科技日益发达、数字存储不确定性却在增加的今天，纸质书籍给出了可靠的真实感。

读好书，免于无知。

于杰

2024 年 5 月